尼木年鉴

སྙེ་མོའི་ལོ་རིམ་མེ་ལོང་།

2023

（总第12卷）

尼木县人民政府办公室　编

图书在版编目（CIP）数据

尼木年鉴. 2023 / 尼木县人民政府办公室编.—北京：方志出版社, 2023.9

ISBN 978-7-5144-5796-4

Ⅰ. ①尼… Ⅱ. ①尼… Ⅲ. ①尼木县 – 2023 – 年鉴
Ⅳ. ①Z527.54

中国国家版本馆CIP数据核字（2023）第183101号

责任编辑：王娜
责任校对：张玉霞
责任印制：梅中英
出 版 者：方志出版社
地　　址：北京市朝阳区潘家园东里 9 号（国家方志馆4层）
邮　　编：100021
网　　址：http://www.zgfzcb.cn
发　　行：方志出版社图书营销中心（010-67110500）
印　　刷：河南金宝丽印刷科技有限公司
开　　本：889毫米 × 1194毫米　1/16
印　　张：18
字　　数：529千字
版　　次：2023年9月第1版
印　　次：2023年9月第1次印刷
定　　价：350.00元

2022年11月23日，西藏自治区党委书记王君正（右二）一行到尼木县宣讲中共二十大精神

2022年2月17日，西藏自治区党委副书记、主席严金海（中）一行到尼木县麻江乡亚米组看望慰问搬迁群众

2022年3月10日，拉萨市委常委、常务副市长毛东军（前排右二）一行到尼木县卡如乡高标准藏鸡养殖基地调研

2022年2月3日，西藏自治区公安厅党委委员、拉萨市委常委、市委政法委书记、市公安局党委书记普卫东（右一）一行到尼木县公安局慰问民辅警

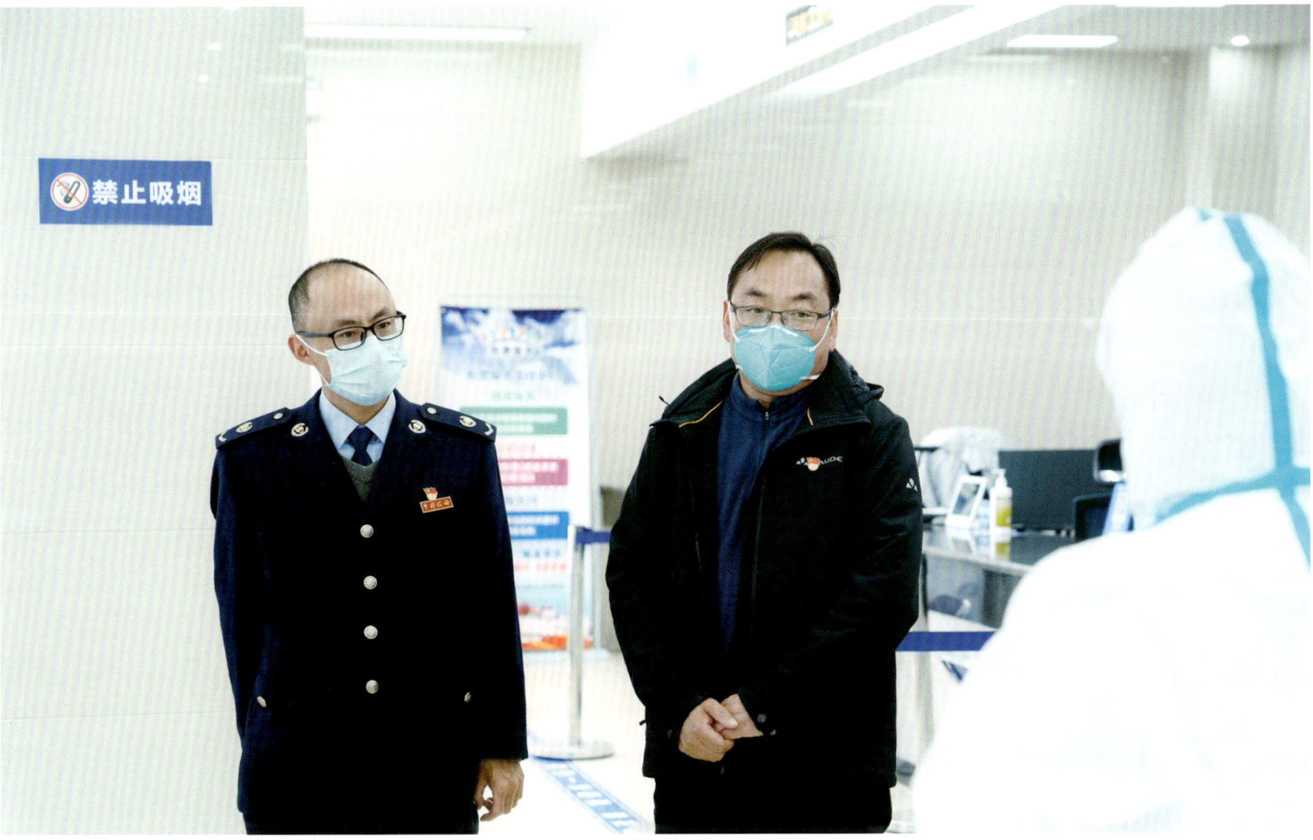

2022年11月18日，县委负责人赵铁岭（中）到县税务局调研新冠疫情防控和复工复产工作

2022年5月24日，县委副书记、县长次旺多杰（中）主持召开尼木县2022年防汛抗旱工作安排部署会

2022年1月17日，中国人民政治协商会议第三届尼木县委员会第二次会议召开

2022年1月18日，尼木县第十四届人民代表大会第三次会议召开

2022年1月21日，尼木县召开县委常委班子2021年度党史学习教育专题民主生活会

2022年1月29日，尼木县召开党史学习教育总结会暨改进作风狠抓落实工作专题会

2022年3月19日，中国共产党尼木县第十届纪律检查委员会第二次全体会议召开

2022年12月29日，尼木县第十四届人民代表大会第四次会议开幕

2022年3月5日，尼木县开展“践行雷锋精神·喜迎中共二十大——学雷锋志愿服务在行动”活动

2022年3月28日，尼木县开展纪念西藏民主改革和西藏百万农奴解放63周年纪念活动

2022年4月2日，尼木县人民政府与国家电投集团西藏分公司整县屋顶分布式光伏发电项目签约仪式举行

2022年4月21日，尼木县人民政府与中国农业银行股份有限公司拉萨分行举行巩固拓展脱贫攻坚成果暨服务乡村振兴战略合作协议签约仪式

2022年4月26日，尼木县开展新华书店提升改造揭牌暨“世界图书与版权日”“世界知识产权日”文明实践主题活动

2022年5月10日，尼木县举办“喜迎二十大·礼赞新时代”“书香拉萨”农牧民国家通用语言诵读比赛

2022年6月2日，尼木县开展“我们的节日·端午”系列活动

2022年7月1日，尼木县开展喜迎中共二十大暨“铸牢中华民族共同体意识　强国复兴有我”群众性庆“七一”主题文艺会演

2022年7月18日，尼木县举办“北京尼木心连心·同心共筑中国梦”欢送文艺演出活动

2022年7月27日，尼木县乡镇消防工作所揭牌成立仪式举行

2022年8月8日，新时代文明实践中心理论宣讲志愿者开展理论宣讲

2022年9月30日，尼木县举办“缅怀革命先烈，赓续红色基因”主题公祭活动

2022年12月4日，尼木县人民政府与中核集团商讨续迈光伏项目相关工作

2022年尼木县吞巴镇手工藏香制作技艺

2022年尼木县吞弥现代农业园区

2022年尼木县塔荣镇林岗村“喜拉22号”良种青稞繁育基地

2022年尼木县续迈乡安岗村“藏青2000”良种青稞繁育基地

尼木县吞弥现代农业园区航天育种果蔬

① 尼木县吞弥现代农业园区航天育种果蔬——黄樱桃番茄
② 尼木县吞弥现代农业园区航天育种果蔬——粉樱桃番茄2号
③ 尼木县吞弥现代农业园区航天育种果蔬——花栗南瓜
④ 尼木县吞弥现代农业园区航天育种果蔬——玉妮水果黄瓜

①

②

③

④

尼木县吞弥现代农业园区食（药）用菌种基地

①尼木县吞弥现代农业园区食（药）用菌种基地——黄金菇
②尼木县吞弥现代农业园区食（药）用菌种基地——羊肚菌

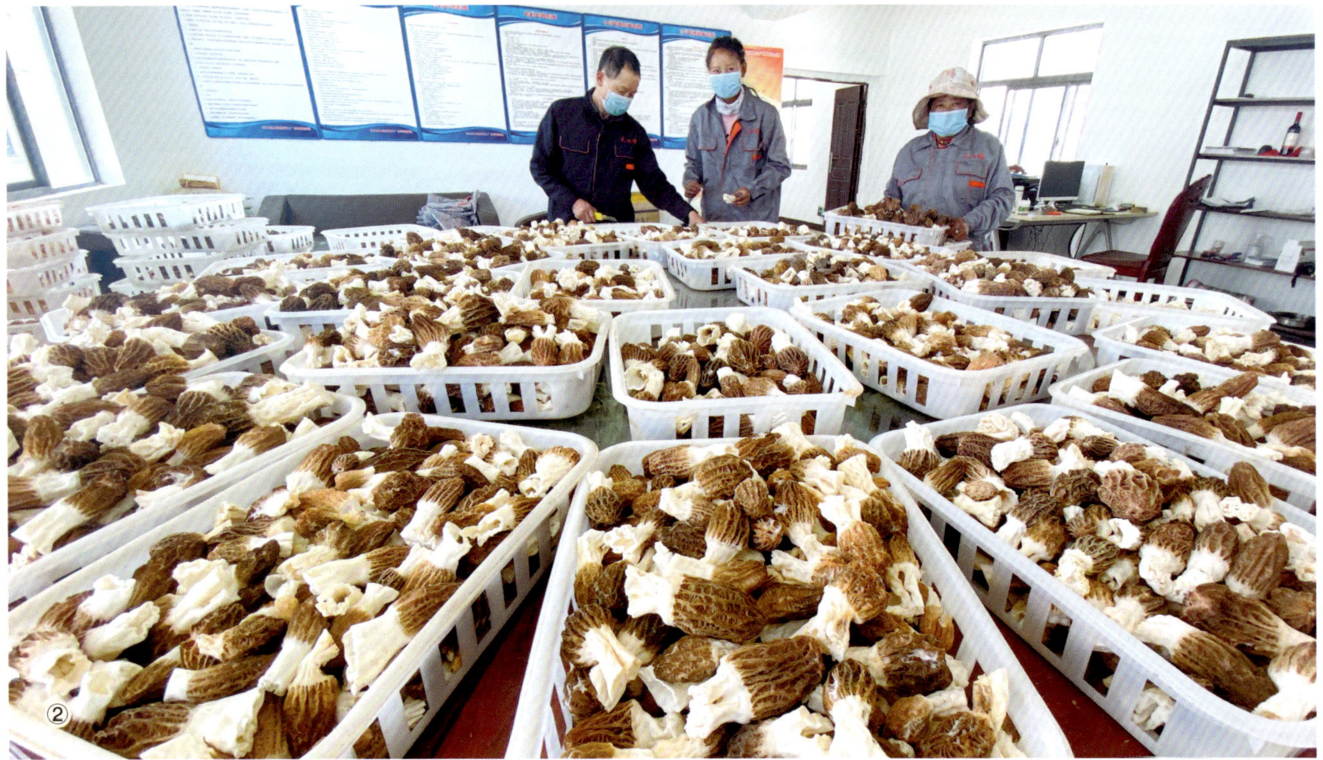

尼木县吞弥现代农业园区智能温室大棚

① 尼木县吞弥现代农业园区智能温室大棚
② 尼木县吞弥现代农业园区智能温室大棚——西瓜

西藏德青源藏鸡保种开发基地

① 饲料厂
② 西藏藏鸡保种开发基地大门
③ 工作人员喂鸡
④ 鸡舍

①

德青源
西藏德青源
西藏藏鸡保种开发基地
防疫重地
谢绝参观
②
③
④

尼木县吞巴景区

① 尼木县吞巴景区水磨藏香
② 尼木县吞巴景区内溪流推动水磨磨制柏木
③ 尼木县吞巴景区水磨长廊

①

②

③

2022年尼木县吞巴旅游景区全景

尼木县养殖基地

① 尼木县民兵先锋模范多胎羊养殖基地
② 尼木县续迈乡生猪养殖场
③ 尼木县塔荣镇林岗村林下藏鸡养殖场
④ 尼木县卡如乡藏鸡养殖基地

①

2022年尼木县普松乡林下藏鸡养殖场

2022年尼木县卡如乡“核乡寻忆”景区内“千年核桃树”

2022年琼姆岗嘎雪山

2022年尼木县卡如乡温泉酒店

2022年尼木县卡如乡大桃采摘园

《尼木年鉴》编纂委员会

《尼木年鉴》编辑部

编辑说明

一、《尼木年鉴》以马克思列宁主义、毛泽东思想、邓小平理论、“三个代表”重要思想、科学发展观、习近平新时代中国特色社会主义思想为指导，坚持辩证唯物主义和历史唯物主义的立场、观点和方法，始终坚持“实事求是、质量第一、存史资政、服务大众”的办鉴宗旨，全面、系统、翔实地记述尼木县上一年政治、经济、文化、社会等各项事业的基本情况，为社会各界人士了解和研究尼木县提供翔实资料。

二、《尼木年鉴（2023）》分为彩页与正文两部分。正文采取分类编辑法，以类目、分目、条目为主要框架结构，条目为主要记事单元。

三、《尼木年鉴（2023）》载录尼木县2022年经济社会发展的基本资料，设有特载、大事记、县情概览、中国共产党尼木县委员会、尼木县人民代表大会、尼木县人民政府、中国人民政治协商会议尼木县委员会、纪检·监察、人民团体、军事、法治、经济管理、农业农村、城市建设·环保、社会事业、交通·通信、金融、乡镇、国有企业、附录、索引等内容。

四、《尼木年鉴（2023）》统计数据使用法定计量单位，价值指标绝对数凡未注明的，按记载2022年价格计算。计量单位一律以《量和单位》（GB 3100～3102—1993）为准，个别常用成习惯且不便换算的用市制，如农田单位“亩”；简化字以全国文字改革委员会、文化部、教育部公布的《简化字总表》为准；标点符号以2011年发布的《标点符号用法》（GB/T 15834—2011）为准；数字以2011年发布的《出版物上数字用法》（GB/T 15835—2011）为准。

五、《尼木年鉴（2023）》入鉴资料、图片均由各撰稿单位提供，并经主要负责人审核。部分资料由编辑部收集，主要数据和统计资料由统计局提供，部分数据由各相关部门提供。由于统计口径等原因，相关部分的个别数据与统计资料不一致的，以统计资料为准。

目 录

特 载

大事记

县情概览

中国共产党尼木县委员会

综述

办公室工作

受援工作

组织工作

宣传工作

统一战线

巡察工作

尼木县人民代表大会

综述

办公室工作

尼木县人民政府

综述

办公室工作

行政审批和便民服务

应急管理

消防救援

信访工作

藏语言及编译工作

中国人民政治协商会议尼木县委员会

综述

办公室工作

纪检·监察

综述

自身建设

人民团体

总工会

共青团

妇联

工商联

军 事

人民武装

武警尼木中队

法 治

政法委及综治

公安

检察

自然资源管理

经济和信息化

统计

税务

商务

农业农村

综述

乡村振兴

水利

城市建设·环保

住房和城乡建设

生态环境保护

社会事业

民政

人力资源和社会保障

退役军人事务

市场监督管理

教育

尼木县中学

卫生健康

人民医院

医疗保障

文化和旅游

气象

交通・通信

交通运输

尼木县邮政分公司

尼木县电信局

移动尼木县分公司

联通尼木县营业部

金　融

农行尼木县支行

乡　镇

塔荣镇

吞巴镇

尼木乡

续迈乡

帕古乡

麻江乡

卡如乡

普松乡

国有企业

尼木县净土产业投资开发有限公司

尼木县城乡建设投资发展有限公司

国网尼木县供电公司

附 录

特　　载

在县委十届四次全会第一次全体会议上的工作报告

中共尼木县委负责人　赵铁岭

（2022 年 12 月 22 日）

尼木县第十次党代会以来的一年，是各种挑战和机遇并存的极不平凡的一年。党的二十大胜利召开，党和国家事业在新的历史起点上开启了新的征程。一年来，县委常委会在党中央和区市党委的坚强领导下，高举习近平新时代中国特色社会主义思想伟大旗帜，团结带领全县广大干部群众，坚决捍卫“两个确立”，增强“四个意识”、坚定“四个自信”、做到“两个维护”，深入贯彻落实党的十九大和十九届历次全会及中央第七次西藏工作座谈会精神，深入贯彻落实习近平总书记关于西藏工作的重要指示和新时代党的治藏方略，深入贯彻区、市第十次党代会精神，以迎接服务、宣传贯彻党的二十大为工作主线，直面“四差”实际，锚定“四件大事”，聚焦聚力“四个创建”“四个走在前列”，全力“当好七个排头兵”，铆足“凝聚三气，提升三境”精气神，投身“新时代新尼木两步走”具体实践，高效统筹疫情防控和经济社会发展，踔厉奋发、勇毅前行，推动经济社会发展各项事业不断迈上新台阶。

一、旗帜鲜明讲政治，衷心拥护“两个确立”、忠诚践行“两个维护”

县委常委会坚持把党的政治建设放在首位，坚决把捍卫“两个确立”、做到“两个维护”作为最高政治原则和根本政治规矩贯彻到一切工作中，不断提高政治判断力、政治领悟力、政治执行力，确保习近平总书记重要指示批示和党中央、区市党委决策部署在尼木大地落地生根。

深入学习宣传贯彻党的二十大精神。紧扣迎接服务和学习宣传贯彻党的二十大工作主线，制定下发喜迎党的二十大宣传文化活动工作方案，广泛开展庆祝建党 101 周年、喜迎党的二十大“10 项活动”，全方位多角度营造喜迎二十大氛围。组织 2.6 万名党员干部群众收听收看党的二十大开幕盛况，认真学习报告精神。大会胜利闭幕后，县委立即召开学习贯彻党的二十大精神领导干部大会，制定下发深入学习宣传贯彻党的二十大精神实施方案。邀请中央、区市党校专家进行专题辅导，召开县委常委会和理论中心组集中学习研讨，成立县级宣讲团，县委常委带头深入乡镇、村居、分管领域开展宣讲，迅速在全县上下掀起学习宣传贯彻党的二十大精神热潮，有力推动了党的二十大精神深入人心、落地生根。

自觉用习近平新时代中国特色社会主义思想凝心聚魂。坚持以习近平新时代中国特色社会主义思想为引领，把学习党的十九大及十九届历次全会精神作为重大政治任务，持续深入贯彻落实习近平总书记考察调研时讲话精神，不断用党的创新理论武装头脑、指导实践、推动工作。注重以上率下学懂学深，切实做到入脑入心。真正把习近平新时代中国特色社会主义思想融入血液、铸入灵魂。分层次组织学习培训，全县各级党组织书记带头讲党课、作专题辅导报告，全县广大党员干部群众拥戴信赖追随习近平总书记的信心决心更加坚定自觉。

认真组织开展改进作风狠抓落实工作。立足“四查四问”“八个必须”“六个表率”相关要求，推进实施“1441”工作思路，建立完善工作机制，改作风、抓落实、见成效。坚持任务清单化，梳理分解尼木县贯彻落实习近平总书记在西藏考察重要讲话精神、区市领导来县宣讲调研指示要求、“四查四问”负面清单整改落实、当好“七个排头兵”、县委政府议定事项、疫情防控措施落实等各类清单15类30余项，对标对表、跟踪督办、抓好落实。扎实推进三月领导干部“下基层大接访办实事”活动、七月“四联四包”活动，安排560余名干部深入乡镇（村居），帮助理清工作思路127条，化解矛盾纠纷362起，办成民生实事251件，夯实了基层基础，凝聚了党心民心。多渠道开展督查351次，下发《工作提醒单》5期、《作风督查》123期、《作风通报》18期，立行立改问题132个，给予“黄灯”警示23家，责令书面检查56人次，约谈14人。全县广大党员干部行为作风明显好转，办事成效进一步提升。

不断汇聚干事创业强大正能量。对标党中央和区市党委决策部署，围绕“国之大者、区之要事、市之重点”，自觉把尼木工作放在全局工作中谋划布局，锚定“四件大事”“四个确保”，聚焦“四个创建”“四个走在前列”，按照“三个赋予一个有利于”工作原则，奋力推进“新时代新尼木两步走”，健全完善“点对点”干部发展产业项目机制，落实落细“1234555”25项推进措施，扎实推进“四产业三园区”全面发展，艰苦奋斗、不甘人后、同心同行，坚定坚决带领全县人民突破“四差”发展瓶颈，实现经济社会高质量发展。

二、持之以恒抓稳定，尼木长治久安基层基础全面夯实

县委常委会深入贯彻落实习近平法治思想，树牢总体国家安全观，坚持底线思维和问题导向，做到警钟长鸣，警惕常在，抓实抓细维稳措施，做好萨噶达瓦、党的二十大等重要时间节点维稳安保工作，确保全县社会大局和谐稳定。

深入开展专项行动。持续深化反分裂、反渗透、反自焚、反暴恐和扫黑除恶、“断血断勾连”、打非治乱等专项斗争，始终保持高压严打态势，坚决守住“不出事、不添乱”底线。严格落实国务院安全生产十五条硬措施，深入开展安全生产专项整治三年行动，排查整改各类安全隐患1185处，下发整改通知书16份，有效遏制各类公共安全事故的发生，全力保障人民群众的生命财产安全。

织牢公共安全“防控网”。健全完善联防联控机制，落实人防、物防、技防措施，统筹网上网下协同治理，强化定点守护、武装震慑、应急处突、情报搜集等工作，坚持抓早抓小，排查整治风险隐患400余处，切实将问题处置在萌芽状态。充分发挥护城河检查站“安保圈、过滤器”作用，按照“五逢必查”要求，共盘查车辆28万余辆次、物品42万余件、人员52万余人次，坚决拱卫了拉萨“西大门”的绝对安全。

打好社会治理“组合拳”。出台《尼木县“双联户”积分激励制实施办法》，坚持政治、法治、德治、自治、智治相结合，以“双联户”“网格化”为载体，推动党建网格与平安网格“双网融合”，全面提升社会治理效能。坚持和发展新时代“枫桥经验”，做好“双拖欠”“涉疫情”“涉众型经济案件”等重点领域的隐患排查、矛盾化解、动态管控和舆情监测处置，结合“四联四包”工作机制，推动上访变下访，多元化解矛盾纠纷78起。33个村（居）和8个乡镇

实现法律顾问全覆盖，推动形成办事依法、遇事找法、解决问题用法、化解矛盾靠法的良好氛围。

强化关键斗争“稳定器”。坚持打击整治与凝聚人心并重，从最坏处着想，往最好处努力，分层级、分领域、分专题梳理3大类6方面138种突发案事件，制定相应应对措施，开展应急处突演练11次，桌面推演22次，实战演练54次，最小单位应急处突演练82次，真抓实备、常备不懈，确保一旦有事能上得去、打得赢。制定《尼木县关于贯彻落实〈关于在全市反分裂斗争工作中强化基层党组织托底保障作用的若干措施〉的实施方案》，通过深入摸排，实现基层党组织托底保障作用清、党员行为表现清、群众思想状况清、社会面隐患矛盾掌握清“四清”目标，组织3700余名党员和5000余户群众代表签订《共产党员遵规守纪带头反分裂承诺书》《爱国守法反分裂承诺书》，积极发声亮剑，增强爱国情感和反分裂斗争意识。

三、坚定不移促团结，中华民族共有精神家园持续筑牢

县委常委会坚持以习近平总书记关于加强和改进民族工作的重要思想为指导，全面落实中央民族工作会议精神，加强民族团结创建，推动各民族深入交往交流交融、共同团结奋斗，不断提高民族宗教工作法治化水平，全力维护全县民族团结进步和宗教领域和谐稳定。

抓好民族团结进步创建。成立民族团结进步模范创建领导小组及办公室，制定下发《尼木县贯彻落实西藏自治区民族团结进步模范区创建规划（2021—2025年）实施方案》，争取专项资金100余万元。以铸牢中华民族共同体意识为主线，统筹推进民族团结进步“九进”工程，着力深化内涵、彰显特色，持续营造各民族团结一家亲的良好氛围。开展宣传宣讲300余场次，发放调查问卷470余份、宣传资料2000余份，受众4000余人次；张贴广告海报700余张，制作民族团结宣传片和宣传歌曲，建设民族团结公园、文化长廊。

广泛凝聚民族团结合力。依托民族团结宣传月、主题演讲比赛、书法交流、军民联谊等活动促进民族交往交流交融。举办村干部国家通用语言文字培训4期180人次，并开展学习测试。全县24所幼儿园全部实现藏语和汉语教学，全面深化国家通用语言文字普及工作。疫情防控期间，全县民营企业向抗疫一线人员捐赠了120余万元的保障物资。各寺庙也充分发扬藏传佛教爱国爱教、济世利民的优良传统，向抗疫一线工作人员捐赠价值64万余元的物资及现金。全县186名“点对点”干部在产业园区、产业点与本地920名农牧民群众同吃同住同劳动，手把手教授致富技术。

加强和创新寺庙管理。坚持“五个有利于”标准，严守“三个不增加”底线，依法依规推进寺庙场所、人员、财务、佛事活动管理。今年稳步推进10座寺庙的财税监管工作，完成寺庙房屋结构安全性检测、消防评估、土地确权等工作。及时调整充实22名县级领导、7个乡镇党政正职、10名统战民宗干部、41名寺管干部“一对一”“一对多”联系指导22座寺庙和僧尼，牢牢掌握寺庙管控主动权。扎实推进“三个意识”教育，持续深化“遵行四条标准、争做先进僧尼”教育实践活动，各级宣讲团深入寺庙开展集中宣讲40余次，覆盖僧尼800余人次，组织寺庙僧尼实地参观吞弥现代产业园区、烈士陵园、举办演讲比赛、召开谈心谈话会、集中收看党的二十大开幕式等活动，积极引导藏传佛教与社会主义社会相适应。

守好意识形态阵地。始终坚持发展为了人民、发展依靠人民、发展成果由人民共享，全面落实“两个活动”“三项措施”，健全完善“管肚子”和更要“管脑子”“三同步”工作机制，教育引导群众理性对待宗教，依靠勤劳智慧过好今生幸福生活，不断坚定感党恩听党话跟党走的信心和决心。大力弘扬社会主义核心价值观，推动42个新时代文明实践中心（所、站、基地）规范化运行，开展曲艺宣传进村居活动48场次，组织开展纪念西藏百万农奴解放63周年、“盛世中国、幸福西藏”“升国旗、唱国歌”“尼木县喜迎党的二十大”“铸牢中华民族共同体意识 强国复兴有我”等活动，策划拍摄“非凡十年·尼木”“谈变化、感党恩”“学习二十大、践行二十大”等短视频，持续壮大主流思想舆论、弘扬主旋律、传播正能量。

四、凝心聚力谋发展，经济综合实力和发展质效不断提升

县委常委会始终坚持完整、准确、全面贯彻新发展理念，强化“三个赋予一个有利于”，努力推进县域经济高质量发展。着力攻重点，投资实现稳步回升。制定《尼木县县级领导项目包保任务分解表》，采取县级领导包项目的方式，加快项目推进工作。2022 年全县固定资产投资建设项目 115 个，计划总投资 19.24 亿元，一批重点工程和民生项目集中开工建设。总投资 4 亿元的中核尼木牧光互补储能光伏项目开工；帕古水库完成总工程量的 40%；拉萨市吞弥尼木产业园标准化厂房及水电气等附属工程建设项目，第一标段完成工程进度的 60%，第二标段完成工程进度的 55%；投资 4198.75 万元实施农村安全饮水工程 5 个；投资 192.89 万元实施续迈乡霍德村拉加组高海拔供水试点工程，为解决高海拔季节性缺水难题提供了样板。

着力抓服务，市场活力不断增强。深化“放管服”改革，推进政务服务便民化，以“一门、一窗、一次”为目标，持续开展“好差评”“敲门”帮办代办服务，全力推进“减证便民”“综窗受理”改革，营商环境进一步优化，政务服务质效进一步提升。截至目前，梳理“综合窗口”受理事项 567 项，推送“好差评”数据总量 15.22 万条，行政审批事项、便民事项办结率 100%，12345 政务服务热线群众满意率 100%。全力推动委托代理招商工作及年内确定实施招商引资项目，梳理上报 2022 年和 2023 年具备开工建设条件的新能源项目。

着力惠民生，人民生活持续改善。落实好“十大民生工程”，办好民生实事，深入实施“慧育中国・山村入户”早教项目，稳步推进学前教育普及普惠发展、义务教育优质均衡发展，保持控辍保学动态清零。投资 5420 万元实施教育基础设施改造升级项目 11 个，实现学校供暖全覆盖，严格落实“五项管理”“双减”工作，中考成绩位列拉萨县区（除城关区）第 1 名，实现历史性突破。普乃嘎姆糌粑制作技艺、普松乡百谐雕刻品牌成功入选拉萨市级文化遗产名录。着力促振兴，巩固拓展脱贫攻坚成果。以乡村振兴“四个一线”为抓手，培育抓党建促乡村振兴示范点 5 个，加快推进林岗、聂玉、尼木、东松、尼续 5 个村“美丽乡村・幸福家园”建设行动，整合涉农资金推进塔荣村、尼木村、尚日村、日措村实施人居环境整治。持续保持控辍保学动态清零，义务教育巩固率达 100%。完成麻江乡亚米组 37 户 245 人高海拔地区生态搬迁工作，并派驻工作组持续做好搬迁后半篇文章，投入 159.32 万元购买防返贫保险。完成建档立卡（农村低保）大学生 154 人资助工作，兑现区、县两级资助金 95.07 万元。检测群众房屋 4302 户，完成 2021 年 24 户房屋改造任务，补贴资金 36 万元。依托帕古水库、拉日高速等一批重大项目，积极引导脱贫群众参与项目建设，就近就便就业，实现增收。2021 年 10 月至 2022 年 9 月建档立卡脱贫群众实现人均纯收入 17812.5 元，同比增长 13.73%。

五、矢志不渝护生态，美丽尼木幸福家园建设扎实推进

县委常委会坚持以习近平生态文明思想为指导，把生态文明建设和环境保护放在更加突出位置，以抓好中央环保督察反馈问题整改为契机，从严压实生态文明建设的政治责任，持续改善生态环境质量，努力建设天蓝、地绿、水净、美丽和谐的新尼木，不断提升人民群众的满意度和获得感。

严守生态底线。严格落实生态文明建设责任制，持续深入开展国土空间规划编制工作，衔接经济社会发展战略，确定生态保护红线、环境质量底线、资源利用上线，制定生态环境准入清单。执行最严格的生态保护政策，项目环评执行率达到 100%。以迎接中央第二轮环保督察反馈问题整改工作为契机，举一反三开展环境生态问题大排查、大整治工作。截至目前，通过自查发现并整改提升问题 16 个，整改转办问题 4 件（1 件取得阶段性成效、3 件已完成整改）。

注重生态保护。严格落实“河湖长”“林长”制，统筹推进山水林田湖草沙冰协同治理，“四旁”植树 8.2 万株，实施退化草原修复 3.96 万亩。衔接落实全国重要生态系统保护和修复重大工程总体规划，2021—2022 年完成苗木栽植 16 万余株，种植面积 0.3 万亩，投资 800 万余元。全面推进生态文明建

设示范区和"两山"实践创新基地申报工作,编制实施《尼木县生态文明建设示范县建设规划(2021—2025年)》;全面开展生态文明建设示范县、乡、村创建工作,截至目前,2个村已创建成功,其余8个乡(镇)、31个村(居)已完成市级初审,并申报至自治区专家审核。

巩固生态治理。全力打好污染防治攻坚战,突出做好大气、水、土壤和农村人居环境整治工程。完成尼木河流、饮用水源地、大气环境质量等监测工作,集中式饮用水达标率为100%,县城环境空气质量保持优良。统筹推进村庄清洁行动,累计清理农村生活垃圾1677吨、农村白色垃圾254吨、卫生死角501处,清理房前屋后乱堆乱放149处,清理村内私搭乱建30多处,村容村貌明显改善。累计完成农户卫生厕所改造1802座,覆盖率96.97%,逐步提高农牧民群众的如厕环境。开展"节能降碳·绿色发展"等绿色宣传活动,发放环保袋、口杯、围裙等2400余个宣传品以及1000余册宣传资料,激发全社会支持、参与生态环境保护的热情。

六、久久为功推强边,支持和服务强边大局能力不断提高

县委常委会牢固树立"大边防意识",大力弘扬军爱民、民拥军的光荣传统,支持驻尼木部队建设,努力为筑牢重要的国家安全屏障积极贡献力量。

持续巩固强边固边大局。牢固树立强边"一盘棋"观念,继承和弘扬爱国守边、忠诚奉献的玉麦精神,积极做好驻尼木部队军事需求对接,加快办理尼木县消防中队、兵站基础设施改造工程的前置手续。疫情期间,为驻尼木部队官兵上门进行核酸采集、代买机票、闭环转运。深入贯彻落实中央、区党委关于深化国防动员体制改革决策部署要求,起草深化国防动员体制改革落实举措,推动改革工作走深走实。

扎实推动双拥共建。持续巩固自治区双拥模范县创建成果,认真落实"四尊崇""五关爱""六必访"工作要求,利用"三大节日"(元旦、藏历新年、春节)、"八一"、立功受奖送喜报、悬挂光荣牌等时机,走访慰问驻尼木部队官兵、退役军人、烈士遗属。认真落实各项拥军、优抚、安置政策,对驻尼部队、退役军人和"三属"人员,发放义务兵家庭优待金和自主就业一次性经济补助、定期抚恤金和生活补助、慰问金、慰问品等共计68.47万元。县兵站与吞巴镇结为双拥共建点,兵站官兵主动结对帮扶吞巴镇困难群众,进一步体现了"军爱民、民拥军、军民团结一家亲"的双拥精神。2021年,县人民武装部党委被表彰为"西藏军区党委先进旅团级单位党委",县退役军人事务局被表彰为"西藏自治区退役军人工作模范单位"。

七、固本强基筑堡垒,基层组织建设全面进步全面过硬

县委常委会全面贯彻新时代党的建设总要求和组织路线,以党的政治建设为统领,坚定不移全面从严治党,按照"两保四促一持续"党建工作思路,推进党的各方面建设,全面提高党的建设质量和水平。

强基固本,战斗堡垒不断夯实。坚持重心下移抓基层、持续用劲解难题、久久为功打基础,扎实推进基层党建工作提质增效。扎实开展乡镇、村居换届"回头看"工作,为夯实基层政权、深化干部政治考察、提升干部待遇奠定了坚实基础。精心选派145名市县乡干部到村居开展驻村工作,建立了"3+X""2+X"驻村新模式。在各领域打造17个基层党建工作先进典型,排查整顿软弱涣散基层党组织2个,33个村(居)集体经济总收入达2872.89余万元,每个村集体经济均在10万元以上。把政治标准放在首位,严把入党政审关口,吸纳入党积极分子109名,发展党员78名。实施"122"村后备队伍机制,为每个村至少动态储备1名党组织书记后备人选、2名干部后备人选和2名35岁以下、大专以上学历的入党积极分子。制定《关于在机关党组织中开展"三讲一满意"活动实施方案》,着力打造讲政治、讲效率、讲团结和做人民满意的模范机关。全面贯彻落实党委领导下的校长负责制,完成7所中小学校党组织书记和校长分设工作。

鲜明导向,队伍建设持续提升。把接续培养年轻干部作为"党的事业源头工程"和"兴县富民保障工程"来抓,全力实施"四个一百"年轻干部选育工程,一年来提拔重用24名"85后"干部任正科实

职，15 名“90 后”干部任正科实职，10 名“95 后”任副科实职，对符合条件的 36 名专招生全部提拔或晋级，以“85 后”为主体、“90 后”占一定比例的干部队伍梯次建设局面基本形成。提拔重用扛硬活、打硬仗、一贯表现好的干部 29 名；提拔晋级在维稳一线、乡村振兴等一线干部 242 人次，切实让有为者“有位”，树立凭能力用干部、以实绩论英雄的鲜明用人导向。安排 186 名干部“点对点”抓产业项目，着力锻造干事创业的“领头羊”、全面发展的“多面手”；稳妥安排从市直单位下派我县 11 名年轻干部挂职锻炼，为 8 名同志安排 2 个以上具体岗位进行挂职锻炼。顺利完成首批 10 名事业管理岗位职员晋升和推荐工作。圆满召开县委首次人才工作会议，聚焦“育引用留”人才关键举措集中发力，招录行政事业干部招录干部 14 名，调入 11 人，引进专招生 2 名；累计分级分类分批举办各类培训班 47 期，培训各层级干部 943 人次；选派 7 名机关优秀干部到乡镇担任领导职务，22 名乡镇干部到机关工作，高低海拔交流干部 50 名。

自我革新，从严治党纵深推进。严格落实“两个责任”，纵深推进党风廉政建设和反腐败斗争。建立政治监督清单化管理机制，着力强化对“一把手”和领导班子监督，推动政治监督具体化、常态化。持续纠治“四风”问题，对全县重点工作落实情况开展监督检查，发现并纠正问题 5 个。聚焦疫情防控责任落实，检查社会面“防治管”工作 790 次，下发监察建议书 1 份，立行立改问题 263 个，督促整改 4 个。开展十届尼木县委第二轮巡察工作，对 9 家单位党组织开展常规巡察，发现并反馈问题 185 个。坚持重遏制、强高压、长震慑，今年共处置问题线索 11 件，立案 4 件，给予党纪政务处分 5 人，组织处理 9 人，运用第四种形态查办案件 1 件，移送司法机关 1 人。坚持以案为鉴，组织干部旁听审判以案促治，召开警示教育大会以案促改。

同时，加强县委常委会自身建设。坚持把党的政治建设摆在首位，严格执行民主集中制，严肃党内政治生活，不折不扣贯彻落实党中央重大决策和区市党委部署要求。坚决扛起全面从严治党政治责任，23 次召开县委常委会会议和县委全会、纪委全会、组织工作会、全县巡察工作会等会议进行安排部署。注重发挥县委统揽全局、协调各方作用，支持县人大、县政府、县政协依法按章程独立自主履行职能，积极做好新形势下党管武装工作，注重发挥工、青、妇等人民团体联系群众的桥梁纽带作用，汇聚起步调一致、同频共振的强大合力。

回顾总结一年来的工作，成绩来之不易、奋斗充满艰辛。这些成绩的取得，根本在于以习近平同志为核心的党中央的掌舵领航，在于习近平新时代中国特色社会主义思想的科学指引，在于习近平总书记关于西藏工作的重要指示和新时代党的治藏方略的精准导航，离不开区、市党委、政府的坚强领导，离不开北京市、顺义区社会各界的鼎力援助，离不开全县各族干部群众的团结奋斗。在此，我代表县委常委会，向大家表示衷心感谢，并致以崇高敬意。

尼木县第十四届人民代表大会常务委员会工作报告

——在尼木县第十四届人民代表大会第四次会议上

尼木县人大常委会主任 尼玛次仁

（2022 年 12 月 29 日）

2022 年工作回顾

2022 年，在县委的坚强领导下，县人大常委会坚持以习近平新时代中国特色社会主义思想为指导，全面贯彻党的十九大、十九届历次全会和中央第七次西藏工作座谈会精神，深入学习宣传贯彻党的二十大精神，深刻领悟“两个确立”的决定性意义，增强“四个意识”、坚定“四个自信”、做到“两个维护”。全面贯彻中央和区市县党委人大工作会议精神，全面贯彻区市县党委十届三次全会精神，聚焦完整准确贯彻新时代党的治藏方略，紧跟区市县党委工作部署，紧贴人民美好生活需要，紧扣坚持和完善人民代表大会制度的根本要求，坚持党的领导、人民当家作主和依法治国有机统一，在县委的坚强领导下，坚持稳中求进工作总基调，锚定“四件大事”，聚力聚焦“四个创建、四个走在前列”，铆足“凝聚三气，提升三境”的精气神，全力“当好七个排头兵”，奋力推进“现代尼木三步走”总体布局和“四产业三园区”发展布局，忠实履行宪法法律赋予人大的各项职责，为建设社会主义现代化新尼木做出了应有贡献。

一年来，尼木县人大常委会坚持正确监督、有效监督、依法监督，听取审议工作报告 5 项；贯彻中央和区市县党委部署要求，完善重大事项讨论决定制度，依法作出决定决议 10 项；坚持党管干部和人大依法任免相统一，听取“一府一委两院”人事议案 11 个，任免国家机关工作人员 46 人，组织宪法宣誓仪式 4 场次。

一、旗帜鲜明讲政治，始终坚持新时代人大工作正确方向

切实提高政治站位。始终把维护以习近平同志为核心的党中央权威和集中统一领导作为最根本的政治纪律和政治规矩，坚定坚决做到思想上、政治上、行动上同以习近平同志为核心的党中央保持高度一致。毫不动摇把坚持党的领导贯穿人大工作全过程各方面，坚决用习近平总书记关于坚持和完善人民代表大会制度的重要思想统领人大工作，锚定“四件大事”，聚力“四个创建”“四个走在前列”，当好“七个排头兵”，切实做到党决策到哪里，人大工作就跟进到哪里，力量就汇聚到哪里，作用就发挥到哪里，保证党的路线方针政策和区市县党委决策部署得到全面贯彻执行。

毫不动摇坚持党的领导。常委会始终坚持在县委领导下统筹安排和推进人大各项工作，一年来，常委会就筹备召开人民代表大会、制定县人大常委会年度工作要点、开展重点监督及各项工作中的重要事项、重要问题等，始终坚持向县委请示报告。县委高度重视人大工作，坚持把人大工作纳入县委整体工作布局，统一谋划、统一部署、统一推进，多次研究人大工作和建设中的重大问题，做出

工作部署，提出明确要求。赵铁岭书记对人大工作多次作出批示，为人大依法履职提供了政治保证和强大动力。今年尼木县首次召开县委人大工作会议，通过了《中共尼木县委员会关于新时代坚持和完善人民代表大会制度 加强和改进人大工作的贯彻落实意见》，进一步推动了尼木县新时代人大工作高质量发展。

主动服务县委中心工作。紧跟县委决策部署，聚焦稳定、发展、生态、强边“四件大事”，为推动全县疫情防控、维护稳定、生态环保、城乡建设、依法治理、民生改善作出应有贡献，做到县委有指示、人大有落实，县委有要求、人大有行动。面对突如其来的新冠肺炎疫情，县人大常委会积极响应县委号召，常委会全体班子成员坚守抗疫一线，尼木县各级人大代表及县人大机关干部共计300余人下沉村居（街道）、交通卡点、方舱医院和临时隔离点，为疫情防控工作做出了应有贡献。常委会班子成员深入3个包片乡（镇）、5个联系村（居）蹲点督导维稳工作，深入基层调研平均达60天以上，走访慰问20多户结对帮扶对象，对我县未就业的10多名高校毕业生开展就业帮扶走访、制定就业措施。“下基层大接访办实事”活动共办结实事15件，办结信访3件。扎实开展领导干部“四联四包”活动，下派县级以上领导干部5名，走访群众200余人次，为民办实事16件。

二、突出重点领域监督，充分彰显人大工作特点优势

在经济领域，持续加强对国民经济和社会发展计划及预算执行情况的监督，定期分析经济形势，跟踪监督经济运行情况。听取和审查2021年度本级预算执行和其他财政收支的审计工作报告、尼木县2021年财政决算报告、县政府2022年财政预算调整方案。听取审议《尼木县2022年国有资产管理情况报告》。审议通过了《中共尼木县人民政府党组关于审议拉萨市吞弥尼木产业园标准化厂房及水电气附属工程建设项目建设内容的议案》的决议。扎实推进预算联网监督系统建设运维工作。

在社会事业领域，听取尼木县民宗局关于《西藏自治区民族团结进步创建条例》贯彻落实情况的报告；配合自治区市人大来我县开展《西藏自治区民族团结进步模范区创建条例》贯彻实施情况执法检查，拉萨市人大常委会开展围绕民族团结、扶贫产业、“三农”工作、边境安全等视察调研。通过视察调研和执法检查，有效解决了群众反映的热点、难点问题，进一步规范了我县各类法律法规和政策的有效落实，强化了人大监督管理，提高了法律和政策的使用效率。

在民主法治领域，常委会高度关注公正司法，充分发挥人大在司法工作中的监督作用，组织人大代表参加“两院”司法活动、旁听庭审现场案件审理等10余人次；定期听取审议“两院”工作报告，围绕维护人民群众的合法权益、夯实司法责任制、推动司法改革、促进司法质量和效率提高提出了意见建议。先后对《中华人民共和国妇女权益保障法》《中华人民共和国环境保护法》《中华人民共和国安全生产法》以及《拉萨市民族团结进步条例》贯彻实施情况开展了执法检查，针对存在的问题，提出了审议意见，推进了相关法律法规在我县的贯彻实施，提高了政府部门依法行政的意识，法治建设得到进一步加强。对在全县公民中开展第八个五年法治宣传教育活动（2021—2025年）形成决议。

三、充分发挥代表作用，促进全体代表依法履职尽责

加强代表培训。制定年度培训计划，以人大代表、县乡人大工作者为对象，以宪法、组织法、代表法、选举法、时政理论和新时期人大工作为内容开展相关培训。举办人大代表和人大工作者等专题学习培训3次，参训人员60人次；组织20余名代表参加《全国人大常委会法工委培训班》视频学习；选派8名人大代表和人大干部参加上级人大培训；继续订购《中国人大》杂志246期，为代表学习相关法律和人大业务知识创造了条件。通过多种方式和渠道，不断提升服务代表的工作质量和水平，新任代表对自身的责任义务、履职权限的认识有了进一步提高，代表审议各项报告、议案的能力水平明显提升，履职的积极性、主动性明显增强。

不断拓宽代表联系渠道，丰富联系形式。坚持把督促办好代表建议作为激发代表履职和联系群

众的有力抓手，推动各项建议有效办结，促进解决群众急难愁盼问题。综合运用常委会班子成员分组专项督办、代表参与督办等方式，保证代表建议件件有回音、有落实。十四届人大三次会议收到69件代表建议，办复率及代表满意率达到100%，办结率达到99%以上。认真做好我县的区市人大代表协调联系及服务工作，牵头做好区市人大代表就我县的代表建议办理工作。

拓展代表履职平台。将建好用好“人大代表之家”作为工作重点抓实抓好，指导各乡镇人大建好“家”、管好“家”、用好“家”。认真执行代表列席常委会会议制度，明确代表列席常委会会议不少于3人，保障代表参与审议各项议案、报告。今年以来，共组织本级代表6批次20人次列席常委会会议，组织各级代表35余人次参加各类执法检查、专题调研、监督检查活动2次。

认真做好代表资格变动工作。针对代表名额出缺，积极与有关部门协调对接，及时掌握代表工作调整动态，及时召开人大常委会免去或接受代表辞去职务。十四届一次人代会以来，接受3名人大常委会委员辞去职务，接受8名县人大代表辞去职务；依法依规补选县人大代表9名，补选市级人大代表1名。目前，我县实有自治区第十二届人民代表大会代表4人；实有拉萨市第十二届人民代表大会代表14人，实有尼木县第十四届人民代表大会代表132人，实有人大常委会组成人员25人。

加强对乡镇人大工作的指导。常委会本着加强联系、加强指导、加强服务的原则，不断完善不是县人大常委会委员的乡镇人大主席团负责人列席常委会议、重点工作向乡镇人大通报、邀请乡镇人大主席参加人大视察调研等工作制度。通过组织乡镇人大主席和人大专干，参加本级和上级人大培训班和考察学习等方式，不断提高乡镇人大工作者工作能力和水平。

四、切实加强自身建设，推动人大工作高质量发展

加强思想政治建设。以政治机关建设为统领，发挥县人大常委会党组的政治领导作用，举办理论中心组集体学习、常委会专题讲座，深入学习贯彻习近平新时代中国特色社会主义思想和党的二十大精神。制定学习党的二十大精神实施方案。深入学习贯彻习近平总书记关于坚持和完善人民代表大会制度的重要思想、中央和区市县党委人大工作会议精神。围绕县委工作大局谋划推进人大工作，严格执行重大问题、重大事项请示报告制度，落实县人大常委会党组向县委汇报工作的要求，确保党的决策部署在人大工作中落地生根、开花结果。

加强工作作风转变。制定并严格执行常委会党组坚持党的群众路线、加强作风建设工作机制，严格贯彻落实中央八项规定及其实施细则精神，坚决反对和纠正“四风”。始终把调查研究作为做好人大工作的基本功，始终保持同人民群众的联系，坚持深入实际、深入基层、深入群众进行调查研究，通过各种方式和渠道广泛倾听民声、了解民情、集中民智，县人大工作更加贴近民心、民意、民生。

加强党风廉政建设。常委会坚持把纪律建设摆在更加突出位置，进一步建立健全工作机制，严格落实党风廉政建设“两个责任”，严格执行“三重一大”议事制度，不断强化管党治党的政治责任，打造政治立场坚定、工作作风良好、管理制度完善、干部队伍精干的模范机关，确保党中央、区市县党委的各项决策部署在人大常委会机关得到全面贯彻落实。认真学习《中国共产党廉洁自律准则》《中国共产党纪律处分条例》，完善公车管理，规范公务接待，压缩“三公”经费，厉行勤俭节约。

各位代表！

即将过去的一年，成绩来之不易。本届人大及其常委会各项工作取得的成绩，根本在于习近平新时代中国特色社会主义思想的科学指引，是县委坚强领导、拉萨市人大有力指导的结果，是全体人大代表、常委会和机关人员共同努力的结果，是各级各部门和社会各界、全县各族人民支持配合的结果。在此，我谨代表县十四届人大常委会，向大家表示衷心的感谢！

回顾2022年，县人大常委会的工作，还有的没能实现预期目标，我们距离县委的工作要求和全县人民的期盼还有差距：受疫情影响，全年闭会期间的活动工作开展较少；监督工作的刚性约束有待进

一步加强,特别是审议意见的督促落实力度还需要进一步加大;为代表履职和人大干部队伍发挥作用的途径和方式还需要进一步探索实践。对于这些问题和不足,我们将在今后的工作中,采取有力措施,切实加以改进和解决。

2023 年主要工作

2023 年,是全面贯彻落实党的二十大精神的开局之年,是全党全国各族人民迈上全面建设社会主义现代化国家新征程、向第二个百年奋斗目标进军的第一年,是贯彻落实中央和区市县党委人大工作会议精神、县委十届四次全会精神的重要一年,是我县经济社会发展疫后重振、提质增效的关键一年。做好今后一年的工作,完成各项目标任务,意义重大、使命光荣。

2023 年,县人大及其常委会工作的总体思路是:坚持党对人大工作的全面领导,高举中国特色社会主义伟大旗帜,坚持以习近平新时代中国特色社会主义思想为指导,深入贯彻落实党的二十大精神和中央第七次西藏工作座谈会精神,贯彻落实习近平法治思想、习近平总书记关于坚持和完善人民代表大会制度的重要思想,牢记“三个务必”、捍卫“两个确立”,贯彻落实习近平总书记关于西藏工作的重要指示和新时代党的治藏方略。坚持党的领导、人民当家作主、依法治国有机统一,聚焦“四件大事”、锚定“四个创建”“四个走在前列”,围绕当好“七个排头兵”,坚持以人民为中心的发展思想,贯彻落实中央和区市县党委人大工作会议精神,践行全过程人民民主,依法行使监督权、决定权、任免权。全面贯彻落实县委十届四次全会精神,以高质量、高效能推动“新时代新尼木两步走”,在建设社会主义现代化新尼木的伟大事业中担当作为、贡献人大力量。

一、深入学习贯彻党的二十大精神

学深悟透弄懂党的二十大精神,是贯彻落实党中央战略部署、做好人大工作的根本政治前提。当前和今后一个时期,县人大常委会将进一步提高政治站位,紧密结合中央第七次西藏工作座谈会精神、中央和区市县党委人大工作会议精神、县委十届四次全会精神,抓住常委会组成人员和机关干部等“关键少数”,先学一步、学深一层,带动促进全县人大系统学习好、领会好、掌握好党的二十大精神。以党的二十大精神统揽人大工作全局,统一思想、凝聚共识,切实把思想和行动统一到中央和区市县党委的决策部署上来。常委会班子成员牵头具体任务,切实抓好落地落实,充分展现县人大贯彻党的二十大精神的特色亮点,不断书写发展全过程人民民主、建设社会主义现代化新尼木的生动实践。

二、增强人大监督实效

紧扣县委决策部署,围绕推动高质量发展,进一步以正确有效监督促进中心任务落实。紧紧围绕“十四五”规划纲要,围绕巩固脱贫攻坚成果同乡村振兴有效衔接,围绕事关全县稳定、发展、生态、强边的根本性、全局性、长远性问题和人民群众普遍关注的重大问题,认真开展视察调研、监督检查,广泛听取意见建议,按照法定程序适时作出决议决定,并加强对实施情况的跟踪监督,推动相关工作落实。继续提高监督工作的深度和精准度,依法听取“一府一委两院”专项报告以及计划、预算、审计、国资等专项报告。推动人大预算联网监督系统建设,充分依托预算联网监督系统,进行全程动态跟踪监督。

三、提升代表工作水平

继续加大对常委会组成人员、人大代表和县乡人大干部的培训力度,通过以会代训、专题座谈、参观考察、请进来与走出去等多种方式,有计划、有重点地开展各级各类履职培训。增强办理好代表建议的责任感和使命感,加强代表议案建议办理情况的跟踪检查,认真执行“三公开两见面”制度,确保“内容高质量、办理高质量”。协同推进县乡人大“双联系”工作,在“人大代表之家”提质增效上下功夫,切实发挥载体作用,打通联系服务群众“最后一公里”。

四、推进自身建设取得新成效

坚持不懈用习近平新时代中国特色社会主义思想凝心铸魂,以政治建设统领“四个机关”建设和人大工作队伍建设。切实加强人大及其常委会自身建设，不断完善人大议事机制、监督机制、讨论决定重大事项工作机制，努力把县人大及其常委会打造成为自觉坚持党的领导的政治机关、保证人民当家作主的权力机关、全面担负起宪法法律赋予的各项职责的工作机关、始终同人民群众保持密切联系的代表机关。加强能力建设，优化人大常委会组成人员及机关干部队伍结构，建设政治坚定、服务人民、尊崇法治、发扬民主、勤勉尽责的人大工作队伍。加强纪律作风建设，严格落实中央八项规定及其实施细则精神，坚决反对形式主义、官僚主义，把工作重心放在抓落实上，把功夫下在推动解决问题上，以真抓创真绩，以实干求实效。加强工作指导，密切与县乡人大的联系，鼓励支持基层创新实践，切实推进新时代人大工作实现新突破、迈上新台阶。

各位代表，同志们，新的征程已经开启，新的历史等待我们书写，站在新起点上，我们要更加紧密团结在以习近平同志为核心的党中央周围，在县委的坚强领导下，不忘初心、牢记使命，勇于担当、锐意进取，切实履行好宪法和法律赋予的职责，为建设团结富裕文明和谐美丽的社会主义现代化新尼木做出更大贡献。

政府工作报告

——在尼木县第十四届人民代表大会第四次会议上

尼木县人民政府县长 次旺多杰

（2022 年 12 月 29 日）

一、2022 年工作回顾

2022 年，是尼木发展进程中极具考验、极不平凡的一年。这一年，我们以喜迎党的二十大为主线，依托领导干部常态化“四联四包”机制，深入开展“大宣讲大调研大排查大落实”“学习贯彻二十大、感恩奋进新时代”“党的二十大精神进尼木千家万户”活动，全面掀起学习宣传贯彻党的二十大精神热潮，有力推动了党的二十大精神落地生根、见行见效。这一年，我们始终坚持人民至上、生命至上，落实“外防输入、内防反弹”总策略，贯彻“动态清零”总方针，及时调整防控举措，落实“四早”要求，全力守护人民生命安全和身体健康。县级领导干部带头，党员干部奋战一线，国有企业、“两新”组织等社会各界捐赠防疫和生活物资，寺管会和宗教界严格落实“三个暂停”措施，人民群众齐心协力、群防群控，全县上下众志成城、共克时艰，汇聚起抗疫强大合力。这一年，我们全力落实稳经济大盘一揽子政策举措和临时性帮扶措施，最大限度降低疫情对经济社会的影响，全县经济运行总体保持平稳向好发展态势。2022 年，完成地区生产总值 13.02 亿元，同比下降 0.4%，全社会固定资产投资同比下降 11.9%，工业产值 9081 万元，同比下降 10.7%；社会消费品零售总额 2.06 亿元，同比下降 13%，一般公共财政预算收入完成 1.7779 亿元，同比增长 52.91%，农牧民人均可支配收入 20359 元，同比增长 7.3%，一年来，我们主要做了以下工作。

（一）社会治理开创新局面。持续深化反分裂、反渗透、反暴恐和扫黑除恶、“断血断勾连”、打非治乱专项斗争，织牢公共安全“防控网”，打好社会治理“组合拳”，社会治安形势持续向好。广泛开展铸牢中华民族共同体意识宣传教育，统筹推进民族团结进步“九进”工程，拍摄制作民族团结宣传片，推广国家通用语言文字教育，不断铸牢中华民族共同体意识，尼木县被自治区、拉萨市评为民族团结进步模范县（区）。组织优秀僧尼代表参观革命烈士陵园、琼穆岗嘎旅游景区和吞弥现代农业产业园区，深入推进“三个意识”教育，稳步推进寺庙财税监管，积极引导藏传佛教与社会主义社会相适应。强化领导包案和接访下访，多元化解矛盾纠纷，8 个乡镇、33 个村（居）实现法律顾问全覆盖，信访总量同比下降 47.36%，各级转送事项同比下降 78.94%。应急管理水平持续提高，深入开展重点时段、重点领域安全隐患排查整治，巩固提升安全生产专项整治三年行动成果。投入 19 万元补充乡镇消防器材，乡镇消防所挂牌工作走在全市前列。投入 260 余万元开展防灾减灾工作，塔荣村被国务院评为“综合减灾示范村”。安全生产事故起数、经济损失同比实现双下降，未发生较大以上安全生产事故。

（二）民生福祉有了新提升。落实自治区“十大民生工程”，以领导干部“下基层大接访办实事”活动为契机，本级财政投入 232.5 万元解决民生实事 18 件。为疫情期间生活困难和外来务工人员发放补贴 95.92 万元。应届高校毕业生就业率 98.85%。

农牧民转移就业 1617 人，实现收入 442.4 万元，城镇新增就业 856 人，超额完成目标任务。“慧育中国・山村入户”早教项目持续推进，控辍保学保持动态清零，学校供暖实现全覆盖，中考成绩位列拉萨县区（除城关区外）第 1 名，实现历史性突破。县城内增设 8 处 240 个非机动车停车位。26 项民政重点工作任务细化分解到人持续推进，圆满完成残联换届选举工作。普乃嘎姆糌粑制作技艺、普松乡百谐雕刻品牌成功入选拉萨市级文化遗产名录，帕古庄园、麻江碉堡成为革命文物红色教育点，完成 452 件可移动文物鉴定，群众文化娱乐活动更加丰富。

（三）城乡融合迈出新步伐。三区三线划定取得阶段性成果。实施续迈乡恩布寺道路改建工程、207 省道霍德村至林岗村段挡墙、过水路面整治工程。农村公路养护里程达到 651.26 千米，行政村客车通车率达到 100%。投资 4198.75 万元实施农村安全饮水工程 5 个，投资 192.89 万元实施续迈乡霍德村拉加组高海拔供水试点工程，完成措杰水库除险加固工程和维修养护工程。建成覆盖县、乡、村三级电子政务外网专线 112 条，33 个村（居）惠民项目投入运行，新建 5G 基站 30 个。

（四）综合实力持续攀升。制定《尼木县县级领导项目包保任务分解表》，采取县级领导包项目的方式，加快项目推进工作。2022 年全县固定资产投资建设项目 115 个，开复工项目 70 个，今冬明春计划重点推进项目 48 个。帕古水库项目建设带动群众就业 70 余人，实现收入 90 万元，带动群众经营性收入 1151.76 万元。深化“放管服”改革，梳理“综合窗口”受理事项 567 项，推送“好差评”数据总量 15.22 万条，行政审批事项、便民事项办结率 100%，“12345”政务服务热线群众满意率 100%。大力实施“走出去、请进来”战略，确立招商引资重点项目库，全力推动委托代理招商工作，招商引资实现新突破，全年实际到位资金 1.09 亿元，总投资 4 亿元的中核尼木 60 兆瓦牧光互补储能光伏电站项目开工建设。千方百计保市场主体，加大对中小微企业和个体工商户帮扶力度，减轻企业负担，累计减免租金 124.77 万元，减免增值税、所得税、留抵退税 1.29 亿元。

（五）乡村振兴取得新成效。建成高标准农田 1.5 万亩，粮食产量 1.35 万吨，青稞产量 1.24 万吨，蔬菜产量 0.53 万吨，肉产量 0.35 万吨，奶产量 1.26 万吨，农业综合生产能力持续提升。全力推进第二批 8 个村“美丽乡村・幸福家园”建设和人居环境整治。完成麻江乡亚米组 37 户 245 人高海拔地区生态搬迁工作，投入 65.86 万元购买防返贫保险，守住了防止返贫底线要求。大力推进“四产业三园区”建设，有机种植产业方面，建设有机基地 3880 亩，产出有机青稞 174.2 万斤、有机油菜 27.2 万斤、有机蔬菜 124.16 万斤。特色养殖产业方面，养殖牦牛 1543 头，出栏 236 头，实现收入 212 万元，共带动群众 208 户增收 78.4 万元。生猪存栏 852 头，出栏 245 头，增收 84.47 万元，带动 23 户群众户均分红 0.25 万元，尼续村万头生猪养殖基地已完成总工程进度的 80%。藏鸡存栏 9.9 万羽，日产蛋 3.4 万枚，销售藏鸡（蛋）收入 472.21 万元。多胎羊繁殖率达到 54.4%，存栏 806 只，带动群众就业 6 户 28 人，共计增收 22.9 万元。藏香文化产业方面，实现藏香产值 3240.03 万元，藏香销售 1620.6 万元，带动 383 户 811 人实现人均收入 1.8 万元。生态旅游产业方面，接待游客 3.02 万人次，收入 1312.16 万元，景区每月安排群众就业 20 人，增收 50 余万元。“三园区”建设方面，吞弥现代农业园区产出航空蔬菜、羊肚菌等 227.1 吨，收入 336.8 万元，带动 138 户 476 人，户均增收 1.5 万元以上；吞弥经开区尼木产业园标准化厂房及水电气等附属工程建设项目于 7 月 1 日开工建设；尼弘元仓铁路公路联运物流园区投入试运营 10 个月以来，累计培训农牧民技工 35 人，带动当地大学生、货车司机稳定就业 55 人。组织当地 100 户 161 名群众务工 13278 人次，带动增收 644 万元。

（六）生态环境得到新改善。执行最严格的生态保护政策，项目环评执行率达 100%，空气环境质量始终保持优良，水质优于国家Ⅲ类标准，饮用水达标率 100%。统筹推进山水林田湖草沙冰协同治理，“四旁”植树 8.2 万株，修复退化草原 3.96 万亩。实施 8 个河湖岸线保护与利用规划编制及河湖管理范围划定工作编制。投入资金 30 万元对雅江尼木段增设防护栏300米、监督举报投诉警示牌17个。全力做好中央第二轮环保督察转办案件整改，办结销号3件，正在申请办结销号1件。

各位代表！一年来，我们大力推进金融、气象、电力、通信、工会、共青团、妇联、审计、统计、编译、工商联、残联、国防动员等各项工作，在经济社会发展中发挥了积极的作用。我们深入开展交往交流，北京市顺义区从人力、物力、财力、智力等方面大力支援尼木，双向互动交流持续深化，对口支援工作取得明显成效。我们始终坚持重大问题向县委请示报告，主动接受人大、政协及各方面监督，办理人大建议、政协提案99件，办复率100%，满意率100%。

各位代表！成绩来之不易，历程令人难忘。这些成绩的取得，根本在于习近平总书记党中央核心、全党核心的领航掌舵，根本在于习近平新时代中国特色社会主义思想的科学指引，是区市党委、政府和县委坚强领导的结果，是北京市、顺义区无私援助的结果，是全县上下众志成城、奋力拼搏的结果。我代表县政府向大家表示衷心的感谢，并致以崇高的敬意！

在此，也向各位代表说明：在8月正值投资建设的黄金期，遭遇突如其来的疫情，影响重大项目不能如期开工建设，总投资4亿元的中核尼木60兆瓦牧光互补储能光伏项目年底未能入统，导致固定资产投资未能如期完成，但后期投资发展向好。

在看到成绩的同时，我们也清醒地认识到我县经济社会发展中还存在不少困难和问题，主要是：县域经济总量不大、发展质量仍需提高；产业层次仍然较低，创新发展能力不强；民生事业还有欠账，教育、医疗等社会供给与群众的期待还有差距；少数政府工作人员思想不够解放、专业能力不够过硬，不敢担当、不善担当等问题依然存在，营商环境、服务效能还需进一步提升。对此，我们一定高度重视，采取有效措施，切实加以解决。

二、2023年经济社会发展总体要求

2023年是全面贯彻落实党的二十大精神开局之年，是实施“十四五”规划承上启下的重要之年。做好明年工作总体要求是：坚持以习近平新时代中国特色社会主义思想为指导，深入贯彻落实党的二十大精神及中央第七次西藏工作座谈会精神、习近平总书记关于西藏工作的重要指示和新时代党的治藏方略，深入贯彻落实自治区第十次党代会和区党委十届三次全会精神、王君正书记在拉萨市干部大会和在拉萨调研时的讲话精神以及在尼木调研时的讲话精神，贯彻落实拉萨市第十次党代会和市委十届四次全会精神，贯彻落实尼木县第十次党代会和县委十届四次全会精神，牢记“三个务必”、捍卫“两个确立”、增强“四个意识”、坚定“四个自信”、做到“两个维护”，统筹推进“五位一体”总体布局，协调推进“四个全面”战略布局，坚持“三个赋予一个有利于”，坚持以人民为中心的发展思想，坚持稳中求进工作总基调，坚持系统观念，立足新发展阶段，完整准确全面贯彻新发展理念，主动服务和融入新发展格局，统筹发展和安全，自觉把尼木工作置于党和国家事业全局中来研究思考，置于区市党委、政府的整体安排部署中来谋划推动，聚焦“四件大事”，锚定“四个创建、四个走在前列”，围绕当好“七个排头兵”，全面承接以“强中心”战略为抓手、“七大行动”为支撑的“1+7”贯彻体系，充分支撑首府城市功能，当好长治久安和高质量发展的排头兵，努力建设团结富裕文明和谐美丽的社会主义现代化新尼木。

综合考虑发展各种因素，2023年全县经济社会发展的主要预期目标是：地区生产总值增长10%；一般公共预算收入与2022年年初预算数持平；社会消费品零售总额增长11%；工业产值增长8%；城镇调查失业率控制在5%以内；农牧民人均可支配收入增长14%；居民消费价格涨幅控制在3.5%以内。

完成明年各项任务，必须坚持做到以下五个方面：一是坚持把党的全面领导贯穿始终。忠诚拥护“两个确立”，坚决做到“两个维护”，把党的全面领导落实到政府工作各领域各方面各环节，坚定不移沿着习近平总书记指引的方向奋勇前进。二是坚持把以人民为中心的发展思想贯穿始终。把满

足人民对美好生活的向往作为奋斗目标，在促进共同富裕上久久为功，在补齐发展短板上持续用力，让全县人民的生活年年都有新改善、一年更比一年好。三是坚持把高质量发展贯穿始终。把高质量发展作为现代化建设的首要任务，完整准确全面贯彻新发展理念，更加注重固强补弱、蓄势赋能，努力解决发展不平衡不充分的问题。四是坚持把改革创新贯穿始终。牢牢把握习近平新时代中国特色社会主义思想的世界观和方法论，坚持好运用好贯穿其中的立场观点方法，破解经济社会发展难题，办好事关长远的大事要事，不断增强现代化新尼木建设的动力和活力。五是坚持把狠抓落实贯穿始终。抓落实是我们党执政能力的重要展现，也是对各级领导干部工作能力的重要检验，更是对确定的目标任务可否顺利完成的重要保证。面对复杂严峻局面，只要我们咬定目标、坚定信心、真抓实干，就一定能克服各种各样的艰难险阻，在危机中育新机，在变局中开新局，在新征程上夺取新的胜利。

三、2023 年主要工作

刚刚召开的县委十届四次全会，对全面贯彻落实党的二十大精神和区党委十届三次全会、市委十届四次全会精神提出了新的要求。县政府要围绕县委十届四次全会确定的全面承接“强中心”战略和“七大行动”举措，理清思路、抓住重点、稳步推进。

（一）提高站位强自身，提升政府治理效能。坚持党的全面领导，牢记“三个务必”，始终做忠诚干净担当的人民公仆。强化政治建设。深刻领悟“两个确立”的决定性意义，做到“两个维护”，高质量开展学习二十大、政府“是什么、干什么、怎么干”学习实践活动，不断提高政治判断力、政治领悟力、政治执行力，自觉在思想上政治上行动上同以习近平同志为核心的党中央保持高度一致，不折不扣落实好党中央国务院决策部署和区市党委、政府及县委工作要求。坚持依法行政。牢固树立法治观念，自觉运用法治思维和法治方式推动工作，坚持政府常务会议学法制度，带头尊法学法守法用法，切实把政府工作纳入法治轨道。依法接受人大法律监督，自觉接受政协民主监督，主动接受监察监督、群众监督、舆论监督，加强审计监督、统计监督，确保行政权力始终在阳光下运行。增强干事本领。把抓落实作为政府工作的生命线，大力发扬实干作风，坚决纠治“庸懒散、推脱绕”等不良习气，全力打造想干事、能干事、敢干事的良好氛围。勇于解放思想、创新思路，敢于破解发展中的问题难题，推动各项工作走在前、做表率。

（二）标本兼治防风险，守牢安全发展底线。始终把维护安全稳定作为硬任务和第一责任，夯实和谐稳定基础。深化反分裂斗争，广泛开展国家安全教育、反分裂斗争教育，加大对危害国家安全、民族团结、影响社会局势稳定等情报信息收集研判力度，深入开展反分裂、反渗透、反自焚、反暴恐等专项斗争和“断血”、断勾连、“净网”等专项行动，夯实维稳基础。防范化解风险隐患，坚持和发展新时代“枫桥经验”，畅通和规范群众诉求表达、利益协调、权益保障通道，努力将矛盾化解在基层。巩固发展平等团结互助和谐的社会主义民族关系，增进各民族“五个认同”。依法管理宗教事务，持续淡化宗教消极影响，积极引导宗教与社会主义社会相适应。开展“法律七进”活动，提高全社会法治意识和法治观念。加强安全生产和食品安全工作，常态化开展安全隐患“大排查、大整治、大起底”行动，坚决守好安全发展底线。提高智慧治理能力，推进各类系统整合、平台对接、资源共享，加快村居治理、疫情防控、公共安全、突发事件、市场监管、寺庙等智慧治理应用场景建设，提高治理效能。深化城镇网格化和“双联户”服务管理，不断完善社会治安防控体系和城乡维稳防控网络，提升精准化、精细化服务管理水平。

（三）坚定不移强产业，不断增强发展后劲。坚持“三个赋予一个有利于”，提升“四产业三园区”质效，着力构建具有尼木特色、比较优势的现代产业体系。夯实有机种植产业保障力。按照有机农业“3212”工程和“三步走”实现路径，持续推进“果蔬菌肉蛋奶”六大品牌建设，全力打造拉萨市中高端农产品生产供应基地。谋划良种选育工作，积极创建自治区青稞、油菜、饲草良种示范基地。筑牢有机养殖产业支撑力。持续推进牦牛、生猪、藏鸡、藏羊产业化、规模化养殖。牦牛育肥按照“一总场四分场”发展布局，着力将麻江总场打造成自治区级牦牛良种繁育示范基地，将卡如分场打造成“放牧＋补饲”相结合的短期育肥示范基地，将续迈、帕古分场打造成标准化短期育肥示范基地，将尼木分场打造成拉萨市牧繁农育示范基地，力争全县出栏牦牛 3000 头以上。生猪养殖着力提升产业化、规模化水平，建成万头生猪养殖基地，力争 2023 年年底养殖规模达到 2 万头，逐步打造成自治区最大的生猪繁育示范基地、冷鲜肉储备基地。藏鸡养殖借助 4 个标准化养殖合作社带动家庭分散式养殖，力争养殖规模达到 20 万—30 万羽，争取创建自治区最大的藏鸡养殖示范基地。藏羊养殖通过自繁自育模式扩大养殖规模，着力构建“一场四区”发展格局，积极打造自治区级藏羊良种繁育示范基地。提升藏香文化带动力。坚定不移走规模化、产业化、市场化藏香发展路子，传承和发扬国家非物质文化遗产时代价值，着力推动尼木藏香与其他省市香道文化、技术、市场相融合，推动尼木藏香产值实现第二次飞跃，让藏香文化产业成为尼木农牧民持续稳定增收的支柱产业。增强生态旅游竞争力。按照全域旅游“π”字形发展格局，以“雅鲁藏布江·尼木大峡谷”品牌塑造为主线，主动融入“拉北环线”，培育一批集“旅游＋文化＋农业＋康养＋研学＋科普”等为一体的生态旅游新业态，推进生态旅游产业与有机种植产业、特色养殖产业、藏香文化产业良性互动、一体发展。借助吞巴、卡如区位优势，致力将吞巴打造成国际藏香康养小镇，将卡如打造成拉萨西温泉康养小镇。发挥园区引领力。吞弥现代农业园区在“自治区级农业科技示范园区”基础上争取创建“自治区级农业示范园区”。吞弥经开区尼木产业园区通过招商引资、企业合作等方式，积极发展民族手工业、绿色建材业、战略性新兴产业，着力打造成现代科技和市场元素相结合的绿色工业园区。尼弘元仓供应链经济港物流园区及时调整完善试运营阶段发现的问题，为正式运营奠定良好基础，早日实现规上工业零的突破。激活绿色工业驱动力。构建以新能源、民族手工业为主，具有尼木特色的现代工业体系。立足拉萨大力支持发展新能源的实际，加快发展清洁能源业，建成中核尼木 60 兆瓦牧光互补储能光伏电站项目。大力发展民族手工业，探索藏纸、雕刻传统手工业和地区特色商品机械化改造。

（四）持之以恒优环境，激发发展动力活力。坚持把改革开放作为高质量发展有力抓手，以改革增动力，以开放强活力。积极推进重点领域改革。持续深化“放管服”改革，推进行政许可标准化、联审联批便民化。加快推进“互联网＋政务服务”，开展“一窗式”并联审批，提高县乡政务服务中心“一站式”功能，积极探索“一枚公章管审批”模式。全面推行“证照分离”，开展营商环境“最后一公里”专项整治。进一步落实减税降费政策，降低企业成本，不断激发市场主体活力。促进各类市场主体平等进入、公平竞争，推进事前监管向事中事后监管转变，全面推行证明事项告知承诺制，实现“双随机、一公开”监管常态化。继续深化农业农村改革。清理“空壳”农牧民合作社。巩固农村清产核资工作成果，开展农村集体资产占有、收益、有偿退出试点工作，推动资源变资金。实施农业综合行政执法体制改革。加强土地流转价格指导，助推农牧业规模化、集约化发展。持续推进国有企业改革。巩固国有企业改革三年行动成果，加快发展城投、净土 2 家县属企业，以高效的执行力实现国企改革向纵深推进。积极推进创新驱动发展。不断优化“大众创业、万众创新”环境，加强“双创”载体服务管理工作。进一步深化与北京顺义区科技创新合作，打造协同创新共同体。加大青稞增产、牦牛育肥、藏鸡孵化等产业发展基础研究力度。拓展提升对外开放水平。不断深化与区内外城市、北京顺义区全方位交流合作。吸引区内外企业和人才到我县投资兴业。加强与北京援藏指挥部沟通对接，多争取带动能力强、发挥效益明显的产业项目。积极推进“组团式”援藏工作，加大与顺义区双向人才交流力度。推动产业招商引资，优化项目招引和落地的要素整合方式，积极招引产业龙头企业和补链、延链、强链项目。

（五）全力以赴强县域，推进城乡融合发展。以“美丽尼木”为主题，以基础设施为支撑，加快推进城乡一体化发展进程。提升县城辐射能力。紧密结合县城总体规划，不断完善基础设施建设，创新加强城市管理，开展广告牌整理、乱停乱放等城市治理专项行动。加快推进拉萨至日喀则高等级公路和尼木互通至县城10.8千米连接线建设，以县城发展辐射带动乡村。提升乡（镇）示范带动能力。积极依托所在乡（镇）、村的优势资源，大力发展有特色、可持续、附加值高的优势产业。大力扶持农牧民专业合作社、家庭农场（牧场）等新型经营主体。积极扶持村级集体经济发展，不断增强村集体自我发展、自我服务、自我管理能力和水平。大力改善水电路广播电视网络等基础设施，提升农牧区宜居水平。加大新型职业农牧民培养力度，以发展现代农业为主要目标，努力构建现代化农业产业体系、生产体系、经营体系，推动农业现代化发展。结合村规民约、法治宣传和乡贤文化，积极构建自治、法治、德治相结合的乡村治理体系。提升城乡融合能力。加强垃圾和生活污水处理设施建设，持续改善农村人居环境，建设精致、特色、宜居美丽乡村，助推乡村振兴战略深入实施。修建道路里程18千米、安全生命防护栏4.3千米。曲林村、卡如村争创综合减灾示范村。

（六）尽心竭力增福祉，提高人民生活品质。聚焦群众最关心、最直接、最现实的利益问题，促进发展成果共建共享。全力加强美丽家园建设。积极推进吞达村、吞普村、根培村、卡如村“美丽乡村·幸福家园”建设行动计划整村推进项目，加快实施村庄规划编制，启动6个宜居宜业和美乡村建设。全力提高就业质量和水平。持续引导高校毕业生转变就业观念，大力实施“六个一批”行动，全力推动应届高校毕业生就业创业，确保高校毕业生就业率保持在95%以上。压实“县班、乡办、村队”责任，积极推进有组织的转移就业，落实项目“三规”要求，持续提升农牧民群众工资性收入比例。常态化做好零就业家庭动态清零工作。全力办好人民满意的教育。立足教育高质量发展，大力实施“一个继续、六个提升”行动，推动“六大校园”建设，持续推进县域义务教育优质均衡发展，加大校园安全隐患整改力度。深入推进教育数字化转型，大力实施信息化发展2.0行动计划，争创“互联网+教育”示范县，积极争取资金将县中心小学打造成为数字化智慧校园。持续改善办学条件，加快推进吞巴镇小学恢复办学，推进供氧全覆盖，建设县北京中心幼儿园改扩建、朗堆村幼儿园、中学提升改造、尼木乡完小风雨操场等一批项目。优化办学布局，论证推进高海拔年级集中办学模式。全力加快健康尼木建设。积极推进疾控中心建设项目、尼木县人民医院（医养结合康复中心）提标扩能建设项目、尼木县藏医院藏医药能力提升建设项目和尼木县帕古乡卫生院建设项目。统筹推进乡镇卫生院和村卫生室标准化建设。健全卫生应急扁平智慧体系，做好常态化疫情防控。加快推进“三医”联动改革，积极做好“二乙”医院复审工作。推进智慧医疗建设，开展好县乡一体化建设、医疗服务水平提升和医疗资源下沉等相关工作。深化医疗“组团式”援藏，强化医疗卫生人才队伍建设。全力健全社会保障体系。加快社会保险标准化建设，建立最低生活保障标准动态调整机制，推进3岁以下婴幼儿照护服务，规范老年人日间照料中心运营管理，实施帕古乡彭岗村农村幸福院项目。加快6个村级养老驿站建设。推进基层医保服务网点建设，完善异地就医直接结算。依托“美丽乡村·幸福家园”建设行动，统筹提升农房居住功能和建筑风貌，改善农牧民住房条件和居住环境。全力推动文化繁荣发展。积极推进县级文物保护单位文物建设控制地带划分工作。开展第三批县级传承人评选。继续做好文化惠民、“送戏下乡”和濒危剧种演出及非物质文化遗产进校园工作。

（七）坚持不懈抓生态，夯实绿色发展根基。以更高站位、更严标准、更大力度全面提升生态文明建设水平，促进人与自然和谐共生。打好污染防治攻坚战。坚持“三高”“十五小”企业项目零审批、零引进，加强重点领域扬尘管控，确保空气质量保持优良。系统做好水环境综合治理和水生态保护，推进城镇雨污分流整治、污染源全覆盖实时监测。全面落实河（湖）长制和林长制，扎实做好水源地保护和尼木玛曲综合整治及森林保护工作。全面开展禁化肥、禁农药有机种植。大力开展农牧区公共厕所建设和农户卫生厕所改造。全面推进垃圾分类工作。深入做好第二轮中央生态环境保护督查整改“后半篇”文章。加强生态保护修复。实行水资源、建设用地等总量与强度双控行动,降低资源消耗。开展全县自然保护地统计调查,明确自然保护区规模和划定区域。巩固推进国土绿化,开展植树造林5万株以上。健全完善湿地保护体系,确保自然湿地保护率稳定在60%以上。积极推进绿色发展。鼓励引导利用新能源、可再生能源,提高秸秆综合利用效率。加大矿山综合整治,巩固绿色矿山创建成效。倡导简约适度、绿色低碳生活方式。

各位代表!新思想引领新征程,新时代需要新作为。让我们更加紧密地团结在以习近平同志为核心的党中央周围,坚持以习近平新时代中国特色社会主义思想为指导,在区市党委、政府和县委的坚强领导下,贯彻党的二十大精神,落实区党委十届三次全会、市委十届四次全会和县委十届四次全会部署,投身“新时代新尼木两步走”具体实践,踔厉奋发、勇毅前行,为全面建设团结富裕文明和谐美丽的社会主义现代化新尼木而不懈奋斗。

名词解释(以文中出现先后为序)

1.“四联四包”:地级干部联县包乡、县级干部联乡包村、科级干部联村包组、一般干部和社区干部联组包户。

2.“三个意识”:国家意识、公民意识、法治意识。

3.“三区三线”:城镇空间、农业空间、生态空间三种类型空间对应的区域,以及分别对应划定的城镇开发边界、永久基本农田保护红线、生态保护红线三条控制线。

4.“四产业三园区”:“四产业”即有机种植产业、有机养殖产业、藏香文化产业、生态旅游产业;“三园区”即吞弥现代农业产业园区、吞弥经开区尼木产业园区和吞弥尼弘元仓铁路公路联运物流园区。

5.“三个务必”:务必不忘初心、牢记使命,务必谦虚谨慎、艰苦奋斗,务必敢于斗争、善于斗争。

6.“两个确立”:确立习近平同志党中央的核心、全党的核心地位,确立习近平新时代中国特色社会主义思想的指导地位。

7.“四个意识”:政治意识、大局意识、核心意识、看齐意识。

8.“四个自信”:道路自信、理论自信、制度自信、文化自信。

9.“两个维护”:坚决维护习近平总书记党中央的核心、全党的核心地位,坚决维护党中央权威和集中统一领导。

10.“五位一体”:经济建设、政治建设、文化建设、社会建设、生态文明建设。

11.“四个全面”:全面建设社会主义现代化国家、全面深化改革、全面依法治国、全面从严治党。

12.“三个赋予一个有利于”:坚持所有发展都要赋予民族团结进步的意义,都要赋予维护统一、反对分裂的意义,都要赋予改善民生、凝聚人心的意义,都要有利于提升各族群众获得感、幸福感、安全感。

13.“四件大事”:稳定、发展、生态、强边。

14.“四个创建、四个走在前列”:着力创建全国民族团结进步模范区、努力做到民族团结进步走在全国前列,着力创建高原经济高质量发展先行区、努力做到高原经济高质量发展走在全国前列,着力创建国家生态文明高地、努力做到生态文明建设走在全国前列,着力创建国家固边兴边富民行动示范区、努力做到固边兴边富民行动走在全国前列。

15.“当好七个排头兵”:在坚定捍卫“两个确立”、坚决做到“两个维护”上当好排头兵,在维护社会和谐稳定、实现长治久安上当好排头兵,在着力创建全国民族团结进步模范区上当好排头兵,在着力创建高原经济高质量发展先行区上当好排头兵,在着力创建国家生态文明高地上当好排头兵,在着力创建国家固边兴边富民行动示范区上当好排头兵,在全面加强党的建设上当好排头兵。

16.“1+7”贯彻体系:“强中心”战略,强看齐、强治理、强团结、强经济、强生态、强后方、强党建七大行动。

17.“五个认同”:对伟大祖国、中华民族、中华文化、中国共产党、中国特色社会主义的认同。

18.“六个一批”:招聘市场灵活就业一批、公招考试考录就业一批、县域企业定向招聘一批、创业扶持带动就业一批、对口援藏区外就业一批、政府购买兜底就业一批。

19. 项目“三规”要求：政府投资项目当地劳动力和机械使用率要达60%以上，400万元以下项目交由当地农牧民施工队，当地农牧民施工队承建项目要求带动当地用工率80%以上。

20. “一个继续、六个提升”：继续开展“培养什么人、怎样培养人、为谁培养人”专题教育；思想政治教育水平全面提升，教学质量全面提升，职业教育发展水平全面提升，教育资源配置全面提升，教师和校长能力素质全面提升，教育治理能力水平全面提升。

21. “六大校园”：文明校园、书香校园、健康校园、智慧校园、绿色校园、平安校园。

22. “三医”联动改革：医保体制改革、卫生体制改革与药品流通体制改革联动。

23. “三高”：高污染、高耗能、高耗水。

24. “十五小”：小造纸、小制革、小染料、土炼焦、土炼硫、土炼砷、土炼汞、土炼铅锌、土炼油、小选金、小农药、小漂染、小电镀、土石棉制品、土法放射性制品等。

政协尼木县委员会常务委员会工作报告

——在政协第三届尼木县委员会第三次会议上

尼木县政协主席 杜开凡

（2022 年 12 月 28 日）

2022 年工作回顾

一年来，在县委的坚强领导下，在市政协的精心指导下，在县人大、县政府的大力支持下，政协第三届尼木县委员会及其常委会坚持以习近平新时代中国特色社会主义思想为指导，全面学习宣传贯彻落实党的二十大精神、中央第七次西藏工作座谈会精神、习近平总书记关于加强和改进人民政协工作的重要论述和习近平总书记关于西藏工作的重要指示及新时代党的治藏方略，团结带领广大政协委员，锚定“四件大事”“四个确保”，聚力“四个创建”“四个走在前列”、当好“七个排头兵”，着力把党的创新理论转化为推进政协事业发展的实践力量，着力把人民政协制度优势转化为治理效能，在推进尼木长治久安和高质量发展进程中贡献了政协力量。

一、坚持党的全面领导，坚定正确政治方向

一是积极学习二十大精神。开幕式当天，全体政协委员积极收看、收听党的二十大实况，全体机关干部在防疫一线通过线上、自学等形式深刻领悟二十大报告的精神实质，进一步坚定拥护“两个确立”，增强“四个意识”、坚定“四个自信”、做到“两个维护”。二是自觉服从县委领导。县政协坚持凡是开展的重要工作、组织的重要活动、完成的重要任务，都及时向县委请示报告，自觉将县委作出的决策部署和对政协的工作要求落实好。三是党组引领政协工作。县政协坚持重大问题党组研究、重要决策党组决定、重大工作党组安排，努力使党的主张转化为政协委员的自觉行动，使政协委员的共同意志成为党的施政方向。一年来，召开党组会议 4 次、常委会议 4 次，讲党课 3 次，撰写心得体会 8 篇。

二、积极参与疫情防控，在大战大考中展现政协担当

新冠肺炎疫情发生后，县政协认真落实疫情防控工作各项要求，积极构筑抵御疫情的严密防线，为坚决打赢疫情防控阻击战贡献了政协力量。一是突出政治引领，形成抗疫合力。及时传达学习中央、区、市、县有关疫情防控工作会议精神，结合疫情防控新形势，研究部署落实疫情防控各项工作。配合县委、县政府做好社会动员、答疑解惑、安定人心、稳定局势等工作。向政协委员发出《致政协委员的一封信》，号召广大政协委员带头做好科学防疫、进行正确引导，鼓励委员充分发挥自身专业优势和职业特长，积极投身疫情防控第一线，做好医疗支援、健康指导、慈善捐赠、知识普及等工作，切实把人民政协的制度优势转化为疫情防控的治理效能。二是化身战役“大白”，投身一线冲锋。县政协机关干部闻疫而动、全员出击，在疫情防控最吃紧的关头，全部化身为“大白”，一直冲锋在抗疫第一线，在不同岗位上均圆满完成了工作任务。广大政协委员响应号召、逆势前行，深入乡镇、村组、方舱、隔离点、隔离酒店等，发挥战斗力，一仗一仗打，一关一关扛，为打赢疫情防控阻击战、夺取疫情防

控成果贡献了政协力量。三是彰显政协优势,各条战线助力。充分发挥政协组织人才荟萃、智力密集的优势,鼓励政协委员利用各自界别资源,在疫情防控工作中充分发挥专业作用,展现出共克时艰、抗击疫情的强大合力。如教体文卫界委员积极参与医疗救助、核酸检测等工作。农牧科技界委员及时加大生产力度,为广大群众提供更加充足的生活保障。工商界委员积极开展捐款捐物等活动,疫情期间共计捐款捐物近 20 万元。宗教界委员遵守防疫规定,主动减少宗教佛事活动,积极配合落实各项防疫措施。县政协副主席仁金罗布带头捐赠价值 38000 元的物资。

三、紧扣中心协商议政,着力提高履职水平

扎实开展委员视察调研。开展视察活动,是政协履行参政议政职能最直接、最有效的形式。年初,组织农牧科技界委员到吞弥现代农业产业园区就乡村振兴工作开展实地视察调研;5 月中旬,带领我县国企负责人和相关政协委员到林周县就国企改革工作进行专题调研。5 月初,接待那曲市尼玛县政协委员调研组一行赴吞巴镇水磨长廊和普松乡雕刻合作社等地调研;7 月底,贵州黔东南苗族侗族自治州政协一行赴尼木县开展文化旅游助推乡村振兴视察调研活动。通过视察调研,使政协委员明确了参政议政的主要方向,强化了政协委员的义务与职责,为委员更好参政议政打下了基础。

加大民主监督力度。尼木县政协主动探索民主监督的新形式、新方法,不断完善民主监督机制,畅通民主监督渠道,加大民主监督力度。一年来,选派政协委员参加民主评议、行风测评、审判听证等活动 11 次。

提高提案工作质量。提案涉及民生问题最为集中,是政协最具特色的履职形式。三届二次会议以来,广大政协委员紧紧围绕县委、县政府的中心工作和人民群众普遍关心的热点、难点问题,共收到提案和建议 30 件,涉及乡村振兴、环境保护、教育卫生、社会治理、民生改善等方面。目前,经各承办单位积极努力,县政协三届二次会议以来的 30 件提案已全部办结,办复率 100%,满意率 100%。

禁白工作成效显著。一是加大"禁白"宣传力度。采用发放宣传海报、手册,张贴标语,在农牧民、学生、干部职工中广泛开展"禁白"宣传教育,向群众讲清"禁白"的目的意义,教育群众主动拒绝使用白色塑料袋,自觉控制白色垃圾,有力提升了全县群众的环保意识。一年来,开展"禁白"宣传 10 余次,发放环保袋 3000 余个。二是加强监督检查。一年来,共执法检查 10 余次,对县内餐饮店、农贸市场、商店等不定时检查,对存在问题、违规使用白色塑料袋的部分商家采取没收塑料袋、口头警告,并依照相关规定进行了停业整顿、批评教育等。三是开展清扫活动。一年来,共组织白色垃圾大扫除活动 15 次,对田间地头、山坡林地、房前屋后、公路两旁、河道两岸的白色垃圾进行了清扫,清除各类垃圾约 190 余吨,有力地推进了"禁白"行动,美化了尼木环境。

四、以委员建设为主体,全面加强自身建设

一是及时举办委员培训班。坚持政协委员是政协工作主体的定位,以如何做一名合格委员为主线,按照"懂政协、会协商、善议政,守纪律、讲规矩、重品行"的要求,年内围绕党的二十大精神、中央第七次西藏工作座谈会精神、习近平总书记视察西藏时的讲话精神、区市县第十次党代会精神、区市政协工作会议精神及委员能力素质提升举办了 2 次专题培训班。二是落实"四联四包"工作机制暨"大宣讲大调研大排查大落实"和结对帮扶等活动。党组成员分别到所联系乡(镇)、村开展各类活动 30 余次,为群众解决实际困难 20 余件。三是成立基层"政协委员之家"。为进一步激发政协活力,更好地发挥政协委员的作用,为政协委员知情明政打造履职平台,尼木县政协积极响应市政协号召,创新政协工作方式,于 5 月 25 日、26 日在 8 个乡镇挂牌成立"政协委员之家",并为每个乡镇"政协委员之家"争取办公活动经费 5 万元。

各位委员,一年来,县政协工作所取得的这些成绩,是以习近平同志为核心的党中央掌舵领航的结果,是县委坚强领导的结果,是县人大、县政府大力支持的结果,是社会各界积极帮助的结果,凝结了广大政协委员、政协各参加单位的智慧、心血和汗水。在此,我代表县政协第三届尼木县委员会常

务委员会，向所有关心、支持政协工作的各级组织、各位领导及广大政协委员致以崇高的敬意和衷心的感谢！

我们清醒认识到，面对新时代新任务新要求，工作中还存在一些差距和不足，主要是：思想政治引领还需进一步加强；建言资政质量有待进一步提高；专门协商机构的作用发挥还不够充分；委员作业完成质量还不够高等等。这些都需要我们高度重视，切实加以解决。

2023 年工作建议

2023 年，县政协工作的总体思路是：坚持以习近平新时代中国特色社会主义思想为指导，深入贯彻落实党的二十大精神及中央第七次西藏工作座谈会精神、习近平总书记关于西藏工作的重要指示和新时代党的治藏方略，深入贯彻落实区党委十届三次全会精神、王君正书记在拉萨市干部大会和在尼木调研时的讲话精神，牢记“三个务必”、捍卫“两个确立”、增强“四个意识”、坚定“四个自信”、做到“两个维护”，聚焦“四件大事”，锚定“四个创建、四个走在前列”，围绕当好“七个排头兵”，贯彻落实市委、县委十届四次全会精神，坚持发扬民主和增进团结相互贯通、建言资政和凝聚共识双向发力，积极投身“强中心”战略和“七大行动”，为建设团结富裕文明和谐美丽的社会主义现代化新尼木作出新的更大贡献。

一、坚持用习近平新时代中国特色社会主义思想武装头脑

把学习贯彻习近平新时代中国特色社会主义思想和党的二十大精神作为首要政治任务，构建党组带头学、常委会集中学、委员培训学等形式多样、相互补充的学习制度体系，持之以恒抓好理论学习，持续在学懂弄通做实上下功夫，不断增强思想的政治引领力。一是把加强思想政治引领、广泛凝聚共识作为履职工作的中心环节，坚持“双向发力”，引导委员捍卫“两个确立”，增强“四个意识”，坚定“四个自信”，做到“两个维护”，坚定不移走中国特色社会主义政治发展道路。二是把加强思想政治引领、广泛凝聚共识贯穿政治协商、民主监督、参政议政的全过程，不断建立完善“双向发力”的程序和机制，推动各族各界人士实现思想上共同进步。

二、大力推进履职能力建设

深刻认识人民政协处于凝心聚力第一线、决策咨询第一线、协商民主第一线、国家治理第一线，是党和国家“一线”工作的重要组成部分，着力提高政治把握能力、调查研究能力、联系群众能力、合作共事能力。一是 2023 年县政协将联合县委党校开展 2 次以上党的二十大精神暨履职能力提升专题培训。使广大政协委员进一步深刻理解和把握人民政协的新方位新使命，明确和掌握新时代履行政协职能的规律、特点和方法，充分发挥政协委员的主体作用，围绕建设团结美丽健康幸福新尼木参政议政、献计出力。二是继续做好政协工作向基层延伸，为政协委员进乡村、近群众持续创造条件。2023 年，县政协将大力指导各乡镇“政协委员之家”工作，推动基层委员列席乡、村民生项目、乡村振兴等方面工作会议，架起政协机关、政协委员与群众之间的“连心桥”。

三、提高建言资政质量

充分发挥政协组织人才荟萃、智力密集的优势，在掌握情况上下功夫，在解决问题上见成效。切实紧扣中心任务，围绕县委“新时代新尼木两步走”“四产业三园区”发展布局和“1234555”25 项措施，建真言、谋良策、出实招。遵循“党政所需、人民所盼、政协所能”的原则，深入困难多、矛盾大的地方，扭住问题，解剖麻雀，研究对策，推动调研工作走深走细走实。探索协商式监督的有效方法，融协商、监督、参与、合作于一体，突出问题导向，反映真实情况，提出合理建议，助推县委重大决策部署的贯彻落实。

四、发挥好桥梁纽带作用

做好政协工作，最突出的是要上下联动、左右协同，使政协努力成为“坚持和加强党对各项工作领导的重要阵地、用党的创新理论团结教育引导各族各界人士的重要平台、在共同思想政治基础上化解矛盾和凝聚共识的重要渠道”。始终坚持党中央

和区市县委有要求，政协必须有行动，做到县委决策部署推进到哪里，政协工作就跟进到哪里，及时将县委的决策部署传达落实到位。继续深入基层群众当中，围绕县委县政府重视、人民群众关心的环境保护、水利交通、乡村振兴等问题，通过提案工作、社情民意、调研报告等途径反映出来，努力为群众办实事办好事，让群众感到人民政协离自己很近。

各位委员，人心是最大的政治，共识是奋进的动力。让我们更加紧密地团结在以习近平同志为核心的党中央周围，坚持以习近平新时代中国特色社会主义思想为指引，在县委的坚强领导下，围绕中心、服务大局，发挥优势、履职尽责，为全面建设社会主义现代化新尼木贡献智慧和力量。

大事记

1月

3日 县委副书记、县长次旺多杰督导检查尼木县“三大节日”和两会期间新冠疫情防控工作。

5日 县委书记杜国君到吞弥现代农业园区调研有机种植产业发展情况。

同日 县委书记杜国君到尼木乡卫生院接种点调研新冠疫苗接种情况，实地查看预检接种候诊区、登记区、接种区、留观区等接种环境设置情况，详细了解农牧民群众特别是3岁以上儿童、60岁以上老年人接种情况、面临的困难和存在的问题。

15日 中国共产党尼木县第十届委员会第三次全体会议胜利召开，会议由县委常委会主持。县委书记杜国君作讲话，县委副书记、县长次旺多杰部署2022年经济工作。

17日 政协第三届尼木县委员会第二次会议开幕。

同日 县委书记杜国君主持召开尼木县2022年两会党员大会。

18—19日 尼木县第十四届人民代表大会第三次会议召开。

20日 尼木县召开2022年尼木县离退休老干部迎新春座谈会，县委书记杜国君，县委副书记、县长次旺多杰，县人大常委会党组书记、主任尼玛次仁，县政协党组书记、主席杜开凡出席会议，会议由县委副书记蔡红梅主持。驻县98名离退休干部职工应邀参加座谈会。

21日 尼木县召开县委常委班子2021年度党史学习教育专题民主生活会。县委书记杜国君主持会议，市委组织部机构编制综合科科长曾祥学到会指导。

23日 尼木县委召开乡镇党委书记、行业系统党（工）委书记（分管领导）2021年度抓基层党建工作述职评议会。县委书记杜国君主持会议并讲话。

24日 县委副书记、县政府党组书记、县长次旺多杰主持召开中共尼木县人民政府党组班子2021年度党史学习教育专题民主生活会。

28日 尼木县委召开改进作风狠抓落实工作专题会议。县委副书记、县进一步改进作风狠抓落实工作领导小组组长蔡红梅出席会议并讲话。县委常委、组织部部长、县进一步改进作风狠抓落实工作领导小组副组长曾小周主持会议。

29日 尼木县召开2022年全县政法工作会议。县委常委、政法委书记加永曲培主持会议。

30日 尼木县召开春节、尼木年、藏历新年期间疫情防控工作安排部署会议。县委副书记、县长、县应对疫情工作领导小组组长次旺多杰出席会议并讲话。

2月

8日 拉萨市交通运输局局长索朗多吉一行到

尼木县调研农村公路养护工程项目基本情况。

9—11 日　县委副书记、县长次旺多杰到吞巴镇、卡如乡、尼木乡调研指导产业发展情况。

16 日　县委副书记、县长次旺多杰到尼木县烈士陵园，调研指导烈士陵园设施整修项目和烈士纪念馆提升改造项目。

17 日　尼木县召开 2022 年度生态环境保护工作暨迎接第二轮中央生态环境保护督察工作部署会议。县委副书记、县长次旺多杰出席会议并讲话。

18 日　尼木县召开 2021 年度县直机关、事业单位党组织书记抓基层党建工作述职评议会。县委常委、组织部部长曾小周主持会议。

21—22 日　县委副书记、县长次旺多杰带队调研指导尼木县生态环境治理、生态环境保护情况，督导检查麻江乡强聂村天利公司探矿便道生态恢复等生态环境保护督察反馈问题整改情况。

24 日　县委副书记、县长次旺多杰到麻江乡检查指导亚米组生态搬迁后续产业建设和动物疫病防治情况，看望慰问搬迁群众。

3 月

1 日　拉萨市副市长陆从福一行到尼木县开展领导干部“下基层大接访办实事”活动并调研指导工作。

1—6 日　拉萨市政协副主席刘亮到尼木县普松乡开展“领导干部下基层大接访办实事”活动，调研指导维稳安保、新冠疫情防控、矛盾纠纷排查、乡村振兴等工作开展情况。

1—6 日　拉萨市科技局党组副书记、局长张永祥到尼木县卡如乡开展“领导干部下基层大接访办实事”活动，调研指导产业发展、寺庙管理等工作，宣讲中共十九届六中全会精神。

2—6 日　拉萨市师范高等专科学校党委书记余凤萍到尼木县麻江乡开展“领导干部下基层大接访办实事”活动，调研指导新冠疫情防控、社会稳定、安全生产等重点工作开展情况。

4 日　拉萨市人民检察院检察长明马丹增到尼木县帕古乡开展“领导干部下基层大接访办实事”集中法治宣讲活动。

10 日　县委书记杜国君主持召开尼木县迎接第二轮中央环保督察工作推进会。

同日　尼木县召开拉萨市直单位优秀年轻干部到尼木县挂职锻炼见面会。

13 日　县委副书记、县长次旺多杰到县中学调研指导教育教学、校园安全、疫情防控等工作。

16—17 日　拉萨市生态环境保护督察四组一行到尼木县开展督察工作。

17 日　拉萨市教育局副局长陈渠汇一行到尼木县各中小学校（幼儿园）督导检查疫情防控、春季开学、校园安全等工作开展情况。

19 日　中国共产党尼木县第十届纪律检查委员会第二次全体会议举行，县委书记杜国君出席会议并讲话。

同日　尼木县召开 2021 年度述责述廉暨质询评议会，县委书记杜国君主持会议并讲话。

21 日　西藏自治区党委副书记、自治区主席、拉萨市委书记严金海到尼木县调研产业发展、维护稳定等工作，开展领导干部“下基层大接访办实事”活动。

同日　拉萨市统计局二级巡视员仓琼、拉萨市统计局党组书记杨如军一行到尼木县统计局，调研指导统计工作。

22—23 日　拉萨市第四维稳督导组进驻尼木县开展重点工作督导检查。

24 日　拉萨市委常委、常务副市长毛东军一行到尼木县麻江乡、帕古乡开展“下基层大接访办实事”活动，调研指导维护稳定、经济发展、民生保障等工作。

同日　尼木县举行 2022 年项目开复工仪式。县委副书记、县长次旺多杰出席仪式并讲话。

同日　尼木县开展纪念西藏百万农奴解放 63 周年暨“3 月综治宣传月”系列活动。拉萨市委宣传部副部长、市文化局党组书记张碧芳，县委书记杜国君，县委副书记、县长次旺多杰及在岗县级领导出席活动。

25 日　尼木县召开第二轮中央生态环境保护

督察工作动员会和部署会。

同日 西藏自治区宣讲团一行到尼木县开展纪念西藏民主改革63周年宣讲报告会。

27日 县委副书记、县长次旺多杰主持召开尼木县配合第二轮中央生态环境保护督察工作第六次推进会。

28日 尼木县举行“升国旗、唱国歌”仪式，庆祝西藏民主改革和百万农奴解放63周年。

同日 县委副书记、县长次旺多杰主持召开尼木县配合第二轮中央生态环境保护督察第一次调度会，安排部署相关工作。

31日 县委副书记、县长次旺多杰主持召开2022年第一季度全县安全生产工作会议。

同日 尼木县开展“保护雅江·杜绝垃圾——尼木在行动”生态环境保护志愿者服务活动。

4月

1日 县委副书记、县长次旺多杰主持召开尼木县新冠肺炎疫情防控工作推进会，对全县疫情防控重点工作进行再安排再部署再强调，确保各项工作落实落细。

2日 尼木县组织社会各界在革命烈士陵园举行以“缅怀革命先烈，传承红色基因”为主题的公祭活动，缅怀英烈。

7日 县委副书记、县长、县信访工作联席会议第一召集人次旺多杰主持召开2022年全县第一次信访工作联席会议，传达学习中央和区市领导相关指示批示精神以及讲话精神，安排部署信访相关工作。

8日 尼木县委召开2022年第一季度改进作风狠抓落实工作调度会。

同日 县委副书记、县长、县应对疫情工作领导小组组长次旺多杰调研防疫物资储备库的物资储备和发放使用情况、备用集中隔离场所的基础设施、物资准备、医务服务、清洁消毒、安全管理、后勤保障人员力量配备等情况，提出相关要求。

14日 尼木县召开市域社会治理现代化试点工作推进会，县委书记、县市域社会治理领导小组组长杜国君出席会议并作讲话，县委副书记索朗次仁安排部署市域社会治理工作。

15日 拉萨市宣讲团成员廖承英到尼木县作纪念西藏民主改革63周年宣讲报告。

18日 拉萨市政协党组书记、主席尼玛，市政协党组成员、副主席宋留柱，市政协秘书长邹玉明及市政协各专委会负责人一行就“基层基础薄弱、人员力量薄弱”问题到尼木县调研。

同日 县委常委、纪委书记、监委主任、巡察工作领导小组常务副组长栾天主持召开2022年第4次巡察工作领导小组会议，传达学习全国巡视工作会议暨十九届中央第九轮巡视动员部署会议精神、全区巡视巡察工作会议暨十届区党委第一轮巡视动员部署会议精神，安排部署下一步工作。

18—19日 西藏自治区党委常委、拉萨市委书记普布顿珠一行到尼木县调研指导维护稳定、乡村振兴、特色产业发展、生态保护、教育、基层党建等情况。

20日 拉萨市农业农村局党组书记崔勇刚一行到尼木县调研指导农畜产品加工企业、合作社、家庭农牧场的发展情况。

同日 尼木县召开县委党的建设（基层组织建设）工作领导小组2022年第1次会议暨基层党建工作重点任务推进会。

25日 尼木县委常委、政法委书记加永曲培调研指导尼木县铁路护路联防工作，详细询问和了解生产生活和铁路护路工作开展情况。

同日 尼木县召开县城车辆乱停乱放及县域环境卫生专项整治行动动员部署会议。

26日 尼木县召开中央环保督察转办问题整改工作推进会，县委书记杜国君主持会议并讲话，县委副书记、县长次旺多杰安排部署中央环保督察转办问题整改工作。

同日 尼木县举行新华书店揭牌仪式，县委常委、宣传部部长张文明主持揭牌仪式。

同日 尼木县政府召开2022年度全县消防工作会议暨消防安全大检查动员部署会议。

27日 尼木县人民政府召开第十四届人民政

府廉政工作会议，县委副书记、县长次旺多杰出席会议并讲话。

28 日 团县委举行尼木县 2022 年“红领巾奖章”二星章颁章仪式。

29 日 县委副书记、县长、县应对疫情工作领导小组组长次旺多杰主持召开尼木县“五一”国际劳动节期间疫情防控工作部署会，对各项重点工作进行再安排再部署再强调。

5 月

5 日 西藏自治区统计局执法处副处长张海燕、拉萨市统计局党组书记杨如军一行到尼木县调研指导尼木县统计基层基础建设情况。

6 日 县委副书记、县长、县级总河湖长次旺多杰主持召开尼木县河湖长制工作会议，总结 2021 年尼木县河湖长制工作开展情况，安排部署 2022 年河湖长制工作。

8 日 县委副书记、县长次旺多杰到麻江乡督导检查领导干部“下基层大接访办实事”活动推进情况，调研解决高海拔地区群众饮水问题。

9 日 十届尼木县委组织召开第二轮巡察工作动员部署会，县委书记、县委巡察工作领导小组组长杜国君出席会议并讲话。

同日 县委书记杜国君到麻江乡牦牛繁育基地、人工种草项目点实地调研 2021 年度麻江乡牦牛繁育基地人工种草产业项目及收入分红情况。

同日 县委副书记、县长次旺多杰到县税务局调研指导税务工作，详细了解办税大厅日常运行情况和县税务局精神文明建设情况。

10 日 拉萨市增收工作调研组一行到尼木县调研指导增收举措落地落实情况、乡村增收进展情况、“项目三规”政策执行情况。

同日 尼木团县委举办庆祝中国共产主义青年团成立 100 周年活动，组织各乡（镇）团委、各村（居）团支部、全县各中小学校和县消防救援大队共计 2000 余名青年干部、共青团员、少先队员，通过电视或网络观看直播，认真聆听总书记的重要讲话精神。

同日 尼木县举办“喜迎二十大，礼赞新时代”、“书香拉萨”农牧民国家通用语言诵读比赛尼木赛区预赛活动。

同日 尼木县减灾委员会在塔荣镇塔荣村党群服务中心举行第 14 个“5・12”全国防灾减灾宣传周启动仪式暨系列宣传培训活动。

11 日 西藏自治区文明办综合处处长侯晓东一行到尼木县调研指导新时代文明实践所（站）等工作。

同日 拉萨市委宣传部副部长、市文明办主任王忠九带队测评尼木县爱国主义教育基地，对部分村（居）“农家书屋”、新时代文明实践所（站）管理情况进行督导检查。

12 日 拉萨市教育局党组副书记、局长、二级巡视员普琼一行就贯彻落实自治区党委、拉萨市委书记普布顿珠在尼木调研教育工作时的指示精神进行检查指导。

17 日 县委副书记、县长次旺多杰到塔荣镇督导检查领导干部“下基层大接访办实事”活动推进情况。

18 日 尼木县召开深化改革工作、政协工作、工会工作专题会议，传达学习习近平总书记在中央政协工作会议暨庆祝中国人民政治协商会议成立 70 周年大会上的讲话精神；习近平总书记关于工人阶级和工会工作的重要论述；党中央和区市党委、深改委相关会议精神。

24 日 县委副书记、县长次旺多杰主持召开尼木县“三区三线”划定工作会议。

同日 尼木县召开学习贯彻习近平总书记在庆祝中国共产主义青年团成立 100 周年大会上的重要讲话精神座谈会。

25 日 尼木县召开 2022 年防汛抗旱工作安排部署会。

同日 尼木县召开“双拥”工作领导小组全体会议和县委退役军人事务工作领导小组全体会议，总结工作、部署任务。

26 日 县委副书记、县长次旺多杰到帕古乡督导区、市、县领导干部“下基层大接访办实事”活动民生实事项目办理情况。

31日 尼木县举行安全生产月活动启动仪式。

6月

1日 县委副书记、县长次旺多杰一行到县中心幼儿园、县北京中心幼儿园，与少年儿童共度“六一”国际儿童节，看望慰问广大一线教育工作者。

2日 尼木县召开宗教界深入开展“国家意识、公民意识、法治意识”教育动员部署会。

8日 尼木县食安委召开创建国家食品安全示范城市（以下简称创城）工作推进会，传达学习《国家食品安全示范城市省级评审操作指南》，安排部署相关创城工作。

同日 县委副书记、县长次旺多杰一行到续迈乡尼续村、安岗村等地检查指导夏季防汛抗旱工作。

9日 县委书记、县委巡察工作领导小组组长杜国君主持召开十届尼木县委第二轮巡察阶段性汇报会暨县委巡察工作领导小组2022年第6次会议，市委巡察办副主任才华道吉、市委巡察办督查科副科长毛凯到会指导。

15日 尼木县人民法院在拉萨市中级人民法院第二法庭公开审理尼木县麻江乡原党委副书记、人武部部长杨某涉嫌挪用公款犯罪一案。

17日 县委副书记、县长次旺多杰主持召开尼木县新冠肺炎疫情防控工作推进会，对全县疫情防控工作进行再安排再部署。

同日 县委副书记、县长次旺多杰到帕古乡彭岗村督导检查帕古水库建设项目环保整改落实工作推进情况。

21日 尼木县宗教界举行“三个意识”教育启动仪式暨开展学习教育第二次推进会。

23日 县委副书记、县长次旺多杰主持召开尼木县草原承包经营权确权登记颁证工作动员部署会，会上次旺多杰代表县政府与各乡（镇）签订《草原承包经营权确权登记颁证工作目标责任书》。

同日 尼木县召开就业创业工作推进会。

28日 西藏自治区人大常委会内务司法工作委员会副主任赵桂英、自治区人民检察院副检察长格桑旺姆等一行到尼木县就《中华人民共和国国家安全法》《西藏自治区人民代表大会常务委员会关于加强新时代检察机关公益诉求工作的决定（草案）》贯彻情况开展执法检查和立法调研。

30日 拉萨市“三个意识”教育宣讲团第三分团一行到尼木县开展“坚持中国共产党领导”主题宣讲。

同日 尼木县召开统计造假不收手不收敛问题专项纠治动员部署会议。

7月

1日 尼木县举办喜迎中共二十大暨“铸牢中华民族共同体意识 强国复兴有我”群众性庆“七一”主题文艺演出活动。拉萨市文化局党组成员、二级调研员达娃次仁，拉萨市歌舞团书记、国家一级演员洛桑扎西出席活动。

4日 尼木县召开“大宣讲大调研大排查大落实”动员部署会。

7日 联县包乡地级领导、拉萨市人民检察院党组书记、检察长明马丹增，联乡包村县级领导、市检察院党组副书记、副检察长金美，尼木县委常委、政法委书记加永曲培及联村包组、联组包联户科级干部等到帕古乡开展“大宣讲大调研大排查大落实”活动。

8日 联县包乡地级领导、拉萨师范高等专科学校党委书记余凤萍一行到尼木县麻江乡开展“四联四包”工作机制暨“大宣讲大调研大排查大落实”活动。

10日 拉萨市人民检察院党组成员、副检察长晓红，党组成员、三级高级检察官索朗旺杰一行到尼木县开展领导干部“四联四包”大宣讲之法治进校园活动。

14日 尼木县召开“北京尼木心连心、同心共筑中国梦”主题第九批援藏干部座谈会。

同日 拉萨市委常委、宣传部部长、尼木县“四联四包”工作总领队王慧一行到尼木乡组织召开推行领导干部常态化“四联四包”工作机制暨“大宣讲大调研大排查大落实”活动座谈会。

17日 尼木县村(居)干部国家通用语言文字培训暨“大宣讲大调研大排查大落实”活动宣讲骨干培训班开班仪式在拉萨师专继续教育部举行。

19日 县委副书记、县长次旺多杰先后到普松乡、塔荣镇、卡如乡督导调研推行领导干部常态化“四联四包”工作机制暨“大宣讲大调研大排查大落实”活动开展情况。

24日 北京市第九批第三期、第十批第一期医疗援藏干部人才压茬交接会在尼木县政府举行。北京市卫健委党委委员、副主任高坚,县委副书记、县长次旺多杰,北京市卫健委干部人事处副处长智利平,拉萨市卫健委副主任、北京市第九批医疗援藏领队张国红出席会议。

同日 尼木县召开欢迎北京市顺义区第十批援藏干部人才座谈会。

26日 县委常委、组织部部长、巡察工作领导小组副组长曾小周主持召开十届尼木县委第二轮巡察终期汇报会暨县委巡察工作领导小组2022年第七次会议。

27日 尼木县各乡(镇)消防工作所成立挂牌仪式在县消防救援大队隆重举行。县委副书记、县长次旺多杰,拉萨市消防救援支队党委委员、副支队长张国富出席,县委常委、副县长李中福主持挂牌仪式。

31日 贵州省黔东南苗族侗族自治州政协委员一行到尼木县开展文化旅游助推乡村振兴调研活动,实地调研吞弥·桑布扎旅游景点、吞巴藏香产业、平谷大桃等产业发展情况。

8月

2日 尼木县总工会召开六届二次全委会,县委常委、组织部部长曾小周,政协副主席、工会主席候选人肖鸿彪及25名委员参加会议,以无记名投票形式选举肖鸿彪为工会委员、常务委员、主席,选举德吉央宗为工会委员、常务委员、副主席。

同日 尼木县组织全县寺庙僧尼开展“三个意识”教育国家通用语言演讲比赛。

7日 尼木县召开2022年下半年房屋市政领域安全生产、文明施工、新冠疫情防控工作安排部署会议。

14日 县委副书记、县长次旺多杰到各乡(镇)、村(居)督导检查核酸采样、卡点检查等疫情防控工作开展情况。

20日 县委书记杜国君,县委副书记、县长次旺多杰,县委副书记索朗次仁到尼木县医院传染病房和香庭阁酒店、锦源宾馆、渝豪宾馆3个集中隔离点督导检查疫情防控工作。

23日 县委负责人赵铁岭,县委副书记、县长次旺多杰,县委副书记蔡红梅,到县人民医院检测点、卡如一级检查站等交通卡点、香庭阁酒店等隔离点和部分乡镇督导检查疫情防控工作。

27日 尼木县应对新冠肺炎疫情工作领导小组办公室发布公告,经专家研判,未发现传染源进入社会面,实现社会面清零,并将有序恢复社会正常生产生活秩序。

28日 尼木县第八批支援城关区抗疫志愿服务队出发到城关区支援抗疫工作,副县长多吉欧珠担任志愿服务队领队,此批志愿服务队共30人(其中医护人员5人)。

29日 县委负责人赵铁岭,县委副书记、县长次旺多杰,到普松乡、续迈乡和尼木乡检查督导疫情防控工作,实地查看防疫工作台账和工作开展情况,慰问各交通卡点一线防疫工作人员。

31日 西藏自治区人大常委会副主任马升昌一行到尼木县开展校园疫情防控专项督导检查。

9月

1日 西藏自治区农业农村厅副厅长林木、种植业管理处处长陈以生和农科院农业所达瓦顿珠组成的工作组一行,到尼木县检查指导疫情防控期间“三秋”“菜篮子”保供工作。

2日 县委副书记、县长次旺多杰主持召开全县新冠肺炎疫情防控调度会，传达学习区市疫情防控调度会议精神，听取各专项组、各乡镇工作汇报。

3日 县委负责人赵铁岭到尼木县融媒体中心调研指导疫情防控宣传报道工作，详细了解机构设置、人员配备、运营模式和疫情期间的宣传报道等方面情况，代表县委县政府慰问一线宣传报道工作人员。

4日 县委负责人赵铁岭，县委副书记、县长次旺多杰一行到卡如一级检查站、吞巴镇卡点和桥头卡点等9个卡点检查督导疫情防控工作。

5日 尼木县肺炎疫情实现动态清零。

同日 县委副书记、县长次旺多杰主持召开尼木县项目复工复产工作专题会议，听取全县复工复产项目准备情况，安排部署复工复产相关工作。

6日 县委负责人赵铁岭以电视电话的形式主持召开全县新冠肺炎疫情防控工作领导小组会议。

9日 尼木县应对新冠肺炎疫情工作领导小组办公室发布《尼木县有序恢复市场主体复商复市告知书》，全县71家与民生息息相关的市场主体实现复商复市，保障了群众正常生产生活需求。全县33个行政村（居）和县城内29处居民生活小区已有序恢复开放，城市“烟火味”逐步回归。

10日 县委负责人赵铁岭到县疫情防控办、县中心小学看望慰问疫情防控一线工作人员、教师和教育工作者。

12日 县委负责人赵铁岭以电视电话的形式主持召开新冠肺炎疫情防控工作调度会，安排部署全县常态化疫情防控工作。

15日 县委副书记、县长次旺多杰到尼木乡督导调研复工复产复市工作。

16日 县委召开“三农”工作会议，传达学习中央、区、市经济工作会议、农村工作会议精神，通报上半年“三农”工作开展情况，安排部署下半年工作。

20日 县委负责人赵铁岭到塔荣镇、尼木乡、续迈乡督导调研复工复产工作，实地察看项目建设情况。

22日 拉萨市委常委、政法委书记、公安局党委书记普卫东一行到尼木县公安局包保支援城关区执勤点检查指导工作。

23日 县委负责人赵铁岭到各乡（镇）督导检查外出务工人员返乡工作推进情况，实地察看返乡人员临时安置点选址，听取临时安置点物资储备、工作流程等情况汇报。

24日 县委负责人赵铁岭到寺庙督导调研宗教领域疫情防控工作，了解寺庙基本情况，听取疫情防控措施落实、生活物资保障等情况。

26日 县委负责人赵铁岭到帕古乡帕古村、彭岗村督导检查外出务工人员返乡保障工作，了解有意愿返乡人员和临时安置点疫情防控措施、物资保障等情况，实地查看临时安置点选址。

同日 普松乡夏荣寺、乳巴寺、达金寺筹措资金，为尼木县农牧民群众及抗疫一线工作人员捐献大米、面粉、食用油、方便面等价值13.5万元的生活物资；县政协副主席、夏荣寺负责人仁青罗布个人出资捐赠价值3.8万元的生活物资。

29日 县委负责人赵铁岭主持召开县委全面深化改革委员会2022年第二次会议，深入学习贯彻习近平总书记关于全面深化改革、西藏工作的重要指示和新时代党的治藏方略，学习区市党委全面深化改革委员会会议精神，安排部署尼木县全面深化改革相关工作。

同日 尼木县委召开人才工作会议，县委负责人赵铁岭出席会议并讲话，县委副书记、县长次旺多杰主持会议。

30日 尼木县开展“9·30”烈士纪念日公祭活动。

10月

1日 尼木县举行“升国旗、唱国歌”仪式。

1—3日 县委负责人赵铁岭到续迈乡、吞巴镇、麻江乡、卡如一级检查站疫情防控点督导调研疫情防控工作，详细了解卡点近期过往车辆、人员登记、核酸查验、检测和通行等情况，协调解决卡点存在困难和问题。

5 日 拉萨市委督导组尼木组组长、市委组织部四级调研员尼玛次仁一行到尼木县麻江乡朗堆村雪格拉山卡点督导检查疫情防控工作。

12 日 县委负责人赵铁岭到尼木乡曲林村、日措村和返乡人员临时安置点督导调研疫情防控、服务保障等工作。

14 日 县委常务副书记、常务副县长李明杰到塔荣镇督导检查疫情防控工作。

16 日 尼木县组织各族干部群众收听收看中共二十大会议开幕式。

23 日 县委负责人赵铁岭通过电视电话形式，主持召开学习宣传贯彻中共二十大精神专题辅导会。会议邀请中国人民大学习近平新时代中国特色社会主义思想研究院副院长、博士生导师王向明作专题辅导报告。

24—28 日 县委负责人赵铁岭，县委副书记、县长次旺多杰一行到各乡（镇）和卡如乡吉瓦防控堤工程、铁路联防大队一中队建设项目、续迈乡种猪繁育及生猪产业化基地等项目现场，督导检查复工复产情况和疫情防控措施落实情况，宣讲中共二十大精神。

29 日 县委负责人赵铁岭主持召开学习贯彻中共二十大精神领导干部大会，对学习贯彻中共二十大精神进行再安排再部署。

30 日 尼木县支援城关区志愿服务队临时党支部书记栾天主持召开临时党支部会议，传达学习中共二十大精神，安排部署支援主城区志愿队学习宣传贯彻工作。

31 日 县委副书记、县长次旺多杰以视频连线方式主持召开尼木县复工复产复商复市专题会议，安排部署复工复产复商复市工作。

11 月

1 日 县委负责人赵铁岭，县委副书记、县长次旺多杰一行，以“四不两直”方式到麻江乡检查指导疫情防控和 1.2 万亩人工种草项目收割工作。

同日 尼木县举行挂职干部下乡送任仪式，安排 11 名市委组织部年初选派的挂职干部转任乡（镇）挂职工作。

5 日 县委副书记、县长次旺多杰主持召开全县高校毕业生就业创业工作专题会，研究分析当前高校毕业生就业面临的形势，安排部署全县高校毕业生就业创业工作。

同日 尼木县召开今冬明春森林草原防灭火工作部署会议。

8 日 县委负责人赵铁岭到普松乡普松村宣讲中共二十大精神。强调，要迅速营造学习宣传贯彻中共二十大精神的浓厚氛围，通过学习不断增强对中共二十大精神的政治认同、思想认同、理论认同、情感认同，不断增强贯彻落实中共二十大精神的政治自觉、思想自觉和行动自觉。

17 日 总投资 4 亿元的中核尼木 60 兆瓦牧光互补储能光伏项目开工奠基仪式在尼木县续迈乡河东村举行。

18 日 县委负责人赵铁岭，县委副书记、县长次旺多杰一行到尼木县税务局督导调研疫情防控和复工复产工作。

19 日 县委副书记、县长次旺多杰主持召开尼木县今冬明春重点项目建设工作安排部署会议。

同日 尼木县委农村工作领导小组（尼木县委实施乡村振兴战略领导小组）召开 2022 年巩固拓展脱贫攻坚成果同乡村振兴有效衔接考核评估动员部署会。

20 日 县委负责人赵铁岭，县委副书记、县长次旺多杰一行到尼木乡完小、续迈乡完小督导检查学校开复学工作。

23 日 西藏自治区党委书记王君正一行到尼木县宣讲中共二十大精神并调研。

24 日 县委副书记、县长次旺多杰到麻江乡朗堆村宣讲中共二十大精神和区党委十届三次全会精神。

30 日 西藏自治区宣讲团成员、自治区社会科学院（社科联）一级巡视员程越到尼木县作宣讲报告。

12月

2日 尼木县首届农牧民国家通用语言文字演讲比赛活动以线上形式顺利举办。

4日 尼木县召开市域社会治理现代化试点工作及《中国共产党政法工作条例》学习贯彻落实情况迎检动员部署会。

同日 县委副书记、县长次旺多杰主持召开中核尼木60兆瓦牧光互补储能光伏项目推进会。

9日 县委负责人赵铁岭主持召开县委党的建设(基层组织建设)工作领导小组2022年第三次会议,安排部署2022年度党组织书记抓基层党建工作述职评议考核有关工作。

19日 尼木县残疾人联合会第一次代表大会召开。

20日 县委负责人赵铁岭主持召开2022年党委议军会议。

21日 拉萨市委常委、宣传部部长,尼木县"四联四包"工作总领队王慧一行,到尼木县尼木乡宣讲中共二十大精神、区党委十届三次全会和市委十届四次全会精神。

22日 中国共产党尼木县第十届委员会第四次全体会议召开。全会由县委常委会主持,县委负责人赵铁岭代表县委常委会向全会作工作报告。

23日 县委副书记、县长次旺多杰主持召开政府常务会(扩大)会议,传达学习习近平总书记对非物质文化遗产保护工作作出的重要指示以及区市主要领导近期重要讲话、重要指示精神,安排部署近期重点工作。

同日 尼木县县域节水型社会达标建设工作通过自治区水利厅技术评估及验收。

28日 县委副书记、县长次旺多杰主持召开尼木县两会党员大会。

28—30日 尼木县第十四届人民代表大会第四次会议、中国人民政治协商会议第三届尼木县委员会第三次会议胜利召开。

县情概览

【基本情况】 尼木县地处雅鲁藏布江中游北岸，系前后藏接合部，地势北高南低，尼木河两岸为代表的河谷地区，地势平坦，平均海拔 4000 米，境内最高点琼穆岗峰，海拔 7048.8 米，最低点为玛曲河汇入雅鲁藏布江处，海拔为 3701 米。2022 年用水总量 4122 万立方米，全县范围内有 27 个河湖段，525 处农村水源点，水塘 158 座，水库 2 座；建成水厂 1 座，日供水量 5000 立方米。属高原温带半干旱季风气候区，四季分明，夏季雨水集中，日光辐射强，年日照时数 3616.1 小时，年无霜期 197 天，年降水量 340.2 毫米。距离拉萨市约 137 千米，辖 33 个村（居），135 个自然组，2022 年全县人口 7957 户 35555 人，其中农村常住人口 29529 人。

全县面积约 32.7 万公顷，以农牧业为基础产业，净土健康产业为支柱产业，藏鸡养殖业为农牧业特色产业。农业包括青稞、小麦、豌豆、油菜、土豆等作物，畜牧业包括牦牛、绵羊、山羊等。耕地面积 5420 公顷，粮食播种面积 2284.11 公顷，经济作物播种面积 521.66 公顷，林地面积 15690.01 公顷。国家级野生保护动物有豹子、岩羊、狗熊、猞猁、獐子、黑颈鹤等，已探明矿产资源有铜、钼、泥炭等。

【经济发展】 2022 年，完成地区生产总值 13.02 亿元，同比下降 0.4%，全社会固定资产投资同比下降 11.9%，工业产值 9081 万元，同比下降 10.7%，社会消费品零售总额 2.06 亿元，同比下降 13%，一般公共财政预算收入完成 1.7779 亿元，同比增长 52.91%，农牧民人均可支配收入 20359 元，同比增长 7.3%。

【文化旅游】 尼木县在西藏的文明发展史上有着举足轻重的地位，这里不仅是藏文字创始人吞弥・桑布扎的故乡，更是传承藏文化的故乡。尼木县拥有十项国家级、自治区级和拉萨市级非物质文化遗产，是西藏民族手工业传承最为丰富的地区之一，其中藏香、藏纸和雕刻并称“尼木三绝”。千百年来，这些手艺代代相传，成就了尼木“拉萨作坊”的美名，这种传承，尼木人称之为“匠人精神”。2022 年，接待游客 3.02 万人次，收入 1312.16 万元，景区每月安排群众就业 20 人，增收 50 万余元。

【社会保障】 2022 年，落实自治区“十大民生工程”，以领导干部“下基层大接访办实事”活动为契机，本级财政投入 232.5 万元，解决民生实事 18 件。为疫情期间生活困难和外来务工人员发放补贴 95.92 万元。应届高校毕业生就业率 98.85%。农牧民转移就业 1617 人，实现收入 442.4 万元，城镇新增就业 856 人，超额完成目标任务。“慧育中国・山村入户”早教项目持续推进，控辍保学保持动态清零，学校供暖实现全覆盖，中考成绩位列拉萨县区（除城关区外）第 1 名，实现历史性突破。县城内增设 8 处 240 个非机动车停车位。

普乃嘎姆糌粑制作技艺、普松乡百谐雕刻品牌成功入选拉萨市级文化遗产名录，帕古庄园、麻江碉堡成为革命文物红色教育点，完成452件可移动文物鉴定，群众文化娱乐活动更加丰富。完成麻江乡亚米组37户245人高海拔地区生态搬迁工作，投入65.86万元购买防返贫保险，守住防止返贫底线要求。完成建档立卡（农村低保）大学生154人资助工作，兑现区、县两级资助金95.07万元。检测群众房屋4302户，完成2021年24户房屋改造任务，补贴资金36万元。

【特色产业】 传统尼木藏香古配方升级项目完成申报，在北京市顺义区建立尼木藏香专卖店，实现藏香产值3240.03万元，藏香销售1620.6万元，带动383户811人实现人均收入1.8万元。藏鸡产业规模不断扩大，销路不断拓展，藏鸡养殖累计达到35.5万羽，藏鸡存栏9.9万羽，日产蛋3.4万枚，销售藏鸡（蛋）收入472.21万元。产出航空航天果蔬、羊肚菌等227.1吨，收入336.8万元，带动138户476人，户均增收1.5万元。生猪自繁自育产业体系基本建立，累计出栏育肥猪910头，生猪存栏852头，2022年出栏245头，增收84.47万元，带动23户群众户均分红0.25万元，尼续村万头生猪养殖基地已完成总工程进度的80%；牦牛育肥"一总场四分场"格局基本成型，累计育肥出栏牦牛2696头，实现收入2318.27万元，2022年共带动群众208户增收78.4万元。吞弥现代农业园区被评为"自治区级农业科技示范园区"，尼弘元仓供应链经济港项目沥青存储加工开始投用。

【基础设施建设】 拉日高等级公路和尼木连接线建设稳步推进。"三区三线"划定取得阶段性成果。实施续迈乡恩布寺道路改建工程，207省道霍德村至林岗村段挡墙、过水路面整治工程。农村公路养护里程达到651.26千米，行政村客车通车率达到100%。投资4198.75万元实施农村安全饮水工程5个，投资192.89万元实施续迈乡霍德村拉加组高海拔供水试点工程，完成措杰水库除险加固工程和维修养护工程。建成覆盖县、乡、村三级电子政务外网专线112条，33个村（居）惠民项目投入运行，新建5G基站30个。

【生态文明建设】 2022年，加快推进林岗、聂玉、尼木、东松、尼续5个村"美丽乡村·幸福家园"建设行动，整合涉农资金推进塔荣村、尼木村、尚日村、日措村实施人居环境整治。执行最严格的生态保护政策，项目环评执行率达100%，空气环境质量始终保持优良，水质优于国家Ⅲ类标准，饮用水达标率100%。统筹推进山水林田湖草沙冰协同治理，"四旁"植树8.2万株，修复退化草原3.96万亩。实施8个河湖岸线保护与利用规划编制及河湖管理范围划定工作编制。投入资金30万元对雅江尼木段增设防护栏300米、监督举报投诉警示牌17个。全力做好中央第二轮环保督察转办案件整改，办结销号3件，申请办结销号1件。

（金芳琳）

中国共产党尼木县委员会

综述

【概况】 2022年，中共二十大胜利召开，党和国家事业在新的历史起点上开启新的征程。县委常委会在党中央和区市党委的坚强领导下，高举习近平新时代中国特色社会主义思想伟大旗帜，团结带领全县广大干部群众，投身“现代尼木三步走”具体实践，高效统筹疫情防控和经济社会发展，踔厉奋发、勇毅前行，推动经济社会发展各项事业不断迈上新台阶。

【政治建设】 2022年，县委常委会坚持把党的政治建设放在首位，坚决把捍卫“两个确立”、做到“两个维护”作为最高政治原则和根本政治规矩贯穿到一切工作中，不断提高政治判断力、政治领悟力、政治执行力，确保习近平总书记重要指示批示和党中央、区市党委决策部署在尼木大地落地生根。

年内，先后召开29次常委会（扩大）会议、29次县委理论学习中心组学习会进行传达学习部署，真正把习近平新时代中国特色社会主义思想融入血液。分层次组织学习培训，全县各级党组织书记带头讲党课、作专题辅导报告。深入学习宣传贯彻中共二十大精神。紧扣迎接服务和学习宣传贯彻中共二十大工作主线，制定下发喜迎中共二十大宣传文化活动工作方案，广泛开展庆祝中国共产党成立101周年、喜迎中共二十大“10项活动”，全方位多角度营造喜迎二十大氛围。组织2.6万名党员干部群众收听收看中共二十大开幕盛况，认真学习报告精神。大会胜利闭幕后，县委立即召开学习贯彻中共二十大精神领导干部大会，制定下发深入学习宣传贯彻中共二十大精神实施方案。邀请中央、区市党校专家进行专题辅导，召开县委常委会和理论中心组集中学习研讨，成立县级宣讲团，县委常委带头深入乡镇、村（居）、分管领域开展宣讲，迅速在全县上下

2022年5月17日，县委书记杜国君（中）一行到农行尼木县支行调研指导工作

2022年9月20日，县委负责人赵铁岭（左二），县委副书记、县长次旺多杰（右一）一行督导调研尼续万头生猪养殖场建设项目复工复产情况

掀起学习宣传贯彻中共二十大精神热潮，有力推动了中共二十大精神深入人心、落地生根。

【廉政建设】 年内，县委常委严格落实“两个责任”，纵深推进党风廉政建设和反腐败斗争。建立政治监督清单化管理机制，着力强化对“一把手”和领导班子监督，推动政治监督具体化、常态化。持续纠治“四风”问题，对全县重点工作落实情况开展监督检查，发现并纠正问题5个。常态开展会风会纪督导，约谈违反会风会纪人员3名、通报9名、批评教育11人。紧盯重要节点开展监督检查，发现并纠正问题23个。聚焦疫情防控责任落实，检查社会面“防治管”工作1162次，发现并纠正立行立改问题358个，下发监察建议书1份，督促整改问题4个，给予行政警告处分1人，诫勉谈话10人，约谈1人，提醒谈话5人，批评教育15人。开展十届尼木县委第二轮巡察工作，对9家单位党组织开展常规巡察，发现并反馈问题185个。坚持重遏制、强高压、长震慑，2022年共处置问题线索11件，立案4件，给予党纪政务处分5人，组织处理12人，运用第四种形态查办案件1件，移送司法机关1人。坚持以案为鉴，组织干部旁听审判以案促治，召开警示教育大会以案促改。

【民主法治】 年内，县委常委始终深入贯彻落实习近平法治思想，树牢总体国家安全观，坚持底线思维和问题导向，做到警钟长鸣，警惕常在，抓实抓细维稳措施，做好萨噶达瓦、中共二十大等重要时间节点维稳安保工作，确保全县社会大局和谐稳定；深入开展专项行动，持续深化反分裂、反渗透、反自焚、反暴恐和扫黑除恶、“断血断勾连”、打非治乱等专项斗争，始终保持高压严打态势，坚决守住“不出事、不添乱”底线。

年内，共收缴处置散装柴油1200升、散装汽油61升、管制刀具182把、枪爆物品（子弹）5发、过期食品500余千克。依法严厉打击涉枪涉爆、电信网络诈骗、“盗抢骗”“黄赌毒”“散布涉政治谣言”等违法犯罪活动，有力打击了违法犯罪分子的嚣张气焰。严格落实国务院安全生产十五条措施，深入开展安全生产专项整治三年行动，排查整改各类安全隐患1536处，下发整改通知书4份，有效遏制各类公共安全事故的发生，全力保障人民群众的生命财产安全。

【民族团结】 年内，县委常委坚持以习近平总书记关于加强和改进民族工作的重要思想为指导，全面落实中央民族工作会议精神，加强民族团结创建，推动各民族深入交往交流交融、共同团结奋斗，不断提高民族宗教工作法治化水平，全力维护全县民族团结进步和宗教领域和谐稳定。抓好民族团结进步创建。成立民族团结进步模范创建领导小组及办公室，制定下发《尼木县贯彻落实西藏自治区民族团结进步模范区创建规划（2021—2025年）实施方案》，争取专项资金100万余元。以铸牢中华民族共同体意识为主线，统筹推进民族团结进步“九进”工程，着力深化内涵、彰显特色，持续营造各民族团结一家亲的良好氛围。开展宣传宣讲300余场次，发放调查问卷470余份、宣传资料2000余份，受众4000余人次；张贴广告海报700余张，制作民族团结宣传片和宣传歌曲，建设民族团结公园、文化长廊。

年内，累计推荐评选国家级、自治区级、市级民族团结模范奖项59家单位和个人，尼木县被自治区、拉萨市评为民族团结进步模范县（区），卡如一级公安检查站、帕古乡等10家单位被自治区或拉萨市评为民族团结进步模范单位；3个家庭、12名干部群众被自治区或拉萨市评为民族团结进步模范家庭。

【意识形态】 年内，为守好意识形态阵地，县委常委全面落实"两个活动""三项措施"，健全完善"管肚子"和更要"管脑子""三同步"工作机制，教育引导群众理性对待宗教，依靠勤劳智慧过好今生幸福生活，不断坚定感党恩听党话跟党走的信心和决心。大力弘扬社会主义核心价值观，推动42个新时代文明实践中心（所、站、基地）规范化运行，开展曲艺宣传进村（居）活动48场次，组织开展纪念西藏百万农奴解放63周年、"盛世中国、幸福西藏""升国旗、唱国歌""尼木县喜迎党的二十大""铸牢中华民族共同体意识 强国复兴有我"等活动，策划拍摄"非凡十年·尼木""谈变化、感党恩""学习二十大、践行二十大"等短视频，持续壮大主流思想舆论、弘扬主旋律、传播正能量。

同时，县委常委加强和创新寺庙管理。坚持"五个有利于"标准，严守"三个不增加"底线，依法依规推进寺庙场所、人员、财务、佛事活动管理。2022年稳步推进10座寺庙的财税监管工作，完成寺庙房屋结构安全性检测、消防评估、土地确权等工作。及时调整充实22名县级领导、7个乡镇党政正职、10名统战民宗干部、41名寺管干部"一对一""一对多"联系指导22座寺庙和僧尼，牢牢掌握寺庙管控主动权。扎实推进"三个意识"教育，持续深化"遵行四条标准、争做先进僧尼"教育实践活动，各级宣讲团深入寺庙开展集中宣讲40余次，覆盖僧尼800余人次，组织寺庙僧尼实地参观吞弥现代产业园区、烈士陵园、举办演讲比赛、召开谈心谈话会、集中收看中共二十大开幕会等活动，积极引导藏传佛教与社会主义社会相适应。

2022年2月25日，县委副书记蔡红梅（中）到帕古乡彭岗村易地扶贫搬迁点进行节日慰问

【"四产业三园区"】 年内，随着"果蔬菌肉蛋奶"6大品牌建设大力推进，尼木县被打造成拉萨市中高端农产品生产供应基地，种植粮食作物3.42万亩，产出有机青稞87.1万千克、有机油菜13.6万千克、有机蔬菜62.08万千克，农业综合生产能力持续提升。特色养殖产业方面，以麻江乡为总场，卡如、续迈、帕古、尼木乡为分场的牦牛养殖"一总场四分场"发展布局已初步形成，截至年底，共养殖牦牛1543头，出栏236头，收入212万元，共带动群众208户增收78.4万元。此外，积极打造拉萨最大的生猪繁育示范基地、冷鲜肉储备基地，截至年底，出栏肥猪269头，增收86.14万元。尼续村万头生猪养殖基地已完成总工程进度的80%。藏鸡养殖借助4个标准化养殖合作社带动家庭分散式养殖，不断扩大养殖规模。截至年底，存栏藏鸡8.9657万羽，日产蛋3.084万枚，销售藏鸡（蛋）收入472.21万元。绵羊养殖以争创良种繁育示范场为目标，依托民兵先锋模范养殖基地，积极探索品种选育和改良工作。截至年底，多胎羊繁殖率达到54.4%，存栏806只，带动群众就业6户28人，共计增收22.9万元。藏香文化产业方面，按照"123"发展思

路、“四位一体”发展布局和“四体一位”带动机制，深度挖掘藏香文化内涵，根据藏香传承人香道等级进行高中低档次分类、价格划定、包装设计和产品开发，着力推动尼木藏香与其他省市香道文化、技术、市场相融合。截至年底，实现藏香产值3240.03万元，藏香销售1620.6万元，带动383户881人实现人均收入1.8万元。生态旅游产业方面，以“雅鲁藏布江·尼木大峡谷”品牌塑造为主线，按照“π”字形发展格局，致力将吞巴打造成国际藏香康养小镇，将卡如打造成拉萨西温泉康养小镇。截至年底，接待游客3万余人次，收入1312.16万元，景区每月安排群众就业20人，增收50万余元。“三园区”建设方面，吞弥现代农业园区着力推动产业化发展、打造现代农业样板，在成功创建“自治区级农业科技示范园区”基础上，争创“自治区级农业示范园区”。全年共产出航空蔬菜、羊肚菌等227.1吨，收入336.8万元，带动138户476人，户均增收1.5万元。吞弥经开区尼木产业园区以提升全产业链水平作为主攻方向，吞弥拉萨经开区尼木产业园标准化厂房及水电气等附属工程建设项目于7月1日开工建设。尼弘元仓铁路公路联运物流园区投入试运营10个月以来，累计培训农牧民技工35人，带动当地大学生、货车司机稳定就业55人；组织当地100户161名群众就近就便务工13278人次，带动增收644万元。

【民生保障】 年内，县委常委着力保障民生，人民生活得到持续改善；落实“十大民生工程”，办好民生实事，深入实施“慧育中国·山村入户”早教项目，稳步推进学前教育普及普惠发展、义务教育优质均衡发展，保持控辍保学动态清零。投资5420万元，实施教育基础设施改造升级项目11个，实现学校供暖全覆盖，严格落实“五项管理”“双减”工作，中考成绩位列拉萨县区（除城关区）第1名，实现历史性突破。普乃嘎姆糌粑制作技艺、普松乡百谐雕刻品牌成功入选拉萨市级文化遗产名录。农牧民转移就业9803人，转移收入10045.4万元。全县260名应届高校毕业生实现就业259人，就业率99.6%，为67名高校毕业生发放就业补贴、见习补贴、创业启动资金191.17万元。城乡居民基本养老保险参保率达到99%以上，医疗报销便利化改革稳步推进。疫情期间，为271名外来务工人员兑现临时性生活补助21.24万元；为961名城乡低保、特困人员、困难重度残疾人、城镇低保边缘户兑现一次性生活补贴68.64万元；为3名60—80岁新冠确诊病例老人兑现一次性补贴9000元。

【乡村振兴】 年内，尼木县委以乡村振兴“四个一线”为抓手，培育抓党建促乡村振兴示范点5个，加快推进林岗、聂玉、尼木、东松、尼续5个村“美丽乡村·幸福家园”建设行动，整合涉农资金推进塔荣村、尼木村、尚日村、日措村实施人居环境整治。持续保持控辍保学动态清零，义务教育巩固率达100%。

完成麻江乡亚米组37户245人高海拔地区生态搬迁工作，并派驻工作组持续做好搬迁后半篇文章，投入159.32万元购买防返贫保险。完成建档立卡（农村低保）大学生154人资助工作，兑现区、县两级资助金95.07万元。检测群众房屋4302户，完成2021年24户房屋改造任务，补贴资金36万元。依托帕古水库、拉日高速等一批重大项目，积极引导脱贫群众参与项目建设，就近就便就业，实现增收。2021年10月至2022年9月建档立卡脱贫群众实现人均纯收入17812.5元，同比增长13.73%。

【新冠疫情防控】 年内，县委常委始终把人民生命健康放在第一位，着力加强措施，统筹做好新冠疫情防控工作。在区市党委的坚强领导下，始终坚持人民至上、生命至上，毫不动摇落实“外防输入、内防反弹”总策略和“动态清零”总方针，270个基层党组织闻令而动、尽锐出战，近300名骨干党员在核酸检测组、流调组、转运组、物资保障组等各条战线日夜奋战，2万余名农牧民党员和群众同舟共济、守望相助，自觉协助、配合、服从疫情防控工作，坚决阻断疫情传播链条，加快恢复正常生产生活秩序，全县重点项目复工45个，复工率64.29%，其他市场主体复商复市780个。积极开展“无疫乡村”“无疫单位”“无疫社区”创建活动。扎实有序推进纾困扶持政策落实落地落细，全力保障群众生活需求。

（刘南坤）

【机构领导】

县委书记

杜国君（8月到拉萨市城关区主持工作）

赵铁岭（8月主持工作）

县委副书记、县长

次旺多杰（藏族）

县委常务副书记、常务副县长

李明杰（7月任）

县委副书记

索朗次仁（藏族）

蔡红梅（女，1月任）

张晓柱（5月任）

办公室工作

【概况】 2022年，尼木县委办公室紧紧围绕全县工作中心，充分发挥参谋助手、组织协调、政务服务、督促检查等职能，创新机制，扎实工作，有力保证和促进了各项工作的高效运行，取得了较好的工作效果。

【保密工作】 年内，县委办公室坚定不移履职尽责，稳步推进保密“三大管理”。为加强保密宣传教育，提升全民保密意识，共开展以会代训、召开专题会宣教11次，实现全县各乡镇、县直各单位54家全覆盖，受教400余人次。在4月15日开展的国家安全教育日的宣传活动中，共计发放宣传册200余份，礼品100余件，受教群众200余人。

2022年12月26日，县委办公室组织召开支部会议

【信息工作】 年内，信息工作按照“上情下达、下情上达”的总体要求，着力报送高质量的信息，有力促进了“国之大者、区之要事、市之重点、县之举措”的贯彻落实，为全县经济社会事业的发展做出积极贡献。聚焦“四件大事”“四个创建”“四个走在前列”“当好七个排头兵”，围绕高效统筹疫情防控和经济社会发展，奋力推进“现代尼木三步走”总体布局和“四产业三园区”发展布局，把握各个时期的热点难点，采取约稿和调研相结合的办法，理清思路拓宽领域，做到“供需对路”，为县委决策提供可靠依据，推动全县经济社会发展，各项事业不断迈上新台阶。全年编发“尼木发布”1765次，上报尼木信息共计1200余条，完成约稿65篇，动态单篇被“拉萨信息”采用100余条。

年内，以迎接宣传贯彻中共二十大工作主线，分民族团结、经济发展、民生改善、生态保护、基层组织建设5篇介绍尼木县取得的改革发展成就，以优异的成绩、明显的变化展现尼木成绩；向市委推广尼木县“领导干部带头讲、宣讲队伍巡回讲、行业部门分层讲、线上线下互动学”等讲学经验，上报中共二十大学宣贯彻信息60余条，撰写相关专报6篇。坚持信息工作在疫情期间不停摆、不断档，发挥信息“参谋助手”作用，撰写每日“疫”线动态，供市委了解情况、制定决策；突出信息“社会指导”作用，向广大干部群众宣传防疫知识、公布疫情政策，团结引导干部群众全力战“疫”、共渡难关；展现信息“桥梁纽带”作用，将尼木县行之有效、值得推广的经验做法报送市委，“商超无接触购物”“复商复市干部蹲点值守”“困难群体特殊时期生活保障”等先进经验先后得到市委领导肯定。始终把信息工作作为展现尼木高质量发展的一张

2022年3月25日，县委办公室工作人员参加植树活动

名片，“文香·蓝”检察宣法队伍、“点对点”干部抓产业项目、“四产业三园区”“中核尼木60兆瓦牧光互补储能光伏发电项目”“帕古水库项目”等特色亮点与重点工作被拉萨市持续关注。紧贴信息工作实际，随时关注、关切尼木县各方面信息发布，通过尼木县现有的微信公众号、网站、电视等媒介载体，进一步挖掘、收集高价值信息，从而充分发挥信息工作的主动性。灵活运用工作机制，主动改变信息工作方式方法，围绕县委、县政府工作重点，关注的难点，协调部门配合调研，收集、编写一手材料，着重报送高质量、高效应的信息。将信息与宣传结合起来，充分利用信息成果来指导工作，把一些具有指导意义和借鉴意义的典型信息通过微信公众号、电视、网站等进行大力宣传，充分发挥信息效应。

【深改工作】 年内，县委深改工作按照中央和区市县党委决策部署，不断完善“全链条”工作流程及配套工作机制，围绕重点改革任务持续督战，强力推动各项决策部署落地见效。全年召开县委常委会会议29次，全面深化改革专题会议2次，学习改革相关政策文件及中央和区市重要会议、重要讲话精神40余篇，听取改革事项汇报20余次，审议改革相关事项30余件，县级领导现场指导调研工作100余次。立足尼木县总体发展布局，持续推进文化体制改革、基层社会治理体制改革、农村综合改革、国防动员体制改革等领域重点任务，出台《尼木县融媒体中心建设实施方案》《县属国有企业党支部、董事会、经理办公会议事规则及企业主要负责人权力清单》《尼木县“双联户”积分激励制实施办法》《尼木县关于进一步深化医疗保障制度改革的实施方案》《尼木县优化乡镇机构设置和人员编制的实施方案》《尼木县深化国防动员体制改革实施方案》等文件，为奋力建设团结富裕文明和谐美丽的社会主义现代化新尼木提供坚强保障。

【作风办工作】 年内，县委作风办立足岗位职责，坚持问题导向，围绕改作风、抓落实、办实事“三个重点”，聚焦“四件大事”、聚力“四个创建”、当好“七个排头兵”，探索形成“1441”思路，推进实施“全链条”工作机制，助力中共二十大精神及区市决策部署在尼木落地见效。

坚持工作项目化、项目责任化、责任具体化，梳理分解尼木县贯彻落实习近平总书记在西藏考察重要讲话精神、区市领导在尼木县宣讲调研指示精神、“四查四问”负面清单等各类清单15类32项，并实行台账管理，跟踪督办落实。其间，开展督查检查351次，现场反馈问题132个，办理群众举报32件（办结31件），上报《工作专报》67期，下发《作风督查》126期、《作风通报》19期，给予“黄灯”警示23家，起到鞭策后进、转变作风、促进工作的作用。

【档案工作】 年内，县档案馆坚持以习近平新时代中国特色社会主义思想为指导，以“四大体系”建设为抓手，围绕中心，服务大局，全面加强档案基础业务建设，不断提高尼木县档案工作法治化、科学化、规范化水平。档案法治宣传教育方面，在“6·9”国际档案日开展“喜迎二十大，档案颂辉煌”主题宣传活动，向过往行人发放《档案宣传手册》《档案馆指南》等宣传资料300余份，接受群众及各单位干部职工咨询100余次，积极宣传《中华人民共和国档案法》《中华人民共和国档案法实施办法》《西藏自治区实施〈中华人民共和国档案法〉办法》，不断扩大社会面影响力。档案基础业务培训方面，全年深入县直各单位和乡镇指导检查档案整理归档工作10余次，摸清档案室规范化建设基本情况，开展档案培训会1次，对档案业务基础知识薄弱单位的档案人员进行“一对一”指导，提升各单位档案齐全收集、规范整理、合理归档的实际操作水平。档案收集整理工作方面，印发移交进馆通知，积极开展各单位档案接收进馆工作。与县疫情防控办公室、乡村振兴局等多家单位沟通对接，做好疫情防控档案、脱贫攻坚档案的收集整理。加大对中国共产党成立100周年、西藏和平解放70周年等重大节庆日相关档案资料收集力度，不断丰富馆藏结构。截至年底，“两类档案”已全部接收进馆。

档案安全保障体系方面，根据档案管理工作要求，解决档案工作所需监控设备等设施，实现对馆内办公区、库房、过道等的全方位24小时监控，完善档案安全管理和检查制度，为馆藏档案安全打下了坚实基础。档案数字化建设方面，进一步规范档案电子目录制作，对2018年以来的档案电子目录按照元数据和档号进行整合，实现档案目录的快捷查询和自动化管理。

【文秘工作】 年内，县委办高效率完成收发文工作，完善收发文登记制度，明确职责和责任人。认真审核规范每一篇收文发文，共收文326份，其中中央、国务院39份，区市文件287份；共发文112份（尼委/尼委发68份，尼委办/尼委办发44份），2022年起草领导讲话稿、发言稿、工作汇报等70余篇，整理印发领导讲话及录音10余份，编发大型会议的重要材料，包括全委会、经济工作会、县委人大会议、农村工作会、议军会等30余篇。

2022年11月23日，县委办公室工作人员清洁政府大院卫生

【后勤工作】 年内，县委办公室工作人员以热心、周密的态度，接待考察团、上级领导37次。以合理、细致地安排承办各类会议及活动上百次，无一差错，得到群众、领导、客商的一致认可。

（刘南坤）

【机构领导】

主　任

郭百顺（4月任）

副主任

梁美杰（4月免）

陈静静（女，4月任）

机要局局长

普布卓玛（女，藏族）

机要局副局长

扎西热旦（藏族，4月任）

受援工作

【概况】 2022年7月，北京市第十批援藏干部人才团队到尼木县开展对口支援工作。第十批援藏干部共有11名，全部来自顺义区，其中援藏干部6名，援藏医生5人。北京市第十批援藏干部到尼木县工作以来，始终按照“北京作为首善之区，北京援藏工作具有代表性和指导性”的要求，在拉萨市委、市政府的正确领导下，在北京市援藏指挥部的大力支持下，援藏干部始终坚持争当脱贫攻坚、兴藏富民的带头人，民族团结、维护稳定的带头人，求真务实、为民服务的带头人，清正廉洁、遵纪守法的带头人，从项目、资金、技术、人才、物资等方面援助尼木县，形成以干部、人才为龙头，以资金、物资援助为重点，以项目建设、经贸合作为载体，以促进双方交流合作、共同发展为目标的援藏工作格局，援藏工作取得了显著成绩。

【产业支援促进就业】 年内，推进产业支援促进就业领域项目为尼木县种猪繁育及生猪养殖产业化基地建设项目，涉及资金 8450 万元，实施周期 3 年，2022 年安排资金 4000 万元，已全部到位。创新发展生猪规模养殖产业，发挥高原自然生态优势，学习顺义区生猪规模养殖成功经验，建设尼木县续迈乡生猪养殖基地，采取“党组织 + 合作社 + 贫困户”的运营模式，续迈乡农牧民特色农产品合作社为经营主体，按照“四个机制”（即党建引领、技术带动、能人经营、贫困户为主）“两个全覆盖”（即建档立卡贫困户和生活困难边缘户全覆盖、每年 17% 的持续稳定增收标准全覆盖）“两个 90%”（2020 年全面建成小康社会前合作社 90% 的社员为贫困户、合作社 90% 的利润为贫困户劳务分红）的要求，尼续村万头生猪养殖基地，完成项目总工程进度约 75%，预计 2023 年项目将投入使用。项目建成后将通过“合作社 + 基地 + 农户”的模式，示范带动全县群众发展生猪养殖，增加收入，不仅可为周边地区农村劳动力提供就业机会，还有利于促进乡村经济快速发展，维护社会和谐稳定。

【改善民生】 年内，实施“两区两县”基层组织和政权建设项目，尼木县项目总投资 250 万元，用于强聂村和朗堆村基层组织和政权建设项目，通过改善基层办公条件，提升基层公共服务能力，更好发挥基层组织作用，更好地服务群众。积极协调项目实施单位和具体实施的镇村，做好项目前期手续审批等工作，加快项目实施进度。

2022年8月10日，北京市第十批援藏人才拉萨指挥部党委委员、副指挥、拉萨市政府副秘书长赵威（中）一行到尼木县德青源藏鸡养殖基地了解企业生产现状

【促进各民族交往交流交融】 年内，积极发挥桥梁纽带作用，对接京藏、顺义尼木两地，推进交流交往交融，铸牢中华民族共同体意识。对接顺义区发展改革委等相关部门，制订落实 2022 年人才帮扶计划，同时协调尼木县委组织部，计划申请顺义区选派 12 名教育、医疗、养殖技术人才赴西藏开展短期交流工作。同时，尼木县拟选派 20 名党政干部、村（居）干部、党员致富能手到北京开展集中培训、跟岗交流。

【协调落实携手工程】 年内，对接顺义区委、区政府，为助力尼木县早日战胜新冠疫情，顺义区、市供销总社结合尼木县新冠疫情防控需要，迅速响应，紧急组织筹措抗疫款物。向尼木县捐赠包括 50 万元现金和价值 25 万元的防疫物资，展现了京藏同心、共克时艰的守望相助之情，为尼木县全面打赢疫情防控阻击战坚定了信心和决心。谋划实施帮扶项目 15 个，涉及项目资金 1550.06 万元，为尼木县经济社会发展全方位提供助力。对接顺义区仁和镇，为吞弥农业现代产业园区提供价值 31616 元的蔬菜种子，用于在园区内开展试验种植。对接顺义区文旅局，为尼木县开发精品旅游线路并进行推广，携手研发制作“顺义（尼木）礼物”，开辟展示专区，开展特色互动活动，让尼木县特

2022年12月9日，县委常委、副县长孙长策（右三）带领援藏团队参观尼木古宝商贸公司

色文化旅游走进顺义人民视野。对接顺义区相关部门，搭建宣传推介平台，推进“尼土尚品”在京销售。以线下区级消费帮扶分中心和线上“823”平台为主要载体，通过进机关、进食堂、进企业、进商超等活动，多种渠道开展消费帮扶活动，使结对地区产品充分融入北京市场，顺义区累计采购尼木地区农副产品467万元。

【持续推进振兴工程】 年内，制定完善院科室管理制度36项，涉及医院管理及外科、麻醉、妇产等专业领域方面。进行全员培训讲座10余次，培训300余人次。同时开展线上培训8次，参加人员600余人。协调参加北京农民丰收节系列庆祝活动，宣传推广销售尼木县特色产品。通过活动搭建产销对接平台，大力宣传受援地区产品，尼木藜麦、尼木藏香、尼木菜籽油、尼木荣可巴高原豌豆粉丝、尼木羊肚菌、灵芝、青稞系列产品、牦牛肉系列产品等28个品种的西藏尼木特色农副产品得到广泛销售。协助开展招商工作，援藏干部迅速熟悉尼木整体情况、招商环境、政策优势、重点项目，到江苏省南京市、镇江市进行招商引资，其间积极发挥作用，孙长策主持召开在镇江的招商引资推介会，与意向客户开展商谈，同时将尼木县招商引资材料进行广泛宣传，达到宣传、推介受援地的目的。

（杨　言）

组织工作

【概况】 2022年，县委组织部坚持以习近平新时代中国特色社会主义思想为指导，全面贯彻新时代党的建设总要求和组织路线，以迎接服务、学习贯彻中共二十大精神为主线，聚焦聚力“四件大事”“四个创建”“四个走在前列”，按照“两保四促一持续”党建工作思路，弘扬伟大建党精神，投身当好“七个排头兵”火热实践，践行“六个表率”，克服疫情影响，奋力担当作为，改作风、抓落实，推动党的建设取得新成效，为尼木长治久安和高质量发展提供坚强组织保证。

2022年，尼木县共有党组织291个，其中地方党委1个，党组13个，党组性质的党委3个，派出工委3个，基层党组织271个，全县共有党员3842人，其中少数民族党员3500人，女性党员1260人，大专以上学历党员1299人，机关党员1225人，离退休党员141人，农牧民党员2275人，35岁及以下党员1503名。

【思想建设】 年内，紧扣迎接服务、学习贯彻中共二十大工作主线，广泛开展庆祝中国共产党成立101周年、喜迎中共二十大“10项活动”，组织2.6万余名党员干部群众收听收看中共二十大开幕盛况，召开学习贯彻中共二十大精神领导干部大会，认真聆听习近平总书记报告，第一时间学习领会、热烈交流。大会胜利闭幕后，分批举办专题培训班4期，邀请中央、区市党校专家进行专题辅导；分级组织领导干部线上线下开展宣讲宣教，有力推动中共二十大精神深入人心、落地生根。

年内，始终把学懂弄通悟透习近平新时代中国特色社会主义思想作为首要政治任务，把《习近平谈治国理政》作为党员领导干部的枕边书常读、常学、常新，教育引导广大党员干部群众坚决拥护核心、跟随核心、捍卫核心，始终在思想上政治上行动上同以习近平同志为核心的党中央保持高度一致。全年累计开展各级书记讲党课270余场次。

年内，常态化跟进学习习近平总书记重要讲话精神，组织各级党组织通过集中学习、专题研讨等方式，扎实开展学习研讨会300余场次，不断用党的最新理论武装头脑、指导实践、推动工作。以《习近平的七年知青岁月》为读本，全面掀起"感悟领袖风范、锤炼过硬作风"学践热潮，大力塑造有追求、能吃苦、爱学习、办实事、重仁义、敢担当的基层干部队伍形象。深入开展"我的党课我来讲""三个意识""大宣讲大调研大排查大落实""格桑花开·组工干部讲故事"等群众性宣讲活动，通过县乡村三级书记带头讲、班子成员包片讲、一般干部常态讲、身边典型巡回讲的方式，开展集中宣讲会440余场次，受众3万余人次，唱响"听党话、感党恩、跟党走"的主旋律。

2022年5月26日，县委副书记、驻村工作总领队张晓柱（主席台）在驻村工作队主题培训班上讲课

【组织建设】 年内，聚焦乡村班子和基层干部队伍建设难点，深入开展换届后乡村班子建设、新时代驻村力量配备、基层干部待遇、考准考实干部政治素质、乡镇公务员队伍建设5项调研，为夯实基层政权、深化干部政治考察、提升干部待遇奠定坚实基础。

年内，坚持"抓两头带中间"，以创建培育一批、整顿转化一批、巩固提升一批"三个一批"为抓手，打造16个基层党建工作先进典型，整顿转化软弱涣散党支部2家，形成"后进赶先进、中间争先进、先进更先进"的浓厚氛围。

年内，抓实机关党建，聚焦机关党建"灯下黑""两张皮"问题，制定《关于在机关党组织中开展"三讲一满意"活动实施方案》，细化4个方面10项具体整改行动，着力打造讲政治、讲效率、讲团结和做人民满意的模范机关。抓细学校党建，贯彻落实党委领导下的校长负责制，完成7所中小学校党组织书记和校长分设工作；健全党组织书记工作例会、定期督促检查党建工作等制度，有效推进党建融入教育教学工作。抓紧公立医院党建，贯彻落实公立医院党的建设工作相关意见，理顺县乡公立医院党建工作领导体制，完善议事规则。抓牢寺管会党建，印发关于加强寺庙管理委员会党组织建设相关通知，牢牢掌握党对宗教工作主动权和寺庙管理工作领导权，切实提升寺管会依法管理宗教事务水平。

【基层治理】 年内，制定《尼木县关于贯彻落实〈关于在全市反分裂斗争工作中强化基层党组织托底保障作用的若干措施〉的实施方案》，通过深入摸排，实现基层党组织托底保障作用清、党员行为表现清、群众思想状况清、社会面隐患矛盾掌握清"四清"目标，组织党员和群众代表签订《共产党员遵规守纪带头反分裂承诺书》《爱国守法反分裂承诺书》，积极发声亮剑，爱国情感和反分裂斗争意识显著增强。

年内，深入开展"强认识、查隐患、补短板、夯根基"大讨论活动和"大宣讲大调研大排查大落实"活动，落实《党组织和党员搜集社情民意信息工作规定（试行）》，从源头上预防治理社会隐患。

【干部队伍建设】 年内，把接续培养年轻干部作为"兴县富民保障工程"来抓，全力推进"四个一百"工程，提拔重用一批"90后"干部任正科实职、"95后"任副科实职，对符合条件的专招生全部提拔或晋级，以“85后”为主体、“90后”占一定比例的干部队伍梯次基本形成，在破解年轻干部断层问题方面迈出新步伐。

年内，树立凭能力用干部、以实绩论英雄的鲜明用人导向，提拔重用扛硬活、打硬仗、一贯表现好的干部；晋级在维稳、乡村振兴等一线干部，切实为担当者“担当”，让有为者“有位”。

年内，按照“培土育苗、历练蹲苗、按需选苗”的思路，着力蓄好年轻干部“源头活水”。安排186名干部“点对点”抓产业项目，着力锻造干事创业的“领头羊”、全面发展的“多面手”；稳妥安排11名下派挂职年轻干部到重要岗位、重要部门锻炼，3人跨系统任职，8人多岗位历练，既积累经验才干，又助力乡村振兴，起到“挂接双赢”成效。稳步推进事业单位管理岗位职员等级晋升工作，顺利完成首批事业管理岗位职员晋升和推荐工作。

【乡村振兴建设】 年内，对接乡村振兴和基层社会治理新使命新形势新需求，完成乡镇级别分类工作，着眼统筹优化党的建设、推动区域发展、提升公共服务、加强综合管理、维护社会稳定、保护生态环境等主要职责，完成各乡镇党政机构和所属事业单位的机构重置和职能优化，构建起更好服务群众、更加简约精干的乡镇组织架构，为推进乡村振兴战略提供有力组织保障。

年内，持续加强乡村振兴“领头雁”队伍建设，选拔“80后”和“90后”年轻干部担任乡镇党政正职，乡镇领导班子中具有2年以上乡镇工作经历占比75%，实现干部年龄结构更优、学历层次更高、人员配置更强，在乡村振兴一线发挥作用更大。实施“122”村后备队伍机制，为每个村至少动态储备1名党组织书记后备人选、2名干部后备人选和2名35岁以下、大专以上学历的入党积极分子；市县乡三级择优选派熟悉“三农”工作、精于谋划、善抓落实的村（居）党组织第一书记18名，着力蓄好乡村振兴工作力量。

年内，制定《组织振兴重点工作任务及分工方案》，聚焦“四个一线”，明确24项举措，着力夯实振兴组织基础。深化“点对点”干部抓产业项目“124”工作机制，推动点对点抓产业对口帮扶到位、技术指导到位、财务监督到位、市场开拓到位；采取“团队带团队”“专家带骨干”“师傅带徒弟”模式和技术能手培养“双十”措施，压实驻村干部“传帮带”责任，逐步实现发展产业由干部“主导”向“指导”、从“主抓”到“主带”的双转变。全县186名干部“点对点”抓78个产业项目，帮带920名群众学致富技术。截至年底，33个村（居）集体经济总收入达2872.89万余元。

【新冠疫情防控】 年内，率先发出阻击疫情紧急动员令，270个基层近300名骨干党员就位核酸检测组、流调组、转运组、物资保障组等；2万余名农牧民党员和群众同心同向、同舟共济，自觉协助、配合、服从疫情防控工作，成为疫情防控的“压舱石”。

年内，广泛开展“我是书记我先上”“我是党员我在岗”等行动，82名乡村基层党组织书记、第一书记奋战在一线，靠前指挥、以身作则，始终让党旗在疫情防控一线高高飘扬；依托联户网格，采取“网格长+网格员+联户长+楼长”管理模式，155名网格员、631

2023年1月12日，尼木县召开县机关、县委“两新”工委党支部书记述职会

2022年12月23日，尼木县召开2022年度乡（镇）党委书记、行业系统党（工）委书记抓基层党建工作述职评议会

名联户代表、46 名楼长主动担当、积极防控，汇聚抗疫阻击战强大合力；设立疫情封控点位 39 个，配备 108 名骨干进驻死守，严防疫情输入；及时成立临时党支部 9 个，实施“点对点”防控工作，构筑联防联控、群防群控体系，筑牢“前沿哨点”。

年内，坚持在战“疫”一线考察识别干部，加强与县疫情防控工作领导小组、纪委监委等部门沟通衔接，采取“四不两直”等方式，密切关注表现突出、堪当重任的干部，及时发现不敢担当、作风漂浮、落实不力的干部，把这些表现作为考核评优、干部任用、职级晋升等的重要依据。

【人才工作】 年内，全面落实“育引用留”四大工程，按照“需要什么就引进什么，缺什么就补什么”的原则，根据市委组织部和市人社要求招录干部 14 名，配合区市持续推进“双向专招”工作，引进专招生 2 名，从村（居）党组织书记和乡村振兴专干中推优考录乡镇基层干部 2 名，着力缓解基层急需紧缺人才，完成北京市第九批援藏干部期满考核工作和第十批援藏干部人才轮换工作。

年内，坚持引才与育才并举，制定《尼木县干部专业能力提升专项行动工作方案》，从 4 个方面明确 14 类培训内容，分级分类分批举办各类培训班 47 期，培训各层级干部 943 人次，党员干部的理论水平和业务能力得到极大提升。开展村干部学习使用国家通用语言活动，集中举办专题培训班 2 期，通过“领学、督学、带学、促学、评学、考学”六大措施，能懂会说国家通用语言日常语句村（居）主干达 55 人，为全面振兴乡村奠定人才基础。坚持严管与厚爱并行，走访慰问 13 名生病住院干部和 14 名去世干部亲属，为抗击疫情一线干部职工发放价值 7 万余元慰问品。

年内，坚持善用人才之长、善谅人才之短，推动人才跨领域、跨部门一体化配置，逐步解决专业不对口、分布不合理、人岗不相适等问题。稳妥推进参照公务员法管理机关（单位）重新认定工作，制定《公务员平时考核工作实施方案》，实行差异化考核，力促干部干在日常、落在实处；专项整治干部违规借（抽）调和“土政策”等问题，督促 36 名干部返岗，提升公务员管理规范化水平。

【老干部工作】 年内，加强本级预算资金保障，严格按照《西藏自治区机关事业单位离退休党建工作经费使用管理办法（试行）》，落实经费使用和管理，确保老干部各项活动和工作稳步推进，兑现支部活动经费 8.6439 万元、班子成员补贴 5.86 万元。同时利用节庆节点，通过入户走访、座谈慰问等形式开展慰问活动，向全县所有离退休老干部送去党和政府的关怀和温暖，涉及资金 35.61 万元；并结合尼木县离退休老干部实际，慰问生活条件困难、发挥作用明显的老干部 46 名，涉及资金 4.2 万元，对 12 名生病住院、去世的老干部家属进行慰问，涉及资金 1.2 万元。

年内，紧紧围绕“我看中国特色社会主义新时代”和“建言二十大”主题，创新开展主题党日活动，通过交流座谈、活动参与等方式，组织老干部畅谈中共十八大以来党和国家各项事业取得的历史性成就和发生的历史性变革，原汁原味记录老同志的心声感受和意见建议，提升离退休干部参与党和人民事业发展的积极性、主动性。老干部围绕迎接服务、学习贯彻中共二十大工作主题主线开展交流研讨6场次,10余名老同志交流发言。

年内,综合离退休老干部的精力、专长、志趣、意愿,激发凝聚离退休老干部在政治、经验和威望等方面的优势,为尼木乃至拉萨长治久安和高质量发展继续发挥余热。先后组织广大离退休老干部自发参与捐款筹集防疫资金16.15万元,通过微信聊天、转发等方式广泛宣传疫情防控知识、最新动态370余条,在劝导老干部管好自己的同时,提醒家人、亲戚、朋友做好防护,用自己的方式筑牢疫情防控网,4名疫情防控保障员始终战斗在疫情防控一线;组织2名老西藏精神宣讲员、2名青少年教育宣讲员现身宣教,8名基层党组织党建联系指导员现场指导,4名卫生系统退休老干部到乡村开展“退休不褪色·喜迎党的二十大·我为群众办实事”健康义诊志愿服务活动,发放价值1万余元家庭常用药品,在各项活动中,始终提供全方位服务咨询和支持,做到余热生辉。

【强基础惠民生】 年内,联合县委党校举办中共二十大专题辅导会及“新模式新任务·新期盼新境界”驻村(居)干部岗前培训班,帮助驻村干部尽快进入新角色,打开工作新局面。

年内,成立8个片区驻村(居)工作队临时党支部,依法依规产生支部书记、副书记、委员若干,累计召开集中学习会76次。

年内,坚持问题导向,强化督导,发现问题并立行立改29项,实现以导促督、以督促优,不断提升工作质效;同时,为33个村(居)开展2次慰问,送去慰问金和慰问品,总价值6.6万元。

年内,累计开展宣讲236场次,受教育2.2万余人次;组织249名村(居)干部集中教学260余节课、结对助学2180余次;开展具有中国特色、尼木特点的文艺演出活动60场次。

年内,积极谋划并实施2022年强基惠民工作经费项目23个、总投资578.6万元;争取计划外项目2个、投资2000余万元;引导群众融入“四产业三园区”等产业项目,让500余名群众在家门口实现就业,人均增收6000余元。

年内,择优转正农牧民党员60名,发展30名;选育3名村(居)后备干部为村干部、19名优秀党员为村(居)后备干部;新冠疫情期间,深入开展“我是书记我先上、我是党员我在岗”攻坚行动,74名村党组织第一书记、书记、驻村临时党支部书记和农牧民党员战斗在一线,坚守551个防疫责任区,带头落细“四方责任”。

(魏鸿儒)

【机构领导】

县委常委、组织部部长
曾小周
常务副部长
郭百顺(4月免)
梁美杰(4月任)
副部长
娜尕磋(女,藏族)
袁艳花(女)
老干部局局长
袁艳花(女)

宣传工作

【概况】 2022年,尼木县认真贯彻落实《中国共产党宣传工作条例》,坚持党管意识形态原则,始终高举习近平新时代中国特色社会主义思想伟大旗帜,深入贯彻落实中共十九大、十九届历次全会和中共二十大精神和中央第七次西藏工作座谈会精神,特别是习近平总书记重要讲话精神,牢记举旗帜、聚民心、育新人、兴文化、展形象的使命任务,紧紧围绕中央和区、市、县委中心工作,对标《意识形态和精神文明建设工作要点》,细化责任、专班推进,守正创新、追求卓越,有力服务全县改革发展稳定大局,为推进全县跨越式发展和长治久安提供强大的思想保证、舆论支持、精神动力。

【学习宣传贯彻中共二十大精神】 年内,制定并下发《尼木县喜迎党的二十大宣传文化活动工作方案》,围绕八项宣传重点,以开展“奋进新征程·建功新时代”重大主题宣传活动为统领,举办喜迎中共二十大暨“铸牢中华民族共同体意识、强国复兴有我”群众性庆“七一”等活动3场次,更新更换喜迎中共二十大宣传标语100余条、大型户外宣传广告50余幅、国旗近万面,同时广泛开展县城、乡镇、机关、农村清洁行动,从多

2022年5月11日，尼木县召开新时代文明实践建设工作培训会

方位多角度营造了喜迎中共二十大的浓厚氛围。

年内，制定《尼木县深入学习宣传贯彻党的二十大精神实施方案》《尼木县各级党委（党组）理论学习中心组深入学习党的二十大精神工作方案》，先后4次召开县委理论中心组学习研讨会，学习中共二十大精神、邀请专家作辅导3次。在做好疫情防控的同时，全县各级党组织采取小规模、多批次、分散组织、线上学习的方式学习中共二十大精神，制定《尼木县学习贯彻党的二十大精神宣讲工作细化方案》，成立以县委主要负责人为团长的县级宣讲团，各县级领导干部按照领导干部“四联四包”工作机制，落实县级领导包点宣讲责任，带头到所联系的乡镇、村（居）、分管行业系统开展宣讲70余场次。同时，线上开辟“每日一学、党的二十大精神应知应会知识”专栏和“学习党的二十大、助力乡村振兴、基层干部群众这样说”专栏，通过专栏发布相关信息34条。依托“服务群众微信群”发布中共二十大相关信息1万余条，通过“尼木发布”微信公众号开辟中共二十大精神“每日一学”专栏，发布中共二十大“应知应会”内容9篇次。

年内，广泛刊载悬挂中共二十大精神宣传标语，制作、悬挂二十大宣传横幅200余条，通过LED、微信平台等载体推出中共二十大宣传标语450余条，制作中共二十大宣传栏40余个。通过“尼木新闻”、“尼木发布”微信公众号及视频号、“尼木县融媒体中心”抖音号持续宣传发布学习宣传贯彻中共二十大精神相关新闻、公告292条，短视频13条，被区市采用9条。

【意识形态工作】 年内，尼木县意识形态工作严格按照中央和区、市、县党委的安排部署，以持续巩固马克思主义在意识形态领域中的指导地位为主责，着力推进各级党委（党组）责任制落实，不断加强党对意识形态工作的领导权、主动权。根据县委领导班子分工，及时调整充实县委意识形态工作领导小组，指导乡（镇）党委调整充实意识形态和宣传思想工作队伍，明确乡（镇）党委分管意识形态和宣传思想工作的直接责任人，切实压实各级党组织主体责任、党组织书记第一责任人责任和党委班子成员“一岗双责”。制定印发《尼木县2022年宣传思想文化工作要点》，组织召开2022年全县宣传思想文化工作会议，面向全县各级党委（党组）常态化开展督促检查、指导整改，以较为完善的工作机制推动全年意识形态工作开好局、起好步。

【理论宣传教育】 年内，以县委理论学习中心组集中学习研讨为示范，重点学习宣传贯彻中共十九大、二十大和历次全会精神、中央第七次西藏工作座谈会精神、习近平总书记在西藏考察指示精神以及生态文明建设、疫情防控、民族团结进步模范区创建工作、“感悟领袖风范、锤炼过硬作风”读书活动等重大学习研讨内容。结合“三会一课”制度，将中心组学习研讨向机关、基层党组织和农牧民党员延伸，实现全县党员干部理论学习全覆盖。县委召开中心组集中学习研讨29次，邀请专家专题辅导5次，县级领导、乡镇和单位主要负责人在研讨会上作了交流发言。

尼木县在常态化开展社会主义核心价值观认同教育等活动基础上，以常态化推行领导干部“四联四包”工作机制暨“大宣讲大调研大排查大落实”活动和国家意识、法治意识、公民意识主题教育，成立集中宣讲队33个，开展宣讲会440场次，受众2.6万人次，面对面入户宣讲4298次，开展曲艺宣传进村(居)活动48场次。通过引导农牧民群众“三减三增”(减少宗教用品开支、减少参与宗教活动次数、减少社会面宗教载体场所，增加精神文化活动场次、增加精神文化活动场所、增加精神文化产品要素)，不断增强群众获得感、幸福感、荣誉感。

以“践行雷锋精神·喜迎党的二十大”为主题，组织开展系列志愿服务活动，发放宣传资料4800余份、宣传品3000余份，设立宣传展板15块，受众3000余人次。组织开展纪念西藏百万农奴解放63周年暨“3月综治宣传月”“盛世中国、幸福西藏”喜迎中共二十大和西藏百万农奴解放63周年“升国旗、唱国歌”仪式、尼木县藏香产业园分红发放仪式、尼木县喜迎中共二十大暨“铸牢中华民族共同体意识、强国复兴有我”群众性庆“七一”等活动，不断深化新时代文明实践工作内涵，打通联系群众、服务群众、教育群众的“最后一公里”。

【新冠疫情防控】 年内，全面落实县委决策部署，及时成立疫情防控宣传报道组，深入核酸检测点、交通卡点等重点部位进行现场采访，深入挖掘疫情防控中的典型人物和先进事迹，讲好抗疫一线故事。策划开展“我是书记我先上”“我是党员我先上”“疫情防控，志愿者在行动”“让党旗在疫情防控一线高高飘扬”“抗疫先锋”等专题采访报道。同时及时收集区市疫情防控公告、动态和防疫知识，在“尼木新闻”“尼木发布”微信公众号及视频号、尼木县融媒体中心抖音号及应急广播等平台进行播放，并上报区市官方媒体进行转发。深度宣传报道尼木县疫情防控和复工复产复商复市相关举措，形成多层次全方位的宣传报道格局，提高社会各界对尼木县疫情防控的信心。累计发布疫情相关新闻、公告和防疫知识851条，播放“尼木新闻”37期，启用应急广播播放疫情防控宣传知识200余次，通过“尼木发布”视频号和“尼木县融媒体中心”抖音号发布短视频215条，其中被区市媒体采用67条。

2022年4月26日，尼木县开展新华书店提升改造揭牌暨“世界图书与版权日”“世界知识产权日”文明实践主题活动

【“改进作风、狠抓落实”】 年内，制定《尼木县常态化推进进一步改进作风狠抓落实工作宣传方案》，大力营造抓作风促落实、抓落实强作风的强大声势和浓厚良好氛围，激发广大干部职工干事创业的精气神，奋力建设团结富裕美丽的社会主义现代化新尼木。

结合“新春走基层”和3月领导干部“下基层大接访办实事”活动，组织开展“改进作风、狠抓落实”工作，通过“尼木发布”“金色尼木”等平台刊载、刊播28条简报信息，被上级单位采纳简报信息1条。刊载悬挂、滚动播放“改进作风狠抓落实”宣传标语150余条，全方位做好社会面宣传工作。充分利用县委中心组学习平台，就区市改进作风狠抓落实专题会议精神内容，深入组织开展理论中心组学习4次。邀请专家就改进作风狠抓落实内容做专题辅导1次。同时，组织500余名党员干部参加改进作风狠抓落实理论知识闭卷测试。

【建立健全公共文化服务体系】 年内，常态化开展对全县境内“户

2022年1月28日，尼木县召开党史学习教育总结会暨改进作风狠抓落实工作专题会

户通”和“舍舍通”设备以及铁塔的定期巡查。共检修、调试设备1956个次，并积极协调解决亚米组极高海拔农牧民生态搬迁户37户有线数字电视需求。严格执行广播电视信号机房24小时值班带班制度，切实做到重要时段无停播、漏播，做好中共二十大召开期间的安全播出工作。同时深入农牧民群众家中，在村域范围内对“户户通、舍舍通”开展全覆盖排查，现场查找解决问题，并向群众耐心讲解“户户通、舍舍通”接收设备的正确使用方法，真心服务群众；持续推进农村电影放映和数字电影放映工作。开展农村电影免费放映工作，共计在各村播放电影316场次，受众2.6万人次。通过县电影院播放各类影片25场次，受众500余人次。

年内，研究制定《尼木县融媒体中心建设实施方案》，大力推进尼木县融媒体中心规划建设，尼木县融媒体中心于7月4日正式成立并挂牌，先后2批次安排2人到自治区融媒体中心跟岗培训，县融媒体中心建设项目已经完成招投标工作；扎实推进新时代文明实践中心提升改造工程；已完成新华书店阅读空间提升改造工程。

【网络宣传与管理】 年内，实行7×24小时舆情监测制度，尤其是疫情防控期间安排专人对“尼木发布”微信公众号、尼木县融媒体中心抖音号后台留言、私信进行一对一回复。全年累计回复网民各类后台私信、留言80余条。

对全县39个微信公众号采取由上级技术巡查支持加人工巡查的方式，督促3个未及时更新内容的微信公众号进行整改，督促39个微信公众号完成登记备案工作。

开展“疫情防控”“安全生产”“网络安全”“党的二十大”等重大主题网络宣传。在“网信尼木县”微信公众号发布中国特色社会主义思想、习近平总书记各类重要指示讲话精神共计60余条，落实宣传指令100余条，发布各类稿件400余篇。

举办尼木县服务群众微信群群主线上培训，围绕“服务群众微信群”群主工作操作流程、《互联网群组信息服务管理规定》等网络信息安全有关法律法规、《关于加强网络文明建设的意见》等文明建设相关内容进行了培训。全县共建服务群众微信群363个，其中村（居）139个、学校224个，入群总人数达20264人。建群以来，收集整理并反馈各类问题1653个，协调解决群众网上诉求问题共1648件，累计推送宣传解读防疫以及其他相关政策及科普知识11409条。

（巴桑卓嘎）

【机构领导】

县委常委、宣传部部长

张文明（苗族）

副部长

魏乃红（4月免）

文　博（7月免）

李德胜（回族）

彭代佳（女，11月免）

统一战线

【概况】 2022年，尼木县委统战部共有编制6名（含民宗局），实际人数11名（其中统战部5名），部长1名、常务副部长1名、四级调研员1名、四级主任科员2名。民宗局实际人数6名：局长1名、副局长1名、二级主任科员1名、三级主任科员1名、四级主任科员2名。

【寺庙基本情况】 年内，辖区内共有22座寺庙（其中拉康6座、日追1座），14座为僧寺，7座为尼姑寺，1座为僧尼混合寺庙。全县寺庙共分5个教派，10座为嘎举派、4座为格鲁派、6座为宁玛派、1座为苯教派、1座为萨迦派。自治区级文物保护单位3座（曲德寺、杰吉寺、乳巴寺），县级文物保护单位19座。

【党建引领】 年内，坚持党建引领统战工作，把统一战线工作纳入党建工作总体规划，紧密结合新时代统一战线工作实际，探索和把握统一战线人才队伍成长规律，建立健全与党外人士、与新的社会阶层人士联谊交友和关心关爱制度的工作平台，扎实推进党外知识分子和新的社会阶层人士数据库建设，以“四件大事”“四个创建”为载体，强化统战职能，把党外人士、非公有制人士、新的社会阶层人士、民营经济人士、宗教界人士等紧密团结在党中央、区市县决策部署上来，发现培养、教育引导广大统一战线成员发挥人才荟萃、智力密集、联系广泛的优势，为全县社会发展各项工作凝聚人心、汇聚力量。为进一步做好党外人士挖掘和培养工作，对尼木县党外人士进行充分调研，2022年挖掘3名党外人士、民营经济人士并重点进行培养。

【关心关爱】 年内，落实自治区主席严金海到尼木开展领导干部“下基层大接访办实事”活动的指示要求，安排专人负责前期项目准备工作，稳步推进尼木县20座特派机构寺管干部工作生活条件改善项目。

开展调研工作3次，了解掌握寺管会（专职特派机构）领导班子和寺管干部现状、班子运行、寺管干部履行“管理、教育、服务”三大职能情况。在2022年干部人事调整工作中，积极与组织部沟通，从寺管会（专职特派机构）岗位调出14名干部，新调入10名干部，高低海拔交流11名干部，进一步配备充足寺管干部力量。

在原有的寺管会干部管理工作的基础上，研究制定寺管干部考核管理办法，规范寺管干部值班补休制度，切实抓好寺管干部日常管理。

为进一步体现党委、政府对寺管干部和僧尼的关怀，积极从县政府为42名寺管干部争取到每人617元/月的伙食补助。同时，为27名宗教界代表人士发放13500元慰问经费，为宗教界人士送去党和政府的关心关怀。

【民族团结创建】 年内，县委高度重视，精心组织实施，在县委常委会、县委理论中心组学习会等不同场合多次就开展民族团结进步创建工作进行安排部署，制定下发《尼木县贯彻落实西藏自治区民族团结进步模范区创建规划（2021—2025年）实施方案》，发放调查问卷470余份，发放宣传资料600余份，受众1500余人次，广泛开展铸牢中华民族共同体意识宣传教育60余场次，组织开展民族团结进步模范创建座谈会9次；完成民族团结宣传片拍摄工作；完成推选并上报3家自治区级民族团结进步模范集体及4名先进个人相关材料工作。

【思想教育】 年内，以深入推进“国家意识、公民意识、法治意识”教育为统领，继续巩固扩大寺庙

2022年6月2日，尼木县宗教界深入开展“国家意识、公民意识、法治意识”教育动员部署会召开

宣传教育成果，为加快推进藏传佛教中国化工作创造条件。尼木县成立由县委书记担任领导小组组长，相关成员单位、宗教界代表人士组成的“三个意识”教育领导小组，由宗教界代表人士、涉宗干部组成的宣讲团。尼木县“三个意识”宣讲团到寺庙开展集中宣讲40余次，覆盖僧尼800余人，全县22个寺管会（专职特派机构）组织开展教育宣讲学习800余次。通过组织优秀僧尼代表参观尼木县革命烈士陵园、琼穆岗嘎旅游景区和吞弥现代农业产业园区，增强僧尼“三个意识”的培养与树立；组织僧尼开展国家通用语言文字演讲比赛，激发僧尼学习国家通用语言文字的热情，坚定铸牢中华民族共同体意识的决心，增强深入学习贯彻“三个意识”教育的信心。

2022年7月9日，尼木县民族团结创建办开展民族团结进步创建宣讲进乡镇活动

【增进“五个认同”】 年内，把在寺庙僧尼中学习普及使用国家通用语言文字作为尼木县宗教工作的重要任务，结合村（居）新时代文明实践活动，以寺庙为单位开设文化补习班，以“三个意识”教育活动为契机，在开展演讲比赛活动中，鼓励和支持全县寺庙僧尼学习使用国家通用语言文字，在演讲比赛中，8名寺庙僧尼代表国家通用语言文字获得荣誉称号，教育引导广大僧尼树立国家通用语言文字的认同感，培养中华民族共同的语言意识，不断增进“五个认同”，引导藏传佛教与社会主义社会相适应。

2022年8月4日，尼木县召开统战民宗安全生产工作安排部署会议

【财税监管】 年内，为加强寺庙财税监管工作、推进藏传佛教寺庙建立现代财务管理制度、促进藏传佛教寺庙健康有序发展，在2021年试点8座寺庙的基础上，2022年稳步推进10座寺庙的财税监管工作，不断增强寺庙财务人员科学规范管理寺庙财务工作的理念。

【开展好教义阐释】 年内，通过发放《藏传佛教教义阐释论文集》2016年版、2017年版、2018年版、2020年版及《藏传佛教教义阐释论文集》2021年版共计110余本，向自治区、拉萨市佛协理事进行约稿等方式，加大对藏传佛教教规教义中有利于时代发展和社会进步内容的挖掘力度，并向信教群众进行宣讲。

【新冠疫情防控】 年内，积极响

应党和政府号召，配合疫情防控工作，全面压实“四方责任”，严格执行“三个暂停”措施，进一步完善宗教领域工作方案预案，加强落实宗教领域疫情防控责任，落实综合性稳控措施，坚决确保区、市、县党委政府决策部署落实到位，做到守土有责、守土负责、守土尽责，为打赢防疫攻坚战奠定坚实的基础。

坚持立足工作本位，充分发挥统战优势，紧密团结和带领广大党员干部群众，形成群防群控“一盘棋”，织密群防群控“防护网”。尼木县回族商户代表主动作为，充分发挥行业优势，积极筹措防疫物资，捐赠价值1.2万元的物资，并帮助县防疫办将物资运发至抗疫一线；尼木县各寺庙也充分发扬藏传佛教爱国爱教、济世利民的优良传统，捐赠价值64万余元的物资及现金，慰问抗疫一线工作人员；商户代表还专门为工作人员写了感谢信，以实际行动引导全县广大干部群众深入落实疫情防控要求，从自身做起，带头遵守疫情防控规定。

（米玛琼达）

【机构领导】

县委常委、统战部部长

拉　巴（藏族）

常务副部长

德吉曲珍（女，藏族，6月任）

副部长

侯水军（5月免）

民宗局局长

普　布（藏族，5月免）

旦增次仁（藏族，5月任）

副局长

曲　宗（女，藏族）

巡察工作

【概况】 2022年，县委巡察工作领导小组、巡察机构以习近平新时代中国特色社会主义思想为指导，深入学习中共十九大、中共十九届历次全会精神和中共二十大精神，认真贯彻落实习近平总书记关于巡视工作重要论述，以及中央和区市县党委关于巡视巡察工作新要求新部署，深入研究分析巡察工作新形势、新情况、新任务，聚焦“发现问题、形成震慑，推动改革、促进发展”巡视工作方针，不断改进工作作风、狠抓工作落实，做到党中央重大决策和区市县党委决策部署到哪里、巡察监督就跟进到哪里，厚植党执政的政治基础和群众基础，全力推进政治巡察，推动县委巡察工作稳中有进高质量发展，全力做好疫情防控工作。九届县委第十轮巡察反馈问题60个已全部完成整改；十届县委第一轮巡察反馈问题34个已全部完成整改；市委涉粮专项巡察反馈问题42个，已完成整改41个，阶段性完成整改1个；2022年，积极开展十届县委第二轮巡察工作，反馈问题185个。

【制度建设】 年内，对照巡察机构职责，积极协助县委落实巡察工作主体责任，及时向县委汇报中央和区市党委关于巡视巡察工作有关决策部署，提出具体贯彻落实意见建议8条。十届县委常委会十三次会议传达学习中央和区市党委有关巡视巡察的会议及文件精神；召开县委巡察工作领导小组会议7次，安排部署巡察相关工作；研究制定《尼木县委巡察工作领导小组2022年巡察工作要点》，为巡察工作重点指明方向，推动巡察工作高质量发展。

全面贯彻落实中央和区市党委关于巡视巡察工作规划编制

2022年7月26日，十届尼木县委第二轮巡察终期汇报会暨巡察工作领导小组第七次会议召开

有关要求，深入研究、理清思路，制定《中共尼木县委巡察工作规划（2022—2026年）》和《尼木县委巡察工作六大责任主体职责清单》，进一步细化县委巡察工作领导小组成员职责，规范巡察工作流程，为推动十届县委巡察工作高质量发展提供了遵循和指导。同时，县委保障落实2022年巡察工作专项经费26万元。

【巡察队伍建设】 年内，严格落实“第一议题”制度，教育引导巡察干部上好“理论课”，增强政治意识、练就“真本领”，提升能力素质、把牢“纪律关”，加强自我监督、扛起“肩头担”，勇于担当作为。县委巡察机构开展集中学习12次、交流研讨4次，集中订购13套中央巡视办组织编写的《新时代巡视巡察干部培训系列教材》，进一步提升巡察干部政治能力素养和业务知识水平。

进一步完善《中共尼木县委巡察人才库管理办法》，健全十届县委巡察人才库，共储备组长、副组长20人，各领域专业干部60人。

组织开展十届县委第二轮为期2天的巡察业务培训工作，提升3个巡察组工作人员的业务能力，确保巡察工作有序开展；积极参加区市党委巡视巡察干部业务培训等工作共计13人次，锻炼提升了巡察干部的综合履职能力。

县委书记、县纪委书记分别与巡察机构新任及调出干部开展廉政谈话7人次，党支部书记、副书记与党员干部不定期开展廉政谈话10人次，更新完善个人廉政档案7份，进一步筑牢党员干部防腐拒变的思想防线。新调整轮岗交流干部4人，晋升职级4人。

2022年8月1日，十届县委第二轮巡察书记专题会召开

【监督整改】 年内，督促县纪委监委、县委组织部完成十届县委第一轮2个被巡察村党组织《整改方案》《整改情况报告》审改工作，确保整改措施到位、可操作，整改责任明确、可追溯，整改时限合理、可整改，压紧压实被巡察党组织整改主体责任。

县委巡察办联合县纪委监委、县委组织部对十届县委第一轮巡察反馈问题整改情况实地督查4次，发现整改不到位问题8个，实地督导涉粮专项巡察整改6次，持续推动市委涉粮专项巡察全面整改到位。

对照自治区纪委书记王卫东在十届区党委巡视巡察干部培训班开班式讲话指出的3个方面20项具体问题、市委巡察办调研指导反馈的10项问题自查工作，县委巡察办高度重视，积极开展自查自纠整改工作，逐项对照剖析，精准查摆巡察工作中的问题表现，主动认领、照单全收，制定整改方案，提出改进措施64条，做到动态管理、挂账销号。

【十届县委第二轮巡察】 年内，按照“区市党委巡什么领域、县委就跟进巡什么领域”的原则，确保巡视巡察上下目标同向、工作协调推进。根据巡察工作流程，有序开展十届县委第二轮巡察工作。5月9日，召开十届县委第二轮巡察工作动员部署会，组建3个巡察组，利用60天时间对县农业农村局、乡村振兴局、自然资源局、发改委、商务局、经信局、住建局、交通局、统计局等9家单位党组织同步进行常规巡察。

县委巡察工作领导小组、巡察办主动担当，加强对巡察工作的指导，县委巡察工作领导小组2次到尼木县指导，对本轮巡察工作提出具体要求，安排部署下一阶段巡察工作；县委巡察办3次入点指导，确保本轮巡察工作方向不偏、重心不移；及时召开十届县委第二轮巡察工作终期汇报会和书记专题会，压紧压实整改主体责任和监督责任，充分发挥监督保障执行、促进完善发展作用。本轮巡察共反馈问题185个。

【新冠疫情防控】 年内，县委巡察机构全体干部及时响应区市县各级党委号召，主动投入为期5个月的疫情防控工作中，4名干部主动参与支援拉萨城关区疫情防控工作，2名干部和1名公益性岗位人员根据组织安排在县域内不同岗位积极参与疫情防控工作，充分彰显党员模范带头作用，高标准完成党组织赋予的疫情防控任务。

（牛玲云）

【机构领导】

主　任

普　琼（藏族，5月免）

张发扬（5月任）

巡察一组组长

李　品（5月免）

次仁罗布（藏族，5月任）

巡察二组组长

次仁旺堆（藏族，5月免）

达　扎（藏族，5月任）

尼木县人民代表大会

综述

【概况】 2022年，尼木县人大常委会坚持以习近平新时代中国特色社会主义思想为指导，深入学习贯彻中共十九届历次全会精神，坚决贯彻习近平总书记关于西藏工作的重要论述和关于完善人民代表大会制度的重要思想。

2022年，听取审议工作报告5项；贯彻中央和区市县党委部署要求，完善重大事项讨论决定制度，依法作出决定决议10项；坚持党管干部和人大依法任免相统一，听取"一府一委两院"人事议案11个，任免国家机关工作人员46人，组织宪法宣誓仪式4场次。十四届一次人民代表大会以来，接受3名人大常委会委员辞去职务，接受8名县人大代表辞去职务；依法依规补选县人大代表9名，补选市级人大代表1名，实有自治区人大代表4人，市人大代表14人，县人大代表132人，人大常委会组成人员25人。

2022年6月28日，西藏自治区人民检察院副检察长格桑旺姆（左三）一行到尼木县开展执法检查和立法调研

【把牢政治方向】 年内，切实提高政治站位，自觉遵从党对人大工作的绝对领导。坚持党的领导是人民代表大会制度的优势所在，是做好人大工作的根本保证。常委会始终坚持在县委领导下统筹安排和推进监督、讨论决定重大事项、人事任免、代表履职等各项工作，切实把党的领导贯彻到人大工作各方面、全过程，严格执行重大事项请示报告制度。切实加强政治担当，确保县委决策部署高效落实。常委会紧紧围绕县委中心工作，切实履行维护稳定政治责任，在扎实做好人大本职工作的同时，深入维稳、防疫、改革、民生等工作一线，全力推动各项工作措施落到实处。

年内，常委会班子成员到3个包片乡（镇）、5个联系村（居）蹲点督导维稳工作，深入基层调研平均达60天，走访慰问20余户结对帮扶对象，对尼木县未就业的10余名高校毕业生开展就业帮扶走访、制订就业措施。在"下基层大接访办实事"活动中共办结实事15件，办结信访事件3

2022年12月26日，尼木县第十四届人民代表大会常务委员会第九次会议召开

件。开展领导干部“四联四包”活动，下派县级以上领导干部5名，走访群众200余人次，为民办实事16件。

【依法履行各项职责】 年内，筹备召开人民代表大会1次，召开常委会会议6次、主任会议5次。依法履行讨论决定重大事项职责，进一步完善讨论决定重大事项的程序和议事规则。审议通过《中共尼木县人民政府党组关于审议拉萨市吞弥尼木产业园标准化厂房及水电气附属工程建设项目建设内容的议案》《尼木县人民代表大会常务委员会议事规则（修改草案）》等决议，听取关于《西藏自治区民族团结进步创建条例》《尼木县2022年上半年国民经济和社会发展计划执行情况及下半年工作计划报告》《尼木县2022年国有资产管理情况报告》《关于2022年财政预算执行情况和调整草案的报告》《尼木县人民法院上半年工作总结》《尼木县人民检察院2022年上半年工作总结暨下半年工作要点的报告》《尼木县人民检察院关于公益诉讼检察工作专题报告》等报告。

截至年底，尼木县人大常委会听取人事提请任免议案共计11件，依法任免国家机关工作人员46人次，其中，人大2人次，政府28人次、监察委5人次、法院9人次、检察院2人次。

【完善保障机制】 年内，全面推进“双联系”工作向纵深发展，进一步落实《人大代表列席人大常委会制度》，共邀请20名县乡人大代表列席县人大常委会，邀请四级人大代表参加“一府一委两院”的各类活动20人次。进一步完善县人大培训制度，以常委会组成人员、四级人大代表、乡（镇）人大主席、机关工作人员为对象，以《中华人民共和国宪法》、《中华人民共和国全国人民代表大会和地方各级人民代表大会代表法》、时政理论和新时期人大工作为内容开展相关培训。举办人大代表和人大工作者等专题学习培训3次，参训人员60人次，组织人大代表及其相关部门负责人20余人，开展全国人大常委会法工委培训班视频学习；继续订购《中国人大》杂志246期，为代表学习相关法律和人大业务知识创造条件。

2022年十四届人大三次会议期间，代表所提批评、意见和建议69件，全部转交县人民政府及其

2022年5月31日，尼木县人大常委会党组理论中心学习组传达学习中央人大工作会议精神

2022年12月28日，尼木县召开两会党员大会

相关职能部门依法办理。人大常委会主任、副主任领衔督办重点建议，适时听取审议承办单位建议办理情况。有力推动代表建议由"办复率"向"办结率"转变，截至年底，代表所提建议有效解决99%。

【突出担当作为】 年内，面对新冠疫情，人大常委会机关全体党员积极响应，认真执行党中央、区市县党委的号召和决策部署，坚持抓紧抓实抓细常态化疫情防控，巩固疫情防控成果。县人大常委会主任、副主任分别下沉到各自包乡、包村联系点，指导开展疫情防控、维稳安保、复工复产等工作。同时，常委会班子成员坚守抗疫一线，县各级人大代表及县人大机关干部共计300余人下沉村居（街道）、交通卡点、方舱医院和临时隔离点，县人大常委会主任尼玛次仁、干部益西措姆2名优秀党员干部主动请愿投身疫情防控一线，协助拉萨市城关区开展疫情防控工作。人大干部职工坚持把初心落在行动上、把使命担在肩膀上，始终站在维护民族团结的高度做好疫情防控服务工作，把党的政治优势、组织优势、密切联系群众优势转化为做好疫情防控和经济社会发展工作的强大政治优势，为打赢疫情防控阻击战，全面恢复经济社会秩序，彰显人大担当、做出人大贡献。

【自治区人大常委会调研】 年内，西藏自治区人大常委会到尼木县就《中华人民共和国国家安全法》贯彻落实情况和《西藏自治区人民代表大会常务委员会关于加强新时代检察机关公益诉求工作的决定（草案）》开展执法检查和立法调研。通过视察调研和执法检查，进一步规范尼木县执法及公益诉讼相关工作的有效落实，加强人大监督管理，提高法律和政策的使用效率。

【自身建设】 年内，以政治机关建设为统领，发挥县人大常委会党组的政治领导作用，举办理论中心组集体学习、常委会专题讲座，深入学习贯彻习近平新时代中国特色社会主义思想和中共二十大精神。制定学习中共二十大精神实施方案。深入学习贯彻习近平总书记关于坚持和完善人民代表大会制度的重要思想、中央和区市县党委人大工作会议精神。围绕县委工作大局谋划推进人大工作，严格执行重大问题、重大事项请示报告制度，落实县人大常委会党组向县委汇报工作的要求，确保党的决策部署在人大工作中"落地生根、开花结果"。

年内，制定并严格执行常委会党组坚持党的群众路线、作风建设工作机制，严格贯彻落实中央八项规定及其实施细则精神，坚决反对和纠正"四风"。始终把调查研究作为做好人大工作的基本功，始终保持同人民群众的联系，坚持深入实际、深入基层、深入群众进行调查研究，通过各种方式和渠道广泛倾听民声、了解民情、集中民智，县人大工作更加贴近民心、民意、民生。

年内，尼木县人大常委会坚持把纪律建设摆在更加突出位置，进一步建立健全工作机制，严格落实党风廉政建设"两个责任"，严格执行"三重一大"议事制度，不断加强管党治党的政治责任，打造政治立场坚定、工作作风良好、管理制度完善、干部队伍精干的模范机关，确保党中央、区市县党委的各项决策部署在人大常委会机关得到全面贯彻落实。认真学习《中国共产党廉洁自律准则》《中国共产党纪律处分条例》，完善公车管理，规范公务接待，压缩“三公”经费，厉行勤俭节约。

（益西措姆）

【机构领导】

党组书记、主　任

尼玛次仁（藏族）

党组成员、副主任

李必焱

张同格

康桑达瓦（藏族）

格桑德吉（女，藏族）

2022年6月23日，达孜区人大代表一行到尼木县考察学习并召开座谈会

办公室工作

【概况】 2022年，尼木县人大常委会办公室以习近平新时代中国特色社会主义思想为指导，全面贯彻落实中共十九大和中共十九届历次全会精神，坚决贯彻习近平总书记关于西藏工作的重要论述和关于完善人民代表大会制度的重要思想，充分发挥人民代表大会制度在坚持和完善中国特色社会主义制度、推进国家治理体系和治理能力现代化中的根本政治制度作用。坚持人民代表大会制度不动摇，坚持党的领导，人民当家做主和依法治国有机统一，以根本服务于全县中心工作大局、人民代表大会、人大常委会和人大代表为宗旨，认真贯彻落实人大常委会的各项工作安排部署，积极发挥综合协调服务的职能作用和人大决策议事的参谋助手作用。始终把实现好、维护好、发展好人大工作作为一切的出发点和落脚点，推动人民代表大会制度与时俱进、完善发展，推动新时代尼木人大工作再上新台阶。

2022年7月7日，尼木县人大办党支部传达学习自治区人大工作会议精神

【理论学习】 年内，制订党支部学习计划，系统学习习近平新时代中国特色社会主义思想、《习近平谈治国理政》，扎实抓好党的最新理论成果学习贯彻，及时传达学习中共十九届历次全会精神及中共二十大精神，习近平总书记考察西藏重要指示精神以及习近平法治思想等一系列重大判断、重要部署，深入开展集中学习活动8次、专题学习活动2次，党内各种活动7次，推动会议精神落地落实。对机关党员领导干部贯彻落实情况提出具体要求，坚持目标导向，引导全体党员干部同向发力。

2022年6月30日，尼木县人大机关党支部开展庆“七一”慰问党员主题党日活动

【自身建设】 年内，切实加强党的建设，发挥把方向、管大局、保落实作用。坚持把政治建设摆在首位，始终在政治立场、政治方向、政治原则、政治道路上同以习近平同志为核心的党中央保持高度一致。深入学习、深刻领会习近平新时代中国特色社会主义思想，认真开展“不忘初心、牢记使命”主题教育和“三更”“三新”“学党史”等专题教育，推进学习教育常态化、制度化，加强理论武装，坚定理想信念，践行根本宗旨。坚定不移加强廉政建设。坚持把纪律建设摆在更加突出位置，进一步建立健全工作机制，严格落实党风廉政建设“两个责任”，严格执行“三重一大”议事制度，不断加强管党治党的政治责任，打造政治立场坚定、工作作风良好、管理制度完善、干部队伍精干的模范机关，确保党中央、区市县党委的各项决策部署在人大常委会机关得到全面贯彻落实。完善公车管理，规范公务接待，压缩“三公”经费，厉行勤俭节约。开展党风廉政专题教育活动2次，观看警示片3场次。

【作风建设】 年内，制定并严格执行加强作风建设工作机制，严格贯彻落实中央八项规定及其实施细则精神，坚决反对和纠正“四风”。始终把调查研究作为做好人大工作的基本功，始终保持同人民群众的联系，坚持深入实际、深入基层、深入群众进行调查研究，通过各种方式和渠道广泛倾听民声、了解民情、集中民智，县人大工作更加贴近民心、民意、民生，开展各类调研活动3次。

年内，以政令畅通、日常出勤、请假程序、车辆使用、办案风纪、着装风貌为重点，将纠正“四风”建设融入干部日常管理，定期对人大的制度执行落实情况开展专项检查，着力解决单位中存在的工作效率不高、服务不优、纪律松弛等问题，着力解决广大党员和干部职工在思想作风、学习作风、工作作风等方面存在的问题，开展各类检查3次。组织党员按期交纳党费，教育引导机关党员充分发挥先锋模范作用和示范带动作用，带头执行和落实机关各项规定及要求。

（益西措姆）

【机构领导】

主　任

师永军（6月免）

王　男（女，6月任）

尼木县人民政府

综述

【概况】2022年，全县深入贯彻落实中共二十大和十九届历次全会及中央第七次西藏工作座谈会精神，深入贯彻落实习近平总书记关于西藏工作的重要指示和新时代党的治藏方略，以宣传贯彻中共二十大为工作主线，直面“四差”实际，锚定“四件大事”，聚焦聚力“四个创建”“四个走在前列”，全力“当好七个排头兵”，铆足“凝聚三气，提升三境”精气神，投身“新时代新尼木两步走”具体实践。

2022年全县固定资产投资建设项目115个，开复工项目70个，年末计划重点推进项目48个。总投资4亿元的中核尼木60兆瓦牧光互补储能光伏电站项目开工建设。帕古水库完成总工程量的40%；拉萨市吞弥尼木产业园标准化厂房及水电气等附属工程建设项目，第一标段完成工程进度的60%，第二标段完成工程进度的55%。

【坚持党的领导】年内，尼木县坚持以习近平新时代中国特色社会主义思想为指导，深入学习贯彻中共二十大，十九届二中、三中、四中、五中、六中全会精神和中央第六次、第七次西藏工作座谈会精神，坚决拥戴核心、维护核心，把增强“四个意识”、坚定“四个自信”、做到“两个维护”落实到具体行动上，在思想上政治上行动上同以习近平同志为核心的党中央保持高度一致。

年内，召开尼木县党组会议16次、政府常务会议18次、专题会议24次。扎实推进党史学习教育，做到常态化、制度化。年内，县政府党组坚持把党史学习教育作为履行政治领导责任、做好理论武装和思想政治工作的重要途径。为确保党史学习教育不走过场，做到常态化、制度化，县政府党组采取以党组书记讲党课、专题讲座、党组专题研讨、集体学习等多种方式，教育引导党员干部学习党章党规、中共二十大精神和习近平总书记重要讲话精神。

2022年2月21日，县委副书记、县长次旺多杰（左一）一行检查城乡环境卫生综合大整治情况

2022年1月30日，中共尼木县政府党组班子召开党史学习教育民主生活会情况通报会

【基础设施建设】 拉萨至日喀则高等级公路和尼木互通至县城连接线建设稳步推进。“三区三线”划定取得阶段性成果。实施续迈乡恩布寺道路改建工程，207省道霍德村至林岗村段挡墙、过水路面整治工程。农村公路养护里程达到651.26千米，行政村客车通车率达到100%。投资4198.75万元实施农村安全饮水工程5个，投资192.89万元实施续迈乡霍德村拉加组高海拔供水试点工程，完成措杰水库除险加固工程和维修养护工程。建成覆盖县、乡、村三级电子政务外网专线112条，33个村(居)惠民项目投入运行，新建5G基站30个。

【藏香文化产业】 年内，全县实现藏香产值3240.03万元，藏香销售1620.6万元，带动383户881人实现人均收入1.8万元。

【藏鸡产业】 年内，藏鸡种鸡孵化、商品鸡放养、蛋品鸡回收产业化经营体系不断完善，藏鸡养殖借助4个标准化养殖合作社带动家庭分散式养殖，不断扩大养殖规模。藏鸡养殖累计达到35.5万羽，藏鸡存栏9.9万羽，日产蛋3.4万枚，销售藏鸡(蛋)收入472.21万元。

【有机农业】 年内，推广种植航空航天果蔬、菌类等高附加值产品，2022年产出航空航天果蔬、羊肚菌等227.1吨，收入336.8万元，带动138户476人，户均增收1.5万元。生猪自繁自育产业体系基本建立，累计出栏育肥猪910头，生猪存栏852头。年内，出栏245头，增收84.47万元，带动23户群众户均分红0.25万元，尼续村万头生猪养殖基地已完成总工程进度的80%；以牧繁农养、品质改良、精细管理为重点的牦牛育肥“一总场四分场”格局基本成型，自项目投入运营以来，累计育肥出栏牦牛2696头，实现收入2318.27万元。年内，共带动208户群众增收78.4万元。奶牛养殖形成产、供、销循环发展格局。截至年底，塔荣镇标准化奶牛养殖场存栏奶牛212头、泌乳牛18头，月产奶量达1.5吨。

【旅游发展】 以“雅鲁藏布江·尼木大峡谷”品牌塑造为主线，按照“π”字形发展格局，致力将吞巴镇打造成国际藏香康养小镇，将卡如镇打造成拉萨西温泉康养小镇。截至年底，接待游客3万余人次，收入1312.16万元，景区每月安排群众就业20人，增收50万余元。

【“三园区”建设】 吞弥现代农业园区着力推动产业化发展、打造现代农业样板，在成功创建“自治区级农业科技示范园区”基础上，争创“自治区级农业示范园区”。吞弥经开区尼木产业园区以提升全产业链水平作为主攻方向，吞弥拉萨经开区尼木产业园标准化厂房及水电气等附属工程建设项目于7月1日开工建设。尼弘元仓铁路公路联运物流园区投入试运营10个月以来，累计培训农牧民技工35人，带动当地大学生、货车司机稳定就业55人；组织当地100户161名群众就近就便务工13278人次，带动增收644万元。尼弘元仓供应链经济港项目沥青存储加工开始投入使用。

【改革开放】 年内，持续加强“互联网+政务服务”体系建设，深化“放管服”改革，推进政务服务便民化，以“一门、一窗、一次”为目标，持续开展“好差评”“敲门”帮办代办服务，全力推进“减证便民”“综窗受理”改革，营商环境进一步优化，政务服务质效进一步提升。截至年底，梳理“综合窗口”受理事项567项，推送“好差评”数据总量15.22万条，行政审批事项、便民事项办结率100%，“12345”政务服务热线群众满意率100%。全力推动委托代理招商工作及年内确定实施招商引资项目，梳理上报2022年和2023年具备开工建设条件的新能源项目。

【乡村振兴】 年内，健全防止返贫动态监测和帮扶机制，持续巩固“两不愁三保障”成果，坚决守住不发生规模性返贫底线。完成麻江乡亚米组37户245人高海拔地区生态搬迁工作，投入65.86万元购买防返贫保险，守住防止返贫底线要求。完成建档立卡（农村低保）大学生154人资助工作，兑现区、县两级资助金95.07万元。以乡村振兴“四个一线”为抓手，培育抓党建促乡村振兴示范点5个，加快推进林岗、聂玉、尼木、东松、尼续5个村“美丽乡村·幸福家园”建设行动，整合涉农资金，推进塔荣村、尼木村、尚日村、日措村实施人居环境整治。持续保持控辍保学动态清零，义务教育巩固率达100%。依托帕古水库、拉日高速等一批重大项目，积极引导脱贫群众参与项目建设，就近就便就业，实现增收。2021年10月至2022年9月建档立卡脱贫群众实现人均纯收入17812.5元，同比增长13.73%。

2022年5月24日，中共尼木县人民政府党组2022年第五次会议召开

【民生保障】 年内，落实自治区“十大民生工程”，以领导干部“下基层大接访办实事”活动为契机，本级财政投入232.5万元解决民生实事18件。为疫情期间生活困难和外来务工人员发放补贴95.92万元。县城内增设8处240个非机动车停车位。普乃嘎姆糌粑制作技艺、普松乡百谐雕刻品牌成功入选拉萨市级文化遗产名录，帕古庄园、麻江碉堡成为革命文物红色教育点，完成452件可移动文物鉴定，群众文化娱乐活动更加丰富。检测群众房屋4302户，完成2021年24户房屋改造任务，补贴资金36万元。

新冠疫情期间，为小微企业和个体工商户减免租金124.77万元，贷款贴息6.02万元，减免增值税、所得税、留抵退税4992.11万元，其中本级留抵退税917万元。县域三大运营商对小微企业和个体工商户宽带及专线降费10%。8—12月，未收缴小微企业和个体工商户污水处理费、生活垃圾处理费，水电气费由县政府按照10%予以补贴。

【就业工作】 年内，通过开展结对帮扶就业、岗位对接促进就业、政策宣传引导就业等方式，全县260名应届高校毕业生就业259人，就业率99.6%，为67名高校毕业生发放就业补贴、见习补贴、创业启动资金191.17万元。农牧民转移就业1617人，实现收入442.4万元，城镇新增就业856人，超额完成目标任务。

【教育事业】 年内，深入实施“慧育中国·山村入户”早教项目，稳步推进学前教育普及普惠发展、义务教育优质均衡发展，保持控辍保学动态清零。投资5420万元实施教育基础设施改造升级项目11个，实现学校供暖全覆盖，严格落实“五项管理”“双减”工作，中考成绩位列拉萨县区（除城

2022年11月28日，拉萨市乡村振兴考核组一行到吞弥现代农业园区调研

关区）第1名，实现历史性突破。

【医疗卫生】 年内，统筹推进县级公立医院、医共体改革及医院等级评审工作，积极推进智慧医疗建设，不断提升公立医院综合服务能力。城乡居民基本养老保险参保率达99%以上，医疗报销便利化改革稳步推进。疫情期间，为271名外来务工人员兑现临时性生活补助21.24万元；为961名城乡低保、特困人员、困难重度残疾人、城镇低保边缘户兑现一次性生活补贴68.64万元；为3名60—80岁新冠确诊病例老人兑现一次性补贴9000元。

【公共文化服务】 年内，大力弘扬社会主义核心价值观，推动42个新时代文明实践中心（所、站、基地）规范化运行，开展曲艺宣传进村（居）活动48场次，组织开展纪念西藏百万农奴解放63周年、“盛世中国、幸福西藏”、“升国旗、唱国歌”、“尼木县喜迎党的二十大”、“铸牢中华民族共同体意识　强国复兴有我”等活动，策划拍摄《非凡十年·尼木》《谈变化、感党恩》《学习二十大、践行二十大》等短视频，持续壮大主流思想舆论、弘扬主旋律、传播正能量。

【生态文明建设】 年内，加快推进林岗、聂玉、尼木、东松、尼续5个村“美丽乡村·幸福家园”建设行动，整合涉农资金，推进塔荣村、尼木村、尚日村、日措村开展人居环境整治。执行最严格的生态保护政策，项目环评执行率达100%，空气环境质量始终保持优良，水质优于国家Ⅲ类标准，饮用水达标率100%。统筹推进山水林田湖草沙冰协同治理，“四旁”植树8.2万株，修复退化草原3.96万亩。实施8个河湖岸线保护与利用规划编制及河湖管理范围划定工作编制。投入资金30万元，对雅鲁藏布江尼木段增设防护栏300米，监督举报投诉警示牌17个。全力做好中央第二轮环保督察转办案件整改，办结销号3件，申请办结销号1件。

【社会治理】 年内，大力推进社会治理创新，加强“四治”联动，“街道吹哨、部门报到”治理机制深入实施。全年各调解组织排查纠纷166次，调解各类矛盾纠纷105起，调解成功103起，调解成功率达98%以上。8个乡镇、33个村（居）实现法律顾问全覆盖，信访总量同比下降47.36%，各级转送事项同比下降78.94%，实现“小事不出村、大事不出乡（镇），矛盾不上交”的目标。深入开展新旧西藏对比教育、“五观”“两论”教育和民族团结进步宣传教育，广泛开展“中华民族一家亲、同心共筑中国梦”主题宣传，全面铸牢中华民族共同体意识。

常态化推进“遵行四条标准、争做先进僧尼”教育实践活动，着力推进藏传佛教中国化。10个寺庙完成财税监管工作，22个寺庙主动取消大型佛事活动。深入开展重点行业、领域安全隐患排查和专项整治，织密织牢安全生产防护网，继续保持重特大安全事故零发生。疫情期间，270个基层党组织、近300名骨干党员在核酸检测组、流调组、转运组、物资保障组等各条战线日夜奋战，2万余名农牧民党员和群众同舟共济、守望相助，自觉协助、配合、服从疫情防控工作，坚决阻断疫情传播链条，加快恢复正常生产生活秩序，全县重点项目复工44个，复工率63.77%，其他市场主体复商复市 342 个。推动食品药品安全监管抽查常态化,"四个最严"要求有效落实,食品、药品抽检合格率 100%。

（全芳琳）

【机构领导】

县委副书记、县长

次旺多杰（藏族）

县委副书记、常务副县长

赵 东 杰（北京援藏,7 月免）

李 明 杰（北京援藏,7 月任）

县委常委、副县长

贺　　东

刘　　钊（北京援藏,7 月免）

孙 长 策（北京援藏,7 月任）

李 中 福

副县长

米玛潘多（女,藏族）

多吉欧珠（藏族）

罗桑强巴（藏族）

洛　　旦（藏族）

王 双 艳（女）

办公室工作

【概况】 2022 年,尼木县人民政府办公室紧紧围绕全县工作大局和年度目标任务,开拓创新,求真务实,扎实工作,认真履行参谋助手、综合协调、服务保障等职能,较好地完成各项工作任务,有效促进政府各项工作协调推进、有序运转,为全县经济社会平稳较快发展发挥了积极作用。

尼木县人民政府办公室是尼木县人民政府工作部门,为正科级,挂尼木县外事办公室和尼木县信访局牌子。机关行政编制 7 名,科级领导职数 4 名（一正三副）,有人员 18 名（其中办公室 7 名,信访局 3 名,借调 5 名,大学生 2 名,志愿者 2 名）。

【理论学习】 年内,通过召开支部专题学习会、专题研讨、干部讲党课等形式以及利用"学习强国"学习平台,重点学习中共二十大和中共十九届二中、三中、四中、五中、六中全会精神以及中央第七次西藏工作座谈会精神,认真学习领会习近平总书记在西藏考察时的重要讲话精神,组织支部学习 18 次,撰写心得体会 30 余篇,召开主题党日活动 10 次,观看警示教育片 2 次。通过一系列的学习教育,提高党员干部的思想认识,全办党员干部的政治意识、大局意识、核心意识、看齐意识得到进一步增强。

【提供决策参考】 年内,紧紧围绕县委、县政府的中心工作和重点项目以及人民群众关注的热点、焦点问题,切实加强调研工作的组织、协调和重大调研课题的实施。充分发挥督导检查职能,持续对县政府常务会议、专题会议以及领导交办事项进行督查,确保会议议定事项和领导交办事项及时有效落实。截至年底,撰写修改领导讲话、对上汇报等文字材料 100 余篇,从时间和质量上均保证工作需要。

【严格办文】 年内,根据"精文减会"要求,做到可发可不发的文件坚决不发,规范行文规则,减少基层和部门负担,提高工作效率。严守公文运转流程和规定,坚决做到收文有条不紊、传办及时高效、立卷归档完整、印章专柜专人保管。不断规范公文处理程序,认真做好各类文件、电报、电传的收发、办理工作,公文处理质量和运转效率明显提高。截至年底,共收转各类来文 248 份,制发公文 45 份;报送市政府电子公文错

2022年10月8日，尼木县政府办公室召开改进作风狠抓落实暨节后收心工作安排部署会

情率为零，接收市政府电子公文及时率进一步提高。

【会务工作】 年内，始终把握“全、快、实”原则，力争把会务工作做精、做细、做实。每次会务均详细制定会议方案，将会议时间、地点、议程、主持人、材料、后勤保障等做详细安排。在会议通知时，着重对参会的县级领导、部门主要领导以及乡镇参会领导进行核实，第一时间向县政府领导汇报，并及时根据会议确定的相关事项和参会人员情况，对整个会务工作进行相应调整，确保会议顺利召开。特别是对县政府全体会、党组会、常务会、专题会等会议，坚持牵头做好会议决策前的各项准备工作，提前对需要审议的议题进行认真审核，并经县政府领导审定同意后提交会议研究，从源头上确保会议的权威性和高效率，保证县政府决策事项及政务工作的贯彻落实和正常开展。截至年底，共承办政府大小会议20次，无一起会议重大失误情况出现。

【保密工作】 年内，尼木县人民政府办公室高度重视保密工作，把保密工作放到全办工作大局中去研究、去思考、去部署、去落实，努力做好各项保密工作。及时传达学习中央、区、市有关保密文件精神，严格执行党政领导干部保密工作责任制，层层签订保密工作责任书，确保中央和区市要求落到实处。加强涉密文件管理，建立涉密文件纸质和电子台账，严格涉密文件收发文管理，严防发生涉密文件在传阅过程中可能发生的复制、抄录等现象。

【后勤保障】 年内，坚持围绕县委、县政府中心工作，提高服务保障水平。在各类接待和重要活动上做到周密安排、效率高效，每次接待和重要的活动都坚持做到提前制定方案，细化线路和工作责任，逐项抓好落实，确保工作万无一失。完善财务管理制度，规范财务报销手续，确保各项经费合理开支。加强车辆管理，严格执行公务用车管理制度，确保用车安全有序。

2022年12月30日，中共尼木县政府办公室召开机关党组2022年度生活会

【信息工作】 年内，强化信息督查工作机制，进一步提高信息报送的数量和质量。抓好信息服务决策，全面提升信息服务水平，紧紧围绕民生工程、基础设施建设、招商引资、特色产业、农牧民增收、创新环境、社会稳定等中心工作和群众关注的热点难点问题，将尼木县重点工作列入信息报送重点，加强建议类、问题类信息的收集和报送。截至年底，上报《尼木政务信息》402期、专报30篇，下发政府办督办通知13期，上传尼木县人民政府门户网站各类信息684条，办理“县长信箱”信件8件，按时办结率和群众满意率均为100%。

【建议、提案办理】 年内，紧紧围绕提高建议、提案办理工作质量这个中心，以继续抓好办理工作的制度化、程序化、规范化建设为基础，以注重解决实际问题为目标，进一步完善办理工作机制，突出工作重点，确保工作落实，较好地完成人大意见建议和政协提案的办理工作。

截至年底，共收到十四届三次会议人大建议69件，答复率100%、满意率99%以上；三届二次会议政协提案30件，答复率及满意率均为99%以上。

（金芳琳）

【机构领导】

主　任

洛桑坚才(藏族,5月免)

强 措 姆(女,藏族,5月任)

副主任

于　　伟

次仁央拉(女,藏族)

曾 相 儒(5月任)

行政审批和便民服务

【概况】 2022年,尼木县行政审批和便民服务局按照创新、协调、绿色、开放、共享的新发展理念,紧紧围绕务实、高效、便民、快捷的一站式服务宗旨,以优质高效服务为目标,推进"放管服"改革工作,坚持以制度抓管理,以创新抓服务,以纪律作保证,勇于实践,不断探索推进便民改革,不断提升政务水平。2022年,共受理行政审批事项2376件,办结2376件,办结率100%,受理便民事项17354件,办结17354件,办结率100%。

【党建工作】 年内,尼木县行政审批和便民服务局按照中央和自治区、市、县委、县政府的工作部署,坚持全面从严治党要求,以坚决落实从严治党主体责任为根本,以"抓好党建是本职、抓不好党建是不称职"为标准,认真履行"第一责任人"职责。始终站在党要管党、从严治党的高度,不断增强责任意识和主业意识,切实加强统筹谋划和指导领导,认真落实"一岗双责",把党建工作与党支部其他工作同安排、同部署、同落实。

严格执行"三会一课"、主题党日、民主评议党员等党内组织生活制度,每月按时召开1次支部党员大会,每月15日为时间节点,按时开展主题党日活动,2022年度集中学习16次、支部党员大会12次、主题党日活动12次。按照年度发展党员计划,认真吸收培养预备党员1名。严格落实党务、政务公开。积极组织党务干部参加党建业务培训,不断提高机关党建工作水平。

2022年7月1日,尼木县行政审批和便民服务局党员干部到塔荣镇恩泽居委会开展"送温暖"走访慰问活动

【"互联网+监管"】 年内,依托"互联网+监管"系统,加强收集监管信息归集共享,将执法单位履职过程中形成的行政检查、行政处罚、行政强制等信息及时上传至"互联网+监管"系统,保证监管行为合法、合理、合规,主动接受群众监督,真正实现对行政权力运行的全方位、无死角监督。

加强对市场的监督和管理,避免出现恶意竞争行为,让监管跑在风险的前面,解决监管信息滞后、市场风险不能及时有效发现的问题。依法监督监管。切实落实互联网+政务服务要求,进一步深化"放管服"改革,为促进就业创业降门槛,为各类市场主体减负担,为公平营商创条件;进一步简化项目审批程序,深入推进"一窗受理、一网通办、一件事一次办",根据国家、自治区相关政策有关规定,对符合办理条件的事项,即时办结,不符合办理条件的事项及时告知不予受理缘由。年内,尼木县实现不动产登记3个工作日内办结,企业开办1个工作日完成。

【开展政务服务事项再优化】 年内,在拉萨市行政审批局的指导下,尼木县确认"应进必进"大厅政务服务事项目录清单共梳理609项,于7月24日在政府常务会上通过,并在政府门户网站上予以公布。对接认领行政许可事项184项,于12月26日在政府常务会上通过,并在政府门户网站上予以公布。

【政务服务"好差评"录入】 年内，大力推行"一事一评""一次一评"，进一步转变工作人员作风，进一步增强服务意识、提高服务水平，及时对办理业务"好差评"数据录入系统，提升群众满意度。年内，按照拉萨市行政审批和便民服务局相关要求，共产生"好差评"数据179521条。

【提升服务质量】 年内，根据《拉萨市深化改革政务服务"综窗受理"改革工作方案》精神，制作全县综窗受理清单，共梳理"综合窗口"受理事项567项，申请"综合窗口"人员配置6人，到位3人，不断夯实政务服务标准化、规范化、便利化基础，更好满足企业和群众办事需求，为全面推行"网上办"，实行"前台统一受理、后台分类审批、综合窗口统一出件"的网上审批工作模式奠定基础。

加强政务服务中心日常管理，设置"党员先锋"岗，鼓励窗口工作人员安心工作，爱岗敬业，不断提升服务效能。加强学习，按照2022年学习计划以及市行政审批和便民服务局工作安排，积极组织相关工作人员参加学习，学政务服务平台应用、政务服务事项梳理、学工作纪律、学先进楷模等，把学习先进与岗位职责相结合，尽职尽责，爱岗敬业，在本职岗位上展示新作为，树立大厅为民服务良好形象。开展学廉政教育学习，引导大家洁身自爱，"亲而有度，清而有为"。

【开展"帮办代办"服务】 年内，采取"一窗受理、一网通办、帮办代办"服务和"敲门"服务。在县政务服务中心设置"综合服务"窗口，由党员干部轮岗制，主要对业务不熟悉、流程不熟悉的群众或者企业，由工作人员帮办代办，四级深度事项全程由工作人员帮办代办。乡、村一级设置"帮办代办"服务窗口，主要依托乡镇干部、驻村工作队、"1+3"专干、村"两委"等"五支力量"。

2022年2月25日，西藏自治区经济和信息化厅党组成员、副厅长郭翔（左二）一行到尼木县政务服务大厅检查指导工作

定期开展"帮办代办"及"敲门"服务，主要对孤寡老人和残疾人送服务上门，对有办事需求的群众，统一收集办理材料，由"帮办代办"人员全程帮助办理，并将办理结果反馈给相关群众。"帮办代办"服务和"敲门"服务，让代办员替代办事群众跑，免费为企业提供咨询、材料准备、业务办理等全过程服务，实现全流程帮代办服务。帮办代办工作人员全程为办事人提供指导服务，"一对一"个性化帮办代办，确保申请材料准确无误，大大节省办事群众和企业的时间和精力，让群众和企业在办理过程中全程无忧，为群众和企业解了燃眉之急。

【"三项清单"工作】 年内，尼木县行政审批和便民服务局在2021年工作基础上，按照《尼木县委全面深化改革委员会关于推行乡镇政府三项清单制度的工作方案》，完成持续推进"三项清单"办事服务指南、工作流程、任务分工、办事流程、首问责任、办事代理、限时办结、服务承诺等相关制度工作。

【"12345"政府服务热线管理】 年内，完善协调督办机制，按照线上事情线下办的工作原则，采取电话沟通与线下走访、现场督办相结合的办法，着实解决群众热点、难点、堵点问题，力求"热线"暖民心。2022年"12345"政府服务热线受理共119件，其中6件超出尼木县管辖范围予以驳回，处理完成113件，群众满意率100%。

【新冠疫情防控】 年内，针对拉萨市疫情防控及尼木县疫情防控工作正处于关键最紧要时刻，形势十分严峻，为全面打赢疫情防控阻击战，以及深入贯彻落实尼木县新冠疫情防控工作的重要指示精神，严格执行县委、县政府关于疫情防控部署要求。尼木县行政审批和便民服务局在接到县委组织部关于支援拉萨疫情防控工作通知后，动员所有党员干部积极主动报名，投入疫情防控工作中去，所有党员干部齐上阵，2 名党员先后自愿参加县疫情防控工作志愿队（县疫情办、吞巴卡点、尚日村等参加疫情志愿服务），其余党员干部报名参加拉萨支援服务队，激励广大党员干部积极投身到这场疫情防控阻击战中来，把疫情防控作为当前最重要、最紧迫的政治任务、头等大事来抓，以最高标准和最严要求开展各项防控工作。

（普布卓玛）

【机构领导】

局　长

王超飞

副局长

穷　　达（藏族，5 月免）

普布卓玛（女，藏族，5 月任）

应急管理

【概况】 2022 年，召开 6 次全县安全生产会议和 1 次应急管理工作会议，研究部署安排当前安全生产重点工作，认真开展“六查六防六到位”〔（一）道路交通安全方面。查道路交通安全，防违规驾驶，违规运载，管教输入，做到宣教到车到人，警示到位，全面防风险除隐患遏事故。（二）消防安全方面。查火灾隐患，防火种进林进山进草原，电火油气爆水跑冒滴漏，做到 24 小时值守，人员设施装备到位。（三）危险化学品。查危化品隐患，防管道容器和特种设备年久失修腐蚀，有毒有害易燃易爆物品外泄蔓延，做到巡查盘点检修报备到位。（四）工矿企业安全方面。查工矿企业安全，防火防盗防溃坝，防透水，做到停工企业场地有人守，运营企业安全生产规程落实全到位。（五）食品药品和特种设备安全方面。查食品药品安全，防假冒伪劣，过期变质，做到市场监管执法问责到位。（六）防灾减灾救灾方面。查防灾减灾漏洞到位，防极端天气条件下，各类灾害及次生灾害的发生，做到基层宣传引导到位，一线处置措施落实到位，应急救援准备落实到位。〕和中共二十大期间的安全生产整治工作，落实国务院十五条硬措施，防范遏制重特大生产安全事故。2022 年，尼木县应急管理局共有 10 人，其中行政人员 4 人、事业人员 4 人、工人 2 人。

【安全生产宣传】 年内，利用横幅、电子屏、发放宣传资料等途径开展安全生产宣传工作，加强事故隐患、事故警示教育宣传工作，以第 21 个全国安全生产月“遵守安全生产法，当好第一责任人”为主题，组织各乡镇、县安委会各成员单位开展安全生产咨询日宣传活动。活动共发放各类宣传资料 2000 余份，受教育群众达 3000 余人次，营造“人人讲安全、懂安全、守安全”的良好社会氛围。

【危化和矿山安全监管】 年内，尼木铜矿、加油站、加气站开展日常安全监管，以隐患排查治理为抓手，从运输、储存、经营等环节推

2022年7月20日，县委常委、副县长李中福（左二）到拉日高速钢筋加工厂督导检查安全生产工作

动安全责任进一步落实到位，加强企业主体责任，做到发现隐患及时消除。

【烟花爆竹安全监管】 年内，尼木县应急管理局确定2家烟花爆竹零售商铺，从登记、抽签、选址、岗前培训、销售、退货等环节实现安全监管全覆盖，实现了各环节安全监管。

【安全生产综合监管】 年内，按照《尼木县安全生产专项整治行动计划》及各专项行动方案，安全生产各专项组围绕非煤矿山、危险化学品、道路交通、建筑施工、特种设备、食品药品、消防安全等重点领域共开展安全排查3714次，出动人员13393人次，出动车辆2273辆次，检查单位4049家次，排查整改各类安全隐患1536处，下发整改通知书14份。

【安全生产风险管控】 年内，紧盯拉日高速、全县汽修厂、“九小”场所、木材加工厂、仓储物流企业、复工复产企业、危化企业、零散石油产品、在建项目等生产经营场所开展安全生产检查。利用每月“双随机、一公开”的方式进行监督检查以及加强对辖区、校园、寺庙等场所开展隐患排查整治。定期对辖区重点单位开展实战演练，制订完善应急预案。并针对高原电器仓库重大火灾隐患进行政府挂牌督办，采取上门帮扶、定期复查等方式对重大火灾隐患单位进行指导，已完成整改并销案。

【新冠疫情防控】 年内，尼木县应急管理局响应县委、县政府号召先后组织本单位党员干部5人加入志愿者队伍，协助净土公司装卸米面、蔬菜、水果等生活保障物资，并对全县物资储备库中的防疫物资进行清点，登记、备案，出动应急车辆对全县的生活物资进行配送，为应对复杂严峻的疫情防控形势，县减灾办共调拨各类保障物资1737件（顶、张）（其中12平方米棉帐篷372顶，20平方米军用帐篷3顶，折叠床290张，折叠床垫200张，武警大衣781件，橄榄绿棉大衣74件，藏式火炉17个），用于全县疫情防控工作，有效保障全县防疫工作。

2022年6月16日，尼木县减灾办组织相关单位在塔荣镇经开区开展2022年度地质灾害（防汛）综合应急演练

【复工复产】 年内，尼木县安委办下发《关于做好疫情防控期间有序复工复产的安全生产工作通知》，督促行业监管单位严格落实疫情防控期间安全生产责任制。坚持高标准，严把复工复产条件，对不符合安全生产条件的一律不得复工复产经营，扎实做好疫情防控期间安全生产工作，为全县复工复产创造了安全稳定良好的社会环境。

为保障中共二十大期间尼木县安全生产形势稳定，县安委办将《全区平安护航二十大安全生产专项整治行动方案》转发至各乡镇、各行业主管单位，中共二十大前后，各乡镇、各行业主管单位实行每日安全检查，确保中共二十大期间各领域的安全稳定，未发生安全生产事故，对发现的问题制定下发《尼木县贯彻落实全区“平安护航二十大”安全生产督导检查发现问题的整改工作方案》。紧盯重点领域、重点部位，开展常态化安全隐患大排查、大整治工作。

【地震灾害（防汛）应急演练】 年内，为认真贯彻落实区市县关于加强地震减灾意识和突发事件应急处置能力的指示精神，县减灾办组织县公安局、消防救援大队、

2022年9月3日，县委负责人赵铁岭（左一）到县应急管理局检查指导工作

武装部、武警中队、医院等救援力量及减灾委相关成员单位在尼木县塔荣镇经开区开展地震灾害（防汛）综合应急演练，通过演练，检验全县突发事件应急组织处理能力、应急救援能力和各部门之间的协调能力。

【应急抢险保障】 年内，尼木县减灾办给各乡（镇）发放防汛物资（雨衣、雨鞋、救生衣、手电筒），总价值6万余元。同时满足汛情期间保障基层防汛救援物资储备，并采购防汛应急物资（雨衣、雨鞋、手电筒、移动照明灯、编织袋、铅丝笼、吨袋），总价值42万余元，部分物资配发至各村（居）和县直相关部门备用，同时为有效开展应急抢险处置工作，保障抢险工作的通信畅通，配备10台语音对讲机，为应急抢险工作提供了强有力的保障。

【减灾示范村建设】 年内，尼木县塔荣镇塔荣村被国务院评为国家级“综合减灾示范村”，为完善综合减灾示范村各项创建工作，进一步推进“综合减灾示范村”“九有”标准建设，提高整体水平，2022年建立减灾示范村应急物资储备仓库，并储备应急物资。同时根据拉萨市关于推进创建《综合减灾示范村（社区）》的通知要求，尼木县应急管理局已研究决定尼木乡曲林村、卡如乡卡如村推荐为下一步创建综合减灾示范村，创建示范村的申报资料已报上级部门。

（邢宝剑）

【机构领导】

局　长

朗杰平措（藏族）

副局长

德庆卓玛（女，藏族，5月免）

李　　凯（5月任）

消防救援

【概况】 尼木县消防救援大队级别为正科级，2022年有执勤车辆9辆，担负着全县4100平方千米、8个乡镇的防火、灭火和抢险救援任务。尼木县消防救援大队有指战员19人（干部4人、消防员7人、专职消防员6人、文员2人）。大队共计有车辆14辆，其中行政车3辆、消防车9辆（含火车站消防中队3辆）、吊车1辆、运兵车1辆。

【党支部统领队伍】 年内，尼木县消防救援大队所有的重大问题决策、重大项目投资决策、大额资金使用均经大队党支部集体讨论作出决定，共召开支部会议24次，研究议题106个，对队伍管理、训练、廉政、教育、基建、经费等进行研究部署，进一步强化大队党组织规范化建设，实现党支部统领队伍全面工作。

【思想政治建设】 年内，尼木县消防救援大队始终把政治教育设置于更加突出的位置，开展“喜迎二十大，全力保安全”深化“牢记领袖训词，永做忠诚卫士”主题教育，常态化开展党史教育、反分裂教育、爱国主义教育，全员投身到中共二十大学习宣传贯彻活动中。

截至年底，尼木县消防救援大队组织专题教育学习56次，组织专题讨论21次，召开行政办公会12次，撰写心得体会2次，摘抄学习笔记65份，营造了良好的学习氛围。

【执勤战备训练】 年内，尼木县

消防救援大队党支部在工作中带头爱岗敬业、甘于奉献，自觉把自身的理想和追求同党的事业紧密联系起来，强力维护辖区社会局势持续稳定。围绕重大节日、重要时段制定专项安保方案，联合公安机关组成“巡逻队”，全面落实执勤维稳工作责任，重点针对党政机关、民生目标和易燃易爆场所、人员密集场所进行消防安全隐患及治安等排查，确保“不冒烟、不起火”。

结合辖区寺庙多、佛事活动多的实际，坚持提前介入，均安排在活动前进行消防安全排查，在活动期间定点守护，确保消防安全。同时完成上级领导视察、重要会议、文艺演出的消防安全保卫执勤任务。年内，大队参与消防定点勤务16次，出动车辆16辆次，出动人员59人次，确保春节、藏历新年、萨噶达瓦等节日的消防安全万无一失。

【火灾防控】 年内，结合尼木县消防工作实际情况，尼木县消防救援大队及时提请县人民政府组织召开2022年消防工作会议暨消防安全大检查动员部署会议、冬春火灾防控工作暨“119”消防宣传月动员部署会、尼木县消防工作联席会议等消防工作专题会议，总结、通报消防工作开展情况，理清消防工作整体思路，并逐级签订《消防安全目标管理责任书》，确保“五个主体”消防工作责任落到实处。大队及时提请政府调整充实尼木县消防安全委员会，由县委副书记、县长担任主任，对县消防安全委员会组成人员进行调整充实，对相应职责进行明确。以开展冬春火灾防控、打通生命通道、居民自建房等专项工作为契机，积极请示县人民政府，由消防部门牵头，政府领导带队，全面开展辖区火灾隐患大排查大整治，以整治火灾隐患的高压态势，确保辖区消防安全。

截至年底，共检查单位929家次，下发《责令改正通知书》673份，督促整改火灾隐患640余处，重大火灾隐患挂牌督办1家次。

2022年3月10日，拉萨市消防救援支队支队长扎西见才（右二）一行到尼木县消防救援大队调研指导工作

【“我为群众办实事”】 年内，尼木县消防救援大队主动走访慰问贫困户和专职消防员家属16家次，积极资助贫困生，送去价值2.7万余元的慰问品和资助金。

【学习中共二十大精神】 年内，尼木县消防救援大队党支部牢固树立“学习强国”工作理念，紧紧围绕主题教育决策部署，开展多形式多样化的实践活动。在中共二十大胜利召开后，大队迅速掀起学习中共二十大会议精神热潮，邀请县委领导到大队召开贯彻中共二十大精神集中宣讲报告会，积极推动中共二十大学习教育实践活动在大队指战员中落实见效，提高政治站位，坚定理想信念，确保全体指战员在思想和行动上，始终与以习近平同志为核心的党中央保持高度一致，自觉维护党的形象。年内，活动期间开展专题教育授课56次、专题讨论21次，撰写心得体会2次。

【消防宣传培训】 年内，以综治宣传周、安全生产月、“119消防宣传月”等活动为契机，积极开展消防宣传活动，培养出一批消防安全知识普及的明白人、带头人。大队协调政府3次，研究部署开展专项宣传及治理工作，组织专题讲座培训4次，切实降低寺庙文物古建筑和“九小”场所火灾风险，同时始终将寺庙文物建筑和“九小”场所作为辖区火灾防控工

2022年5月20日，尼木县消防救援大队联合县公安局组织各乡镇派出所及便民警务站干警开展消防安全培训

作的重中之重。

【提升专业化应急救援】 年内，坚持把战斗力作为唯一的根本标准，紧盯“全灾种、大应急”任务需要，严格按照总队、支队两级党委要求，结合尼木县实际情况，第一时间召开会议研究部署，制定大队岗位练兵实施方案，及时购买、制作训练科目所需装备器材，并积极组织大队指战员分岗位、分类别、分科目开展冬、夏训练活动。同时针对辖区重点单位及主要灾害事故特点，分别制订灭火应急预案，组织开展实战演练，切实提升队伍实战打赢能力。特别是在夏季泥石流频发期间，始终坚持第一时间遂行出动，第一时间组织对人员、车辆进行救援、疏散，赢得县领导及各界人民群众的一致好评。年内，组织开展训练100余课时，修订完善灭火预案和各类应急预案30份，开展“六熟悉”和实战演练50家次，普查辖区消火栓42个。

【消防事业发展】 年内，尼木县消防救援大队全力争取党委、政府对消防工作及队伍建设的经费投入，严格遵守财务规章制度及财经纪律，积极开展疫情防控、战勤保障等各项工作。

按照疫情防控常态化工作要求，积极储备防疫物资，严格开展人员车辆的管控工作，并结合承担任务开展针对性学习和实战性演练。结合工作实际，积极协调社会单位，确立联勤保障机制，“快、准、细”扎实做好物资调集、现场供应，切实做好安保勤务、灭火救援现场的服务保障工作。全面推进基层消防治理工作，有效将消防安全管理触角延伸至“最末端”。大队就乡镇消防工作所建设工作积极向县委、县政府主要领导专题汇报，得到县委、县政府的大力支持，投入19万余元补充乡镇消防器材，乡镇消防所建设工作走在全市前列。

（仁增曲珍）

【机构领导】
党支部副书记、大队长
蒋明官
党支部书记、政治教导员
洛桑旦培（藏族）

信访工作

【概况】 尼木县信访局为尼木县人民政府工作部门（至今未单设信访机构），挂尼木县信访局牌子。尼木县人民政府办公室主任兼任局长、尼木县人民政府办公室副主任兼任副局长，有干部3人（1名三级主任科员、2名四级主任科员）。2022年，尼木县信访局以习近平新时代中国特色社会主义思想为指导，深入学习中共二十大精神，认真贯彻落实中央和自治区、拉萨市和尼木县委决策部署，深入化解信访突出问题。

【组织领导】 年内，县委、县政府多次召开会议，对信访工作形势进行分析研判和安排部署，县委书记等主要领导带头接访下访，带头解决信访突出问题，包案化解疑难重点信访事项，化解率、群众满意率均为100%。

年内，继续实行“书记、县长接待日”制度，县级领导接待群众来访5批次9人，化解5件，结合《尼木县“领导干部下基层大接访办实事”活动实施方案》的通知精神，县信访局开展“信访走出家门活动”，变“群众上门”为“干部下访”，活动中，共出动党员干部6人次，并制定《尼木县领导包案责

2022年7月12日，尼木县2022年第二次信访工作联席会议召开

任制和挂牌督办制度》，持续深化县级领导包案制度，把梳理出的重点、难点信访矛盾全部纳入县级领导包案化解台账。各乡（镇）各部门坚持问题导向，领导带头及时研究解决信访难点、堵点，推动全县信访形势持续平稳向好。

【政治建设】 年内，尼木县信访局坚持把党的政治建设融入信访硬件全过程各方面，引导全局干部增强“四个意识”、坚定“四个自信”、做到“两个维护”，当好“三个表率”、建设模范单位。坚持不懈抓好习近平总书记在中央和国家机关的建设工作会议上重要讲话精神的贯彻落实，坚持以习近平新时代中国特色社会主义思想为指导，贯彻落实习近平总书记关于加强和改进人民信访工作的重要思想。以学习宣传贯彻中共二十大精神为契机，紧紧围绕县委、县政府中心工作，健全党委统一领导、政府组织落实、信访工作联席会议协调、信访部门推动、各方齐抓共管的信访工作格局，着眼巩固深化、狠抓薄弱环节，坚定不移推动单位党建高质量发展。

【信访服务保障】 年内，严格贯彻落实春节、藏历新年、冬奥会、全国两会等重大会议全县工作安排部署会议精神。通过完善信访矛盾源头预防化解工作机制，平时抓化解、战时抓稳控，稳处并举，不断提升风险防范化解处置水平，确保重点时期信访服务保障工作高效开展。

制定下发《尼木县信访系统迎接党的二十大召开“7+1”行动工作方案》，修改完善《尼木县矛盾纠纷排查常态化工作制度》，进一步强化日常排查与集中排查、系统排查与重点排查、全面排查与专项排查，改上访为下访的工作模式，并按照县长次旺多杰在联席会议上的部署要求，县信访局定期、不定期地组织各乡（镇）、县直各单位对县域内开展信访矛盾纠纷隐患大排查化解工作。年内，全县各级各部门共排查出矛盾纠纷 23 件，办结 16 件，引导司法途径解决纷争 7 件。

对排查出的重点矛盾纠纷问题，全部落实领导包案和单位责任人，全部纳入清单式台账跟踪督办管理。截至年底，源头化解矛盾隐患 6 批次。在重大会议重要节点，严格落实领导带班、专人值班和全县信访系统“零报告”制度。

2022年5月25日，拉萨市信访局工作人员一行到尼木县信访局检查指导工作

【信访化解治理】 年内，加强重复信访源头预防化解，坚持把督查督办作为推动专项工作落实的重要手段，严格按照日常督办与重点督查相结合的工作机制，通过加大督促、落实包案、实地下访以及对工作被动的单位对点督导等方式，防止新老问题交织叠加累积。

【信访工作机制】 年内，进一步修改完善以“排查工作常态化、排查组织网络化、信息反馈多元化、领导干部包案化”为主要内容的信访矛盾排查调处等制度。继续借鉴《拉萨信访“四函”工作机制（试行）》经验做法，结合尼木县实际，推行“四函”制度。年内，共向县级领导发出信访事项温馨提示9份，针对5件信访事项书面督办7次，电话和信访信息系统网上督办信访事项23次。

【基层基础建设】 年内，尼木县乡（镇）信访工作联席会议实现全覆盖，发挥了属地管理作用。信访局根据县信访工作联席会议架构配置和运行模式，积极协调指导乡（镇）建立健全党委、政府主导的维护人民群众合法权益，为群众排忧解难的信访工作联席会议机制，有力推动了乡（镇）信访工作联席会议机制在加强信访矛盾源头预防化解中的作用。

【专项活动】 年内，积极开展“下基层大接访办实事”活动，听取群众生产生活中的困难诉求，并针对群众诉求能够现场解决的现场解决，需要时限解决的牵头组织

2022年4月20日，西藏自治区党委政法委工作人员一行到尼木县检查社会现代化治理试点工作开展情况

相关部门予以推动落实，做到有访必接、有接必果。年内，出动党员干部6人次，开展信访走出家门活动3次，进一步提升信访和矛盾纠纷化解工作效能，拉近干群关系，防止矛盾恶化升级。

年内，通过专题学习、组织生活、微信宣传等多种形式，积极引导信访干部学习宣传《信访工作条例》，且全县各级各部门严格按照要求，在各自辖区、行业内掀起宣传《信访工作条例》的热潮。5月25日，县信访局邀请拉萨市信访局领导和业务骨干到尼木开展《信访工作条例》颁布实施专题讲座。

7月12日，全县第二次信访工作联席会议上再次集中传达学习。县信访局依托“八五”普法活动，积极开展条例进乡村、进社区、进企业、进单位工作，引导群众以理性、合法的方式反映自身利益诉求，引导干部职工坚持用法治思维和法治方式处理矛盾纠纷。促使全县信访系统干部履行好“为党分忧、为民解难”的职责使命。

（韦嫱嫱）

【机构领导】

局　长

洛桑坚才（藏族，5月免）

强 措 姆（女，藏族，5月任）

副局长

于　　伟（5月免）

曾 相 儒（5月任）

藏语言及编译工作

【概况】 尼木县藏语文工作委员会办公室（编译局）工作人员共6人，其中，主任1名，副主任1名，四级主任科员1名，工人2名，公益性岗位人员1名。

【基层党组织建设】 年内，根据中共尼木县纪委机关、中共尼木县委组织部关于认真做好2021年度民主生活会（组织生活会）通知

要求，严格按照组织程序，做好组织干部职工认真学习、提高认识，在广泛征求意见，认真撰写对照检查材料，认真开展谈心交心等会前准备工作前提下，支部书记主持召开党支部2021年度组织生活会。

严格按照“三会一课”等制度，进一步严肃和规范支部组织生活，截至年底，开展支部集中学习23次、讲党课2次，开展谈心谈话4人次，开展12次主题党日活动。

组织党员干部职工到结对户和困难职工家中开展慰问活动，为他们送去生活必需品，让他们感受到党和政府的关心关爱。

组织召开党史学习教育动员部署会，结合自身实际制定《藏语委办党支部党史学习教育方案》，动员党员干部职工学党史、悟思想、办实事、开新局。

组织干部职工学习《中国共产党廉洁自律准则》、《中国共产党纪律处分条例》以及党风廉政建设方面的文件精神，通报违反中央八项规定的典型案例，观看《守住第一次》等警示教育片，每逢节日召开专题会议，强调节日期间的廉政纪律，进一步提高干部职工的纪律意识。严格按照“三重一大”决策制度，重大事项和资金使用，召开支部会议集体讨论研究决定，并及时予以公开，接受干部职工和群众的监督。

【宣传工作】 年内，为激发广大人民群众参与、支持和配合藏语文工作，提高藏语文工作关注度，不断创新宣传手段和方式。积极参加国家安全教育日宣传活动、以“建设平安尼木、人人有责”为主题的宣传活动、学习雷锋宣传活动，以设立宣传点、悬挂横幅、发放宣传单和宣传物品等形式，认真宣传《中华人民共和国民族区域自治法》、《西藏自治区学习、使用和发展藏语文的规定》、《拉萨市社会用字管理办法（试行）》以及新词术语推广资料等法律法规和业务知识。结合领导干部下基层大接访办实事活动，积极配合驻村工作队和村“两委”，到塔荣镇巴古村和林岗村为村农牧民宣讲习近平总书记在西藏考察时的讲话精神。

2022年1月19日，尼木县藏语委办（编译局）工作人员开展社会用字检查

【编译工作】 年内，尼木县藏语文工作委员会办公室（编译局）把翻译工作作为一项重要工作，认真完成县“四大办”交办的翻译工作任务和各乡（镇）县直各单位报送的相关材料，翻译工作的同时，耐心接待前来翻译的广大农牧民群众，翻译共计8.38万余字，下发藏汉翻译审核单76份。

为提高尼木县干部职工和广大农牧民群众的藏语和汉语水平，加强广大干部职工联系群众、教育群众、沟通群众、协调群众，进一步提高为民办事、为民服务能力，提高广大群众的沟通、协调、交流能力，对《尼木县双语学习手册》进行充实和完善，共整理出632个有关天气、农业、牧业、问候、看病等方面的常用词语和短语，用藏语和汉语文字注音。

为迎接拉萨市人大常委会组织的社会用字工作联合检查和全区藏语文编译工作现场会议，从社会用字规范、台账资料整理、特色亮点梳理、拟订检查路线等4个方面13项内容进行详细的安排，明确工作内容、要求、时限和责任人，已完成相关台账资料的准备工作，此项工作由于疫情原因未能开展。

为进一步加强尼木县藏语文编译工作，根据拉萨市藏语委办

2022年1月28日，尼木县藏语委办（编译局）召开2022年度组织生活会

（编译局）的统一安排部署下，7月23日，尼木县藏语文工作委员会办公室（编译局）接待林芝市藏语文编译系统学习交流团，相互交流各自在工作中的好做法、好经验。

【开展社会用字监管】 年内，为防止出现社会用字不规范而影响全县稳定大局的问题，塑造和谐、规范、整洁的语言文字环境，加强民族团结，积极开展社会用字整治规范工作。按照《西藏自治区学习、使用和发展藏语文的规定》和《拉萨市藏语文社会用字管理办法》，认真开展社会用字管理和监督工作。联合县有关部门，对尼木县沿街商户和企事业单位的横幅、标语、牌匾和服务内容、指示牌、路标等社会用字进行全面检查，并下发整改通知书，要求各商户和各单位在限期内整改，对全县范围内的社会用字不规范现象进行清理和整顿，全年共检查5次，下发整改通知书21份。

【翻译工作】 年内，积极争取区、市藏语委办（编译局）组织的各类培训名额，选派尼木县各乡镇和县直单位翻译骨干人员，提升全县翻译工作人员的翻译技能和水平，全年选派5名干部，参加西藏干部藏语和汉语能力提升培训班和拉萨市藏语文工作者国家通用语言文字素养提升暨汉藏翻译培训。

【新冠疫情防控】 年内，按照县委统一要求和县疫情防控办公室具体安排以及各相关部门的工作需要，积极响应县委号召，第一时间投入全县疫情防控工作，积极参与全民核酸采样等工作。

（次仁普赤）

【机构领导】

主　任

其美顿珠（藏族）

副主任

琼　　达（女，藏族）

中国人民政治协商会议尼木县委员会

综述

【概况】 2022年，政协第三届尼木县委员会委员总人数为91人，其中常委15人；藏族76人，汉族11人，回族1人，土家族2人，白族1人。共设6个界别，分别为中共界、群团界、教体文卫界、农牧科技界、工商界及民族宗教界。领导班子：主席1名，副主席4名。

【全体委员会议】 1月17—18日，政协第三届尼木县委员会召开三届二次会议。应出席人数91人，实际到会74人。会议主要议程：听取和审议政协尼木县委员会常委会工作报告（草案）；听取和审议政协尼木县委员会常务委员会关于政协三届一次会议以来提案工作情况的报告（草案）；列席尼木县第十四届人民代表大会第三次会议；听取审议政府工作报告及其他相关报告；审议《常委会工作报告决议（草案）》《提案工作情况报告决议（草案）》《提案审查情况的报告（草案）》《政治决议（草案）》。

2022年7月31日，贵州黔东南苗族侗族自治州政协一行到尼木县吞巴镇调研藏香产业

【常务委员会会议】 5月30日，政协第三届尼木县委员会召开第四次常委会，会议主要议题为审议《政协尼木县委员会常务委员会2022年度工作要点》；审议通过黄琼波的任职事宜。

11月25日，政协第三届尼木县委员会召开第五次常委会，会议主要议题为审议通过政协预算经费。

12月20日，政协第三届尼木县委员会召开第六次常委会，会议主要议题为审议通过《会议须知》，审议通过《常委会工作报告（草案）》，审议通过《提案工作情况的报告（草案）》。

12月29日，政协第三届尼木县委员会召开第七次常委会，会议主要议题为听取各组讨论情况汇报；审议《提案审查情况报告》；审议《政治决议》《常委会工作报告决议》《提案工作报告决议（草案）》。

【政协党组会议】 7月22日，召

2022年12月20日，政协第三届尼木县委员会召开第六次常委会

开政协第三届尼木县委员会党组会议，会议研究政协委员提案撰写培训、委员外出参观调研和调研经费预算等工作。

12 月 5 日，召开政协第三届尼木县委员会党组会议，会议主要就三届三次会议相关工作进行安排部署。

1 月 25 日，尼木县政协党组班子召开 2021 年度党史学习教育专题民主生活会。县政协党组书记、主席杜开凡主持会议。党组成员拉巴、米玛、肖鸿彪、边巴扎西参加会议。县纪委机关、县委组织部、政协委员代表及政协办公室工作人员列席会议。会议深入学习中共十九届六中全会精神、习近平总书记在中央政治局专题民主生活会上的重要讲话精神、区党史学习教育总结会议精神和区市县党史学习教育专题民主生活会精神。按照县委组织部关于认真开好 2021 年度党史学习教育专题民主生活会的各项要求认真开展检视剖析。

【宣讲中共二十大精神】 12 月 30 日，县政协党组书记、主席杜开凡宣讲中共二十大精神：主要把学习宣传贯彻中共二十大精神作为当前和今后一段时期的首要政治任务，深刻领会习近平总书记“五个牢牢把握”重要要求，全面学习、全面把握、全面落实中共二十大精神，更加坚定自觉地衷心拥护“两个确立”、忠诚践行“两个维护”，全面推动中共二十大精神在尼木政协落地生根开花结果，促进尼木长治久安和经济社会高质量发展。

【政协委员视察调研】 年内，组织农牧科技界委员到吞弥现代农业产业园区就乡村振兴工作开展实地视察调研；5 月，带领尼木县国企负责人和相关政协委员到林周县就国企改革工作进行专题调研。5 月，接待那曲市尼玛县政协委员调研组一行到吞巴镇水磨长廊和普松乡雕刻合作社等地调研；7 月，贵州黔东南苗族侗族自治州政协一行到尼木县开展文化旅游助推乡村振兴视察调研活动。

【重要文件】 常委会工作报告（摘要）。在县委的坚强领导下，在市政协的有力指导下，政协尼木县委员会及其常委会坚持以习近平新时代中国特色社会主义思想为指导，深入贯彻落实中共十九届六中全会精神、中央第七次西藏工作座谈会精神、习近平总书记在西藏考察时的讲话精神和区市县第十次党代会精神，全面贯彻落实中央和区市县政协工作会议精神，团结带领全体政协委员和政协各参加单位，紧紧围绕县委、县政府中心工作，坚持发扬民主和增进团结相互贯通、建言资政和凝聚共识“双向发力”，助推尼木经济社会高质量发展贡献政协智慧和力量。

提案工作报告（摘要）。广大政协委员和政协各参加单位以习近平新时代中国特色社会主义思想为指导，深入贯彻落实习近平关于提案工作的重要指示精神和区、市政协工作会议精神，坚持围绕中心、服务大局的选题方向，聚焦尼木经济社会发展的重大问题、深化改革的瓶颈问题、群众关心关注的热点问题，通过提案参政议政、建言献策。政协第三届尼木县委员会第一次会议召开期间，共收到提案和建议 50 件，其中 4 件联名提案，46 件个人提案。有关情况报告如下：组织人事类的提案 8 件，占提案总数的 16%；科教文卫类的提案 16 件，占提案总数的 32%；经济民生类的提案 14 件，占提案总数的 28%；民族宗教类的提案5件，占提案总数的10%；生态环境类的提案6件，占提案总数的12%；其他类的提案1件，占提案总数的2%。全部提案均在规定期限内办复，从反馈的意见看，委员满意率达100%。

（黄琼波）

【机构领导】

党组书记、主席

杜开凡

副主席

仁金罗布（藏族）

党组成员、副主席

米　玛（藏族）

肖鸿彪

边巴扎西（藏族）

办公室工作

【概况】 2022年，尼木县政协办公室以习近平新时代中国特色社会主义思想为指导，全面贯彻中共十九届历次全会精神和中共二十大精神，捍卫“两个确立”、增强“四个意识”、坚定“四个自信”、做到“两个维护”，聚焦“四件大事”，锚定“四个创建、四个走在前列”，围绕当好“七个排头兵”，贯彻落实市委、县委十届四次全会精神，坚持发扬民主和增进团结相互贯通、建言资政和凝聚共识双向发力，积极投身“强中心”战略和“七大行动”，奋力开启全面建设社会主义现代化尼木新征程。

【会务工作】 1月17日，召开政协第三届尼木县委员会第二次会议：召开中国人民政治协商会议第三届尼木县委员会第二次会议，政协主席杜开凡和副主席米玛分别向大会作了《政协常委会工作报告》和《三届一次会议以来提案办理工作情况的报告》。

2022年3月10日，尼木县政协办党支部召开党史学习教育专题组织生活会

【联合召开提案交办会】 2月18日，尼木县政协会同县政府、县人大常委会召开2022年两会人大代表建议、政协委员提案交办会，县直各单位参加会议。会议将政协第三届尼木县委员会第一次会议召开期间收到的提案和建议30件交予承办单位。

【成立“政协委员之家”】 5月25—26日，在8个乡镇挂牌成立“政协委员之家”，进一步激发政协活力，更好地发挥政协委员的作用，为政协委员知情明政打造履职平台。

【召开组织生活会】 3月10日，尼木县政协办党支部按照《关于召开2021年度基层党组织组织生活会和民主评议党员的通知》要求，在认真准备的基础上，召开党史学习教育专题组织生活会。

【政协办机关党支部改选】 年内，因人员调整，为确保支部各项工作顺利开展，经广大党员推荐、酝酿，党支部研究决定于12月23日召开党员大会进行选举。

【专项整治活动】 年内，按照尼木县《关于开展进一步改进作风、狠抓落实专项整治活动实施方案》的要求，县政协办大力开展改进作风、狠抓落实专项整治活动，加大治庸治懒力度，进一步激发党员干部干事创业的热情。

（李永刚）

【机构领导】

主　任

央　宗（女，藏族，5月免）

黄琼波（5月任）

副主任

李永刚

纪检·监察

综述

【概况】 2022年，全县各级纪检监察机关坚持以习近平新时代中国特色社会主义思想为指导，充分发挥监督保障执行、促进完善发展作用，忠诚履行党章和宪法赋予的职责，推动全面从严治党向纵深发展，向基层延伸，全县党风廉政建设和反腐败斗争取得新进展新成效。

【政治监督】 年内，精准有力履行政治监督职责，严肃查处违反政治纪律案件2件，给予党纪政务处分1人，批评教育4人。着力强化对"一把手"和领导班子的监督，稳步开展政治生态谈心谈话174人。聚焦疫情防控责任落实，发现并纠正立行立改问题358个，问责32人，给予行政警告处分1人，诫勉谈话10人，约谈1人，提醒谈话5人，批评教育15人。建立健全县管干部廉政档案，对434名科级干部廉政档案进行动态更新。严把选人用人关口，共出具廉政意见回复69批次1428人次，对3人提出暂缓使用的意见。

【作风建设】 年内，开展违反中央八项规定精神"回头看"和"吃公函"等问题专项整治，督促整改问题6个。聚焦全县重点工作落实情况开展监督检查，发现并纠正问题5个。紧盯党员干部作风懒散漂浮等问题，加强日常监督检查，处理违反会风会纪、上下班纪律等问题23人，约谈3人，通报9人，批评教育11人。实行公务车辆登记报备制度，更新全县165辆公务用车信息，切实规范公务车辆的管理使用。做实经常性纪律教育，运用"尼木清风"微信公众平台加强党风廉政建设宣传教育，累计发布40期151条各类廉政信息。

【惩治"微腐败"】 年内，做实做细过渡期专项监督，召开乡村振兴专项监督工作例会，对照《拉萨市纪委监委关于王卫东在过渡期专项监督工作2021年第二次例

2022年3月19日，尼木县召开2021年度述责述廉质询评议会议

2022年4月28日，尼木县纪委监委组织召开乡村振兴过渡期专项监督工作例会暨2022年第一次工作例会

会上讲话的任务分解表》，细化工作措施35条，推动脱贫攻坚成果巩固和乡村振兴有效衔接落地落实。围绕区纪委“20个盯”和市纪委“39项”具体任务，以扶贫产业项目为突破口，建立产业项目库，梳理汇总全县“十三五”以来实施的49个扶贫产业项目清单，对各职能部门50项惠民惠农政策进行统计造册。深入开展农牧民专业合作社专项监督检查，发现并纠正5类共性问题和126项个性问题。开展惠民惠农财政补贴资金“一卡通”管理问题专项治理，督促整改问题4个。开展生态环境保护追责问责，督促整改中央第四生态环境保护督察组反馈问题6个。严肃查处群众身边腐败和作风问题5件，给予党纪处分1人，组织处理4人，移送检察机关1人。

【一体推进“三不腐”】 年内，坚持重遏制、强高压、长震慑，始终保持惩治腐败高压态势，共处置问题线索11件，立案4件，给予党纪政务处分5人，组织处理12人；运用“四种形态”处理17人，第一、二、三、四种形态分别占比70%、18%、6%、6%。做实做细审查调查“后半篇文章”，以杨某涉嫌挪用公款罪一案组织召开全县以案促改警示教育大会，组织30余人参加杨某案开庭旁听，不断深化身边人身边事的警示教育作用，向案发单位制发纪检监察建议书1份，提出意见建议3条，督促召开专题民主生活会、警示教育大会，切实做好以案促改、以案促治各项工作。截至年底，共制发纪检监察建议书6份，督促整改问题15个。

【政治巡察】 年内，研究制定《中共尼木县委员会2022—2026年巡察工作规划》《尼木县委巡察工作领导小组2022年巡察工作要点》，推动新时代巡察工作有序开展。开展十届尼木县委第二轮巡察工作，对9家单位党组织开展常规巡察，把“一把手”纳入巡察监督重点，紧盯重点人、重点事、重点问题，把监督触角延伸到“最后一公里”，发现并反馈问题185个。做实巡察“后半篇文章”，加强督促整改落实，九届县委第十轮巡察反馈问题60个、十届县委第一轮巡察反馈问题34个，这些问题全部完成整改；市委涉粮专项巡察反馈问题42个，完成整改41个，阶段性完成整改1个；督促

2022年6月2日，尼木县召开以案促改警示教育大会

2022年5月1日，尼木县纪委监委机关党支部开展“创先争优立党风 凝心聚力再出发”主题党日活动

2家软弱涣散基层党组织整改问题26个。

自身建设

【纪检监察体制改革】　年内，着力构建决策科学、执行坚决、监督有力的权力运行机制，结合区市纪委常委会工作规则，制定《中共尼木县第十届纪律检查委员会常务委员会工作规则（试行）》，进一步规范县纪委常委会议事决策程序。制定《中共尼木县纪委常委会2022年工作要点》，细化工作措施38条，进一步明确任务分工、责任部门，推动各项工作落实落细。积极探索县级纪委监委内设机构改革工作，修订完善《关于实行乡镇审查调查协助区工作机制的通知》《尼木县纪委建立基层工作联系点》2项制度，不断构建上下联动、同向发力的大监督工作格局。

【队伍建设】　年内，加强干部培育选用，持续优化领导班子和干部队伍结构，调整班子成员6人次，提拔晋升调整纪检监察干部49人次，培训59人次，疫情期间29名纪检监察、巡察干部深入“疫线”助力疫情防控。加强日常监督，对77名纪检监察、巡察干部廉政档案进行更新完善；制定《关于在全县纪检监察、巡察系统开展家访、回访、走访的工作方案》《尼木县纪检监察机关干部平时考核实施方案（试行）》，切实发挥激励、导向和监督作用，主动掌握纪检监察干部“八小时以外”的生活情况。

（雷益民）

【机构领导】

县委常委、纪委书记、监委主任
　栾　天
纪委副书记、监委副主任
　邱　涛
　德吉曲珍（女，藏族，5月免）
　巴　桑（藏族，5月任）

人民团体

总工会

【概况】 2022年，尼木县总工会在抓好工会组建，发展会员，扩大覆盖面，增强工会组织的凝聚力和影响力的基础上深入开展基层工会组织建设，团结动员广大职工群众为推进尼木发展贡献力量。尼木县总工会本着组织建立一个、巩固一个、发挥作用一个的工作原则，发展工会组织，吸收职工群众。全年全县共有93个工会组织，其中总工会1家、工会委员会11家、工会小组81家，共有工会会员8118人。

【扶贫帮扶】 年内，进一步深化“工友手拉手、促进再就业”工程，切实履行好帮扶中心“面向职工、及时帮助、快捷准确、释疑解惑、因地制宜、长期坚持”的工作方针，认真开展帮扶工作。

年内，为全面真实掌握拟建档立卡困难职工家庭基本状况，实现困难职工动态常态化帮扶管理。5月16日，拉萨市总工会权益部工作人员到尼木县开展在档困难职工入户走访调查，登记造册。并按照困难职工帮扶中心的职责要求，对摸底情况进行认真审核，重新建立电子档案，做到统一管理。在管理上，严格按照档案管理办法进行分类建档，便于随时了解掌握帮扶情况。

2022年7月21日，尼木县总工会工作人员到县古宝藏香商贸有限公司调研指导非公有制企业建会工作

【节日慰问】 年内，尼木县总工会以“岁寒见真情、慰问暖人心”为活动主题，为县卫生局、疫情办、护路队、公安局等5个部门送去节日慰问资金7.8万元；慰问困难干部职工7人，发放慰问资金0.7万元；慰问大病干部职工7人，发放慰问资金0.7万元；慰问市级劳动模范8人，发放慰问资金0.8万元。

按照拉萨市总工会要求，对尼木县困难职工进行见面约谈，关心职工生活状态，并为他们送去帮扶资金2320元（资金由拉萨市总工会下拨）。考虑到一线干警的工作压力，向拉萨市总工会申请急救药物300盒，分别为245名

2022年8月10日，尼木县总工会工作人员到县医院慰问医护人员

干警每人一盒急救药物及55盒备用急救药物，总价值1.86万元。

“六一”国际儿童节来临之际，对尼木县北京幼儿园172名困难农牧民子女送去爱心保温杯以及学习文具等用品，总价值5950元。为保障全县干部职工、公益性、临时工的人身安全，使职工在工作期间或其他个人生活中遭受意外伤害时能够得到有效救治和经济补偿，特意向县政府申请购买2023年职工意外伤害保险172万余元。

【会费收缴】 年内，在上级部门的关心和大力支持下，建设职工“一站式”服务点和职工休闲健身房，切实打通服务职工的“最后一米”。同时全面提升工会经费收缴力度。同时落实2021—2022年工会会费收缴工作，收缴共计33.1190万元，并及时纳入工会经费专户。

【经费收支】 尼木县总工会经费一直独立开户、独立管理。严格按照“账账相符、账实相符、账证相符”的要求，分别建立经费账本和现金账本，保证账本、现金、原始凭证真实相符。

【新冠疫情防控】 年内，尼木县总工会干部职工积极参加一线志愿服务，为尼木县所有工会会员送去价值17.28万元的卡如大桃。为切实做好尼木县新冠疫情防控工作，让一线志愿者感受工会“娘家人”的关心关爱，切实把党和政府的温暖送到每一名干部职工的心坎上，尼木县总工会主席为卡如一级检查站、吞巴桥头卡点、麻江乡三岔路口卡点、续迈乡山岗村卡点、县人民医院及8个乡镇，共计13个卡点送去慰问资金2.9万元。为贯彻落实拉萨市总工会《关于拨付新冠疫情防控工作专项资金的通知》，上级领导再次慰问剩下42个疫情防控点，送去慰问物资（折合人民币）共计6.75万元。

【召开第六届二次全委会议】 8月2日，尼木县总工会召开第六届二次全委会议。会议由加措主持，由县委常委、组织部部长曾小周，政协副主席、工会主席人选肖鸿彪以及25名委员参加会议，此次会议共计27人。会议全程严格按照《中国工会章程》进行选举，以不记名投票形式选举肖鸿彪为尼木县政协副主席，工会主席德吉央宗为尼木县总工会副主席。

（索南达瓦）

【机构领导】

县政协副主席、总工会主席

肖　鸿　彪（4月任）

副主席

索朗云登（藏族，4月免）

德吉央宗（女，藏族，6月任）

共青团

【概况】 2022年，共青团尼木县委员会共有下级团组织93个，其中乡镇团委8个，团总支1个，团支部71个（学校领域团总支31个），毕业生团组织13个。全县14—28岁青年6404人，14—35岁青年9771人，团员1256人，在校学生5502人，少先大队8个，中队107个，少先队员3628人。

【团组织建设】 年内，全县各级团组织始终高举中国特色社会主义伟大旗帜，全面贯彻新时代中国特色社会主义思想，认真学习实践中共十九大、中共二十大精神，

2022年3月14日，共青团拉萨市委员会副书记慈旦德吉（右三）一行出席尼木乡完全小学少先队工作调研座谈会

团结带领广大团员青年，努力在实战实践中发挥担当能力、展现政治素养、检验改革成效。全面履行共青团组织服务大局、服务社会、服务青年的社会职能，坚持贯彻党的要求与实现青年愿望相统一，坚持围绕党政中心开展工作与发挥青年自身优势相统一，坚持教育青年与服务青年相统一，抢抓机遇，与时俱进，求真务实，开拓进取，为尼木的经济发展和社会进步做出了积极贡献。

组织开展“喜迎二十大、永远跟党走、奋进新征程”“文化宣讲进村居”等主题鲜明、传统文化突出的活动，引导广大青少年学习中华优秀传统文化，传承中华传统美德，自觉培养和践行社会主义核心价值观。继续深入开展“红领巾心向党”“红领巾奖章”“缅怀先烈、爱党爱国”“喜迎二十大、争做好队员”“红领巾课外实践夏令营”系列活动，进一步加强少先队思想引导、教育管理，探索队前教育。

【预防青少年犯罪工作】 年内，各级团组织以“自护教育进校园”活动为切入点，各预防青少年犯罪成员单位发挥各自优势，以学校为立足点，广泛开展《中华人民共和国未成年人保护法》《中华人民共和国预防未成年人犯罪法》等法律法规的宣传与教育；开展防灾避险、基本行为规范、认知教育及抵制“黄、赌、毒”等方面的教育；通过“青春自护·平安三节”、“童心向党庆六一”、“青春自护暑期安全”、美化校园环境等活动，培养学生以爱心奉献为核心的志愿精神，逐步增强了青少年对违法犯罪的抵御能力。

【服务青少年】 年内，为促进教育公平、关爱女童，保障青少年享受平等教育的权利，团县委在6月29日举办“希望工程1+1——幻方助学计划”助学金发放仪式，宁波幻方投资管理有限公司通过西藏青少年发展基金会向尼木县捐赠20.4万元，共为尼木县5所小学204名贫困女学生每人提供1000元资助，缓解他们家庭的经济压力，减轻学子的后顾之忧。

【民族团结创建】 年内，开展“北京1+1”儿童书信往来联谊活动，开展书画往来100余份，为47名尼木县小学生发放北京冬奥会纪念礼盒47份。为喜迎中共二十大、庆祝中国共青团成立100周年，丰富、充实、创新尼木县少年儿童

2022年3月24日，共青团尼木县委员会召开2022年团干部培训会

暑期生活，联合团市委组织尼木县13名少先队员和拉萨市60名少先队员开展“红领巾心向党”素质拓展暨民族团结进步教育夏令营活动。通过城市农村少先队员手拉手、一起参观体验尼木县吞巴镇民族团结教育基地、清政府驻藏大臣衙门、根敦群培纪念馆、自然科学博物馆等，了解藏文字创造历程、体验藏香制作方法，加深了解西藏发展历程，感受飞速的发展变化，体验浓厚的红色军垦文化，有力提升青少年听党话、感党恩、跟党走的思想自觉和行动自觉，进一步夯实青少年团结奋斗的思想基础，鼓舞青少年建设新时代中国特色社会主义新西藏的强大斗志。

【新冠疫情防控】 年内，利用团属官方微信公众平台，第一时间发布《尼木县持续招募疫情防控志愿者的公告》，转发《给全区广大网民的倡议书》，引导全县广大团员青年行动起来，积极参与疫情防控工作，带头做好疫情防控的宣传员、引导员。通过尼木县青年志愿者协会，向全县广泛招募防疫志愿者，积极参与尼木县防疫工作，累计招募400余名青年志愿者，并分别在各乡镇组建8支志愿服务小分队，协会为志愿者购买疫情防控人身保险400余份，志愿者们持续奋战在疫情防控一线100多天，全力以赴投入抗击新型疫情阻击战中，为尼木县人民群众筑起了一道坚实的疫情防控屏障和防火墙。

2022年7月4日，共青团尼木县委员会工作人员在县中学开展“贴心关爱·传递温暖”——尼木县青年志愿者服务活动

【志愿服务】 3月5日，组织尼木县42个团组织400余名团员青年开展学雷锋志愿服务活动。同时，团县委联合县委宣传部、县医院开展以“学雷锋、敬老爱老”为主题的志愿活动，为44名老人送去保暖用品，为老人提供便利服务，传承和弘扬“奉献、友爱、互助、进步”的志愿精神，让老人体会到“老有所养、老有所乐、老有所依”。

3月22日，在第三十届“世界水日”到来之际，开展“世界水日”之“‘河’我一起，保护母亲河”主题净滩志愿服务活动，宣传引导尼木干部群众参与保护母亲河行动，共同创建健康、绿色尼木。

【助力乡村振兴】 年内，为配合支持尼木县“四产业三园区”发展布局，推进脱贫攻坚有效衔接乡村振兴，共青团尼木县委员会和青年志愿者协会共组织塔荣镇、尼木乡的志愿者以及西部计划志愿者在吞弥现代农业园区开展“助产兴农·青年行动”新时代精神文明实践志愿活动10次，参与300人次，共计服务12户脱贫户，特别是在疫情管控期间，共计帮助10余户脱贫户转运分销蔬菜水果10余吨。

【团费收缴】 年内，按照相关规定，共青团尼木县委员会共收缴2020年4月至2021年团费4978.60元。

（张　欣）

【机构领导】

书　记

李　俊（女，12月免）

张　欣（12月任）

副书记

索朗白珍（女，藏族）

妇联

【概况】 2022年，尼木县各级妇联组织42个，非公有制经济妇联组织10个，社会组织妇联组织1个，“妇女之家”42个，巾帼志愿者队伍42支，在编注册巾帼志愿者420人。

【思想引领】 年内，全县各级妇联以思想自觉引领行动自觉，组织妇女群众深入学习中共二十大精神、习近平总书记视察西藏时的重要讲话、中央第七次西藏工作座谈会精神、自治区党委十届三次全会精神、市委十届四次全会精神。全县各级妇联以“巾帼心向党、建功新时代”为主题，广泛开展学习宣传活动，大力传播党的声音，引导妇联干部和广大妇女增强“四个意识”、坚定“四个自信”、做到“两个维护”，坚持服务大局、服务妇女、服务基层，在团结妇女群众参与乡村振兴建设、依法维护妇女儿童权益、提高妇女整体素质、加强妇联自身建设等方面做了大量卓有成效的工作，凝聚起团结奋斗的强大巾帼力量。在农闲期间，各级妇联上下联动，深入乡村、社区，举行妇女群众乐于接受、易于参与的文化活动，详细解读中共二十大精神内涵，引领广大妇女感党恩、听党话、跟党走。

【“巾帼夜校”】 年内，各级妇联充分利用“巾帼夜校”开展中共二十大精神、惠民政策、法律知识、妇女健康、家庭教育、安全生产、疫情防控、禁毒和藏语和汉语培训、手工技能培训等学习活动550余场次，受教育群众6000余人次。并以“妇女之家”为主阵地，采取妇女群众容易接受、喜闻乐见的方式，结合妇联工作，按照区市妇联工作要求，及时组织妇女观看《阿佳讲堂》等网络电视直播。

【巾帼关爱】 年内，全县各级妇联在尼木年、春节、藏历新年、“六一”国际儿童节等节日期间，看望慰问“三老”人员、孤寡老人、单亲家庭、贫困妇女和留守儿童等困境群体400余人，发放慰问金（品）总计11万余元。

2022年5月27日，巾帼志愿者开展环境卫生整治

【“两癌”项目】 年内，推进“两癌”项目实施。发现5名疑似“两癌”患者，其中2名符合区市救助标准，已上报拉萨市妇联，12月根据县妇联资金情况已经慰问5名患者，发放慰问金3.5万元；坚持以妇女卫生健康为主，2022年按照卫健委工作安排，各级妇联积极开展“两癌”免费筛查和动员，已经开展“两癌”筛查农村妇女925人，城镇妇女1人，各级妇联将持续配合卫健委推进妇女疾病筛查工作。

【维护妇儿权益】 年内，全县各级妇联依托“妇女之家”、妇女维权热线等阵地，充分利用“三八”国际妇女节、“六一”国际儿童节、“6·5”世界环境日、“6·25”国际禁毒日等重要节点，以“建设法治尼木·巾帼在行动”等群众性法治宣传教育系列活动为主抓手，发挥微信、网站等媒体宣传作用，联合有关部门大力宣传“关爱儿童、反对拐卖”、“反家暴”、婚姻家庭矛盾纠纷大排查、“远离毒品 珍爱生命”等专项教育活动，持续开展《中华人民共和国妇女权益保障法》《中华人民共和国家庭教育促进法》《中华人民共和国民法典》《中华人民共和国反家庭暴力法》等普法宣传教育活动，确保妇女权益得到有效维护。

创新妇联维权通道，建立妇女维权中心、法律援助中心，共开展普法宣传教育活动230场，发

2022年6月21日，尼木县开展“绿化美丽庭院”花卉种植创建评比活动

放宣传资料及宣传手册5000余份，受益妇女群众6000余人次。表彰“平安家庭”20余户，本着小事不出村的原则，各乡镇村级妇联积极化解家庭矛盾纠纷，村级妇联接到家庭纠纷10件，调解成功率为100%；县妇联年底接待来信来访2件，调解成功1件。

【关爱少儿成长】 年内，尼木县妇联联合团县委、县消防救援大队、县医院等在县中学开展2022年“轻松备考·12355与你同行”中考减压活动和“青春自护·暑期安全”青少年自护教育活动及“青春志愿·爱心护考”暨“我为群众办实事”志愿服务实践活动，为中考学子保驾护航。落实好寒假儿童关爱活动，丰富儿童精神文化生活，各级妇联组织开展寒假儿童书法、绘画比赛等活动。

尼木县妇联在县中心小学组织开展“关爱伴成长　真情暖童心”暨“欢庆六一·喜迎二十大”关爱困难儿童送温暖活动，为县中心小学56名困难儿童发放鞋子和衣服等价值6000元的生活用品，切实让困境儿童感受到党和政府的关心关怀。按照市妇联要求在全县中小学持续开展“我和妈妈学科学”科学伴我成长的活动，县妇联组织家长和儿童一起亲子阅读，增强家庭互动积极性，引导家长形成讲科学、爱科学、用科学的良好氛围；各幼儿园、小学也充分利用主题班会等，组织广大家长儿童和老教师积极参与，讲述科学知识，感悟科技支撑作用。坚持儿童优先原则，争取投资10万元为县中心幼儿园实施“儿童快乐家园”项目；为麻江乡10名家庭贫困、品学兼优的女学生争取到“春蕾助学金”2万元；为县中学争取到江苏省妇儿基金会、民生银行“民生益行动·竹梦助学”活动资助，活动资助30名困难学生3年，每人每年1000元助学金以及为学校捐赠价值2万元的图书。

【争先创优活动】 年内，开展争先创优活动，其中自治区级“三八红旗手”1名，自治区级“民族团结最美家庭”1户；拉萨市级“五好文明家庭”2户，市级“绿色家庭”5户；县级表彰“乡村振兴·巾帼行动”优秀个人26人，优秀集体1个，县“三八红旗手”15名，“平安家庭”20户，“最美家庭”13名，“好婆婆”“好媳妇”20名，创建“美丽庭院·绿色家庭”26户，最佳组织单位1个；各乡镇、村（居）也同步开展先进典型表彰活动，共表彰先进妇女250名（表彰“三八红旗手”等优秀妇女35个、“最美家庭”50个、“平安家庭”35个、“绿色家庭”40个、“好婆婆”“好媳妇”92人、好孩子33人），号召全县妇女同胞以受表彰的妇女为榜样，弘扬社会正能量、树立文明新风，营造健康文明、和谐向上的良好的家风，为助推乡村振兴及美丽乡村建设贡献巾帼力量。

【新时代文明实践志愿活动】 年内，各级妇联组织巾帼志愿者积极投身到环境卫生整治活动，对辖区内的环境卫生进行全面清扫整治。县、乡、村各级妇联带领巾帼志愿者在城乡开展新时代文明实践志愿服务活动100余次，累计参与1300余人次。

【妇女合作社技能培训】 年内，尼木县统筹利用各种社会资源，坚持发挥妇女合作社作用促经济发展，搭建妇女合作社与邦锦美朵有限公司的合作平台，开展2个月的妇女合作社手工编织培训，通过以工代训培训技能提升 130 余人；并采取“合作社 + 妇女 + 培训”与承接订单模式，解决部分妇女就近就便就业问题。尼木县共有 4 个妇女合作社（续迈乡合同仓吉合作社、安岗村琼吉合作社、吞巴镇吞达村央啦合作社、根培村合作社），总收入 138.3669 万元，材料成本 59.2499 万元，工资支出 39.8823 万元，纯收入 39.6330 元，其中困难户慰问金额 5.6855 万元，村集体经济提交 3.5 万元，带动 150 名妇女群众就业。

【巾帼志愿服务】 年内，在各级妇联组织的带动和影响下，全县女性纷纷投身“爱心帮扶”“巾帼带头助秋收 志愿服务解民忧”“巾帼心向党 奋斗新征程”“我为群众办实事”助农志愿等文明实践志愿服务活动中。共组建巾帼志愿服务队 42 支，有巾帼志愿者 420 余名，开展各类助农志愿服务活动 210 余次，参与 2000 余人次。

【新冠疫情防控】 年内，尼木县各基层妇联积极发动广大家庭、巾帼志愿者动起来，共同参与疫情防控攻坚战，在 4 个月的疫情防控中，巾帼志愿者参与人数 420 人、妇女群众参与人数 680 余人。乡镇和村级妇联购买生活用品、饮用水、方便面等折合现金 3 万余元，县妇联购买防疫物资和女性生活用品 2.3 万元。各级妇联干部、巾帼志愿者、最美家庭在辖区内宣传防疫知识，张贴新冠科普海报，提醒广大群众做好个人和家庭防护。

【亮点工作】 年内，尼木县妇联始终以习近平新时代中国特色社会主义思想为指导，以实施乡村振兴战略为引领，以“美丽庭院 幸福人家”创建活动为载体，开展“最美家庭”评选活动，从 3 月着手策划，5 月开始全县 3000 余名农牧民妇女参与报名，6 月评选结束，6 月 30 日以“欢庆七一 · 喜迎党的二十大”为主题进行评选，全县荣获“最美家庭”称号 26 个、“最美家庭”最佳组织称号 1 个。

【编制“十四五”妇女儿童发展规划】 年内，开展“十四五”妇女儿童发展规划编制工作。县妇儿工委办公室提交县政府常务会议和县委常委会审议通过，《尼木县妇女儿童发展规划（2021—2025 年）》已进入印发阶段。

（杨成玲）

【机构领导】

主　席

英中吉（女，藏族）

副主席

杨秀花（女，回族，5 月免）

杨成玲（女，5 月任）

工商联

【概况】 2022 年，尼木县工商联（商会）会员企业 32 家，其中制造业 13 家、建筑业 14 家、种植养殖业 1 家、旅游业 1 家、电商行业 1 家、服务业 1 家、物流业 1 家。在职员工 457 人，5 家企业已成立党组织，党员共 19 人。

尼木县工商业联合会参与县委、县政府大政方针及政治、经济、社会生活中重要问题的政治协商，发挥民主监督作用，积极参政议政；加强和改进非公有制经济人士思想政治工作，引导会员共建社会主义核心价值体系，积极承担社会责任，当好中国特色社会主义事业建设者；引导企业会员不断推进技术创新、管理创新、文化创新，提高核心竞争力和可持续发展能力，走科学发展道路；密切与会员的联系，反映会员的意见、要求和建议，维护会员的合法权益，支持企业会员开展党建工作和工会建设，积极参与劳动关系协调工作，构建和谐劳动关系；为会员提供培训、融资、科技、法律、信息咨询等服务，帮助解决生产经营中遇到的实际问题；引导会员弘扬中华民族传统美德，先富帮后富，走共同富裕道路；按照“统战性、经济性、民间性”相统一的原则，加强自身建设，体现特色，提高履行职责和发挥作用的能力；承办县委、县政府交办的有关工作。

【换届选举】 年内，根据《自治区党委统战部关于全区工商联（商会）2022 年换届工作的实施意见》《关于全市工商联（商会）2022 年换届工作的实施方案》的文件精神，严格按照换届工作要求，尼木县工商业联合会（商会）第三次代表大会于 5 月 26 日在县农牧民培训中心会议室召开。会上审议通过尼木县工商业联合会（商会）第二届执委员会工作报告；普琼

2022年7月20日，尼木县工商联主席普琼（右一）到吞巴乡罗布仁青古藏香有限公司调研

等26人全票当选为尼木县工商业联合会（商会）第三届执委会委员；4人全票当选为尼木县工商业联合会第三届领导班子；6人全票当选为尼木县工商业联合会（商会）领导班子。

【服务民营企业】 年内，尼木县工商联积极配合县经信局详细摸排民营企业中是否存在拖欠民工工资、是否存在政府拖欠企业工程款等，确保全县社会局势持续稳定。同时积极同县委组织部开展“三有”企业摸排工作，深入企业摸底党员人数、党组织建立情况，尼木县民营企业中有37名党员。

按照县委关于在全县范围内深入开展“大宣讲大调研大排查大落实”活动的通知要求，县工商联干部及时到塔荣镇塔荣村开展“四联四包”工作机制暨“大宣传大调研大排查大落实”活动。

【履行社会责任】 年内，尼木县工商联积极倡导企业开展社会公益活动，积极履行社会责任。尼木县西藏幸福家乡建筑有限公司、普松雕刻独具传承农牧民专业合作社等2家企业为尼木乡日措村白血病患者捐款11000元。鼓励企业持续做好巩固脱贫攻坚工作，助推乡村振兴。2022年，尼木县共有12家民营企业为脱贫户56人提供就业岗位，人均收入达1.5万元。

面对新冠疫情，县工商联高度重视，把疫情防控工作作为一项重大政治任务，及时传达学习习近平总书记关于疫情防控的重要讲话和指示精神，严格按照区市县委关于疫情防控工作部署和要求，在县疫情防控指挥部的指导下，开展疫情防控工作。及时向全县民营企业传送疫情防控工作会议精神和企业复工复产政策措施，要求各企业必须认真贯彻落实会议精神，做好各自防控工作。号召非公有制经济人士勇于承担社会责任，伸出援手，捐款捐物，齐心协力，共克时艰。疫情期间，西藏尼木古宝商贸有限公司、尼木县朗嘎藏香开发有限公司等民营企业纷纷向县疫情防控一线、重点活动场所等地免费捐赠藏香、食品等折合人民币100万余元。

（次　仁）

【机构领导】

主　席

速绍富（5月免）

普　琼（藏族，5月任）

副主席

次　仁（女，藏族）

军 事

人民武装

【概况】 2022年,尼木县人民武装部党委坚持以习近平新时代中国特色社会主义思想为指导,深入贯彻习近平强军思想和新时代军事战略方针,深入学习宣传贯彻中共二十大精神,切实用大会精神统一官兵思想行动,坚决贯彻落实警备区党委决策部署,牢牢把握稳中求进总基调,坚守政治忠诚、聚焦练兵备战、纯正风气生态,加强动员保障,有序有力推进各项工作落实,砥砺奋进,开拓强军新局面。

【思想政治建设】 年内,巩固深化思想政治教育暨聚焦"忠诚维护核心、矢志奋斗强军"主题教育成果,突出学懂弄通做实习近平新时代中国特色社会主义思想和习近平强军思想,始终着眼"政治之年、大事之年"的政治要求,坚持政治建设引领全面发展,人武部党委集中学习习近平主席重要讲话和上级指示精神,党委中心组4个专题学习得到较好落实。结合学习宣传贯彻中共二十大精神,常态化开展教育授课辅导,严格落实党委书记、副书记上党课要求,教育官兵切实用大会精神统一思想行动、凝聚意志力量。严肃抓好纪律教育,认真做好军区党委巡察组移交问题整改,着力增强维护核心、忠诚核心的政治自觉和实际能力。注重挖掘尼木红色资源,积极为修建拉萨平叛纪念馆提供尼木县烈士陵园相关影像、图片和文字资料,成立年鉴编撰小组,完成2012—2021年年鉴编写任务。

2022年1月25日,尼木县人民武装部和县退役军人事务局开展立功受奖送喜报活动

创新文化氛围建设,在使用好展板、灯箱、橱窗等"老工具"的同时,创新采用"国防之窗""每月播报""走廊文化"等新载体,给军营文化建设注入时尚元素,积极开辟广大官兵精神文化新空间。综合运用营院文化、驻地红色资源、身边先进典型、网络媒体平台等资源,常态化开展党性教育、战斗精神教育和革命优良传统教育,通过学习教育,确保军官、专武干部、职工和民兵固牢"两个确

立”，增强“四个意识”、坚定“四个自信”、做到“两个维护”，坚决贯彻军委主席负责制，在思想上、行动上始终与党中央、中央军委和习近平主席保持一致。

【国防动员】 年内，拟制年度征兵工作实施计划和年度征兵工作预算，检查指导各乡镇开展目测初检，完成18周岁适龄青年兵役登记和年度征兵任务。制定国防潜力统计调查工作实施方案，与预征单位签订军民通用装备征储协议，顺利完成民兵整组工作。通过报纸、微信公众号实时报道开展兵役登记、召开会议、组织体检等征兵信息20余条，并发放征兵宣传手册。严格落实业务培训制度，规范组织业务培训，突出抓好对政考新规的学习研究，通过专班进行学习研究，对上多请示多询问，对下多指导多帮带，确保相关工作人员业务精通。

【党管武装】 年内，坚持把制度建设作为深化党管武装的重要保障，认真落实军地领导双向兼职、党委议军、工作述职等制度，将党管武装绩效考核纳入全面从严治党考核体系。年内，组织全县8个乡镇党委书记开展党管武装工作述职。持续开展拥军优属工作，进一步营造全县关爱军人、支持国防的浓厚氛围，坚决贯彻落实《立功受奖军人家庭送喜报工作办法》，联合县退役军人事务局开展“送喜报”活动，贯彻落实习近平主席关于加强军政军民团结和双拥工作重要指示精神，始终在解决军人“后代、后院、后路”问题上下功夫。

【武装保障】 年内，认真落实战备教育制度；及时修订完善武装保障战备方（预）案；规范库室和物资管理，加强民兵武器仓库正规化建设；搞好农副业生产，投入1000余元购买菜种，积极对接尼木县航天育种基地，协调部分菜苗及种子，学习种植技术，提高种植水平，全年种植蔬菜、瓜果等18个品种1000余千克，在疫情形势严峻、副食品配送困难的情况下，组织官兵加大种植力度，极大缓解官兵生活需求。向上级申请28万元，用于修建保暖温室，进一步改善冬季种植环境和条件，提高单位保障水平。投入8万元进行营区政治文化建设及党管武装宣传工作；投入0.35万元购买疫情防护物资，发放民兵应急排练工资、民兵误工费，组织民兵开展维稳执勤及训练，确保有限经费发挥最大效益。积极协调县电力公司投入6万元对供电设施进行更换，确保用电安全。严格按照上级指示要求做好疫情防控工作，定期召开疫情防控工作领导小组会议，分析研判形势，查找薄弱环节，制定工作措施，确保营区安全。

（申 攀）

武警尼木中队

【概况】 2022年，武警尼木中队主要担负尼木县城维稳、抢险救援、联勤武装巡逻任务及尼木县公安局卡如一级检查站警戒设卡任务。武警尼木中队深入贯彻习近平强军思想，以“建设一支强大的现代化武装警察部队”为目标，高标准完成2022年尼木县县城联勤武装巡逻任务及尼木县公安局卡如一级检查站警戒设卡任务，确保尼木县社会面的稳定。

【组织建设】 年内，中队党支部一班人齐心协力、精诚团结，支部成员大事讲原则，小事讲风格，党支部战斗堡垒作用发挥明显，党员干部率先垂范，带领部队完成各项任务。

【思想政治】 年内，武警尼木中队合理统筹安排、创新教育模式、科学开展思想政治教育。组织带领官兵原文学习《习近平论强军兴军（二）》、《习近平谈治国理政》第三卷、《习近平强军思想学习纲要》、《习近平新时代中国特色社会主义思想学习纲要》等书籍，进一步坚定了理想信念。

在重大节点及担负任务前及时组织官兵开展形势任务教育，结合上级“聚力迎盛会扎实保稳定”活动，扎实搞好安全教育、防疫教育和隐患排查，引导官兵清醒看待形势；大力开展以心理健康、法纪和“四反”教育为重点的政治教育，深化官兵思想认识。充分运用“三互”（互学、互帮、互教）“双四一”（1.“四个知道，一个跟上”，即上级对下级、干部对战士要随时知道他们在哪里、在干什么、在想什么、需要什么，管理工作和思想工作要及时跟上。2.“四个报告，一个依靠”，即下级对上级、战士对干部要随时报告自己在哪里、在干什么、在想什么、需要什么，遇到困难和问题依靠组织解决）、“三帮一带”（帮思想进步、帮技能提高、帮身心健康、带优良作风）等要求和有效做法，确保思想稳定，更好地履行职责，守护尼木县一方稳定。

【执勤战备】 年内，武警尼木中队坚持任务牵引，及时完善各类战备预案，充实战备物资，落实战备制度，做好中共二十大等重要活动和重大节日期间的战备工作。结合驻地形势进行形势任务、职责使命和敌方社会面情况教育，铸牢官兵“险情就在身边，战斗随时打响”的忧患意识。针对天气实际加强战备演练，开展抗洪抢险演练，进一步检验方案、明确分工、熟悉任务、磨合协同，不断增强中队遂行多样化任务的能力。

【军事训练】 年内，结合中队实际，科学制订中队年度训练计划。坚持按纲施训、科学组训，防止训练的随意性和盲目性，建立正规的训练秩序，确保人员、时间、内容和效果落实。

按实际担负的职责任务，开展检验性和对抗性训练，把能打胜仗必备的指挥、行动、保障能力和战斗作风练过硬。同时加强以反恐、防袭击为重点的情况处置和抽组兵力训练。在指挥训练上重点解决好“协同配合”，每月开展“军事教学日”活动，灵活设置情况，切实练熟“五个基本”。班长和新改转士官捆绑起来练教学组训，丰富教学方法，提升教练员教学组训水平。

【行政管理】 年内，武警尼木中队深入学习贯彻党中央、中央军委和习近平主席关于维护政治安全、保持部队安全稳定一系列重要指示精神，紧紧围绕迎接、保卫、学习、贯彻中共二十大这条主线，坚持稳字当头、稳中求进，以政治安全为统领，以任务安全为根本，以内部安全为支撑，以“三个坚决”“五个决不能出”为目标，以“时时放心不下”的政治责任感，统筹抓好防风险、保安全、护稳定各项工作，持续打牢部队建设基础，实现更高水平安全发展，以优异成绩迎接中共二十大胜利召开。加强在外人员管控力度，采取部队严格管控、官兵自控互控、家庭社会联控管理模式，注重增强安全意识，积极防范重大安全问题。

【警民共建】 年内，武警尼木中队开展警民共建活动，不断增强内外关系。做好到驻地走访了解工作，杜绝官兵乱拉关系、欠账欠款问题的发生。帮扶贫困学生送温暖，同时先后出动政治思想强、军事技术精的优秀骨干人员20余人次，为地方单位军训、培训200余人，取得明显效果。

【后勤建设】 年内，武警尼木中队严把饮食关，把落实食堂卫生、炊具清洗、餐具消毒、食物留样等制度作为监督管控重点；严把枪弹关，坚持每周保养武器、每日安全检查等制度，确保枪弹绝对安全；严把卫生关，严格落实疫情常态化防控的相关要求，坚持每月进行卫生常识教育，每日对营区消毒一次，使官兵了解防病常识，积极做好传染性疾病的防治工作。健全生活设施，中队党支部切实把解决“五难”（看病就医难、粮油供应难、来队家属住房难、官兵出行难、超市开设难）问题作为一项重点来抓，通过抓工作的落实强化支部的落实能力和工作作风，提升官兵生活质量。

（平措次仁）

法　　治

政法委及综治

【概况】 2022年，尼木县委政法委员会始终坚持以习近平新时代中国特色社会主义思想为指导，全面贯彻落实中共二十大及中央第七次西藏工作座谈会精神，学习贯彻习近平总书记关于依法治国、治边稳藏、政法工作、新冠疫情防控的重要论述和系列重要指示批示，全面落实中央和区市政法工作会议要求，坚持党对政法工作的绝对领导，坚持以人民为中心的发展思想。在区市县党委、区市党委政法委的坚强领导下，全县各项工作有序推进，市域社会治理现代化试点深入推进，风险防控整体水平稳步提高，共建共治共享格局初步形成，制度机制不断健全，有力有效化解矛盾纠纷、维护社会稳定，坚持把基础业务做精做深，把重点工作抓实抓牢，把创新工作谋准谋精，续写社会大局持续稳定向好的和谐篇章。

2022年1月14日，2022年尼木县政法工作会议召开

2022年，尼木县委政法委经上级组织人事调整，6月新任1名政法委常务副书记，新任1名政法委副书记（副科级），单位编制6人，其中三级主任科员1名、四级主任3名。驾驶员3名（不占编制）。

【落实《中国共产党政法工作条例》】 年内，全县政法系统坚持将《中国共产党政法工作条例》（以下简称条例）纳入政治理论学习必学内容，把学习贯彻条例放在政治建设高度，与党建工作紧密结合，增强贯彻落实的自觉性、实效性，将条例精神融入平安建设之中，创新理念、机制、方法，努力提升社会治理现代化水平，建成县综治中心1个、乡（镇）综治中心8个，形成一点汇聚、多点融合的运行新格局。

【市域社会治理】 年内，全面加强对社会治理的政策支持、财力物力保障，每年落实“双联户”、平安建设、综治等工作经费140万余元，投入490万余元进一步

2022年4月15日，县委副书记、县长次旺多杰（前排左二）到国家安全日宣传活动现场指导工作

完善“雪亮工程”（以县、乡、村三级综治中心为指挥平台、以综治信息化为支撑、以网格化管理为基础、以公共安全视频监控联网应用为重点的“群众性治安防控工程”），保障社会治理各项工作顺利开展。全年面向县乡村三级群团组织开展各类法治宣传活动550余场次、关爱活动440余次，发放宣传资料33000余份，发放宣传品及慰问品344件。积极实施“网格＋自治”“网格＋法治”“网格＋德治”“网格＋服务”工作模式。全县8个乡镇33个村（居）共划分为46个网格，通过“组织联系网格员、网格员联系群众”的工作方式，进一步优化服务，将群众的事情在网格里办理完毕。

【“双联户”工作】 年内，坚持把“双联户”模式作为加强社会建设、创新社会治理，推动社会和谐的重大举措，制定尼木县“双联户”积分激励制管理暂行办法（试行），探索实施“双联户”积分激励制，在本级财力困难的情况下，专门预算10万元作为“双联户”工作经费，预算30万余元作为本级联户长补助资金，分2批次同区市配套资金兑现补助资金130万余元，确保各项工作正常有序开展。全年深入各乡镇开展集中培训3次，700余人次参与，各乡镇自行组织培训10余次，580余人参与，基本做到轮训2遍。

【新冠疫情防控】 年内，坚持把人民群众生命安全和身体健康放在第一位，在疫情防控中发动全县政法干警、联户代表、群防群治力量及时补充基层管控力量缺口，保障辖区管控有力有序，积极协助配合防疫部门开展卡点检查工作，以“防输入、防扩散、防反弹、防外溢”为工作目标，出动干警202人，参与对各医疗机构、核酸采样点、方舱、集中隔离点、隔离酒店的安全值守。

【执法司法监督】 年内，持续深化新型审判权力运行机制，强化合议庭、法官办案主体地位，切实让法官集中精力尽好责、办好案。加强院庭长监督管理职责，构建制度和数据“铁笼”，不断完善“四类案件”和发改案件审委会讨论制度，形成有效的案件监督制约机制。同时组织政法干警，组建执法司法案件“回头看”，针对21起案件开展案件评查，回访当事人，全县案件办理情况整体良好。

【常态化开展扫黑除恶斗争】 年内，将新“四大行业”领域治理积极纳入常态化扫黑除恶斗争工作范围，加强与公安、法院以及新“四大行业”主管部门沟通协调，共同助推新“四大行业”领域治理深入推进，共出动执法人员650余人次、车辆90余辆次。同时下达各类整改通知书30余份，确保将尼木县行业领域违法行为遏制在萌芽状态。

年内，着重加强宣传引导，全县上下共滚动播放常态化扫黑除恶专项斗争治理宣传标语70余条，制作横幅100余条、宣传展板380余个，发放《扫黑除恶专项斗争应知应会》《拉萨市扫黑除恶打非治乱专项斗争知识手册》《尼木县宣传手册》等学习资料2万余份，全县各级党组织结合新时代文明实践活动开展宣讲200余场次，覆盖3万余人次。

【铁路护路工作】 年内，共投入守护人员巡线里程3万余千米。制止牲畜上道、进入护栏3000余次，清理牛羊及闲杂人员1000余次、停靠车辆2200余次。投入300万余元，改善护路队员工作生活条件。全年保持戒备状态，排查隐患20余处，维护和加固铁路设施10余次。

（苍 姆）

【机构领导】

县委常委、政法委书记

加永曲培（藏族）

常务副书记

张艳峰（白族，6月任）

副书记

索朗次仁（藏族，6月任）

公安

【概况】 2022年，尼木县公安局以中共二十大精神和习近平新时代中国特色社会主义思想为指导，深入贯彻落实习近平总书记对公安工作提出的“对党忠诚、服务人民、执法公正、纪律严明”总要求，坚持最高标准、最严要求、最周密措施，狠抓防风险、保安全、护稳定各项措施的落实，坚决实现“五个坚决防止、四个确保”和“三无、三不出、三稳定”工作目标，完成党和人民交给的重大政治任务。特别是在中共二十大安保维稳和新冠疫情防控工作中多次得到上级政府高度肯定。

【常住人口管理】 截至年底，尼木县总人口34509人，总户数7954户，新生儿上户226人，死亡销户175人。入户核对6356户，核查户籍成员信息31477人，纠正户口登记项目错误5次。办理市外迁入业务64人、迁出市外95人、区间移入22人、区县间移出204人，办理身份证2997张，已出证2941张，办理挂失申报登记483人。

【流动人口管理】 年内，尼木县公安局把流动人口管理工作纳入实有人口进行管理，建立常态化管理机制，深化“以证管人、以房管人、以业管人”服务管理模式，服务管理水平全面提高。

【严厉惩治违法犯罪】 年内，尼木县公安局围绕年初制定的工作目标，始终保持严打高压态势，开展“盗抢骗”“电信诈骗”“扫黑除恶”“云剑”等专项行动，共有刑事案件立案26起，其中盗窃4起，故意伤害2起，保险诈骗1起，故意损坏公私财产1起，合同诈骗1起，已破6起，破案率不包含电信网络诈骗案破案率。立案中电信网络诈骗案17起，已破1起，电信网络诈骗总共损失32万元，共挽回损失97765元。

【交通管控】 年内，尼木县公安局共检查车辆70万余辆，查处各类交通违法行为1.016万起，查处无证驾驶26起、饮酒驾驶3起、醉酒驾驶6起、肇事逃逸4起、准驾不符11起，行政拘留19人，刑事拘留1人，依法起诉3人。全面实施道路交通安全设施提升工程，建立完善县城重点道路全覆盖的智能交通系统，优化标识标线、停车规划等措施。深入开展县城文明交通宣教行动，创新推进“七进”（进机关、进乡村、进社区、进学校、进企业、进单位、进寺院）宣传，其间，通过微信公众平台宣传和曝光8条，抖音公众平台发布短视频46条，执法直播15次。截至年底，共发布短视频150条，抖音平台粉丝超过8.6万人，获赞超过155.7万次，形成良好的社会效果。

2022年2月3日，西藏自治区公安厅党委委员，拉萨市委常委、市委政法委书记、市公安局党委书记普卫东（中）一行到卡如一级检查站慰问民辅警

【交通隐患排查整治】 年内，尼木县公安局对辖区国道、省道、县、乡、村道路进行全面细致的隐患排查，共开展隐患排查 20 次，排查出隐患 71 处，形成隐患排查报告 6 份，下发隐患整改通知书 12 份，下发现场检查单 12 份，确认隐患 68 处，下发催办通知书 2 份，相关整改责任部门回复 6 份，已整改隐患 31 处，验收 7 处，列入整改计划 37 处。

实行事故预防隐患排查到整改闭环化管理，专人负责，对每一个隐患都集中研讨，提出“一对一”对策，形成册子下发至相关部门，督促相关部门及时加以整改。隐患排查不仅局限在路边，还结合尼木县实际隐患，将排查拓宽到人、车。充分发挥交通综合应用系统，对车辆未年审、违章未及时处理等行为进行一一排查，实行电话督促或下发整改通知书。

【消防安全管理】 年内，尼木县公安局强化消防安全管理，及时消除消防隐患，共检查 688 次，下发责令立即整改通知书、责令限期整改通知书 195 份，消防安全宣传培训 33 次，签订消防安全责任书 480 余份。深入开展火灾隐患滚动排查，建立健全闭环式隐患整治机制，联合消防救援大队，加快城乡微型消防站建设，实现社区、重点单位微型消防站全覆盖，乡镇派出所联合企事业单位、消防救援大队开展重点部位、重点场所消防安全应急处突拉动演练 6 次，提升火灾防控和应急救援能力。

【校园安全管理】 年内，联合相关部门成立尼木县公安局护校安全工作领导小组，由各派出所所长、治安大队大队长、警务站站长兼任学校的法治副校长，定期为全县师生讲解法律、安全防范等知识。加强对学校安全保卫工作的指导，配合学校做好人防、物防、技防等安保措施；开展校园安防知识讲座 60 次，共发放各类宣传单 2 万余份，开展校园交通整治 60 次，深入开展安全隐患大排查大整治，对校园安全、道路交通、建筑施工、安全用电和无人管护水塘以及可能发生自然灾害的领域等进行全面排查，加强隐患排查治理，坚决打通安全隐患整改落实的“最后一公里”，坚决做到警钟长鸣、远离事故。

【法治宣传】 年内，尼木县公安局深入开展专项普法宣传活动，开展防范电信网络诈骗、禁毒法律法规、扫黑除恶专项斗争、道路交通安全、新冠疫情防控等宣传教育，围绕“1·10”全国 110 宣传日、“4·15”国家安全教育日、“5·12”全国防灾减灾宣传日、“5·15”全国打击防范经济犯罪集中宣传日、“6·26”国际禁毒日等特殊时间节点，以“百万警进千万家”活动为契机，开展法律“七进”普法宣传。全年共开展各类普法宣传 100 余次，发放宣传单、宣传册等各类宣传资料 2 万余份。

【护城河检查站】 年内，尼木县公安局卡如一级检查站严格按照“五逢一快”的工作要求，做好对进入拉萨人员、车辆、物品的检查盘查工作，共检查人员 73.4 万余人，检查车辆 29.8 万余辆，检查物品 34.1 万件。

【落实加油实名制】 年内，尼木县公安局将散装油管理纳入常态化、规范化监管轨道，严格审批程序和实名登记。按照村、乡、派出所三级审批程序进行严格把关，严格落实“实名”购买、“实情”登

2022年6月23日，副县长、公安局党委书记、局长罗桑强巴（右一）到续迈乡派出所检查指导工作

记、"实时"报告制度,共开具审批加油单据 10 万余份,收缴违规散汽油 61 升。

【新冠疫情防控】 年内,尼木县公安局坚持以"防输入、防扩散、防反弹、防外溢"为工作目标,坚决配合防疫部门卡口开展查验等工作,有力保障物资运送、防疫车辆顺畅通行。共查验车辆 118005 辆次、人员 156077 人次。严打各类涉疫违法犯罪活动,查处各类涉疫违法行为 8 起,行政处罚 24 人,罚款 6300 元,批评教育 3 人。

【常态化开展扫黑除恶斗争】 年内,尼木县公安局深入学习贯彻区、市党委对常态化扫黑除恶斗争的各项部署,结合尼木县实际情况,成立专项行动领导小组,由刑侦大队、治安大队、国保大队、法制大队牵头,各派出所配合全警联动。由刑侦大队牵头的打击组,由法制大队牵头的宣传组,由政工牵头的督导组,充分发挥各小组的优势,加大对黑恶势力的打击力度,本着"有黑扫黑、无黑除恶、无恶治乱"的工作原则,结合辖区实际情况对辖区内的企业、建筑工地、旅馆、朗玛厅、车站进行清理整治。

年内,共出动警力 45 人次,张贴宣传标语 500 余张,发放宣传单 700 余份,悬挂横幅 15 条,受教育群众达 1000 余人,在全县七乡一镇人员密集场所共设立 15 个黑恶势力线索举报箱。自常态化扫黑除恶斗争开展以来,共摸排线索 5 条,均已办结,呈报拉萨市扫黑办线索 5 条。

2022年1月10日，尼木县公安局庆祝第二个中国人民警察节活动

【清理清查】 年内,尼木县公安局深入开展治安大检查、大排查、整治专项行动。全年共清查单位 635 家次、居民院 109 处、出租房 239 间、宾馆招待所 9 家、沿街商铺 134 间、酒吧 3 家、网吧 3 家、木材加工厂 1 家、加油站 1 家、废旧金属 42 家次、音像出版物 89 家次、施工单位 133 次、"九小"场所 680 次。

【涉法涉诉防控化解】 年内,尼木县公安局在全县范围内,全面开展社会矛盾大排查,与各乡政府密切配合,以乡主要领导为直接负责人,全面逐村、逐户、逐人排查涉法涉诉不安定、不放心因素,形成有事及时调解、处理,不留隐患、死角的工作模式。

【廉政教育】 年内,尼木县公安局围绕保持党的纯洁性和改进作风狠抓落实主题,深入开展理想信念教育、党性党风党纪教育和道德教育,进一步加强党风廉政教育,在深入推进"改进作风狠抓落实"教育活动的基础上,巩固拓展党史学习教育、政法队伍教育整顿成果,坚持长期组织民警开展政治理论学习,主要对《中国共产党章程》《中国共产党纪律处分条例》《中国共产党问责条例》《祸起贪欲》《忠诚与背叛》等党规党纪和典型案例学习,不断增强民警政治思想觉悟。

【从优待警】 年内,尼木县公安局树立以人为本理念,把慰问因公负伤、生病住院民警作为延伸思想政治工作触角的"暖警"工程,实行人性化管理,积极营造拴心留人的氛围。加强爱警暖警工程建设,每月底为民警开展集体庆生活动,在民警直系亲属去世或民警婚、丧、嫁、娶、患病等方面进行专项慰问,切实让民警感受到集体的关怀与温暖,增强队伍凝聚力,落实民警休假计划制度,建立民警健康档案，积极做好慰问工作。

【政治建警】 年内，尼木县公安局开展“纪律作风专项教育整顿”，深入推进“两学一做”学习教育常态化、制度化，开展“改进作风狠抓落实”专项教育，进一步增强“四个意识”、坚定“四个自信”、做到“两个维护”、捍卫“两个确立”，严守党的政治纪律和政治规矩，深化“四有”党支部创建，严格落实党建工作责任制，严肃党内政治生活，打造更多主题突出、特色鲜明的基层党建品牌。从严治警，深入学习宣传贯彻中共二十大精神，落实全面从严治党和从严治警各项要求，层层签订责任书，撰写各类民警学习心得600余份、学习笔记180本，自觉守牢纪律底线和道德高线。

【党风廉政建设】 年内，尼木县公安局成立局党风廉政建设工作领导小组。加强对党风廉政建设工作与推进惩治和预防腐败体系建设工作，认真解决公安工作中存在的突出问题，明确重点工作，抓好工作落实。

【文化育警】 年内，尼木县公安局持续完善使用文化长廊、健身房和民警活动中心等公安文化活动场所。在尼木县公安局内网开辟网上党校、学习园地、先进事迹、政工简报等网上专栏，培育和启发更多民警的文化自觉。充分利用报纸杂志、宣传栏、网络等媒体，宣传公安工作中的先进典型，争取社会对公安工作的理解和支持，优化执法环境。充分发挥文化建设铸魂引路、凝心聚力、促进全面发展的功能，深入基层开展慰问演出，局篮球队和足球队先后在全县各项比赛中取得优异成绩。

2022年8月1日，尼木县公安局举办庆“八一”篮球友谊赛

【宣传报道】 年内，尼木县公安局创建“平安尼木”微信公众号，宣传重大事件、群众关心热点舆论、法律、法规。同时，指定专人发布文件、维护系统，制作尼木公安网站，建立“改进作风、狠抓落实”“夏季治安打击整治百日行动”等专题网站，加大对内宣传工作力度。交警大队专门建立“尼木交管业务咨询平台”，需要咨询的人民群众通过平台询问各项交管业务，大队交管民警耐心讲解，精心服务，让数据多跑路、让群众少跑路，不断推出更多服务发展、便民利民新举措，切实解决好群众反映强烈的“办证多、办事难”等问题。

【执法规范化建设】 年内，按照公安部受立案制度改革要求，积极谋划，成立综合办公室、案件监督管理室等4个功能室于一体的案管中心1个，建成执法办案区3个，在建执法办案区2个。配齐工作人员，完善执法流程，确保全局案管建设工作高效运转。在成立案管中心的基础上，尼木县公安局始终坚持“法治监督要以执法、执勤和办案全过程监督为中心”的理念，给全体民警配备执法记录仪，设立接处警监督岗、受立案查询岗等4个岗位。同时紧紧围绕以审判为中心的刑事诉讼制度改革要求，对警情、案件、人员、卷宗、涉案财物5个执法要素进行全面监管，不断推进刑事案件“统一审核、统一出口”工作制度落到实处。

【队伍建设】 年内，尼木县公安局坚持制度建警，加强队伍管理，成立公安局党委和16个基层党支部，党组织规范化建设有序推进；

每周二、四下午坚持开展各类学习活动，通过学习使民警基本素质得到提高。加强教育培训，提升履职能力。创新使用“伽卡他卡”电教系统应用，将政治轮训与专业培训相结合，先后开展政治轮训4期，民警参训率达60%；同时积极同上级公安机关、区市县党校对接，形成“走出去”的跟班培训、理论培训模式，不断提高民警的工作能力和水平。

（次仁卓嘎）

【机构领导】

副县长、公安局党委书记、局长

罗桑强巴（藏族）

党委副书记、政委

何　建

副局长、卡如一级检查站站长

拉巴顿珠（藏族）

党委委员、幸福路警务站站长

尼　玛（藏族）

党委委员、特警大队队长

白松涛

副局长

尼玛次仁（藏族）

县国安办常务副主任、副局长

侯海泉

检察

【概况】 2022年，尼木县人民检察院坚持以习近平新时代中国特色社会主义思想为指导，全面深入学习宣传贯彻中共二十大精神，深入践行习近平法治思想，认真落实《中共中央关于加强新时代检察机关法律监督工作的意见》，聚焦“四件大事”，服务保障“四个创建”“四个走在前列”，全力落实最高人民检察院“质量建设年”工作部署，以检察履职担当助推县域经济社会高质量发展。“四大检察”业务工作稳步推进，全年共办理各类案件357件。

【落实首要政治任务】 年内，始终坚持党对检察工作的绝对领导，把学习宣传贯彻中共二十大精神作为当前和今后一段时期首要政治任务。召开党组理论学习中心组（扩大会）3次、党组专题学习4次、研讨会5次、党组书记宣讲1次、党组成员向分管科室宣讲2次、支部专题学习8次、支部读书会4次，组织知识测试1次，制定《尼木县人民检察院学习宣传贯彻党的二十大精神实施方案》以及任务分解表，撰写心得体会17篇，通过“两微一端”发布稿件51份，在微信公众号开设中共二十大专栏4个。

【把牢检察政治方向】 年内，坚持以习近平新时代中国特色社会主义思想为指导，巩固拓展党史学习教育和政法队伍教育整顿成果，全面落实《中国共产党政法工作条例》，持续抓好改进作风狠抓落实活动，严格落实“三会一课”制度。截至年底，召开党组理论学习中心组学习会11次、研讨会1次，党支部学习会8次，开展主题党日活动10次。组织党史学习教育、政法队伍教育整顿后续工作专题学习会3次，《中国共产党政法工作条例》党组专题学习会3次，向县委请示报告2次。召开改进作风狠抓落实部署会、学习会、推进会7次，撰写心得体会26篇，进行应知应会知识测试1次，完善制度7个，推行具体举措4项。

【发挥党组核心作用】 年内，发挥党组领导班子核心作用，开展党组书记讲党课1次，党组书记以普通党员身份参加支部学习会

2022年6月29日，尼木县人民检察院召开2022年第二季度工作汇报会，全面总结第二季度各项工作开展情况

7 次。严肃党内政治规矩，认真贯彻“三重一大”决策制度和民主集中制，召开党组会 15 次，审议事项 100 余项。严格执行党风廉政谈话制度，与 15 人次进行谈话。党组开展“三个规定”专题学习会 1 次、集中谈话提醒 1 次。

【意识形态工作】 年内，坚持党管意识形态原则，严格落实工作责任制，切实发挥好意识形态工作统一思想、凝心聚力的强大作用，多措并举加强意识形态工作。专题研究意识形态工作 2 次。

【新冠疫情防控】 年内，坚决落实县委、县政府工作部署，第一时间成立尼木县人民检察院抗疫工作领导小组，安排部署全院疫情防控工作，深入基层一线，5 次下派干警到东嘎村和帕古村包村点，协助开展疫情防控工作。全院干部职工积极投身人员封控、物资配送、环境消杀、核酸检测、信息上传等工作，累计派出干部职工 800 余人次。坚持“抗疫 + 办案”两不误，在坚决落实疫情防控工作部署的同时，充分履行检察职能，确保防疫任务不松懈、检察业务工作不断档，采取“互联网 +”工作模式，线上办案 24 件，检察建议“云宣告”1 件。

【常态化开展扫黑除恶斗争】 年内，逐案认真排查梳理，深入县公安局刑警大队、交警大队、治安大队、法治大队、6 个乡 2 个镇派出所开展立案监督 18 次，对 9 名社区矫正人员逐一进行筛查，深挖涉黑涉恶线索。

【社会治理】 年内，针对监督办案中发现的各类问题，向有关单位发出检察建议 38 份，防患未然、抓源治本。坚持以“公开促公正、以听证赢公信”，全年共对 3 起案件进行公开听证，矛盾化解率达 100%。

【“我为群众办实事”】 年内，结合领导干部“下基层大接访办实事”活动和领导干部常态化“四联四包”工作机制，领导干部下沉至村组 60 余人次，宣讲党的政策 4 次，慰问 8 户困难群众，协调 3 个办实事事项。

2022年8月2日，尼木县人民检察院“文香·蓝”法律宣传服务队到麻江乡“八一”赛马节现场开展法治宣传活动

【提升检察服务水平】 年内，以“12309”检察服务中心为依托，严格落实最高检“群众来信件件有回复”工作要求，落实“7 日内程序性回复，3 个月内办理过程或结果答复”制度，受理各类来信来访 5 件 9 人，均已按规定期限给予回复答复和流转，答复率 100%，办结率 100%，群众满意率 100%。

【打造检察宣传品牌】 3 月，为在县域内开展全方位的法治宣传，同时为人民群众和单位提供零距离的法律服务，选派 5 人成立“文香 · 蓝”法律宣传服务队，结合最高人民检察院中华人民共和国“一号检察建议”、打击整治养老保险诈骗以及防范非法集资、《中华人民共和国反有组织犯罪法》等内容，完成对吞巴镇、尼木乡、麻江乡、林岗村、巴古村以及县中学、县小学的法治宣传 12 场次，开展法治讲座 5 场次，提供法律咨询 30 次，发放宣传物品 5000 余份。

【司法救助】 年内，办理司法救助案件 2 件 2 人，决定 2023 年向因案生活困难的 2 名当事人发放司法救助金 3 万元。

【严惩危害群众利益犯罪】 年内，积极引导县公安局取证，成功侦破一起车辆买卖系列合同诈骗案，受害群众达17人，涉案资金高达200万余元，该案已由市检察院审查起诉。办理麻江乡原党委副书记、人武部部长杨某挪用公款案，90多人旁听此案，该案已判决，县法院采纳检察院量刑建议。

【检察机关"质量建设年"】 年内，在上级检察院安排部署下，对2021年发出的16份检察建议开展评查，总结不规范问题1个。对2018年以来9件不捕不诉案件开展执法司法案件"回头看"，办理流程监控案件9件，召开检委会学习4次。

【刑事检察】 年内，办理刑事检察类案件25件26人，刑事案件比1∶1，其中审查逮捕2件2人，审查起诉10件11人，提请批准延长羁押期限案件2件2人，侦查活动监督案件3件3人，提前介入2件2人，刑事执行案件6件6人。确定刑量刑建议提出率100%，确定刑量刑建议采纳率100%。认罪认罚从宽制度适用案件11人，适用率达92%，认罪认罚同步录音录像100%。贯彻"少捕慎诉慎押"理念，不捕1人，不诉3件4人。联合县公安局挂牌成立侦查监督与协作配合办公室，制定《关于健全完善侦查监督与协助配合工作机制(试行)》。发出纠正违法通知书3份，发出检察建议书1份，均整改到位。

【民事检察】 年内，持续贯彻实施《民法典》，全面加强对生效裁判、调解书和审判、执行活动的法律监督。受理民事支持起诉案件1件，办理对民事执行活动监督案件60件，发出检察建议4份，法院回复率100%，采纳率100%。

【行政检察】 年内，办理督促行政机关履职案件18件，发出检察建议1份，回复率100%，采纳率100%。

2022年10月12日，尼木县人民检察院公益诉讼办案人员检查医疗废物安全处置情况

【公益诉讼】 年内，办理行政公益诉讼案件225件，发出检察建议书32份。其中生态环境和资源保护类案件47件，发出检察建议17份，与生态环境局磋商2次，督促治理被损毁的耕地、林地、草原6.2675公顷，清理固体废物、生活垃圾4吨；办理食品药品安全领域案件34件，与县市场监督管理局磋商1件，发出检察建议3份；办理文物保护类案件3件，发出检察建议1份；办理安全生产领域(特种设备)案件3件，发出检察建议书1份；办理安全生产领域(消防安全)案件137件，发出检察建议9份；办理个人信息保护领域1件，发出检察建议1份。

【未成年人检察】 年内，2名院领导主动担任县中学和县小学法治副校长，开展宣讲活动2次。办理一般预防案件(未检)9件，按照宪法宣传周的要求，录制《学法用法向未来》主题视频1个。

【提升队伍专业水平】 年内，用好"检答网""中检网"等平台提升培训覆盖率和灵活度，参加各类业务培训50余场次，参训600余人次。组建"检察官+助理+书记员"的"1+1+1"生态环境检察监督团队。聘任水务局等5家单位5名专业人员为特邀检察官助理，提供专业技术咨询。1人获得全市检察机关"十佳公诉人"称号，1人获得"全市检察机关公益诉讼办案能手"称号。

【激发队伍内生动力】 年内，深化

2022年8月2日，尼木县人民检察院首届检察听证员聘任仪式举行

检察人员业绩评价机制，搭建起常态化研究检察工作、分析存在问题平台，增强工作落实指导性、针对性和实效性。选优配强领导班子，提任副检察长1名。健全干警选拔培养交流机制，择优提拔年轻干部2人，选任内设机构正职1人，调整岗位1人。

【司法体制改革】 年内，落实检察长带头办案，充分发挥入额院领导在司法办案中的"头雁"效应，检察长办案111件，入额院领导办案241件。稳步推进财物统管工作。

【主动接受各界监督】 年内，向人大报告检察工作2次。拓展检察听证渠道，聘任听证员10名。通过公开听证、公开审查等方式，人民监督员监督案件3件。公开案件程序性信息22条，公开法律文书11件，通过"两微一端"发布和转发消息1543条。

【建设"学习型"机关】 年内，完成检察文化阅览室、党员活动室建设，建设"党建+检察"展厅及长廊文化。

（扎西玉珍）

【机构领导】

党组书记、检察长

德吉桑姆（女，藏族）

党组成员、副检察长

李若愚

洛桑群培（藏族，7月任）

法院

【概况】 2022年，尼木县人民法院坚持以习近平新时代中国特色社会主义思想为指导，深入学习中共二十大和中共二十届一中全会精神，坚持服务大局、司法为民、公正司法，紧紧围绕"努力让人民群众在每一个司法案件中感受到公平正义"的目标，坚持铸牢政治忠诚，捍卫"两个确立"，践行"两个维护"，忠实履行宪法和法律赋予的职责，全面加强从严治党、从严治院，切实做到"抓党建、带队建、促审判"，全年受理各类案件301件（旧存22件），已结295件，未结6件，结案率98%，法定审限类结案率100%。

尼木县人民法院机构性质为机关行政单位。内设综合办公室、政治部、立案庭（诉讼服务中心）、执行局（司法警察大队）、综合审判庭（审判管理办公室）5个部门及3个派出法庭。法院编制为24人，实有23人（其中驻村1人），实际在岗人员23人。中共党员20人，正科级2人，副科级19人，科员4人，有在岗干警17人，学历结构：研究生1人、本科21人、专科1人，已通过司法考试13人，聘用制书记员8人，学历结构：本科5人、专科3人；"三支一扶"1人，学历结构为本科；公益性岗位1人。

【立案信访】 年内，深化"分调裁审"改革，构建小额诉讼程序、速裁程序、简易程序、普通程序相配套的多层次诉讼制度体系，实现案件繁简分流、快慢分道。深化以审判为中心的刑事诉讼制度改革，推行律师辩护全覆盖，为9名被告人指定辩护律师，充分保障被告人诉讼权利。开展刑事案件认罪认罚从宽制度改革，审结认罪认罚案件9件，服判息诉率100%，宽严相济刑事政策得到充分体现。

坚持把非诉讼纠纷解决机制挺在前面，推进矛盾纠纷多元化解和源头治理机制建设，优化基层法庭建设，围绕"上门立案、诉调对接、案件速裁、巡回审判、法律服务、案件回访、化解信访”七项职能，打造吞巴、续迈、尼木3个乡镇特色法庭。不断完善“格桑花”流动诉讼服务队工作机制，在全县6个乡2个镇33个村（居）内悬挂法官联系牌，充分发挥矛盾纠纷化解能力，为群众提供省时省力零成本的解纷模式，全年诉前化解矛盾纠纷38件，调解结案141件，诉源治理初显成效。

2022年1月18日，尼木县人民法院召开改进作风狠抓落实工作动员部署会

构建当场立案、网上立案、自助立案、跨域立案相结合的多元化立案格局，规范诉讼费、执行款管理，实现在线交退费全覆盖，为群众提供“足不出户、方便快捷”的诉讼服务。通过“12368”诉讼服务热线接待群众70余人次，法官回复率达100%，群众满意率达100%。加快智慧法院建设，实现立案诉调、送达保全、云间开庭等全流程网上办理。

【审判工作】 年内，聚焦公共安全领域，严厉打击刑事犯罪，共受理刑事案件9件，审结8件，结案率88.89%，有力推动更高水平的平安尼木建设。持续营造安全有序的交通环境，审结危险驾驶等犯罪案件5件，判处犯罪分子5人。落实刑法案件律师辩护全覆盖，进一步维护刑事被告人合法权益，更好保障人民群众人身财产安全。

认真贯彻实施《中华人民共和国民法典》以及《中华人民共和国民事诉讼法》，加强民商事审判，通过依法审理涉民生领域案件，努力让广大群众的获得感、幸福感、安全感更加充实、更有保障、更可持续。全年共受理民事案件196件（含旧存18件），已结181件，结案率92.35%；服判息诉率为100%，位居全市第一。主动回应民生诉求，用心用情用法办结涉婚姻家庭、社会保障、教育、医疗、住房等民生案件31件。加强劳动权益保护，开辟“绿色通道”，尼木乡人民法庭充分发挥“一站式”解纷功能，成功处理涉112名村民劳务工资182万元，推动构建规范和谐劳动关系。妥善审理群体性纠纷，审结买卖合同、租赁合同等涉众案件10余件，维护社会和谐稳定。审结婚姻家事案件25件，调撤率80%以上，促进和谐家庭建设。

2022年1月18日，党组成员、副院长尼玛（报告席）在尼木县第十四届人民代表大会第四次会议上作法院工作报告

坚持以保障胜诉权益实现为出发点和落脚点，向“切实解决执行难”奋力迈进。全年共受理执行案件87件（旧存4件），已结

85件，结案率97.7%，申请执行标的为1243.3704万元，结案标的1257.258万元，执行救助4件，执行救助案款107328元。主动作为彰显担当，协同城关区人民法院、堆龙德庆区人民法院办理执行案件28件，办结率100%。严厉打击拒执行为，常态化开展集中执行行动20余次，拘留8人。加大执行惩戒力度，纳入失信被执行人名单13人次，限制高消费16人次。大力推进网络司法拍卖，执行网拍首次突破零，共拍卖物品6件，成交率达100%，兑换资金11946元。

【新冠疫情防控】 年内，持续做好常态化疫情防控，发布疫情期间诉讼服务提示，引导当事人互谅互让、协商和解、共渡难关，新冠疫情防控期间8件民商事案件以调解或撤诉方式结案，营造强信心、暖人心、聚民心的法治氛围。21名干警主动请战，投身一线防控，在疫情防控中彰显担当作为。

疫情防控期间线上开庭20余件，电子送达814人次，助力审判执行提速增效。坚持以公开促公正，网络直播庭审25场，公开裁判文书40份，让公平正义“看得见”。

【法治宣传】 年内，高度重视青少年成长，落实《尼木县教育系统聘任中小学校法制副校长方案》，选派6名法官任尼木县中小学法治副校长，定期围绕爱国主义教育、《中华人民共和国未成年人保护法》、《中华人民共和国国家安全法》等国家安全相关法律法规开展讲座12次。以提高老年人防范诈骗“免疫力”、用心守护长辈“钱袋子”为主题，深入开展打击整治养老诈骗专项行动宣传工作，采取线上发布反诈信息、线下宣讲的方式进行覆盖式宣传，累计发放反诈信息2万条、宣传资料100余份，开展集中宣讲、座谈会各1次，发放打击整治养老诈骗倡议书1封，张贴发布“养老诈骗”线索征集公告10条。

【强基础惠民生】 年内，精准把握以人民为中心的发展思想实质，依托三月领导干部下基层活动，入驻尼木乡尼木村，走访群众17户37人，收集群众诉求1件，解决群众急难愁盼问题1件。积极参与乡村振兴工作，选派1名干警入驻续迈乡，组织19名干部结对帮扶户“结对认亲交朋友”，入户帮扶37次。

【队伍建设】 年内，组织学习贯彻中共二十大精神以及习近平新时代中国特色社会主义思想，开展读书日、理论学习中心组学习19次，组织二十大专题讲党课2次，学习5次，发放资料36册，撰写心得体会15篇。牢牢坚持党对法院工作的绝对领导，严格落实意识形态工作责任制，深入贯彻《中国共产党政法工作条例》，严格执行重大事项请示报告制度。坚持抓党建带队建促审判，完善党组议事规则，开展书记、院长带头讲党课、“优秀共产党员”评选等活动，以高质量党建引领工作新发展。

坚持践行党的宗旨和群众路线，扎实开展“我为群众办实事”“百名法官进千家万户”实践活动，全院16名干警坚持“走出去、沉下去”原则，入户40户，广泛征求群众对法院工作意见建议，积极回应群众对新时期法院工作的新需求、新期待。加强司法能力建设，广泛开展专业法官会学习会议，以法官学习、庭审观

2022年8月2日，尼木县人民法院干警到麻江乡开展“喜迎二十大，送法进牧区”活动

2022年10月26日，尼木县人民法院召开中共二十大精神学习专题会

摩、辅助人员司法技能学习等形式，组织线上线下培训16期，提升干警综合素质。

加强精细化管理，从严开展警示教育活动4次，开展纪律作风检查、审务督查10次，组织廉政教育4次。深入开展执法司法案件“回头看”，针对2018年以来办理的所有案件，由院党组牵头进行自查并签订承诺书，自查自纠案件15件，严肃查处执法司法腐败问题，有效纠治执法司法纪律作风。突出司法巡查、审务督察作用，围绕党建队建、审判执行、公正司法等情况，专项自查报告2篇，查找问题10条，整改完成10条。贯彻落实“三个规定”，全院31名（含聘用制书记员）干警每月按时填报“三个规定”（《领导干部干预司法活动、插手具体案件处理的记录、通报和责任追究规定》《司法机关内部人员过问案件的记录和责任追究规定》《关于进一步规范司法人员与当事人、律师、特殊关系人、中介组织接触交往行为的若干规定》）情况报告，全年整理汇总形成12篇落实“三个规定”情况汇总表及情况统计分析表。

【基础设施建设】 年内，坚持强基导向，推进“十四五”规划，诉讼服务中心项目建设已完成诉讼服务中心前置手续，形成相应机制、体制配套。已高效完成“六专四室”规范化建设工作，警务保障能力进一步提升。持续改善法庭工作环境，凝聚法庭干警人心，对法院文化建设进行合理化布局，设计党建文化墙，悬挂党旗，展示党支部组织机构、入党誓词、党员风采，打造红色法治文化阵地。

（强 珍）

【机构领导】

党组书记、院长

刘亚飞

党组成员、副院长

尼 玛（女，藏族，7月免）

巴桑央宗（女，藏族，7月任）

党组成员、政治部主任

黄 彪（7月任）

司法行政

【概况】 2022年，尼木县司法局有在职干部4名，8个乡（镇）司法所均配有1名所长。尼木县司法局坚持以习近平新时代中国特色社会主义思想为指导，认真贯彻落实区市司法行政工作会议精神，紧密结合改进作风，狠抓落实和常态化政法队伍教育整顿，充分履职，积极作为、扎实工作，为推动尼木经济社会和谐稳定发展做出了积极贡献。

【党建工作】 年内，始终坚持正确的政治方向，毫不动摇地坚持党的领导，坚决执行党中央、区市县的各项决策部署，增强“四个意识”、坚定“四个自信”、做到“两个维护”。坚持全面从严治党，结合党建工作的开展，深入推进党风廉政建设，切实加强意识形态工作，开展改进作风狠抓落实和常态化政法队伍教育整顿工作，组织全局党员干部，认真学习习近平法治思想、中共二十大精神和《中国共产党政法工作条例》等，做到人人知晓。通过召开学习会、撰写心得体会等方式加以领会。共开展各类政治理论学习26次，撰写心得体会28篇。同时，加强对习近平总书记关于政治工作及法治思想的重要论述、自治区党委书记王君正在区政法战线调研时的讲话精神、改进作风狠

2022年6月15日，尼木县司法局召开支部书记改选会议

抓落实工作的相关文件精神的学习，不断提升干部职工队伍整体素质。

【依法治县】 年内，县委高度重视全面依法治县工作，县委常委会听取依法治县工作开展情况，县人大常委会决议通过《关于在全县公民中开展法治宣传教育的第八个五年规划（2021—2025年）》并印发各成员单位。

年内，进一步完善政府法律顾问制度，严把合法性审查关，尼木县司法局援助律师接待政府日事务咨询148起，进行政府合同项目审查892个。

【依法治理】 年内，全面落实“谁执法谁普法”责任制，形成“党委领导、人大监督、政府实施，各部门齐抓共管，全社会共同参与”的普法依法治理工作新局面。

年内，以“1月反有组织犯罪法宣传活动”、“2月疫情防控及防范电信诈骗宣传活动”、“3·5”学雷锋宣传活动、三月法治宣传进宗教场所、领导干部“下基层大接访办实事”活动、“《民法典》宣传月”、“四联四包”活动、国家宪法日为契机，各部门、各司法所深入开展法律“七进”活动，以举办法治讲座、开展法治宣传、法治文艺进乡村等形式，针对全县农牧民群众开展“以提高农民法治意识”为主题的法治宣传活动，共开展各类宣传活动128场次，发放各类宣传资料26000余份，开展法治讲座5场。通过“尼木司法”等新媒体开展线上法治宣传活动，共发送宣传信息300余条。

【矛盾纠纷排查调处】 年内，尼木县各级人民调解组织注重围绕社会矛盾难点、热点纠纷建立健全矛盾排查调解工作机制，采取措施，防止矛盾激化，做到小事不出村、大事不出乡镇、重大纠纷不出县，把纠纷化解在基层。各调解组织纠纷排查174次，调解各类矛盾纠纷114起，调解成功114起，调解成功率达98%以上。

【安置帮教】 年内，开展刑释解矫人员安置帮教工作，落实刑释人员“必接必送”“一人一档”，做到无缝衔接、有难必帮，衔接率达到100%。充分发挥远程探视功能，有效解决群众“探视难”问题，成功办理远程探视3例。新冠疫情防控期间，及时排查安置帮教人员，做好帮教人员的思想教育并

2022年4月12日，尼木县司法局援藏律师开展《民法典》讲座

为困难刑满释放人员送去生活物资等。

【社区矫正】 年内,加强对社区矫正对象的管控措施,严格按规定办理外出请假审批手续,落实审批责任。充分运用矫正监测平台、微信交流群和电话等方式加强对社区矫正对象日常监管,做到情况明、底数清,确保疫情防控期间对社区矫正对象监管手段到位、手续履行到位、职责落实到位。2022年新入矫7名矫正对象,解除社区矫正6人,开展适用社区矫正社会调查评估5件,未发生因监管措施不到位而导致的社区矫正对象脱管、漏管和重新犯罪现象。

【公共法律服务】 年内,认真落实村居法律顾问制度,实现“一村(居)一法律顾问”和“刑事辩护全覆盖”。截至年底,共办理刑事认罪认罚案件19件。

年内,以促进和规范法律援助工作为中心,对充分发挥援藏律师和入驻律师事务所的作用,对弱势特殊群体实行应援尽援。2022年共办理法律援助案件43件,代写法律文书130份,涉及169人,涉及资金600万余元,解答群众法律咨询159人,接待公证咨询6起。

【新冠疫情防控】 年内,面对严峻的疫情防控形势,尼木县司法行政系统干部闻令而动,用行动展现司法行政人的责任和担当。县司法局党支部书记带头、副局长和各乡镇司法所所长迅速下沉到疫情防控一线,在消杀消毒、物资保障、核酸采样、宣传引导等各个方面贡献力量。同时,做好本单位的疫情防控工作。按照区市县疫情防控工作措施,严格落实防控措施,带头做到“不出门、不串门、不聚集”等。

(措 姆)

【机构领导】

局 长

央 青(女,藏族,5月免)

副局长

张朝义(5月任,主持工作)

刘雪石(藏族)

经济管理

发展和改革

【概况】 2022年，全县地区生产总值完成13.02亿元，同比下降0.4%；全社会固定资产投资完成7.65亿元，同比下降11.9%；工业增加值完成0.91亿元，同比下降10.7%；社会消费品零售总额2.06亿元，同比下降13%；一般公共财政预算收入1.7779亿元，同比增长52.91%；农牧民人均可支配收入达20359元，同比增长7.3%。

2022年11月23日，西藏自治区党委书记王君正（前排左三）一行到尼木县项目点调研

【项目工作】 年内，尼木县固定资产投资建设项目115个，计划总投资19.24亿元。其中，续建项目33个，总投资6.40亿元。新建项目82个，计划总投资12.84亿元。70个项目开工建设，总投资15.72亿元。2022年尼木县列入市级重点建设项目9个，计划总投资6.48亿元。其中，续建项目5个，总投资2.91亿元；新建项目4个，总投资3.57亿元。

【项目促增收】 年内，尼木县开复工项目70个，产生增收数据项目62个，总用工人数12575人。其中，吸纳农牧民用工人数8813人，农牧民劳务收入2315.03万元，吸纳农牧民就业比例70.08%；吸纳尼木籍农牧民用工人数8738人，农牧民劳务收入2042.91万元，吸纳尼木籍农牧民就业比例69.49%；尼木籍农牧民机械收入3110.60万元。针对易地搬迁群众后续扶持和持续增收，发展特色产业项目，主要有正在实施总投资3500万元的尼木县吞弥现代农业园区温室大棚果蔬种植建设项目，在项目实施过程中使用建档立卡贫困户；实施总投资4000万元的拉萨市尼木县藏香产业园区精准扶贫示范基地建设项目；实施总投资580万元的尼木县民族手工业哈达加工厂建设项目；实施总投资1231.23万元的尼木县建档立卡贫困户藏语和汉语幼儿园建设项目；实施总投资474万元的尼木县建档立卡贫困户藏语和汉语幼儿园建设项目配套及附属工程；实施总投资11006.34万元的尼木县低温太阳能建设项目等项目。

2022年4月20日，拉萨市增收办工作人员到尼木县调研项目促增收工作开展情况

【粮食和物资储备】 年内，认真抓好涉粮问题专项巡察反馈问题整改工作，已整改完成市委涉粮专项巡察反馈问题清单39个问题及5个意见建议，仓库回收事宜已阶段性完成，持续抓好整改落实工作。积极履行粮食流通、储备和轮换责任。

【易地搬迁】 年内，积极开展后续帮扶工作，尼木县3个搬迁点安置277户，2021年10月1日至2022年9月30日建档立卡脱贫户人均纯收入为17812.50元，比上年度人均增长2151.09元，同比增长13.73%。2022年县域3个易地扶贫搬迁点医保参保率达100%。

坚持把发展产业和带动就业作为持续带动脱贫群众增收的重要抓手，针对尼木县产业小、散、弱等短板，积极争取北京对口帮扶和上级大力支持，实施产业项目10个，总投资2.02亿元。1—11月带动556名易地搬迁户，实现增收126.12万元。

有序推进尼木县旧宅腾退和处置生产资料工作。尼木县易地扶贫搬迁拆旧复垦涉及502户，其中无房户50户，涉及历史文化名村51户，连体房31户，应拆370户，已拆362户，剩余8户拆除工作处于推进中。积极推进拆迁补偿兑现工作，已兑现资金1314.4万元。

【党建工作】 年内，尼木县发改委党组深入贯彻落实中共二十大精神，紧密围绕区市县关于经济社会发展总体思路和党组中心工作，发挥党建引领作用，增强党要管党意识，切实做到党建工作与业务工作紧密融合。严格落实理论学习中心组学习、“三会一课”等制度，全年召开党组会议7次、书记讲党课2次、理论学习中心组学习会19次，参与97人次；开展学习贯彻中共二十大精神理论学习中心组学习2次，交流发言2人次，撰写心得体会7篇；认真组织开展主题党日活动，坚持每月一期主题党日，利用“3·28”西藏百万农奴解放纪念日、“七一”党建节等重要节日活动，组织集中学习5次、红色主题教育及扫墓1次、义务劳动1次，进一步增强党性意识。

【党风廉政建设】 年内，尼木县发改委党组坚持以习近平新时代中国特色社会主义思想为指导，认真贯彻落实中共二十大精神，严守纪律规矩，履行主体责任、“一岗双责”加强党风廉政建设，锻造忠诚干净担当的党员干部队伍，形成心齐气顺劲足的干事创业环境。为切实加强对党风廉政建设和反腐败工作的领导，成立党风廉政建设和反腐败工作领导小组，对年度党风廉政建设和反腐败工作进行细化分解，将任务落实到每一名党员领导干部身上，进一步加强发改委领导班子对执行党的政治纪律情况的监督检查。组织全委党员认真学习《中国共产党廉洁自律准则》《中国共产党党内监督条例》《中国共产党纪律处分条例》等党内监督条例，组织召开组织生活会1次、批评与自我批评20余次、民主评议党员1次、“三重一大”会议7次，在重大节假日前开展廉政教育，进一步提高党员干部的纪律意识和廉政风险意识，增强底线意识。

（杨　言）

【机构领导】

主　任

鲜 佳 龙

副主任
巴桑德吉（女，藏族）
刘 凡（北京援藏，7月任）

财政

【概况】 2022年，全县财政总财力达到209952.4万元，比2021年决算增加19630.77万元，增长9.35%。其中，一般公共预算财力达到188243.5万元，增长10.9%（一般公共预算收入达17779.03万元，一般公共预算支出120680.94万元，安排预算稳定调节基金58599.85万元，2022年实现收支平衡）；政府性基金预算财力达到21500.82万元（含政府性基金预算收入975.69万元，增长20.74%，上级补助资金986.74万元；政府性支出18528.24万元，结转支出2972.58万元）；国有资本经营预算财力达到291.09万元（含国有资本经营预算收入达278万元，下降30.15%，上级补助资金11.41万元；国有资本经营预算调出至一般公共预算83万元，国有资本经营预算支出1.83万元，结转支出206.25万元）。

【财政收入】 年内，尼木县财政紧紧围绕中央和区市党委经济工作会议精神和县委、县政府提出的总体工作部署，不断发挥财政协调监督职能，切实做好开源节流，狠抓落实，全面做到应收尽收，强化本级收入征缴力度。截至年底，完成本级公共财政收入17779.03万元，比2021年同期增长52.92%，落实减税降费政策。坚持普惠性与结构性减税并重，累计为企业减税降费917万元；采取40%预留采购份额、价格评审优惠等措施，支持中小企业发展。

【政府性基金收支】 年内，尼木县政府性基金收入为975.69万元，土地出让价款收入407.38万元，缴纳新增建设用地土地有偿使用费-92.92万元，其他地方自行试点项目收益专项债券对应项目专项收入661.23万元。

【国有资本经营收支】 年内，尼木县政府性基金收入为278万元，主要为国有企业利润收入。

【“三公”经费支出】 年内，严格按照“无预算不支出”的要求，切实提高资金使用效率，牢固树立政府过紧日子的思想，继续从严控制“三公”经费，压减一般性支出，腾出财力重点保障民生支出。全年“三公”经费共计支出498.22万元，同比下降29.79%。

【乡村振兴】 年内，为切实巩固好“两不愁三保障”成果，牢牢守住规模性返贫底线，持续做好巩固拓展脱贫攻坚成果同乡村振兴有效衔接，落实涉农统筹整合及专项衔接资金23472.23万元，同比增长6.04%。

年内，为进一步加强财政资金管理，提高资金使用效益，清理盘活两年以上闲置资金8900万元，动用预算稳定调解金29000万元。积极发挥财政职能作用，坚持“三个赋予一个有利于”工作原则，坚决落实“过紧日子”的要求，坚持尽力而为、量力而行、有保有压，把稳增长放在更加突出的位置，用足用好稳经济一揽子政策，千方百计挖掘收入潜力，立足“四产业三园区”发展布局。2022年，处理矛盾纠纷1件，涉及资金197万元，全年共建立健全管理制度17项，收集人大、政协代表和党员“三包”社情民意3条，均有效答复解决。开展法治宣传5场次，发放宣传手册1000余本。

【新冠疫情防控】 年内，坚决落实防疫资金保障要求，做到三个“第一时间”，对县委、县政府决策部署第一时间落实、对疫情防控资金第一时间拨付、对防疫资金使用第一时间跟踪，全年安排疫情防控专项资金2692.35万元。

【社会保障】 年内，聚焦为民理财，民生保障务实增效。坚持教育优先，落实上级下达及本级20%教育资金22838.11万元，不断加大学前教育和义务教育阶段资金投入力度，促进义务教育均衡发展；落实资金583.69万元，落实城乡居民基本医疗保险、城乡基本养老保险、困难群众救助补助、残疾人补贴、优抚对象、70岁高龄老人健康补贴等相关补助政策，切实保障基本民生，实现应保尽保；落实资金578.47万元，支持公立医院改革，提升基本公共医疗服务和保障能力，加快覆盖城乡的公共卫生体系建设，不

2022年5月13日，尼木县召开重点财政资金监管和督促工作座谈会

断提升农村医疗管理水平。

【生态建设】 年内，节能环保支出948.75万元，主要用于环保部门行政运行、环境监测与监察、自然生态保护专项经费等支出。同时探索有利于绿色低碳发展的有力举措，积极推进绿色采购政策落地落实。

【就业稳定】 年内，落实资金2316万元，解决人员就业补助、政府外聘岗位工资及保险、培训、全县公益性工资、社招高校毕业生工资、保险等支出，确保人员稳定就业。

【防范化解政府债务风险】 年内，严格执行地方政府债务限额管理，开前门、堵后门、控增量、化存量。隐性债务化解无新增，坚决兜牢县域风险安全底线。

【预算绩效管理】 年内，加强对重点部门绩效目标设定和重点项目绩效评价工作，将预算绩效结果与预算安排直接挂钩，削减或取消低效无效资金，将节省下来的钱用来保障重点领域支出。年内，积极开展绩效评价，对所有预算资金同步申报绩效目标；对184个采购项目进行前期核价管理，送审资金12900万元，审减资金740万元，审减内容作为采购依据坚持先有预算后有支出，严控预算追加，除重大政策、抢险救灾、突发公共事件、全局性重点工作等需增加支出，按规定程序办理调整预算后执行，部门单位预算执行中新增其他资金需求，从年初预算、动用稳定调剂资金中自行统筹安排解决。指导督促预算单位落实好预算执行主体责任，增强绩效意识，积极压减结余结转资金。

【国企改革】 聚焦国企改革三年行动任务要求，继续加强协同联动，形成“一盘棋”合力，因企施策，以高效的执行力实现国企改革向纵深发展。在具备条件的县属国有企业开展市场选聘职业经理人试点，企业经营管理者实行聘任制和任期制，由董事会与经营管理者依法建立契约关系，签订聘任合同书、经营业绩责任书，按照业绩考核办法和薪酬管理办法考核定薪，明确聘期、业绩目标及双方的责任和权利。

（徐　静）

【机构领导】

局　长

徐　　静（女）

副局长

彭　　柯（5月免）

拉巴旺堆（藏族，5月任）

审计

【概况】 尼木县审计局行政编制3名，机关事业编制1名，2022年实有行政人员3名，工人1名。2022年实施审计项目21个，出具审计报告13篇，充分发挥审计的建设性作用和“免疫系统”功能，为促进全县经济社会转型跨越式发展发挥应有的作用，为进一步助推尼木县经济社会发展做出了贡献。

【履职尽责】 年内，尼木县审计局充分发挥审计职能作用，及时揭示政府投资、财政、财务收支以及领导干部经济责任审计中存在的违法违规行为，为反腐工作提供第一手资料。

年内，制定财政收支审计、财

务收支审计、专项审计和政府投资项目审计等共计25个审计工作要点。截至年底，已完成麻江乡三岔路本真牦牛育肥农牧民专业合作社财务收支审计、帕古乡有机农产品农牧民专业合作社财务收支审计、代塔寺审计试点项目及10座寺庙财税监管工作，8个政府投资项目审计正在实施当中，9个财政收支审计的前期准备工作已完成。尼木县审计局始终将反腐败工作贯穿审计项目全过程，加大对重点领域、重点投资项目、重点资金的审计力度。

【审计管理】 年内，严格实行审计项目审理制度，各级人员按照职责分工，对审计程序和质量认真把关，对审计工作中存在的问题，随时纠正，随时处理，把质量隐患消灭在萌芽状态。完善审计业务会议制度，县委审计委员会对审计报告进行集体会诊，确保审计程序合法、事实确凿、定性准确、处理处罚适当、审计建议有针对性和可操作性。

为确保审计查出问题切实得到整改和纠正，一方面建立审计整改报告制度，要求被审计单位在规定时间内向审计机关报送整改落实情况报告，包括审计决定的落实情况、审计建议和意见的采纳情况以及采取的整改措施等。坚持边审计、边督促整改，定期开展审计整改“回头看”。

【管理队伍】 年内，尼木县审计局党支部认真贯彻民主集中制，从严落实“三会一课”、组织生活会、谈心谈话、请示报告、党员民主测评等制度，严肃党内政治生活，加强党支部政治责任，切实履行好局党支部把方向、管大局、促落实的职责。抓好县委、县政府各项决策部署和重要安排事项的贯彻执行。健全完善每周集中学习制度及考勤制度等，着力推动党支部工作规范化开展。

采取集中学习与自学相结合、学习培训与实践应用相结合的方式，通过组织审计人员参加上级审计机关、县政府及相关部门举办的各类培训班、鼓励审计人员参加职称考试和提高学历教育、以会代训、知识竞赛等措施加大审计人员的教育培训力度，不断提高审计人员的业务能力和综合素质。

2022年6月5日，尼木县审计局召开业务知识交流会

把廉政建设作为审计工作生命线，着力加强廉政教育，认真学习贯彻中央八项规定和区市县关于改进工作作风密切联系群众的相关规定，增强审计干部严格守规、廉洁从审的自觉性和在构筑反腐倡廉体系中的责任感和使命感，筑牢思想防线。加强制度建设，进一步落实党风廉政建设的责任制。

严格按照“一岗双责”的要求，形成用制度管权、按制度办事、靠制度管人的有效机制。切实抓好常态化党规党纪执行，深化廉政教育，对党员形成经常提醒、告诫和监督。加强对重要岗位、关键环节的制约和监督，把风险防控融入审计权力运行的各环节。持之以恒贯彻落实中央八项规定及其实施细则精神，严格执行审计“八不准”工作纪律和“四严禁工作要求”，切实做到廉洁审计。年内，尼木县审计局领导干部和审计人员无违法违纪行为出现。

【思想建设】 年内，按照“两学一做”学习教育常态化、制度化要求，开展“不忘初心、牢记使命”主题教育，把学习贯彻习近平新时代中国特色社会主义思想和中共二十大精神作为深化理论武装工

2022年7月6日，尼木县审计局召开审计业务工作推进会

作的首要政治任务，作为理论学习的重中之重，作为基本政治建设、理论建设贯穿始终。

【组织建设】 年内，认真执行“三会一课”“民主评议党员”“党员活动日”“组织生活会”等党内基本制度，发挥基层党组织的战斗堡垒作用和党员先锋模范作用。适时修改完善机关管理、财务管理、审计业务、保密工作，以及工作纪律、考勤等制度，完善廉政风险的防控机制，防范审计的风险。进一步强化制度执行力，维护制度的严肃性和权威性，切实做到用制度管权，管事，管人。

【作风建设】 年内，组织党员干部努力学习审计业务、财经法律法规、计算机审计等方面的知识，不断提高审计干部队伍的知识水平和业务技能。大力加强审计干部队伍理想信念、道德品行、纪律作风、职业素养教育，增强责任意识、质量意识、成果意识、能力意识和作风意识，凝心聚力推动审计工作深入发展。

把审计组现场监督管理作为重要环节，严纪律重监督。自觉做到纪律红线不踩、底线不越、“雷区”不闯、“暗门”不留、“天窗”不开，严格执行中央八项规定精神、审计“八不准”工作纪律和“四严禁”工作要求。同时组织干部职工认真学习上级有关作风建设的各项规定，突出问题导向，严格对照检查，切实做到把自己摆进去、把职责摆进去、把工作摆进去，找准作风方面的差距和不足，积极自查自纠，强力整改。在整改中着力把握审计项目质量控制的关键环节，落实“实、高、新、严、细”的工作作风，切实提高审计质量和效率，提升机关工作效能，凝心聚力推动审计工作深入开展。

（索朗央金）

【机构领导】

局　长

刘俭俭（女）

自然资源管理

【概况】 2022年，尼木县自然资源局贯彻落实党中央关于自然资源工作的方针政策和自治区党委、市委、县委的决策部署，在履行职责的过程中坚持和加强县委对自然资源工作的统一领导。2022年尼木县自然资源局共计29人，其中行政编6人；事业编14人（抽调到净土产业园1人，借调出4人，在编在岗9人）；工人2名；公益性岗位7人。并于2020年8月成立自然资源局党组，设党组成员3名，其中，党组书记1名，党组成员2名。根据尼木县国土空间规划数据，全县土地共计3270平方千米，其中耕地4753.76公顷，园地22.52公顷，林地15671.24公顷，草地237020.78公顷，湿地8479.72公顷，农业设施建设用地564.07公顷，城乡建设用地793.9公顷（城镇用地271.45公顷、村庄用地522.45公顷），区域基础设施用地442.73公顷，其他建设用地187.17公顷，陆地水域5825.99公顷，其他土地53237.64公顷。

【党建工作】 年内，尼木县自然资源局严格落实各项制度，增强凝聚力。坚持民主集中制原则，进一步完善“三会一课”、“三重一大”、组织生活会等会议制度，用制度建设保证支部班子自身建设。截至年底，共召开党员大会3次、党组会7次，切实做到重要事项、项目安排、大额财务支出进行集体研究决策。

年内，持续深入推进“两学一做”学习教育常态化制度化，深入开展党史学习教育，深入落实中共二十大精神，深入贯彻落实习近平总书记重要指示批示精神和党中央重大决策部署，深入贯彻落实习近平总书记关于西藏工作的重要指示和考察西藏时的重要讲话。截至年底，开展党组书记讲党课3次、各类学习活动20余次，参与人员140余人次，开展主题党日活动8次。

【党风廉政建设】 年内，尼木县自然资源局召开党风廉政专题会议3次，开展廉政风险点排查1次，召开节前廉政教育4次。大力推进“改进作风、狠抓落实”工作，坚持统筹兼顾，弘扬“深、实、精、真”作风，教育党员干部把更多的精力放在深入基层一线真抓实干上，在土地选址、生态红线划定等工作中，支部书记带头到村（居）第一线真抓实干，精准推动各项工作落实。

年内，全面贯彻中央八项规定，守住重要节点，紧盯年节假期，以大力度整治“四风”问题。定期公开“三公”经费预算和使用情况，严禁公车私用，持续推进不作为慢作为、文山会海等形式主义、官僚主义突出问题的自查和整治。

【增减挂钩工作】 尼木县自然资源局全力推进增减挂钩指标争取工作，2020年增减挂钩项目已于2021年10月进点开工，2022年4月县政府召开城乡建设用地增减挂钩工作推进会，6月召开地块变更评审会，变更地块评审通过。

【国土空间规划和村庄规划编制】 年内，尼木县国土空间规划编制已按照区市统一进度进行编制，已完成编制工作的70%，待相关指标及编制要求下发后加快推进编制工作；村庄规划已完成17个村的编制工作，2022年计划编制6个村，已完成招投标，并启动编制工作；乡镇规划编制2022年编制2个乡，已完成招投标，并启动编制工作。

【行政执法】 年内，为严格执法程序，营造全县对“两违”行为“零容忍”氛围，尼木县自然资源局对全县范围内的“两违”存量加大攻坚力度，组织力量集中整改，在重点突破的基础上，以点带面、全面推进，持续发力，分片、分类、分步进行整改。截至年底，开展4次学习，组织4次宣传；实施摸底排查6次，通过摸排，未发现违法用地和违法建设情况。

【生态修复】 年内，按照自治区督查调研工作现场提出“尼木县污水处理厂上游，尼木县小康安居下游区域，地块平整不齐，出现垃圾乱扔等情况”整改问题，尼木县自然资源局立即组织工作人员对该区域进行土地平整，设立网围栏，并安排洒水车进行每天洒水降尘措施，当月即完成整改，每天实施洒水降尘措施。

为迎接中央第二轮环保督察，确保尼木县矿山领域各项工作得到保障，市县两级成立排查组，3月到尼木县各矿山开展生态环境问题大排查大整治工作，并按照《关于做好生态环境问题排查整治工作的通知》，对各矿山发现的问题进行反馈，下达具体整改时限及通知。年内，安排生态岗位1296个，兑现岗位工资337.4万元。

2022年4月25日，尼木县自然资源局工作人员进行吞巴藏香体验馆建设项目选址工作

【不动产登记】 年内,按照区市国土部门及县委、县政府要求,尼木县自然资源局集体建设用地确权工作,共203宗、面积204.3亩,已完成外业测量的工作;已完成代塔寺等8座寺庙制证工作,剩余14座寺庙已完成外业测量的工作,并于6月组织相关部门核实四至界限及权限;尼木县农村集体土地共283宗,面积93.4740平方千米,于6月15日全部颁发不动产权证书。

尼木县自然资源局开展草原承包经营权确权登记颁证工作,于6月在试点乡(续迈乡)召开动员部署会,并开展入户调查、收集户籍资料工作,尼木县草原确权工作基本全面开展,所有乡镇都已召开动员培训会议。续迈乡、普松乡、卡如乡、吞巴镇权属调查已基本完成(除部分争议地块);塔荣镇4个村权属调查已基本完成(除部分争议地块),并已收集权属资料;帕古乡、尼木乡、麻江乡处于准备基础资料阶段。

2022年6月15日,尼木县自然资源局工作人员办理续迈乡宅基地不动产权证书

【宅基地审批】 年内,尼木县自然资源局借助下乡机会对农牧民进行42次耕地保护有关政策法律法规宣讲,并联合农业农村局和各乡镇进一步简化宅基地审批程序。截至年底,已完成300余户宅基地的审批工作。

【地灾安全生产】 截至年底,组织排查人员对6个乡2个镇辖区,厅宫铜矿、金联达、吞达村采石场、拉日高速各临时用地点进行地质灾害排查工作,共排查45次,出动人员150人次、车辆45辆次,排查各类安全隐患4处,整改隐患4处。年内,地质灾害宣传8次,1000余人参与,发放宣传资料3500余份。

【征地工作】 年内,为提高服务效率,保障项目用地及时,尼木县自然资源局高度重视征地报件审批工作,尼木县2022年度村镇一批次报件已完成,2022年度村镇二、三批次报件已完成勘测定界。

【麻江乡强聂村亚米组搬迁】 年内,亚米组生态搬迁群众已经全部搬迁入住。根据搬迁群众自身技能及岗位意向为他们安排工作,已实现就业人员53人。并在县委、县政府主持下,给搬迁户每户1万元购置家具;由县财政局承担37户搬迁户安装数字电视费用;5月,为尼木县高迁安置点小区内解决增设停车位问题,于6月竣工,项目累计投入10万余元,由县财政局承担。

【矿产总体规划】 2021—2025年尼木县矿产总体规划已完成实地调查,初稿已形成,待拉萨市矿产资源总体规划评审后,再对尼木县矿产总体规划进行会审。

【行政审批办理】 年内,共计为项目单位办理乡村建设规划许可证122本、建设工程规划许可证11本、建设用地规划许可证5本、建设项目选址意见书5本,同时办理用地预审意见和选址意见,通过"放管服"改革群众对办证工作的满意度大幅提升。

【防治保护】 年内,尼木县自然资源局统筹推进森林、草原、湿地保护修复和荒漠化治理。组织干部职工开展义务植树活动,栽植槐树500余株;组织开展森林、草原火灾隐患排查工作6次;"四旁"植树工作已完成8.2万株;西藏自治区拉萨市雅江中下游生态保护与修复综合治理项目,由西藏自治区林业调查规划院于2022

年2月编制可行性研究报告，邀请第三方编制项目初步设计。

年内，尼木县自然资源局严格按照拉萨市林业和草原局要求开展森林防火工作，组织开展宣传活动40次，办理草原征占手续15起，涉及面积232.7077亩，办理尼木县草原有害生物防治物资站建设项目前置手续，组织设计公司编制物资站设计书。

（谢 慧）

【机构领导】

局 长

索朗次仁（藏族，12月免）

副局长

洛桑扎西（藏族）

高 树 鹏

经济和信息化

【概况】 尼木县经济与信息化局属尼木县政府的一个正科行政单位，主要执行国家、自治区、市有关经济和信息化工作，拟订尼木经济和信息化发展规划并组织实施，培育规模以上企业，促进县域经济发展。

【党建工作】 年内，认真贯彻落实党的路线、方针、政策，加强班子自身建设，围绕各阶段的理论中心组任务，深入开展多种形式的学习活动。党支部集中学习12次，个人自学笔记字数达10万余字，线上学习中共二十大3次，撰写心得体会及交流发言材料6篇，开展改进作风狠抓落实工作动员部署会2次。

【工业增加值】 截至年底，尼木县工业以民族手工业规模以下企业（合作社）为主（规模以上工业还未实现零的突破），一至四季度累计完成工业总产值0.91亿元，同比下滑17%。

【疫情防控及企业复工复产】 年内，按照区市县疫情防控要求，加强企业督导检查，积极宣传疫情防控常识，到企业了解情况和困难，走访复工复产企业15家。对通信行业、客运站及工业企业进行安全生产检查和疫情防控督查9次、安全生产隐患排查6次。对疫情防控工作出现懈怠，部分公共场所出现进入人员未佩戴口罩，进出登记出现断更现象及对部分企业存在安全生产相关台账、消防设备不齐全、灭火器压力不够等问题，工作人员现场要求整改。

2022年6月7日，尼木县经济和信息化局党支部组织开展安全生产月“党建+安全”主题党日活动

【工业信息统计】 年内，每月15日前，定时向拉萨市经信局上报尼木县消费品工业报表；每月15日前，定时向拉萨市经济和信息化局上报民族手工业促进农牧民增收报表。

【电子政务外网】 年内，建成覆盖县、乡、村三级电子政务外网专线112条，利用已建成的电子政务外网专线，县直各单位、乡镇已开通OA（办公自动化）系统。

【信息化基础建设】 截至年底，全县共建有电信、联通、移动三大运营商2G/3G/4G/5G基站446个，固话和移动电话用户分别为754户、25479户，宽带用户7316户，通信信号基本全覆盖。同时根据市局2022年3月、4月工作部署，先后2次组织各乡镇及三大运营商召开全县通信信号摸排调查协调会，全面完成全县通信信号差弱问题摸排和上报工作，推动解决问题。

建成覆盖县、乡、村三级电子政务外网专线112条，利用已建成的电子政务外网专线，县直各单位、乡镇开通OA系统，有力推动政务工作开展。由市局投资300万余元，为全县33个村居免费建设的信息惠民项目已在试运行，待市局确定信息发布权限机构后正式运营。

【“双创”工作】 年内，入驻尼木县众创空间的企业共22家（包括招商企业和本地企业），共计吸纳就业人数119人（其中包括3名大学生）。主要围绕“解读众创时代、大学生创新创业相关扶持政策”等话题，发布抖音宣传视频24条、微信公众号46期、今日头条30期、新华网藏语和汉语的政策宣传3期，企业实地政策宣讲10次，企业巡诊22家，组织行业公开课、举办专家指导讲座线上创业培训课6次。7月22日，以“分享实践经验、交换新思路”为主题，开展创业沙龙1次。

【碘盐配送】 年内，根据《2021年度西藏拉萨市尼木县农牧民食用碘盐配送计划》，按照各乡镇统计农牧民人口数，完成碘盐配送共计172.6吨，配送率100%。

（旦增卓嘎）

统计

【概况】 尼木县统计局为县政府的正科级行政单位，下设社会经济调查队。2022年，共有编制6人，行政编制3人，事业编制3人。尼木县统计局主要承担组织领导和协调全县统计工作，确保统计数据真实、准确、及时；负责对全县主要经济指标数据的统计监测工作；组织实施全县人口、经济、农牧业等重大国情国力普查，汇总、整理和提供有关国情国力方面的统计数据；组织实施农林牧渔业、工业、建筑业、批发和零售业、住宿和餐饮业、服务业、劳动工资等全县性基本统计数据；定期发布全县国民经济和社会发展情况的统计信息。

【党建工作】 年内，认真落实“两学一做”“三会一课”“每月主题党日活动”制度，以“改进作风、狠抓落实”活动为契机，加强作风建设，注重提高个人学习能力，抓好支部集中学习，努力做到入脑入心、学深悟透、学以致用。

充分利用“学习强国”学习平台、“尼木发布”等新媒体平台等开展个人自学，做到学习经常化。

在支部学习中，将学习贯彻《统计法》及中央《关于深化统计管理体制改革提高统计数据真实性的意见》、《统计违纪违法责任人处分处理建议办法》、《防范和惩治统计造假、弄虚作假督察工作规定》及自治区《关于深化统计管理体制改革提高统计数据真实性的实施意见》贯穿其中。

认真开展党内组织生活，通过集体学习、现场参观、结对帮扶、开展公益活动等多种方式开展支部主题党日活动。3月28日，以西藏百万农奴解放纪念日为契机，局机关党支部组织党员干部到尼木县烈士陵园参观学习，向革命先烈敬献花篮、鲜花，深切缅怀为西藏和平解放事业英勇牺牲的革命先烈。6月16日，全局党

【机构领导】

局　长

薛　勇

副局长

宋玉行（5月免）

吉　律（女，藏族）

2022年5月5日，西藏自治区统计局执法处副处长张海燕（右三）、拉萨市统计局党组书记杨如军（右一）一行到尼木县调研统计基层基础建设情况

2022年1月19日，拉萨市统计局一行到尼木县调研2022年固定资产投资项目建设情况

员干部利用“八个小时以外”时间到塔荣镇塔荣村开展“结对办实事”活动，以实际行动为群众解决困难，践行党的优良传统，拉近党员干部与群众距离，进一步树立苦干实干意识。7月5日，机关党支部联合塔荣村党总支开展“喜迎党的二十大·庆七一”主题系列活动。年内，尼木县统计局支部共召开支部会议20次，开展“每月主题党日活动”12次，组织支部集中学习33次。

【国家统计督查反馈意见整改】年内，按照国家和区、市统计部门要求，结合实际制定《尼木县落实国家统计督察反馈意见整改落实方案》，明确整改措施、责任单位、整改时限，严格对照问题清单，逐条认真落实，逐项对账销号，确保在规定时限内整改到位。制定《尼木县统计造假不收手不收敛问题专项纠治实施方案》，明确工作重点、工作方式、工作安排、任务分工，上下联动、内外协同、多管齐下开展集中纠治。

【住户调查大样本轮换工作】年内，按照住户调查大样本轮换抽样方案，有序开展住户调查大样本轮换工作，其间通过微信转发、媒体、LED显示屏播放、悬挂宣传标语横幅等多种形式进行广泛宣传，提升社会各界对住户调查的知晓度和配合度。结合线上培训和下村指导两种方式，为提升辅助调查员业务水平、顺利开展大样本轮换工作打下坚实基础。其间，共举办专题培训会2次，培训28人次。在疫情期间为顺利推进住户调查大样本轮换工作，向辅助调查员和记账户分别发放防疫物资和记账用的笔记本、笔等必需品。截至年底，大样本轮换工作完成，新旧调查样本顺利过渡，从12月开始新一轮的住户收支调查工作。

【新冠疫情防控】年内，面对疫情形势，进一步加强政治担当，严格落实区市县党委政府关于疫情防控工作的各项决策部署，积极响应组织号召，确保在疫情防控特殊时期数据报送不间断、数据审核不松懈、数据质量不下降的情况下，合理安排人员，组织党员干部第一时间参与防疫工作，实际在岗的7名干部职工中，先后派5名党员干部到疫情防控一线，坚决做好疫情防控工作，用实际行动践行共产党员的初心和使命，

2022年6月30日，尼木县召开统计造假不收手不收敛问题专项纠治工作动员部署会

体现统计人员的担当。

【经济发展】 年内，全面贯彻国家及区市统计工作会议精神，完善核算方法，严格落实“一套表”制度，较好地完成农业、工业、固投、贸易、劳资、地区生产总值核算报表和每月对名录库进行维护更新。同时，发挥支部牵头抓总作用，调动全体党员干部工作积极性，协同做好“四个劳动力调查点”（恩泽居委会、塔荣村、吞达村、日措村）、“五个住户收支调查点”（尚日村、吞普村、朗堆村、普松村、卡如村）、2022年人口变动抽样调查、统计造假不收手不收敛问题专项纠治工作、值班备勤、社情收集、民生实事等相关工作。各专业明确审核重点，加大审核力度，进一步提高了统计数据的完整性、时效性和准确性，反映全县经济运行势态。

【统计服务】 年内，尼木县统计局发挥统计职能作用，注重统计调研分析，经常性深入乡镇村组、农村牧户、企业工商户、重大项目点，实地调查了解联系点基本情况、收入较高企业运营情况、特色产业发展情况、农牧民增收情况、项目进展情况，掌握第一手资料，同时加大相关经济指标分析力度，做到全县经济运行情况季分析、固定资产投资及五个调查点农牧民人均收入月分析，查找薄弱环节，梳理存在问题，为县委、县政府决策提供数据支撑。加强常规统计报表、审核、验收和统计监测工作，助力尼木经济社会平稳较快发展。其间，编写统计动态、专报、分析等各类信息近200期，编印下发领导手册、统计年鉴130册，较好地反映尼木县统计局统计工作动态和全县经济运行势态，为县委、县政府决策提供数据参考。

2022年7月26日，尼木县统计局局长索朗卓玛（左一）带领相关业务人对县直有关部门进行统计调查抽查

【统计法律法规学习】 年内，经县统计局积极协调，通过县委常委会、县政府常务会和县委理论学习中心组集中学习《中华人民共和国统计法》《关于深化统计管理体制改革提出统计真实性实施意见》《关于更加有效发挥统计监督职能作用的意见》《统计违纪违法责任处分处理建议办法》《防范和惩治统计造假、弄虚作假督察工作规定》等相关文件精神。同时，把统计法律法规学习教育纳入县委党校干部教育课程和局支部学习会，常态化督促统计人员严格执行统计法律法规，确保全县统计数据真实准确。截至年底，开展统计法律法规学习教育5场次，发放学习资料135份。

【统计业务培训】 年内，以线上和线下培训结合的方式，分期分批对各乡（镇）和全县企事业单位统计工作人员进行“以岗代训”和集中培训，同时坚持“走出去、请进来”，加强统计系统人员培养。

6月9日，邀请国家统计局拉萨调查队住户调查科二级主任科员蔡顺开展增收统计专题讲座，并积极组织县乡统计人员参加区市举行的统计业务培训。年内，共计组织参与各类培训10余批次150余人次。

【统计数据】 年内，全面贯彻落实《防范和惩治统计造假、弄虚作假督察工作规定》，严厉打击、严肃查处统计造假、弄虚作假的人和事。用好统计专网，落实乡镇、企业联网直报制度，加强业务跟踪指导，保障基层统计工作规范化、法治化、信息化，进一步提高统计数据的质量。以《中华人民共和国统计法》为准绳，加强统计台账管理。依法建立统计原始资料和统计台账，严格按照统计制度收集佐证资料并形成统计报表。

【经济总量】 年内，地区生产总值完成13.02亿元，同比下降0.4%。

【工业产值】 年内，规模以下工业产值完成9081万元，同比下降10.7%。

【固定资产投资】 年内，固定资产投资同比下降11.9%。

【社会消费品零售】 年内，社会消费品零售总额完成20620万元，同比下降13.0%。

【财政收入】 年内，一般公共财政预算收入完成1.7779亿元，同比增长52.91%。

【农牧民收入】 年内，农村居民人均可支配收入完成20359元，同比增长7.3%。

【招商引资】 年内，招商引资到位资金1.01亿元。

（旦 增）

【机构领导】

局 长

索朗卓玛（女，藏族）

副局长

巴桑潘多（女，藏族，5月免）

吴 勇（5月任）

税务

【概况】 2022年，尼木县税务局深入贯彻全面从严治党方针，充分发挥全面从严治党引领保障作用，立足本职工作，认真完成上级税务部门、县委县政府安排部署的各项任务。尼木县税务局推进精细化管理，优化全方位服务，有效发挥税收职能作用，加强税收管理，为尼木县经济社会发展做出了积极贡献。2022年，县区级税收收入共15790.59万元，同比增收6919.15万元，增长77.95%。

【党建工作】 年内，尼木县税务局党委坚持以习近平新时代中国特色社会主义思想为指导，深入学习贯彻中共二十大和中共十九届历次全会精神以及中央第七次西藏工作座谈会精神，增强“四个意识”、坚定“四个自信”、做到“两个维护”，牢固树立税务机关首先是政治机关的意识，通过加强党委理论学习、加强支部建设，积极探索党建对税收工作的引领作用，下大力气抓好党建与税收工作的融合。

年内，推动党支部标准化规范化建设，深入开展模范机关创建，争创“四强”支部，获得“全市税务系统先进基层党组织”荣誉称号。采取实地参观红色教育基地、云上联学共建、制作纪检名词口袋书等方式，丰富党建工作方法；同时组织全体干部谈心谈话4次，掌握干部思想动态，凝聚思想共识，落实意识形态工作责任制；研究部署人才培养工作，推荐2名干部入选市局30名青年人才库、1名干部入选市局培训师共进团队，主动与地方党委对接，发展入党积极分子2名、预备党员2名。

【意识形态工作】 年内，认真贯彻落实《党委（党组）意识形态工作责任制实施办法》及国税总局党委《关于加强税务系统宣传思想

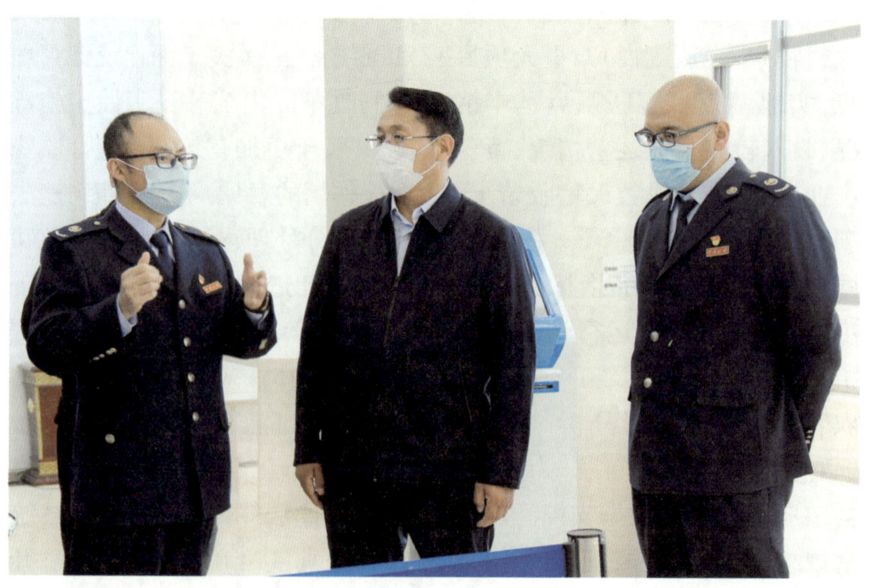

2022年5月9日，县委副书记、县长次旺多杰（中）到尼木县税务局调研

2022年3月23日，尼木县税务局干部开展便民春风进乡村宣传税收政策活动

工作的意见》。贯彻落实自治区税务局修订完善的新形势下加强意识形态工作相关制度。召开会议专题研究意识形态工作2次，多次走访尼木县委组织部、宣传部、纪委汇报税收改革的工作成效、税收舆论的复杂严峻形势、专项整治及需要支持的事项、文明创建、意识形态等工作。

【税收征管改革】 年内，尼木县税务局按照国家税务总局的统一部署，在区局和市局党委的带领下，全体干部职工团结一心，克服重重困难，顺利完成各项改革重任。在持续做好以往年度的“金税三期”上线、“营改增”、国税地税征管体制改革的基础上，不退缩、不松劲，积极落实好减税降费、留抵退税、纳税人满意度调查、全电发票推进等工作。针对2022年度疫情，积极宣传和推广支持复工复产的税收政策，积极拓展云宣传、云服务、云办理等“非接触式”服务，突破空间隔离，让政策落实“不打折”，办税服务“不打烊”。将落实《关于进一步深化税收征管改革的意见》作为重点工作来抓，通过不同形式组织学习和研讨，并狠抓落实。

【监督检查】 年内，从严监督检查，切实发挥好纪检组监督、检查作用，深入开展“一线监督”，把准组合式税费政策、纳税人满意度、全电发票推进等工作重点，做到重点工作措施有多少、监督执纪内容就有多少，重点工作政策延伸到哪儿、监督执纪触角就伸到哪儿。特别要盯紧工作中组织保障、政策落实、征管核算、督察督办、服务宣传等重点环节，做到纪检监督既突出重点又不留盲区，监督全覆盖。对全体干部进行廉政谈话2次，签订承诺书4次，开展廉政警示教育学习20次，主动与财政局、农行沟通5次。推动监督向基层延伸，打通全面从严治党“最后一公里”，主动向地方党委、纪委汇报纪检监督工作5次，与15名特约监督员签订聘用书，充分发挥外部监督作用。

【党风廉政建设】 年内，精准运用监督执纪“四种形态”，推动警示教育常态化，开展“以案明纪”警示教育20次，加强以案示警作用。创建廉政文化品牌，激励干部担当作为。通过亲朋好友为税务干部写廉政寄语的方式，开展家庭助廉活动。

（邹永鹏）

【机构领导】

党委书记、局长

王　　帅（藏族）

纪检组组长

陈华冲（3月任）

副局长

格桑卓玛（女，藏族，3月免）

米玛平措（藏族）

索朗卓嘎（女，藏族，3月任）

商务

【概况】 2019年4月，尼木县商务局成立，挂牌招商引资局。2021年9月27日，成立尼木县供销合作社，属县商务局股级单位。尼木县商务局始终坚持贯彻落实“县委三步走”“四产业、三园区”发展战略，全力推进基层党建、党风廉政建设、招商引资、商务领域安全生产、社会消费等重点工作。2022年，有干部职工5人，其中行政编制4人，工人1人。

【党建工作】 年内，尼木县商务局

2022年3月14日，尼木县商务局工作人员到加油站开展安全生产检查

通过支部会议、支部学习、“三会一课”、“谈心谈话”、主题党日活动等形式，深入学习习近平新时代中国特色社会主义思想，把落实党中央、区市县党委对商务工作的决策部署作为检验是否坚决做到“两个维护”，是否忠诚拥护“两个确立”的试金石，开展党史国史、爱国主义教育，不断增强党员干部抓发展的政治责任感和历史使命感，形成“想作为”的思想自觉，为商务发展提供营养丰富的精神食粮。年内，尼木县商务局共开展支部学习会议9次(视频学习2次)、谈心谈话14人次，不断加强政治建设。

【党风廉政建设】 年内，尼木县商务局加强业务工作廉政风险防控，落实权力运行监督机制，把制度执行融入商务工作各方面，把纪律监督贯穿用权决策各环节，组织观看各类警示教育纪录片，持续净化政治生态，教育警示党员干部在业务工作中敬畏党规守规矩、敬畏大局守底线、敬畏监督守职责，牢固树立政治意识，从思想上筑牢反腐倡廉防线。年内，尼木县商务局共学习传达党风廉政建设文件精神9次，组织观看警示教育片4次。

【优化营商环境】 年内，推进尼木县吞弥产业园标准化厂房建设，已完成1.4万平方米标准厂房、设备室、办公室、警务室建设。

推进铁路公路联运物流园建设，完成1580米的铁路专用线、铁路站场及大型配套吊装设备、卷钢开平车间、变电站、园区智能及信息化管理中心，完成一次性仓储3.5万吨的沥青仓储专用设备、沥青改性加工车间及生产线、配套液化气站等。截至年底，项目实现营业收入2152万元。项目建设期间，累计带动当地群众增收7033.69万元。年内，已有来自全国各地的48家企业入驻园区，28家达成合作意向。

【招商项目建设】 尼木县清洁节能环保LNG(液化天然气)汽车加气站项目，企业计划投资5000万元(固定资产投资3000万元、流动资产2000万元)。5月，西藏雪山能源发展集团有限公司通过西藏公共资源交易平台取得尼木县NMGY2022001国有土地使用权(9.9亩)，并于5月18日足额缴纳土地出让金132.0536万元，企业计划于2023年3月完成各项前置手续并开工建设。

中核尼木60兆瓦牧光互补储能光伏发电项目投资4亿元，项目于11月17日启动开工仪式。截至年底，完成投资1.01亿元，计划于2023年2月28日实现并网发电。

【招商引资“走出去”活动】 8月5日，以县委副书记、县长次旺多杰为组长的7人招商团队先后到南京、镇江、句容开展招商引资活动。此次活动在镇江市开展招商引资推介活动，同时与江苏盛世节能科技股份有限公司就尼木县建设地热供暖工程项目相关事宜进行协调对接，就无锡先导智能装备股份有限公司在尼木县投资实体企业事宜进行商谈，调研参观江苏省句容市生猪养殖和蛋鸡养殖企业，与镇江润龙牧业有限公司负责人就生猪养殖、藏鸡养殖事宜进行座谈。镇江润龙牧业有限公司负责人初步同意到尼木县实地观摩考察，并初步达成运营合作和扩大投资意向。

【招商引资“请进来”活动】 4月

2日,县委常委、副县长贺东带领县商务局主要负责人到拉萨市与国家电投集团西藏能源有限公司正式签约,项目计划投资3241.66万元。截至年底,各项前置手续已完成,计划于2023年3月开工建设。

4月15日,尼木县商务局与西藏尼木本态中药材种植农场签订尼木县白肉灵芝产业发展示范推广项目招商引资框架协议。年内,企业在尼木县试种白肉灵芝,待白肉灵芝试种成功后将与尼木县加强白肉灵芝次生研发产品(面膜、饮料)等深层次合作。

6月19日,邀请象鼎集团到尼木县考察藏香产业,初步确定把尼木作为"藏香—藏灸"产品的定点生产基地,计划于2023年进行合作。

【市场运行监测和检查】 年内,为全面贯彻落实市级商务部门、县委、县政府工作要求,做好春节、藏历新年、拉萨雪顿节、藏博会、国庆节等节假日期间商贸市场安全整治工作,县商务局共开展商贸领域日常检查及节前检查13次,严格按照商贸监管要求,着重对加油站、农贸市场、超市、物流中心等人口密集区开展检查,共检查出20条问题,已全部完成整改。

【新冠疫情防控】 年内,尼木县商务局坚持把新冠疫情防控工作作为头等大事来抓,迅速行动,坚持以上率下、全员上阵,按照职责分工扎实开展好疫情防控工作,组织商超从业人员完成核酸检测。

尼木县商务局联合县净土公司启动生活必需品日报制度,重点对米、面、油、蛋、菜、奶、方便食品等生活必需品动态监测,保障供需平衡,加大各商超与拉萨市生活必需品保供企业以及县净土公司、农贸市场与拉萨周边县区净土公司对接力度,确保生活必需品不断档、不脱销,全方位提高群众生活水平和质量。

年内,尼木县商务局积极协调富联超市、九加一超市、天成超市、正天超市、集美家便利店、明云超市等6家超市为全县各乡镇、县域各小区22家单位2500余人配送生活物资,完成配送订单2200余单,累计销售金额270余万元。同时,县商务局积极联系县加气站为县城所在地干部群众加装液化气,切实保障了疫情期间干部群众生活物资需求。

【复工复产】 年内,尼木县商务局主要领导多次到项目施工现场,检查企业复工复产准备情况,并多次与企业负责人沟通复工复产相关事宜。全县复工复产以来,县商务局先后4次到吞弥产业园一、二标段项目施工现场,检查工地疫情防控、施工进度等情况,要求企业在做好疫情防控措施的前提下安全作业,坚决防范各类事故发生。尼木县商务局积极与吞弥产业园一、二标段项目负责人沟通,了解企业复工复产过程中遇到的困难和问题,建立问题台账,协调各方,为企业高效复工复产助力。

【复商复市】 年内,尼木县商务局认真落实县委、县政府关于复商复市有关要求,制定复工复产方案、公告,确定复商复市商户名单,分片区、分时段制作消费证,按照居住人员总数的30%发放到全县各单位、小区以及商户手中,做好使用登记,保证人员错峰出行,避免人员聚集。为疫情期间复商复市做足充分准备。新冠疫情防控期间,全县分4批次复商复市85家商户,直至县城全面放开。

自复商复市以来,尼木县商务局积极协调物资保障车辆,分批次有序采购,并为商户从业人员申请N95口罩、防护服、手套、洗手液、消毒片、体温枪等防疫物资,为全县(包括尼木大桥附近商户)240家商户1290人发放连花清瘟胶囊2580盒。

年内,拉萨市商务局先后举办5次"冬日嗨购·惠暖拉萨"、7次"助企惠民·悦享消费"、1次"助企惠民·乐购拉萨"活动,尼木县商务局积极宣传并帮助企业完成网上申报、审核等系列工作,全县共有25家企业参与各类促消费活动,直接拉动消费270万余元。

(代善俊)

【机构领导】

局　长

琼　达(女,藏族,5月免)

穷　达(藏族,5月任)

副局长

张家惠(女,5月任)

农业农村

综述

【概况】 2022年，尼木县粮食产量持续稳定增长，达到1.3万吨，青稞产量1.2万吨。蔬菜产量0.53万吨，农作物秸秆综合利用率95%，化肥农药使用量继续保持零增长；实施农业社会服务化5000亩，农田三项作业综合机械化水平逐步提高；落实以“喜马拉雅22号”为主的青稞良种2.3万亩，实施良种繁育二级种子田2000亩；实施高质高效创建示范田3.2万亩、测土配方施肥面积3万亩，农作物病虫害损失控制在2%以内。

2022年牲畜总存栏143656头（只、匹），其中牛存栏61900头、羊存栏80755只、马存栏288匹、驴存栏44头、生猪存栏669头；禽存栏9万羽；牲畜总出栏数51570（头、只、匹）；肉产量3511.49吨，奶产量12612.14吨，禽蛋产量286.1吨，禽肉产量7.86吨。

2022年，尼木县农业农村局共建设项目22个（含续建），涉及生猪养殖、牲畜保暖棚圈、高标准农田、配套产业道路、畜禽废弃物资源化利用等方面，22个项目计划总投资3.44亿元，已到位资金3.37亿元，已支出资金2.16亿元，资金支出比例64.09%。截至年底，已完工项目9个，已复工复产项目2个，复工复产后因天气原因停工项目7个，未开工项目4个。同时，在建项目累计带动本地群众2535人，增收398.66万元，带动本地机械805台（辆），带动增收714.14万元。

【农村集体产权制度改革】 年内，根据《区农业农村厅关于做好2021年度农村政策与改革统计年报和农村集体资产清查工作的通知》，聘请西藏天泰会计师事务所对全县33个村（居）（含集体合作社）开展2021年度农村集体经济组织资产清查工作。已全面完成33个村（居）账面、固定资产清查的前期摸底工作，33个村（居）已全部完成农村集体清产核资工作和农村集体资产清查系统录入工作。

2022年4月20日，拉萨市农业农村局党组书记崔勇刚（左三）一行到尼木县调研企业发展情况

【农村宅基地审核审批】 年内，组织乡（镇）、村（居）两级和县自然资源局实行宅基地审批联审联办制，实地勘察401次，已办理审批手续298户，其中6户宅基地设施农用地转建设用地已向县自然资源局报批。

【宣传科技科普知识】 年内，采取科普进村（居）、进校园、进寺庙等多种渠道开展以“走进科技，你我同行”为主题的科普宣传活动9次，发放科普宣传种养殖技术知识册子及科普物资等2000份，参与1500余人。

不断壮大尼木县农牧民科技特派员队伍及其整体素质和服务能力，加大科技特派员对本村的农民群众技术帮扶力度，提升农牧民科技特派员队伍在促进农牧业增收致富方面发挥重要作用。保障农牧民科技特派员生活补助。积极对接县财政局和市科技局，保障全县81名科技特派员生活补助。年内，已兑现81名农牧民科技特派员生活补助。

【工资待遇】 年内，根据《西藏自治区大学生村（居）科技专干（农技员、农机员、质检员）农业农村工作专员管理办法（试行）》，足额发放49名工作人员的工资，休假路费5.1万元、安家补助费16万元，共计发放147.55万元（不含年度绩效考核奖励）。

【“三秋”工作】 年内，尼木县农业农村局提前谋划，积极与县疫情办沟通，及时制定疫情期间秋收工作方案，明确秋收时间节点和具体措施，其间共配送汽油5263.38升、柴油90496.24升，外调5台大型联合收割机，调运背负式割草机560台、镰刀2737个、割草机锯片1287个、割草机机油165瓶、手套423捆，另外从拉萨市珠峰农机公司调配100台脱粒机，确保疫情防控和秋收工作“两手抓、两不误”，高标准、高质量、高效率完成农作物收割任务。

2022年8月1日，拉萨市交叉验收组一行到续迈乡续迈村验收种植业项目

【防抗灾物资储备】 年内，根据区市有关防抗灾文件要求，结合尼木县实际制订的防抗灾应急预案，指定牲畜转移路线，建立健全县防抗灾领导机构、确立责任制、确保工作量化、责任明确。在县、乡实行建立健全灾情零报告制度，尼木县防抗灾物资储备204.6吨精饲料和182.86吨青干草。2022年市级下达农牧业防抗灾经费25万元，全部资金整合购买185吨精饲料，采购程序已完成，近期市级下达生产救灾资金36万元，计划购买防灾减灾物资。

筹备农业防抗灾化肥153袋、喷雾器82台、农药杀虫剂高效氯氰菊酯156箱、高氯氟氰菊酯24箱，以备虫害发生时能够及时应对。2022年全县累计在457亩农田发现蝗虫，累计防治面积1280亩，涉及普松乡如白村、帕古乡彭岗村、续迈乡山岗村、塔荣镇东松村、尚日村。组织专业技术人员多次深入乡（镇）、村（居）宣传防灾减灾知识，实地开展蝗虫防治技术指导9次，其间发放高效氯氰菊酯61箱、喷雾器6台，群众参与70余人次。

【“美丽乡村”项目建设】 年内，持续推进“美丽乡村·幸福家园”建设行动计划。截至年底，林岗、聂玉村已全部完成，尼续村完成30%，东松村完成10%，尼木村于12月8日完成指标。通过实施“美丽乡村·幸福家园”建设行动整村推进项目，进一步完善试点村的公共服务设施，人居环境得到

2022年6月12日，尼木县农业农村局组织召开2022年黄牛改良工作安排部署会

改善，乡村更加美丽。

【高标准农田项目】 年内，高标准农田建设项目任务面积为1万亩，合计投入资金3000万元，亩均投资3000元，已于2022年10月8日开工，项目预计2023年6月完工。项目建成后有效改善项目区乡镇村农业生态环境，促进农牧民增收，增强农业综合生产力，为保障粮食安全、实施乡村振兴战略打下坚实基础。

【牦牛产业】 年内，按照全县产业发展布局和《拉萨市牦牛短期育肥实施方案（2017—2020年）》要求，县委、县政府谋划尼木县牦牛标准化短期育肥基地麻江总场，帕古、续迈、尼木、卡如分场建设项目，全力打造“一总场四分场”牦牛产业发展格局，积极推进牦牛养殖标准化、规模化、产业化经营。截至年底，全县“一总场、四分场”牦牛养殖经营基本步入正轨，“一总场四分场”累计存栏牦牛4308头，出栏牦牛2761头，为全县畜牧业健康持续发展奠定有效基础。

【生猪产业】 年内，续迈乡生猪养殖基地一期、二期、三期建设项目已投入运营，设计规模1000头。截至年底，续迈乡生猪养殖场存栏704头，其中能繁母猪227头，公猪4头，仔猪243头，育肥猪230头，累计出栏269头。

【“金羊”产业】 年内，为科学饲养苏湖肉羊，发展自繁自育模式，加快尼木县绵羊品种改良，指定专人负责，监管日常羊动态以及饲养管理情况，通过县乡村兽医共同努力，养殖的苏湖羊精神状态良好。截至年底，苏湖羊总存栏959只，其中母羊623只、公羊336只。

【奶牛产业】 年内，为贯彻落实县委、县政府关于提升奶牛养殖效益的指示精神，加快推进和振兴尼木县净土健康产业，有效提升雪拉标准化奶牛养殖场奶牛存栏数量、产奶量和品质，奶牛养殖共存栏202头。

【藏鸡产业】 年内，为持续扩大藏鸡产业规模，发挥各乡镇藏鸡合作社带动作用，全县藏鸡养殖累计达27.03万羽，累计出售11.08万羽，存栏藏鸡8.9657万羽，其中西藏德青源藏鸡养殖基地存栏6315羽、卡如加纳日藏鸡养殖合作社存栏41441羽、卡如德青源养殖基地存栏3379羽、普松康洁藏鸡养殖场合作社存栏1540羽、普松乡标准养殖基地存栏19686羽、续迈雄组藏鸡养殖场合作社存栏8107羽、塔荣东松藏鸡养殖合作社存栏4806羽、小型合作社藏鸡存栏1132羽、群众散养藏鸡存栏3251羽。

【牦牛经济杂交】 年内，牦牛经济杂交任务240头，已完成129头，其中尼木乡3头，普松乡13头，续迈乡104头，帕古乡9头；牦牛种公牛推广任务50头，年底已完成。

【黄牛改良】 7月，兽医站技术员开始对各乡（镇）进行黄牛改良工作进行县级自验，通过5天时间完成尼木县2021年度黄牛改良工作县级自验。结合市级任务，制定2022年尼木县黄牛改良工作实施方案。

【春秋两季防疫】 年内，秋季重大动物防疫全县应免牲畜170764

2022年8月，尼木县塔荣镇青稞秋收

头(只、匹)，实际免疫153922头(只、匹)，未免疫16842头(只)，免疫率90.1%，其中牛二价灭活疫苗应有免疫数共有76191头，实际免疫数为69416头，未免疫6775头，其中牦牛免疫数48515头，实际免疫数为43701头；未免疫4814头，黄牛应免疫数24398(头)、实际免疫数为22437头，未免疫1961头；犏牛应免疫数3278头，实际免疫数为3278头。羊二价灭活疫苗应免疫数共有94458只，实际免疫数为84391只，未免疫10067头，其中绵羊应免疫数59296只，实际免疫数为51018只，未免疫8278只；山羊应免疫数35162只，实际免疫数为33373只，未免疫1789只。猪O型疫苗应免疫数115头，实际免疫数为115头，免疫率100%。禽流感二次应免疫数70669只，实际免疫数为70669只，免疫率100%，其中包含德青源规模养殖场藏鸡21457羽。

【猪瘟防控】 年内，为确保非洲猪瘟防控工作落到实处，定期或不定期对县区2家生猪养殖户(合作社)进行抽查检查，未发现泔水饲喂情况。截至年底，尼木乡尼荣村1户存栏72头，续迈乡生猪养殖合作社生猪存栏632头。

【包虫病防治】 年内，组织开展动物包虫病犬类投药工作，在各乡(镇)按着“三不漏”(户不漏畜、畜不漏针、针不漏量)的工作方式，对全县所有家犬进行投药，并把每月6日定为驱虫日。截至年底，已累计完成家犬驱虫13630只。

8月4—12日，全县包虫病综合防治新生羔羊免疫(棘球蚴)注射工作第一次免疫，共对21528只新生羔羊进行首次免疫。9月7—14日进行第二次免疫，共对21287只新生羔羊进行免疫，免疫率达100%。

【涉农惠民资金兑现】 确保尼木县2022年(2021年末)牲畜清点工作完成，结合尼木县实际情况，制定牲畜清点实施方案及领导小组。4月，组织全县6个乡2个镇主要负责人，签订2022年建立草原生态保护补助奖励机制目标责任书和2022年村级草原监督员目标责任书，在县城区域开展宣传活动同时发放草奖政策宣传材料，使广大农牧民充分了解草奖政策内容、目的和意义。完成2021年草原监督员的解聘与2022年草原监督员选聘工作；2022年草原生态保护补助奖励资金8795948.94元，受益户数4795户，其中非保底户草畜平衡奖励资金5163773.69元，受益户数4286户；保底户草畜平衡奖励资金8242948.94元，受益户数509户，全部已兑现。

年内，兑现农机具补贴资金69.016万元，261户、1家合作社、2个村民委员会受益。兑现第一批、第二批、第三批实际种粮农民一次性补贴资金74.84万元，补贴涉及8个乡(镇)，16354人4162户，兑现34060亩。兑现耕地地力保护补贴资金241.885万元，其中2021年耕地地力保护补贴资金31.625万元和2022年耕地地力保护补贴资金210.26万元。

(次仁德吉)

【机构领导】

局　长

孙晋英

副局长

牛尧琪(回族，北京援藏)

付文斌(北京援藏)

马安阳

扎　桑(女，藏族)

乡村振兴

【概况】 2022年，尼木县乡村振兴局紧紧围绕“产业兴旺、生态宜居、乡风文明、治理有效、生活富裕”的目标要求，奋力推进“现代尼木三步走”总体布局和“四产业三园区”发展布局，推动巩固拓展脱贫攻坚成果同乡村振兴有效衔接。

2022年动态调整后脱贫户1807户8006人，人均纯收入17812.50元，同比增长13.73%。全县“三类人员”动态监测对象17户61人。2022年实施衔接推进乡村振兴补助资金项目22个，总投资23472.23万元。截至年底，已开工项目22个，开工率100%；已完工项目11个，完工率50%。

【组织领导】 年内，尼木县严格落实“四个不摘”要求，及时召开县委“三农”工作暨巩固拓展脱贫攻坚成果同乡村振兴有效衔接工作会议，下发《关于实现巩固拓展脱贫攻坚成果同乡村振兴有效衔接的具体措施》的通知，调整充实《中共尼木县委农村工作领导小组（中共尼木县委实施乡村振兴战略领导小组）》，明确县级领导、牵头部门目标责任，细化分解任务，层层传导压力，确保脱贫攻坚同乡村振兴有效衔接工作有序推进，为巩固拓展脱贫攻坚成果同乡村振兴有效衔接提供坚强组织保障。

【保持政策稳定】 年内，按照“四个不摘”要求，制定印发《尼木县委农村工作领导小组（县委实施乡村振兴战略领导小组）巩固拓展脱贫攻坚成果组任务分工方案》、《尼木县乡村建设行动实施方案》、《2022年财政涉农统筹整合资金实施方案》、巩固提升类（人居环境整治）及整村推进类项目实施方案，保持现有帮扶政策总体稳定，做好农牧区低收入人口帮扶，切实巩固脱贫成果；聚焦巩固拓展脱贫攻坚成果以及乡村发展、乡村建设、乡村治理等重点任务，及时编制《尼木县巩固拓展脱贫攻坚成果同乡村振兴有效衔接实施方案》。

年内，实施衔接推进乡村振兴补助资金项目22个，总投资23472.23万元，已开工项目22个，开工率100%；已完工项目11个，完工率50%；资金拨付14129.87万元，资金拨付率60.2%。

【防返贫监测】 年内，按照区市防止返贫监测帮扶集中排查工作方案要求，尼木县共开展2轮防止返贫动态监测排查工作，全面排查农牧户6020户次，排查率100%。截至年底，全县共计监测对象17户61人（其中消除户1户5人），针对监测对象制定帮扶措施，落实帮扶政策，实施月动态监测，累计向突发严重困难户报销医疗费用21.02万元，发放医疗救助资金3.69万元、民政临时救助资金2.5万元。

【生态扶贫】 年内，践行“两山”理念，积极构建生态安全体系，拓宽贫困群众增收渠道，不断改善贫困群众生产生活条件，加快脱贫致富奔小康步伐。

年内，为5152人安排生态岗位，兑现生态补偿岗位资金450.8万元；积极组织开展2023年生态岗位资金项目申报工作，涉及1315人、资金460.25万元。

【教育扶贫】 年内，研究制定《尼木县2022年义务教育控辍保学

2022年4月8日，尼木县委农村工作领导小组（县委实施乡村振兴战略领导小组）专题会议召开

工作方案》，建立完善全县建档立卡家庭学生信息库，开展常态化监测预警，加强风险排查研判，及时跟进帮扶机制，不断织密因学返贫致贫保障网。

年内，尼木县持续保持控辍保学实现动态清零，义务教育巩固率达100%；小学阶段学校师生比为1∶15，初中阶段学校师生比为1∶13，均达到国家标准。落实家庭贫困大学生"三免一补"政策，完成建档立卡（农村低保）大学生154人资助工作，兑现区县两级资助金95.07万元；资助非建档立卡（困难家庭）大学生586人，金额288.34万元。

2022年5月13日，尼木县召开防止返贫监测和帮扶排查工作动员部署会

【民生保障】 年内，共对符合条件的城乡低保229户238人兑现保障资金288.2万元，为农村低保128户375人兑现保障资金114.86万元，清退城乡低保13户34人，新增5户8人；为城镇低保边缘户、特困户、残疾人等653人兑现各类保障资金183.62万元。继续落实群众住房安全动态监测机制，发现危房一户改造一户，2022年检测群众房屋4302户，完成列入2021年房屋改造计划24户群众房屋的改造任务，补贴资金36万元，确保农户住房结构安全。

全面落实特殊人群城乡居民医疗保险"应保尽保"原则和统筹区内城乡居民基本医疗保险、大病保险、医疗救助"一站式服务、一窗口办理、一单制结算"制度。2022年脱贫户参保率实现99.59%，全县特殊人群1615人次，统筹报销资金167.2万元，大病保险报销资金23.59万元，医疗救助资金5.49万元。

【有机种植产业】 年内，按照现代农业"3212"工程和"三步走"实现路径以及"人无我有、人有我特"发展思路，大力推进"果蔬菌肉蛋奶"六大品牌建设，逐步以规模化种植、信得过品质获得拉萨果蔬市场话语权，着力打造拉萨市中高端农产品生产供应基地。严守耕地红线，优化种植布局，压紧压实粮食生产责任。

年内，种植粮食作物3.42万亩，产出有机青稞87.1万千克、有机油菜13.6万千克、有机蔬菜62.08万千克，农业综合生产能力持续提升。

【特色养殖产业】 年内，围绕自治区建设15座牦牛、绵羊良种场目标，持续推进牦牛、生猪、藏鸡、绵羊产业化、规模化养殖。牦牛养殖按照"一总场四分场"发展布局，着力将麻江总场打造成自治区级牦牛良种繁育示范基地，将卡如分场打造成"放牧＋补饲"相结合的短期育肥示范基地，将续迈、帕古分场打造成标准化短期育肥示范基地，将尼木分场打造成拉萨牧繁农养示范基地。

年内，育肥牦牛1543头，出栏236头，收入212万元。生猪养殖围绕打造拉萨最大的生猪繁育示范基地、冷鲜肉储备基地，积极探索产业化、规模化发展路子。2022年繁育仔猪490头，出栏肥猪245头，增收84.47万元。藏鸡养殖借助4个标准化养殖合作社，带动家庭分散式养殖，不断扩大养殖规模。截至年底，存栏藏鸡9.34万羽，销售藏鸡（蛋）收入358.2万元。绵羊养殖以争创良种繁育示范场为目标，依托民兵先锋模范养殖基地，在短平快育肥出售肉羊快速增收的同时，通过多胎羊与本地羊杂交，积极探索品种选育和改良工作，2022年多胎羊存栏861只。

【藏香文化产业】 年内,按照“123”发展思路、“四位一体”发展布局和“四体一位”带动机制,深度挖掘藏香文化内涵,根据藏香传承人香道等级进行高中低档次分类、价格划定、包装设计和产品开发,着力推动尼木藏香与其他省市香道文化、技术、市场相融合。年内,实现藏香产值3550.03万元,藏香销售1813.6万元,带动326户实现人均收入1.8万元。

【生态旅游产业】 年内,以“雅鲁藏布江·尼木大峡谷”品牌塑造为主线,按照“π”字形发展格局,致力将吞巴打造成国际藏香康养小镇,将卡如打造成拉萨西温泉康养小镇。年内,接待游客3万余人次,收入1312.16万元,景区每月安排群众就业20人,共增收50万余元。

【壮大“三园区”发展】 年内,吞弥现代农业园区围绕打造“农业产业升级种养示范区、生态休闲农业观光区、农业人才培养和技术培训基地、农民增收致富增长极”的发展思路,着力推动县域产业差异化发展。年内,吞弥现代农业园区产出航空蔬菜、羊肚菌等227.1吨,收入336.8万元,带动138户476人,户均增收1.5万元以上。2021年成功创建“自治区级农业科技示范园区”,申报创建“自治区级农业示范园区”。

吞弥经开区尼木产业园区以提升全产业链水平作为主攻方向,通过招商引资、企业合作等方式,积极发展运输、物流、商贸、电子商务等现代服务产业。

尼弘元仓铁路公路联运物流园区已建成专业自备运输车队及供应链智能服务体系、铁路专用线及铁路站场和沥青仓储及沥青改性加工板块,并投入试运营。项目建设期间,通过采购当地建材、租赁群众机械、组织劳务用工等,累计带动增收7033.69万元。铁路专用线及铁路站场和沥青仓储及沥青改性加工板块试运营10个月以来,带动当地大学生稳定就业25人,月工资6000—8000元不等;录用本地货车司机30人,月工资6500元;组织当地100户161名群众就近就便务工13278人次,带动增收644万元;通过“以工代训”方式培训农牧民技工35人,培训期间月工资6000元。同时,根据《拉萨市物流业发展行动方案(2021—2025)》“两枢纽、五园区、十中心、多网点”物流网络规划布局,将尼木县作为拉萨市5个县级物流中心之一,尼弘元仓供应链物流园区作为全市五大物流园区之一。尼木县主动将吞弥尼木产业园标准化厂房建设项目小商品物流、冷链物流作为尼弘元仓供应链物流园区大宗物流配套运营项目,旨在建立立体铁路公路物流体系,实现规模以上企业零的突破、现代物流服务业零的突破,使尼木成为辐射南亚公路铁路仓储物流重要节点。项目建成后,库容量将达1600吨。

【产业结构调整】 年内,按照“现代尼木三步走”总体布局和“四产业三园区”发展布局,聚焦藏香文化产业、特色养殖产业、有机种植产业、生态旅游产业四大主导产业,以吞弥现代农业园区、吞弥拉萨经开区尼木产业园区和吞弥尼弘元仓铁路公路联运物流园区为重点,落实落细“1234555”25项推进措施,积极带动群众就业增收。

年内,全县扶贫产业项目累计带动群众稳定就业327人,比上年增收587.132万元;带动群众投劳务工560户,增收290.35万元;596户群众参与分红,分红资金35.68万元。

【项目促增收】 年内,县委、县政府坚持把项目带动作为巩固拓展脱贫攻坚成果的主要抓手,积极争取国家投入和援藏支持,大力实施“项目促增收”行动。400万元以下政府投资项目,积极引导本地有资质的农牧民施工企业(队)参加项目招投标。在农村人居环境、小型水利、乡村道路、农田整治等涉农项目建设过程中,采取以工代赈的方式,优先使用脱贫劳动力或低收入人口劳动力。合理设立公益性管护岗位,保持生态补偿岗位政策相对稳定,增加岗位收入。深化“县班、乡办、村队”工作,依托帕古水库建设项目、拉日高速建设项目等一批重大项目,积极引导脱贫群众参与项目建设,就近就便就业,实现增收。2022年脱贫群众实现人均纯收入17812.5元,同比增长13.73%。

【转移就业】 年内，严格实行“月调度”机制，全县脱贫人口外出务工2533人，完成全年目标任务的100%，其中区外务工3人，区内县外务工972人，县内务工1558人。持续做好脱贫家庭“两后生”职业教育、职业技能培训和转移就业工作。开展技能培训36期1104人，已结业培训实现就业441人，其中脱贫劳动力362人。

【乡村建设】 年内，根据拉萨市第二批“美丽乡村·幸福家园”建设行动计划整村推进实施方案要求，尼木县共涉及5个村，分别为林岗村、聂玉村、尼木村、东松村、尼续村，项目总投资9745.56万元，建设内容主要有房屋新建，房屋改造提升，人居环境整治等，受益户数971户、4769人。通过实施“美丽乡村·幸福家园”建设行动计划，逐步实现“八到村”“村十有”“十到户”的目标，将试点村的公共服务设施进一步完善，人居环境得到有效改善。

截至年底，全县33个村（居）已有32个村（居）建有“厕所革命”公共厕所，覆盖率96.97%，累计完成农户卫生厕所改造1689座，逐步提高尼木县农牧民群众的如厕环境。

年内，按照“四清两改”行动要求，组织干部群众清理村内的出入口和公共区域的卫生死角、乱堆乱放的杂物、乱贴乱挂的广告和建筑垃圾，做到村内无陈年垃圾、无非法占道现象。截至年底，累计清理农村生活垃圾1677吨、农村白色垃圾254吨、卫生死角501处，清理房前屋后乱堆乱放149处，清理村内私搭乱建30多处，全县33个村（居）开展村庄清洁行动，村容村貌明显改善。

年内，通过涉农整合资金15895.89万元，分别对尼木县塔荣镇、尼木村、尚日村、日措村实施人居环境整治，主要建设内容为道路工程、污水工程、雨水工程、人畜分离工程、环境整治工程、照明工程、垃圾分类等工程。

（罗　宗）

【机构领导】

局　长

卢贤鹤（5月任）

副局长

格桑德吉（女，藏族，5月任）

廖　浩（彝族，12月任）

水利

【概况】 2022年，尼木县水务局内设办公室4个，分别为局办公室、水土保持/河（湖）长制办公室、规划计划兼建设管理办公室、农村饮水兼水资源办公室，在职干部职工19人，其中县级干部1人，副科级1人。人员结构：公务员3人，事业单位8人，工人5人，“三支一扶”3人。

尼木县水务局始终坚持以习近平新时代中国特色社会主义思想为指导，全面贯彻中共十九大和中共十九届历次会议精神和中央第七次西藏工作座谈会精神，坚决贯彻习近平总书记关于治边稳藏重要论述和在西藏视察时重要讲话精神，深入贯彻落实中共二十大精神以及习近平总书记提出的“节水优先、空间均衡、系统治理、两手发力”的治水思路，以水利发展规划为统领，紧紧围绕全县经济社会发展大局，坚持全面从严治党原则，抓牢党建工作，加快推进骨干水利工程建设、维护河湖健康生命、建立健全节水制度政策、切实提高水旱灾害防御能力、水资源集约节约利用能力、水资源优化配置能力、河湖生态保护治理能力，不断提升尼木水利现代化管理水平和治理能力。2022年，新建（维修）水利工程22项（包括河长制工作经费），总投资达20463.54万元。

【党建工作】 年内，始终把政治建党、思想建党摆在首位，结合“学习强国”学习平台“支部主题党日”等活动，采取集体学习、个人自学的方式，组织开展各类学习活动24次（支部理论学习会10次、党员理论教育学习14次），“支部主题党日”7次，党员大会3次，讲党课3次，支部委员会10次，组织生活会1次（3月11日召开2021年组织生活会）。

【党风廉政建设】 年内，全面贯彻中央纪委历次全会精神，不断深化党风廉政建设和反腐败工作。坚决把主体责任扛在肩上，单位主要负责人带头落实“第一责任人”责任，对重要工作亲自部署、重大问题亲自过问、重要环节亲自协调、重要案件亲自督办，对职责范围内的党风廉政建设切实负

2022年3月31日，拉萨市水利局副局长胡秀成（左二）一行到尼木县续迈乡霍德村检查高海拔地区供水工程运行情况

起主要领导责任，统筹抓好落实，持之以恒抓好形式主义、官僚主义突出问题整治，对纠正“四风”和贯彻落实中央八项规定精神情况进行自查，及时听取工作情况汇报，切实把责任落到底、落到位。

进一步加强行业廉政监管，制定《尼木水务局党支部党员管理办法》，建立健全请销假、上下班等制度，落实好水利廉政风险防控各项措施，加大对重点领域违纪违法问题的查处力度，推进不敢腐、不能腐、不想腐，进一步增强全局干部职工的纪律意识，党员管理在制度化、规范化上有新的突破。

抓好经常性纪律教育和廉政教育，结合尼木县水务局业务工作会议、党风廉政建设专题会、支委会、党员大会等，主要负责人定期或不定期地组织开展干部廉政教育，向干部职工传达学习区市县典型案例通报以及上级有关党风廉政建设、作风建设会议和文件精神，教育引导党员干部树立良好家风，规范领导干部配偶、子女及其配偶经商办企业行为，大力弘扬新时代水利精神，营造忠诚、干净、担当，科学、求实、创新的良好氛围。

【行业和谐稳定】 年内，联合县人社局、信访局等相关单位，多次组织人员到工地就拖欠民工工资的问题进行排查，做到及时发现及时处理，将矛盾和纠纷在源头上杜绝，切实保护民工的合法权益。同时，加大对农民工相关法律法规的培训和宣传力度，在很大程度上减少因拖欠工资出现的矛盾纠纷。

【中小河流治理工程】 年内，实施中小河流治理工程4项（续建2项、新建2项），总投资8215.23万元。尼木玛曲新索桥至荣桥段防洪工程投资2738.4万元，完成投资2710.24万元，占总工程量的95%；夏曲河尼荣村至日措村段防洪工程投资2050.23万元，完成投资2050.23万元，占总工程量的100%；尼木玛曲荣桥至雪拉进水口段防洪工程总投资1826.6万元，完成投资1186.96万元，占总工程量的65%；尼木县卡如乡卡如村吉瓦沟防洪堤工程总投资1533.3万元，完成投资1275.125万元，占总工程量的83%；实施维修养护工程4项。

【灌区工程】 续建灌区工程1项：续庆灌区工程，总投资4198.29万元，完成投资2821万元，占总工程量的67%。

【帕古水库工程】 2020年12月31日，帕古水库临建工程启动。2021年4月27日，启动溢洪道土石方开挖、导流兼引水放空洞开挖、支护、大坝防渗墙生产性试验。2021年9月8日，正式下达开工令。2022年10月1日，帕古水库工程导（截）流顺利实现，将全面拉开大坝填筑序幕。年内，帕古水库工程实现区内农牧民劳务增收521.396万元，当地机械租赁、运输费1113.2625万元，累计带动农牧民增收1634.6585万元。

【饮水安全工程】 年内，委派技术人员，采取现场培训、宣传等方式，积极做好用水安全常识和饮水工程建设维护技术培训工作，结合世界水日、中国水周、世界环境日等宣传活动日，开展节水宣传活动5次，发放宣传资料500余份、宣传纸杯400余只，让群众了解安全饮水标准，加强群众对饮水工程建设的认识，确保每个村都有自己的维修队伍，能第一时间解决简单的维修任务，力争"十四五"期间，实现农村饮水安全工程"以水养水"服务体系的全面建立。

为切实解决高海拔季节性缺水问题，在做好疫情防控工作的同时，抢时间、赶进度，加快推进高海拔农村供水项目建设工作，确保完成年初确定的经济社会发展目标任务。投资 1263.14 万元实施高海拔农村供水项目，完成总工程量的 66%，开展供水管道的开挖、铺设、回填等工作。实施农牧区维修养护工程 4 处，总投资 78.51 万元，均已移交县城投公司代建并完工，累计带动增收 25 万余元。

塔荣镇集中供水工程总投资 4120 万元，8 月 2 日完成技术交底，已完成投资 1648.096 万元，占总工程量的 40%。

年内，水质检测单位由县政府统一进行采购，中标单位为西藏永蓝环保科技有限公司，为水质检测公司，中标价 21.6 万元，并按照合同内容对尼木县境内的农村水源地开展水质检测工作。

【防汛抗旱】 2022 年 5 月 24 日，召开尼木县防汛抗旱工作部署会，总结 2021 年工作开展情况，安排部署 2022 年工作。

为加强"四预"措施，坚持预字当先、关口前移，以更严的措施、更充分的准备，全力打好防汛抗旱工作，进一步完善 2022 年抗旱预案、山洪灾害防御预案等 9 项预案修编工作。

尼木县内共有水库 2 座，2—3 月完成全县 2 座水库安全风险隐患排查工作，结合农业灌溉需求，及时开展 2 座水库调蓄工作满足其灌溉。针对组织换届、人事变动等情况，完成 2 座水库行政责任、主管部门负责人和水库管理单位负责人防汛 3 个责任人，明确各责任人的主要职责和基本要求并进行公示，同时录入全国水库运行管理系统平台。

2022年6月8日，县委副书记、县长次旺多杰（左三）一行检查续迈乡水渠、道路受灾情况

实施卡如乡赤朗 2 组博康博巴冲沟维修水毁修复工程，5 月 10 日开工，年底完成总工程量的 100%。其间，为确保工程质量安全，对施工现场检查排查 3 次。由于往年泥石流等原因导致多处农田设施受损，影响水塘库容，导致农田、林地灌溉不足、水渠不流畅、灌溉困难等，一定程度上影响了农作物生长。为解决灌溉问题，结合各乡镇办实事需求清单，完成帕日水渠进水口维修，尼木乡达瓦东吉水塘工程、尼木乡普巴村清淤、尚日村灌溉水渠维修、安岗村扎布水塘维修清淤等工程预算工作。结合2022年领导干部"下基层大接访办实事"活动需求实事清单，2022 年财政预算水毁修复九龙草场尼木玛曲段河流清淤等 5 项水毁修复共投入 70 万元。同时，向拉萨市水利局争取资金 105 万元，用于水毁修复。

全面做好全县山洪灾害防治区的调查评价、监测预警、群测群防等山洪灾害防御体系，拟实施的山洪灾害防治非工程措施运行维护工作已完成核价，准备实施维修养护工作。

为进一步做好 2022 年防汛应急抢修，充分发挥各乡镇第一时间应急抢险救灾工作能力，拟定各乡（镇）抢修费用分配预算方案。

【水土保持】 年内，积极开展全国生产建设项目水土保持信息化区域监管。4—12 月，对尼木县在建工程水土保持工作落实情况

2022年3月22日，尼木县水务局工作人员开展“世界水日”“中国水周”宣传活动

进行监督检查16次，涉及项目9个，合规项目8个，认定查处1个。年内，共审批建设项目水土保持报告表25份，征收水土保持补偿费7.14万元。

【河(湖)长制工作】 2022年5月6日，召开尼木县河湖长制工作会议，总结2021年工作开展情况，研究部署2022年工作；投入资金13万元，更新河(湖)长公示牌27块，2座水库大坝安全度汛3个责任人公示牌；组织各乡(镇)开展河湖垃圾清理整治活动16次，清理河湖垃圾15吨左右；县直单位干部职工清理整治活动2次；市水利局、县水务局以及相关单位联合开展河湖岸线“四乱”问题督导检查10次，主要针对雅江沿线环境卫生、“四乱”、安全隐患、水事违法等，对检查过程中存在的“脏乱差”“四乱”问题，实现有人管、管得住、管得好的目标；加快开展河湖岸线保护与利用规划编制工作及河湖管理范围划定工作，根据自治区水利厅、拉萨市水利局关于开展水库水利工程管理与保护范围工作要求，尼木县实施2座水库管理保护范围划界工作。

为促进河湖长进一步履职尽责，全面推进“智慧河长”工作目标，进一步加强河湖长体系动态管理，及时更新补录河长制系统组织体系，河湖长职务变动及时“上任”“卸任”，并开通河湖长巡河App账号，为各级河湖长全面落实巡河奠定了坚实的基础。截至年底，更新补录河长制系统组织体系，完成率达到100%；投入资金30万元，对雅江尼木县段重点路段增设网围栏防护栏300米，监督举报投诉警示牌17个，雅江尼木县段流域环境卫生得到较大提升。

【新冠疫情防控】 年内，按照县委组织部统一部署，干部职工先后12人(其中自来水厂4人)参与到疫情防控工作中，在各自平凡的工作岗位上恪尽职守、尽己所能，用实际行动践行一名水务工作者的使命和担当。

坚持抓好疫情防控和项目推进工作，持续开展好各施工现场落实闭环管理、“一查三扫”、防疫物资储备等各方面监督检查。自部分水利项目开复工以来，开展监督检查20余次，出动50余人次。

【最严格水资源管理】 实施2020年尼木县节水型社会达标建设工程，县城投公司代建，工程总投资149.32万元(县级投资)，2022年5月28日开工，完成总工程量的90%。工程建设后将有效提高县城内水资源利用率，进一步推进水资源的节约和保护。

截至年底，完成水资源论证工作的取用水户9个，其中，区、市级下达取水申请批准文件的3个，县级下达取水申请批准文件的5个(办理取水许可证1个)，正在推进的1个(续庆灌区)。

(强巴扎西)

【机构领导】

局　长

次仁罗布(藏族，5月免)

李　品(5月任)

副局长

尹林华

城市建设·环保

住房和城乡建设

【概况】 2022年，尼木县住房和城乡建设局加挂尼木县城市管理和综合执法局牌子，为尼木县人民政府正科级工作部门。有正式干部8人（含借调1人）、工人4人，公益性岗位6名，环卫及厕所管理人员等临聘人员58名。

【党建工作】 年内，尼木县住房和城乡建设局党支部研究制定党的建设工作要点，层层分解任务、明确目标、细化责任，组织签订党员干部承诺书12份，召开党建工作部署会、推进会10场次，听取党建工作专题汇报10次，与党员干部谈心谈话36人次。对照《中国共产党支部工作条例（试行）》全面推进党支部正规化建设，迸发党建新活力，完善党员活动室；认真做好发展党员工作，吸收3名入党积极分子；开展尼木县住房和城乡建设局党支部改选选举工作，结合干部人事变动，调整党支部班子成员5人，进一步夯实党支部战斗堡垒作用，为全局各项工作有序开展提供坚实的组织保障。

【群众增收】 年内，在城市卫生管理上投入131.52万元，为县城及周边群众提供环卫保洁和厕所管理服务；在市政绿化上投入17.4万元，为巴古村和恩泽区委会群众提供县城绿化短期就业岗位；同时，在市政基础设施、公有住房临时维修上，就近就便安排周边群众项目务工，有力助推当地群众增收。

【行业监管】 做好建筑施工领域的服务和监管是尼木县住房和城乡建设局作为建筑施工行业主管部门的基本职责。在实际工作推动中，坚持服务与监管并行，将现场宣传引导与监督执法相结合，严格开展行政审批服务，严格施工现场执法检查，不断督促房屋建筑和市政基础设施建设项目参建各方履职尽责，落实施工现场安全、文明生产各项措施，保证工程质量和进度，推动尼木县建筑行业健康发展。

2022年4月28日，尼木县住房和城乡建设局党支部集中学习安全生产“两个专题”

年内，尼木县住房和城乡建设局受理施工许可证申办31份，办理施工许可证31份；直接或协同县城投公司组织各项目参建单位召开工程例会5次，专题安排施工现场安全生产、文明施工、疫情防控等工作的落实；通过“双随机”的方式检查施工现场200余家次，下发责令整改通知书38次，累计排查整改安全隐患154处次，实现全县房屋建筑和市政基础设施施工现场100%全覆盖。年内，对违反建筑行业相关法律法规的主体立案查处3家次，罚款64.9874万元。

2022年6月29日，尼木县自建房安全专项整治工作安排部署会召开

【城市综合治理】 年内，根据县委、县政府决策部署，尼木县住房和城乡建设局进一步健全城市管理综合执法机制，形成县城管、县公安（交警）、县市场监督管理局联勤联动的城市管理局面，杜绝“单兵作战”的局限性、被动性，全力创建科学、合理、合法、全面的城市综合执法环境。

年内，采取“一宣、二教、三警、四罚”（第一步做好法律法规宣传工作，第二步初次犯错以教育整改为主，第三步整改不到位或未整改的进行口头或书面警告，第四步警告过后整改不到位或拒不整改的进行行政处罚。）的工作模式，在县城范围内开展全覆盖、常态化宣讲、监督、执法。全年共计开展法律法规、条例条规、垃圾分类等宣讲10次，发放宣讲手册2378册，发放物品628个（环保袋等），执法检查540次，发现问题276处，完成整改276处。通过实地踩点调研、听取政协委员、人大代表及人员密集区域群众意见，县住建局牵头在县医院、银行、学校等人员密集出行区域范围内，增设8处非机动车集中停放点，设置非机动车位240个。

【新冠疫情防控】 年内，狠抓环卫保洁，完善县城垃圾收集装置布局，督促在岗环卫工人，规范使用防护用品，对县城主街道进行清扫保洁，及时清运生活垃圾，在县城范围内开展垃圾大排查、大清理行动，日均组织5辆垃圾清运车收集清运县城垃圾。疫情期间累计清运生活垃圾800余吨，从源头上减少病菌的滋生。

加强消杀管理，按照规定对环卫车辆、环卫容器、公厕和垃圾处理场进行消杀；组织雾炮车日均3次对县城区主次干道、沿途小区进行环境消杀；对县城公共厕所、环卫用房、果皮箱、垃圾桶（箱）等垃圾收集容器消杀。

投入20万余元，开展疫情防控期间医疗废弃物运输、消杀、处置工作。督促建设项目参建单位落实疫情防控措施，坚持每天对施工现场进行实地检查或电话随访，统筹疫情防控和经济建设，协同相关单位推进建设项目复工复产工作，帮助协调施工油料、核酸检测、防疫物资等具体问题。

【市政设施运维管理】 年内，按照县、乡、村三级联动，分级负责的要求，实行村收集、乡转运、县处理的生活垃圾收集处理模式，全年累计清运生活垃圾约0.47万吨。通过招标引进西藏纳措城市服务有限公司，对尼木县生活垃圾填埋场进行运营管理，做到生活垃圾日产日清，全年累计填埋处理生活垃圾0.47万吨，处理率达100%，每季度环境检测结果全部达标。

尼木县污水处理厂由西藏碧水源环境技术有限公司试运行，2022年污水处理厂设备运行正常，日处理污水约1500立方米，污水处理各项指标均达到《城镇污水处理厂污染物排放标准》（GB 18918—2002）。

定期对公共厕所等公共服务设施运行情况进行巡检，及时对损坏的城市基础设施进行维修。年内，共计更换维修沿街路灯 62 盏，更换破损井盖 109 个。根据县城道路绿化带绿植生长情况，在县城范围内种植树木 420 余棵，种植花草 12 亩余。

【改善民生】 年内，共投入中央直达资金 16 万元，对尼木县农村低保户、农村分散供养特困户等六类对象的 10 户群众房屋进行抗震加固改造，完成尼木县 2022 年抗震改造任务。

年内，在全县广泛宣传《西藏自治区人民办公厅转发自治区住房和城乡建设厅等部门〈关于西藏自治区城镇住房保障家庭租赁住房补贴管理办法的通知〉》文件政策，为符合条件的群众申报补贴资金，2022 年共申报租赁补贴 6 户 9 人，经请示市住建局同意，及时发放补贴资金 3.24 万元。

年内，按照西藏第一次全国自然灾害综合风险普查房屋建筑和市政基础设施调查工作要求，结合农村房屋安全隐患排查整治信息平台数据，采取协同作战、自行组织等方式，对全县 16095 栋自建房屋进行安全隐患排查。同时，结合“四联四包”工作机制及“大宣讲大调研大排查大落实”活动要求，组织第三方检测公司对尼木县群众住房安全进行全覆盖安全鉴定，共完成检测 4302 户，完善房屋户档资料 4302 户。

【项目建设与管理】 年内，按照工作职责分工和尼木县项目建设总体安排。积极申报基础设施建设项目，认真开展项目前期工作，严格项目建设过程管理，不断完善尼木县基础设施。

组织实施总投资 649.49 万元的尼木县 2021 年“厕所革命”建设项目，新建公共厕所 12 座，2022 年已完成工程量的 80%。申报总投资 1789 万元的县城排水管网提升改造项目、总投资 3115 万元的尼木县市政道路（环城）提升改造工程、总投资 1123 万元的拉萨市尼木县吞巴镇历史文化名村建设项目，均已完成前置手续办理及招投标，为项目顺利实施做好准备工作。同时，尼木县住房和城乡建设局按照补齐短板、有序推进的原则，积极谋划 2023 年基础设施建设项目，并做好前期准备工作。

（桑阿曲吉）

【机构领导】

局　长

央金卓嘎（女，藏族，5 月免）

王　　斌（5 月任）

副局长

王　　斌（5 月免）

邱永川（5 月任）

三级主任科员

尼　　玛（女，藏族，5 月任）

嘎松多吉（藏族，5 月任）

四级主任科员

嘎玛曲宗（女，藏族，5 月任）

桑阿曲吉（女，藏族，5 月任）

生态环境保护

【概况】 2022 年，拉萨市生态环境局尼木县分局始终坚持以习近平生态文明思想为指导，认真贯彻落实区市县党委政府的决策部署、明确工作思路，精心安排部署，加强统筹协调，狠抓措施落实，扎实推进各项工作，县域环境质量整体趋稳向好。

2022 年，尼木县主要河流断面水质保持在国家Ⅲ类水质标准以上，县城集中式饮用水源地水质达国家Ⅲ类水质标准以上，大气环境质量持续保持在优良水平，农村饮用水源点抽查监测数据指标合格，全县生态环境质量总体优于 2021 年同期水平。

【党建工作】 年内，召开党建暨党风廉政建设专题工作会议，结合实际制订局党员干部教育学习计划，开展集中学习 5 次、支部书记上党课 2 次、主题党日活动 5 次，组织召开 2021 年度党支部组织生活会。引导党员及干部职工重点学习党章党规，加强工作作风纪律、公务接待和公务用车管理，严格执行各项规章制度。

【环境监测】 年内，按照自治区生态环境厅、市生态环境局要求，制定《尼木县 2022 年环境质量监测方案》，同时按照监测时间、频次，委托第三方开展尼木玛曲河、塔荣镇饮用水源地、大气环境质量等监测工作。经采样监测，尼木县玛曲河断面水质及塔荣镇镇集

2022年2月21日，县委副书记、县长次旺多杰（右三）一行到恩泽居委会调研城乡环境卫生综合整治工作推进情况

中式饮用水达标率为100%，县城环境空气质量保持优良。同时，按照环境质量信息定期向社会发布的相关规定，积极与县政府、县委宣传部网信办进行协调沟通，及时将尼木县环境质量状况信息通过政府门户网站向社会进行发布。同时按照水质监测要求，尼木县提前开展全年水质分析任务，为打好污染防治攻坚战奠定坚实基础。

【建设项目环境管理】 年内，把建设项目环评审批作为控制新污染源的突破口，严格把关。截至年底，全县建设项目（含个体洗车场）进行环境影响评价登记备案共55个。催促1家发证企业提交2021年度排污许可证执行报告。经全方位开展建设项目环境影响评价专项排查整治工作，县域内无“未批先建”项目，实施的新改扩建各类项目环评执行率达到100%。

【生态文明建设】 年内，积极有序推进生态文明建设工作，塔荣村、雪拉村成功创建自治区级生态文明建设示范村（居）。截至年底，已完成2022年度自治区级生态文明建设示范县、乡镇（8个）、村居（31个）市级初审。

【环境保护宣传】 年内，为进一步提升农村群众生态环境保护意识，增强群众对农村生态环境保护知识的了解，组织干部先后到塔荣镇尚日村、尼木乡尼木村、聂玉村，吞巴镇吞达村开展环保宣传进村庄、保护生物多样性、“6·5”世界环境日宣传等活动。活动中，共发放环保宣传布袋800余个、印有生态环境保护词条杯子800余个、环保围裙800条、宣传资料1000余册。通过宣传活动，引导群众树立爱护自然、爱护尼木、保护生态环境的意识，践行绿色低碳生活方式，使群众带动自己的家庭和身边的人爱护生态环境，用实际行动助力生态文明建设。

【环境监察执法】 年内，开展环境安全隐患大排查大整治等各类环保专项行动，全面完成“双随机”执法检查和疫情期间的医废收集、处置等监督检查工作。加强对国控重点企业尼木厅宫铜矿、县重点建设项目、饮用水源地、县人民医院等单位企业（项目）现场执法监察力度。采取定期与不定

2022年3月26日，县委常委、副县长李中福（中）一行到帕古水库施工现场调研环保措施落实情况

2022年6月16日，拉萨市生态环境局尼木县分局组织开展“安全生产月咨询日”环保法律法规宣讲活动

期、明察和暗访的方式，对“环评”及“三同时”制度执行情况、医废（危废）处置情况等进行检查。截至年底，出动执法人员156人次，检查企业（项目）86家次；反馈整改问题50余条，推进整改落实50余条。年内，未发生环境安全事件。

【环保督察整改】 年内，组织召开生态环境保护工作暨迎接第二轮中央生态环境保护督察工作部署会议，精心组织谋划，全面推进落实。在第二轮中央生态环境保护督察期间，尼木县共接到群众举报问题转办案件4件（为全市举办案件最少县区），年底办结销号3件，阶段性办结1件。

【涉疫医废处置】 年内，根据拉萨市《关于做好方舱医院、临时观察点医疗废物废水收集处置工作的通知》文件精神，科学选址焚烧垃圾处置场所，对焚烧处置场采取防渗漏和防扬散措施，采用网围栏和铁皮包围，并进行加固，防止牲畜进入。截至年底，累计收运处置29个医废收集点，出动涉疫情医废转运车辆78辆次，收集医废93217.9千克，协助清运医废93217.9千克（日产日清）；开展医废处置宣传引导12轮次。调度吸污车辆2辆次，协助清运生活污水10吨，重点对各个隔离点的公共卫生间以及各乡（镇）、村（居）的公共卫生间（化粪池）进行全面消杀。

全面实现医疗废物日产日清，生活污水及时处置，综合环境消杀工作得到全面整治。同时对县城内中、高风险区域的各隔离酒店、居委会、县医院、个体诊所、各乡（镇）卫生院等29个重点场所的医疗废物收集、处置、消杀等情况，进行指导检查。采用“定车定人”的转运模式，最大程度降低医疗废物的社会接触面，统筹协调各医废收集点，合理调配，分时段、分批次转运至医废垃圾焚烧处置点，切实提升医废收运处置效率，确保管控区内医废应收尽收、应处尽处。

（曲尼卓玛）

【机构领导】

局　长

拉巴桑姆（女，藏族）

四级调研员

蒋　西　荣

社会事业

民政

【概况】 尼木县民政局属于县政府工作部门，为正科级行政机关，下设2个事业单位，为城乡居民家庭经济状况核对中心和特困人员集中供养服务中心。特困人员集中供养服务中心分设2个院，即堆龙德庆院和尼木院。2022年有正式干部16人，其中行政编制6人（1人长期病休、1人长期借调），事业编制10人（特困人员供养中心6人、核对中心4人）。

尼木县民政局工作职能包括城乡居民最低生活保障、特困人员供养、临时救助、流浪乞讨人员救助、老年人福利、儿童福利、养老服务、基层政权和社区建设、社会组织登记管理、行政区划调整、地名管理、婚姻登记管理、殡葬管理、残联管理等。

【民政项目建设】 年内，完成尼木县残疾人综合服务中心附属设施改造及业务设备购置项目的邀标程序，因8月发生新冠疫情未能开工。

2022年4月18日，拉萨市民政局局长土登（右三）一行到尼木县民政局检查指导工作

【社会救助】 年内，城镇最低生活保障标准为每人每月974元，农村最低生活保障标准为每人每年5160元。全年为229户238名城镇低保对象（其中寺庙僧尼209户209人）发放最低生活保障金288.22万元，发放疫情期间一次性生活补贴28.38万元；为128户375名农村低保对象发放最低生活保障金114.86万元，发放疫情期间一次性生活补贴45.36万元。为4户13名城镇低收入人群发放保障金2.72万元，发放疫情期间一次性生活补贴1.56万元。

年内，新认定农村特困人员8人。保障特困人员161人（集中103人、分散58人）。全年为全县51户58名分散供养特困人员发放供养金45.2145万元，发放疫情期间一次性生活补贴7.02万元；为94户103名集中供养特困人员发放供养金41.4662万元，发放疫情期间一次性生活补贴12.42万元。

2022年7月1日，尼木县民政局局长德琼（中右一）到县特困人员集中供养服务中心开展“七一”宣讲

年内，为74户急难险重家庭发放临时救助资金22.55万元（其中包含因疫情影响生活困难人群34户，发放临时救助金6.65万元）。

【社会福利】 年内，开展关爱留守儿童、困境儿童、残疾儿童志愿服务活动4次，累计投入基金6万余元。新冠疫情防控期间采取微信视频聊天和上门服务等方式，对212名残疾儿童、留守儿童、事实无人抚养儿童等开展心理疏导活动，发放价值3万元的防疫物资和生活物资。

年内，向230名残疾人发放“两项补贴”50.6万元；向43户46名困难老年人发放“两项补贴”2.8万元。

年内，精准认定8名事实无人抚养儿童，其基本生活费按600元/月的标准打卡发放，足额发放保障金5.68万元。

【养老服务】 年内，尼木县的2个供养点设施完备、功能齐全、居住环境整洁优美。尼木县特困人员供养中心不断提高服务质量，提升服务水平。进一步明确岗位职责，建立健全食品安全、消防安全、老人出行安全等安全管理制度；全面调查乡镇及村的闲置资源，利用村委会旧址，积极申报3个农村社区老年人幸福驿站建设项目；动态监测低保家庭的老年人状况，把符合补贴享受条件的及时纳入老年人“两项补贴”范围。

【扶残助残】 年内，完成尼木县残联换届选举工作，召开残联第一次代表大会。采集康复需求信息300余人，建立康复服务台账和档案200余袋。完成白内障复明手术3例、唇腭裂手术2例，为低视力配置助视器10台。为肢体残疾人员发放轮椅、拐杖、手杖、助行器、坐便器等30余件。向173名重度残疾人员发放护理补贴40.76万元，向79名困难残疾人发放生活补贴9.84万元，向174名受疫情影响的残疾人，发放一次性生活补贴20.64万元，向38名残疾人重点关爱对象，发放特殊护理补贴12万元，向59名残疾儿童落实发放康复服务补贴14.4万元，为134名残疾人机动轮椅车拥有者发放燃油补贴5.09万元，为13名残疾人居家托养对象发放“阳光家园”托养服务补贴1.95万元。

2022年5月26日，尼木县民政局工作人员与日喀则市仁布县完成勘界联检，图为工作人员合影

年内，累计推荐就业岗位20名，实现就业5名；组织20名残疾人举行农村实用技术培训班；申报残疾人创业服务项目2个。截至年底，落实残疾人专职委员兼儿童主任误工补贴23.16万元。

【基层治理】 年内，落实村民小组长误工补贴51.44万元。

【专项服务】 年内，完成流动巡回办理婚姻登记服务4场次，实现婚姻登记智能化。截至年底，办理结婚登记149对，离婚登记14对，补领结婚证30对。

完成8座宗教活动场所法人注册登记工作；完成与仁布县、当雄县的第六轮县级行政区域界线联合检查平安边界创建工作。继续做好古地名和红色地名资料收集工作、地名标志牌设立工作。

（刘婷伊）

【机构领导】

局　长

德　琼（藏族）

副局长

彭　柯（5月任，12月免）

人力资源和社会保障

【概况】 2022年，尼木县人力资源和社会保障局核定编制5个。有公务员6人、工人1人、“三支一扶”2人、公益性岗位人员10人。

【城乡劳动力就业】 年内，实现城镇新增就业856人，困难群体就业132人，失业人员再就业316人，分别完成目标任务的131％、198％和137％。

实现农牧民转移就业9853人，实现转移就业收入1034.98万元，分别完成年度目标任务的103％和106.69％。同时，按照“县班、乡办、村队”的模式，有组织化转移就业5732人，收入5878.2万元，完成目标任务的101％。

开发出就业岗位1562个，职业介绍成功186人，分别完成目标任务的130.1％和124％。

选派精兵强将组建亚米组高海拔搬迁群众就业服务小分队，点对点开展就业服务指导工作，确保搬迁群众搬得出、稳就业。截至年底，已实现搬迁群众就业33户64人。

【职业技能培训】 年内，按照《关于开展2022年度技能培训摸底统计和培训的通知》精神，在前期摸底统计基础上，于2021年12月启动2022年技能培训工作。截至年底，累计开展技能培训62期2073人，完成年度目标的106.3%（其中以工代训、订单定向942人，中级及以上技能培训390人），围绕指导目录、就业新业态、重点发展行业开展培训798人，完成目标的136%，其中脱贫劳动力362人。

【高校毕业生就业】 年内，积极做好高校毕业生就业工作，召开全县就业创业工作推进会，安排283名干部与254名应届高校毕业生结成帮扶对子，制定“包保”帮扶明白卡，及时送达每名高校毕业生手中；开展线上就业政策宣讲5次，完成拉萨尼弘元仓实业有限责任公司就业见习基地申报工作；疫情发生以来，通过微信群发布158次就业招聘信息，咨询招聘信息学生124人次，已把2022年应届高校毕业生系统总人数最终调整为260人。截至年底，已就业259人，就业率99.6%，其中，脱贫户应届高校毕业生已就业41人，就业率100%。

2022年6月23日，尼木县召开全县就业创业工作推进会

2022年7月8日，尼木县组织农牧民群众到中铁二十一局人大附中项目务工

积极兑现就业创业补贴，受疫情影响3个月未就业的高校毕业生申报补贴审核通过，已兑现一批80名应届未就业高校毕业生，兑现资金44.4万元。

【对口帮扶】 年内，与北京市顺义区人社局签订《顺义区—尼木县劳务协作协议》，推动公共就业服务、职业技能培训、岗位信息资源共享等领域的交流。争取到15万元培训资金用于高校毕业生技能培训。加大与北京市顺义区人社局的沟通力度，组织更多高校毕业生区外就业。

【社会保险】 年内，深入实施全民参保计划，以公务员、企业职工等群体为重点，开展精准参保扩面行动。截至年底，全县机关养老保险（行政编、事业编）参保人数1540人、企业养老保险（聘用工）参保人数906人、工伤保险参保人数2498人、失业保险参保人数1659人，参保率达98%以上。新冠疫情防控期间，受理一起申报工亡事故，已按程序上报。

年内，全县上半年城乡居民养老保险应参保人数15904人，实际参保15749人，综合参保率99%。针对拉萨市人社局反馈的6类数据问题和四川监管局反馈的8类数据问题，采取“一问题一对策”的方式，压实推进整改。截至年底，除1项存在技术难题外，其余均已整改完毕。

【人事人才】 年内，完成455人薪级工资正常晋升，调整全县事业单位481人基本工资最新标准。完成22名新参公人员定级，为48名专业技术人员聘任职称，其中中级13人，初级35人。为5名人员追加工龄，为6名退休人员完成养老金申报工作。

【劳动监察】 年内，持续加强劳动关系形势分析研判、舆情监测和法律宣教等工作，共接访劳资纠纷案件32起，涉及人数1247人、金额4465万元。

年内，积极落实工资保障金、工伤保险制度，共征缴民工工资保障金1417.3583万元，涉及企业48家（其中涉及保函形式的企业22家，涉及金额1335.7678万元），征缴工伤保险133.4521万元，涉及2249人。同时，认真兑现《人社部关于阶段性农民工工资保证金有关事项的紧急通知》，截至年底，缓缴企业11家，涉及资金698.79861万元。

2022年6月29日，尼木县人社局组织开展庆祝建党101周年、喜迎中共二十大系列活动

截至年底，共聘任各类人才39人（包括享受“双定向”14人），其中高级1人，中级12人，初级26人。

【专业技术】 年内，共评聘41名专业技术人员聘任技术等级职称，其中聘任初级职称26人、中级职称14人、高级职称1人。

【日常工作】 年内，召开尼木县人社局党支部专题组织生活会，开展批评和自我批评。加强简报信息撰写工作，共撰写简报信息72期、心得体会5篇。进一步深入贯彻落实党建及党风廉政建设工作，全面加强党风廉政建设，注重发挥党建引领作用，切实抓好工作创先争优。

（嘎玛玉珍）

【机构领导】

局　长

康桑达瓦（藏族，4月免）

何　海　钊（5月任）

副局长

李　德　胜（4月免）

拉姆次仁（女，藏族，5月任）

退役军人事务

【概况】 尼木县退役军人事务局是县人民政府正科级工作部门，核定机关行政编制3名，科级领导职数2名（一正一副），下辖事业单位尼木县退役军人服务中心，公益一类，副科级建制，核定事业编制4名，副科级领导职数1名。机关配备行政编制干部4名，下辖事业单位配备事业编制干部4名，此外配备工人2名（1名为局机关工作人员，1名为驾驶员），公益性岗位人员1名，为尼木县革命烈士陵园工作人员。

2022年4月2日，尼木县组织全县各界代表开展2022年清明节公祭活动

【党建工作】 年内，支部共有党员8人，入党积极分子1人。支部全面完善“三会一课”制度，将每周四定为支部党员学习日，将每月10日定为支部主题党日，2022年组织集中学习30次、主题党日活动11次。支部深入开展改进作风、狠抓落实工作，建立“四查四问”着力解决突出问题台账，查摆存在问题，制定整改措施，坚持查改并重、久久为功，认真推进问题整改，开展“日学一句好政策、提升能力为群众”主题活动，督促支部党员坚持求真务实、提高业务能力、明确岗位职责、争当行家里手，以改进作风、狠抓落实的实际成效推进尼木县退役军人工作高质量发展。支部全面开展“比学赶超”专项活动，制定实施方案和“比学赶超”对标清单，对标顺义区退役军人事务局，形成抓作风促落实、抓落实强作风的良好氛围。开展“感悟领袖风范、锤炼过硬作风”读书活动，深入研读《习近平的七年知青岁月》，开展读书交流会1次，传达学习12次。支部党员深刻领会习近平总书记对退役军人工作的科学谋划，不断提高履职尽责的政治站位和理论水平。

支部开展中共二十大精神集中学习1次，集中学习《习近平总书记在中国共产党第二十次全国代表大会上的报告》、习近平总书记在中国共产党第二十次全国代表大会闭幕会上的重要讲话精神，学习《中国共产党第二十次全国代表大会关于十九届中央委员会报告的决议》《中国共产党第二十次全国代表大会关于十九届中央纪律检查委员会工作报告的决议》《中国共产党第二十次全国代表大会关于〈中国共产党章程

（修正案）〉的决议》，学习贯彻中共二十大精神中央宣讲团报告会精神。开展专题研讨1次，撰写心得体会7篇。

【双拥工作】 年内，尼木县退役军人事务局落实“四尊崇”“五关爱”“六必访”工作要求，结合常态化联系退役军人工作机制，利用“三大节日”、八一建军节、立功受奖送喜报、悬挂光荣牌等时机开展走访慰问。年内，“三大节日”期间，尼木县县级领导组成慰问组，慰问退役军人、烈士遗属并发放慰问金，为驻尼木部队送去慰问品。年内，送喜报小组为荣立三等功军人家庭送去喜报3次，发放奖金3000元，为“四有”优秀士兵家庭送去喜报5次，发放奖金2500元。

尼木县退役军人事务局积极对接驻尼木部队，实时掌握随军家属和即将随军家属的就业需求，为下一步解决军人“三后”问题提供支撑。

5月25日，组织召开尼木县双拥工作领导小组全体会议，全面总结工作，深刻剖析问题，明确职责分工，为下一步双拥工作发展打下坚实基础。

尼木县双拥办印发《尼木县关于2022年“八一”建军节庆祝建军95周年、喜迎党的二十大系列活动的方案》，悬挂以拥军优属、拥政爱民为主题的横幅；县城内LED屏幕滚动播放军旅题材视频，营造爱国拥军、爱民奉献的浓厚氛围；县退役军人志愿服务队为队员配备服装，举行服装发放仪式；为驻尼木部队开展送医送药、免费义诊活动，为官兵进行体检、送去药品，进一步体现县委、县政府对部队官兵的关心关怀；县委副书记、县长次旺多杰，县委副书记蔡红梅，县人民政府副县长米玛潘多带队会同县双拥办工作人员组成慰问小组，走访慰问驻尼木部队；举办喜迎二十大·庆“八一”篮球赛，县人民武装部、武警中队、兵站、消防救援大队和公安局参与活动，县人大常委会副主任李必焱出席活动并致辞；为庆祝建军95周年，对在各个时期为人民军队建设做出贡献的退役军人送去节日的祝贺以及党和政府的关心关爱，走访慰问退役军人代表。

尼木县退役军人事务局积极配合县征兵办，进行政策宣传，鼓励有志青年参军服役报效国家。2022年开展征兵宣讲会3次。

【优抚资金兑现】 年内，尼木县退役军人事务局及时调整因公牺牲军人家属抚恤金和60岁以上农村籍退役士兵生活补助发放方式，由按年发放改为逐月发放，并按照政策要求，及时提高发放标准，进一步体现党和政府对广大优抚对象的关心关爱。年内，已兑现60岁以上农村籍退役士兵生活补助和因公牺牲军人遗属定期抚恤金。

【服务保障】 年内，尼木县退役军人事务局持续做好退役军人及其他优抚对象优待证建档立卡信息采集和申请工作，加强宣传、优化服务，在做好疫情防控的同时，尽快让更多符合条件的服务对象申领到优待证，享受优待政策。

结合领导干部下基层大接访办实事活动，副县长米玛潘多和尼木县退役军人事务局分别就《中华人民共和国退役军人保障法》、退役军人工作、征兵工作等相关法规政策进行宣讲，宣讲内容丰富、语言通俗易懂，易于为广大群众接受、理解和掌握，进一步

2022年7月28日，尼木县开展为驻县部队官兵送医送药、免费义诊活动

提升群众对惠民利民政策的知晓度。2022年开展宣讲4场，参与群众1000余人次。

5月25日，组织召开尼木县委退役军人事务工作领导小组会议，总结工作，部署任务，推动尼木退役军人服务保障工作再上新台阶。及时学习王君正书记在自治区党委退役军人事务工作领导小组会议上的讲话精神，为下一步尼木退役军人事务工作指明前进方向。

【褒扬纪念】 年内，尼木县退役军人事务局持续推进烈士陵园设施整修工程，完成对烈士陵园的修缮维护和提质改造，进一步科学保护文物、改善陵园环境、打造精品展陈、强化教育功能，将烈士陵园打造成更加专业的爱国主义教育、反分裂斗争教育、民族团结进步教育基地，至年底该项目已完成总工程量的90%。常态化开展青少年学生爱国主义教育、党员重温入党誓词、支部主题党日活动、入党入团入队仪式、开学第一课等活动，坚持利用红色资源，充分发挥陵园铭记历史、缅怀英烈、教育后人的红色阵地作用。

年内，尼木县在陵园开展清明节、“9·30”烈士纪念日公祭活动，共计150余人参加；青少年学生到陵园参观祭扫共计6次，共计700余人次参加。

【移交安置】 年内，接收自主就业退役士兵，完成退役军人组织关系转接档案移交、登记基本信息，为下一步发放一次性经济补助金和家庭优待金做好前期准备工作。

【就业创业】 年内，组织退役军人参加区市退役军人事务部门组织的退役军人专场招聘会，为退役军人提供就业创业机会。根据实际，对尼木县退役军人就业创业培训需求进行摸底，及时推送招聘信息和就业创业相关政策，帮助尼木县退役军人实现就业创业。年内，西藏巨龙铜业公司举办退役军人专场招聘会，普松乡1名自主就业退役军人成功被录用。制定《尼木县退役军人就业创业补贴资金管理办法(暂行)》，扶持退役军人积极投身就业创业，12月7日为退役军发放就业创业补贴资金。

2022年12月8日，尼木县召开退役军人就业创业补贴资金申领工作会议

【新冠疫情防控】 年内，新冠疫情发生后，驻尼木部队采取封闭式管理，县退役军人事务局主动作为，与县医院沟通协调，为部队上门进行核酸采集；与县疫情办对接，为部队有休假需求人员代买机票，并进行闭环转运，将休假人员送至机场。

年内，尼木县广大退役军人积极行动，带头奋战在抗疫一线，涌现出一大批“逆行者”，为弘扬抗疫先锋榜样精神，发挥引领示范作用，向市退役军人服务中心报送尼木县退役军人抗击疫情先进典型事迹4件；慰问疫情期间最美退役军人志愿者，并发放慰问金。

(才央白吉)

【机构领导】

局　长

平　措(藏族)

副局长

杨　莉(女，4月任)

市场监督管理

【概况】 2022年，尼木县市场监

督管理局坚决贯彻落实区、市、县党委、政府安排部署，以服从安排、思想不乱、队伍不散的思想觉悟与统一认识积极推动机构改革，如期完成职能与人员的整合；以工作不断、干劲不减、监管不落的工作态度与责任担当落实每项工作，加强日常监督与组织开展联合检查，不断消除监管盲区、规范辖区食品经营行为。

尼木县市场监督管理局干部职工 14 人，其中行政人员 9 人，工人 4 人，“三支一扶” 1 人。市场主体共计 2441 家，其中食品经营许可证 768 家。全县共有 27 家学校食堂、11 家企事业单位集体食堂、1 家养老院、1 个县级医院，8 个乡镇卫生院，25 个村级卫生室。特种设备使用单位 20 家，特种设备共计 70 台。

2022年2月10日，尼木县市场监督管理局执法制服换装仪式举行

【党建工作】 年内成立党组，并下设“小个专经济组织联合党支部”；开展书记讲专题党课 3 次，召开党员大会 8 次，开展党史学习教育 20 次，开展“缅怀先烈”、“参观红色教育基地”、重温“红色革命记忆”、“光彩服务日”等主题党日活动 8 次。业务分管领导签订《2022 年度党风廉政建设责任书》，干部职工签订《廉政承诺书》；督查注册登记“窗口” 12 次，督查执法组 3 次；开展干部职工谈心谈话 8 人次，警示教育 2 次，并针对不做不实、纪律散漫等严抓严管。

【优化审核制度】 年内，尼木县市场监督管理局将优化营商环境作为践行为民服务的一项重要工作，全面落实“首问责任制”有效提高咨询准确率；缩短审批时限，贯彻限时办结制度；确保让群众“最多跑一次”的原则落到实处；采取简化市场主体注册登记程序、及时推送“双告知”信息、服务指导企业年报公示、加强经营异常名录管理、加强“双随机、一公开”抽查结果的运用等措施，切实做到“即时提交、即时审核、即时发照”，激发市场活力，服务水平得到优化，进一步提高注册登记服务效能，营造良好市场准入环境。截至年底，尼木县市场主体总数为 2441 户，2022 年新增市场主体 229 户（家），其中个体 183 户，企业 45 户，合作社 1 家。

【普法宣传】 年内，以“3·15”消费者权益日、品牌日、食品安全宣传周等重要时间点为契机，开展 16 次宣传活动、发放《中华人民共和国消费者权益保护法》《中华人民共和国食品安全法》《中华人民共和国价格法》等法律法条为主题的宣传材料 1200 余份、受理消费者咨询 92 人次。实行“12315”值班制度，确保“有诉必应、有报必查、有查必果”，直接投诉举报 3 件、“12315”系统分流举报事件 6 起，处置率 100%。

【市场监管】 年内，通过宣传引导、落实责任、督导检查等方式，有效开展年度年报公示工作，尼木县年报公示率达到 75%。

年内，组织召开部门联合“双随机、一公开”系统培训会 1 次，并制定《部门联合“双随机、一公开”抽查工作方案》与《部门联合“双随机、一公开”抽查工作计划表》，同时，开展部门联合 4 次、双随机检查 3 次，助推“进一次门，查多项事”的有效落实，接受自治区市监局下发不定向“双随机”抽查任务 1 起，检查 11 家企业；深化知识产权、广告、价格、计量等领域专业市场监管检查与专项执法行动。共出动执法人员 135 人次、车辆 38 辆次。

【食品安全监管】 年内，深入推进“护苗”“护源”专项整治、对全县 27 所学校及幼儿园食堂进行专项检查，并对校园周边小餐饮及食品店进行专项检查；结合“元旦、春节、劳动节、端午、拉萨雪顿节、国庆”等一系列节前食品安全专项检查、农村食品安全无证经营、酒类整治专项行动和守护重大节日及重大活动的食品安全检查，并开展农村（社区）集体聚餐食品安全整治行动；开展重大节日、调研活动等食品安全保障 13 次。以上共计出动执法人员 420 余人次，执法车辆 95 辆次，下架过期食品 500 余千克，下达整改通知书 12 份，口头整改 35 份，行政处罚 1 起，无证经营罚款 1 万元。

【“两品一械”安全监管】 年内，有序开展医疗器械、药品及化妆品经营使用情况监督检查，切实保障全县人民用械用药用化安全。对 2 家县级人民医院、8 家乡镇卫生院、25 家村级卫生室，每月开展 1 次全面检查。截至年底，已出动执法人员 25 人次，未发现违法违规行为，报送 5 个药品不良反应现象；对尼木县 2 家药店、3 家诊所、7 家化妆品店不定期开展监督检查，共计出动执法人员 33 人次、开展检查 72 家次，未发现违法违规行为。

【特种设备安全监管】 年内，坚持预防为主、防治结合的办法，严格执行安全生产和特种设备使用相关规定，结合节前检查以及定期不定期突击检查形式，落实辖区 20 家特种设备使用单位的 70 台特种设备主体责任情况，全面排查特种设备经常场所可能存在的隐患。截至年底，出动执法人员 115 人次，发现隐患 10 处，现场整改 6 处，下达指令书 4 份，限期 15 天整改完毕，年底均已整改完毕。

【产品质量安全监管】 年内，根据拉萨市质量和标准化工作领导小组办公室要求，结合尼木县实际，以“电线电缆、成品油、儿童和学生用品、消防用品”等专项检查为依托开展质量安全检查，共计出动执法人员 39 人次，执法车辆 13 辆次，检查市场主体 91 家次，未发现违法违规行为。加大质量抽检力度。尼木县已完成食品省抽、市抽、县抽共 145 批次，利用食品快速检测车和仪器开展农产品快速检测 48 批次，完成服装、消毒柜等商品质量抽检 7 批次。

2022年4月28日，尼木藏香协会规范化建设第一次会召开

【预防措施】 年内，按照区市县疫情防控有关精神，紧盯辖区冷库、农贸市场、食品加工、餐饮、超市、小食杂店等重点场所，逐街逐户开展细致排查，登记台账，督促经营主体严格按照疫情防控要求开展经营活动，落实进货查验和索证索票制度；政策性关停活禽宰杀处 2 家，共摸排食品经营主体 578 家次，排查进口冷链食品经营情况 135 家次，未发现不符合要求的冷链食品；对农贸市场、超市、餐饮业等从业相关人员进行核酸检测，均为阴性；药店、诊所落实“退热、咳嗽、抗病毒、抗生素”四类重点药品实名制登记制度，与药店、诊所签订《零售药店疫情防控常态化工作承诺书》5 份。

【保障民众安全】 年内，尼木县市场监督管理局引导市场主体各营业企业、个人，全面做好疫情防控落实情况，做好各市场主体统计摸底情况，并根据全县疫情防控

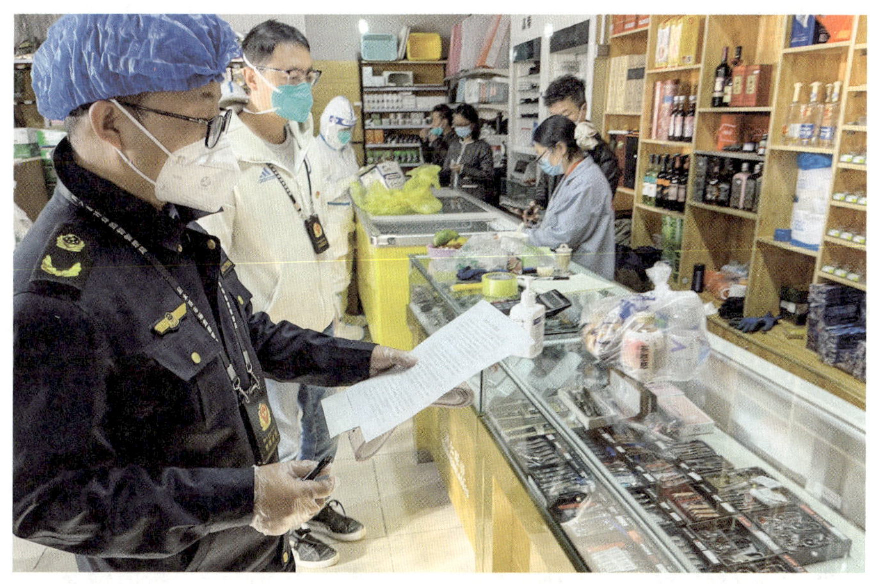
2022年9月28日，尼木县市场监督管理局干部对复商复市商店进行检查

形势，做好各市场主体的思想引导工作。通过微信、电话等方式，通知县城范围内商户按要求完成核酸检测，落实各项防疫措施规定，并从9月5日起，对尼木县各商户疫情防控落实情况开展线上和线下检查，特别是对参与尼木县保供工作的餐饮单位采取线上监督线下检查，做好从业人员健康登记，同时做好保供餐饮行业留样待检等工作，确保尼木县保供餐饮行业落实食品安全措施。

制定《尼木县疫情防控期间商户有序开放实施方案》，按照“分类恢复、有序推进”原则，对群众生产生活必需的超市、批发店、粮油店、诊所、母婴店等，在严格落实防控措施基础上恢复经营。已复商复市商户均填写尼木县商户复商复市考核备案登记表、尼木县商户复商复市承诺书及健康监测表，人员进入各类公共场所严格落实错峰、限流、扫码、测温、戴口罩等措施。

9月9日，向社会发布《尼木县有序恢复市场主体复商复市告知书》，全县已分2批次31家商户复商复市，其中县城（含塔荣镇）开放3家超市、3家理发店、2家酥油店、2家批发店、1家保供汽车修理厂、1家农机具维修店、1家粮油店、1家母婴店、1家诊所共计15家商户；其他7个乡镇也有序开放与民生息息相关的16家商户，其中续迈乡开放1家超市、2家批发店，尼木乡开放2家商店、2家批发店、1家炒青稞店，卡如乡开放1家超市，吞巴镇开放2家超市，普松乡开放1家超市，帕古乡开放2家商店、1家裁缝店、1家农机维修店，满足全县人民正常的生产生活需要。

对进入尼木县的物资商品进行抽样检测、全面消杀，对已营业主体每日开展督查检查，因防控措施落实不到位造成疫情传播蔓延的将依法依规严肃追责。鼓励全民参与防疫监督，对不履行防疫责任的主体和个人及时进行举报。截至年底，对全县复商复市商户开展疫情防控措施落实情况和食品安全检查28次，出动执法人员150余人次，共检查市场主体195家次，下架没收过期食品产品157种，折合人民币15205元，责令停业整顿13家商户。

（何　彬）

【机构领导】

局　长

刘　卓　娅（女，藏族）

副局长

仁青次仁（藏族，5月免）

平孙卓玛（女，藏族）

阿旺顿珠（藏族）

胡　　宁（5月任）

教育

【概况】 2022年，尼木县各级各类学校30所，其中初中1所，小学5所，幼儿园24所（包括县级幼儿园2所、乡级幼儿园7所、村级幼儿园15所）。中小学在校学生共计4354人，其中，中学在校生1344人，小学在校生3010人；在园幼儿1148人。全县共有在职教职工434人，其中教研员30人，工勤人员3人，幼儿园专任教师94人，小学专任教师203人，中学专任教师104人。中小学专任教师学历合格率100%。小学、初中入学率均为100%，义务教育巩固率达100%，学前教育入园率为96.25%。2022年县本级教育投入2315万元。

【党建工作】 年内，巩固拓展党

史学习教育成果，始终把学习习近平新时代中国特色社会主义思想和中共二十大精神作为首要政治任务，按照“一（大）周一学习”要求常态化开展学习教育，通过党委理论学习中心组、党委会、机关党支部、学校党支部集中学习等方式，专题学习中共二十大精神，学习贯彻习近平总书记重要讲话精神，学习贯彻自治区党委书记王君正、自治区主席严金海、拉萨市委书记普布顿珠关于教育工作的指示批示精神，深刻领悟“两个确立”的决定性意义，通过分解任务、细化措施、压实责任，吃透落实讲话精神。召开党委理论学习中心组、党委会、机关党支部学习等各级各类学习 30 余次，各学校党支部开展各类集中学习 100 余次。

组织各级党组织对照党章党规，充分发扬党内民主，高质量开好年度民主组织生活会、学校党支部书记抓基层党建工作述职评议会、述责述廉会，扎实做好后续整改工作。持续深化“8534”党建模式，深入实施学校基层党组织标准化规范化建设提升工程。严格按照组织程序发展党员，全县教育系统吸收入党积极分子 23 人，发展预备党员 8 名，预备党员转正 9 名。严格落实中小学校党组织领导的校长负责制，保障党组织在学校工作中把方向、管大局、作决策、抓班子、带队伍、保落实，决定学校重大问题，监督重大决议执行的领导作用，对县中心小学党总支领导班子进行调整。

深入落实“管行业就要管党风廉政建设”要求，以改进作风狠抓落实契机，抓好招生评聘、招标采购、工程建设等关键领域、关键岗位廉政风险防控，精准开展审计反馈问题、学生餐“微腐败”等专项整改。制定完善《尼木县教育局党委议事规则》，严格落实“三重一大”制度，全面规范权力运行。召开党委会议 13 次，研究解决事项 161 项。认真贯彻区市县党委政府关于改进作风狠抓落实的各项部署要求，研究制定《关于在全县教育系统开展进一步改进作风狠抓落实专项整治活动实施方案》，大力整治形式主义、官僚主义等突出问题，激励广大党员教师担当作为，常态化推进教育系统上下改进作风，狠抓落实工作。

【德育工作】 年内，坚持用习近平新时代中国特色社会主义思想铸魂育人，持续落实全县教育系统学习宣传贯彻习近平新时代中国特色社会主义思想“三进”工作，开展“开学第一课”、每周一升旗仪式、主题班会、“3·28”西藏百万农奴解放纪念日、“喜迎党的二十大”等主题活动，加强师生理想信念教育、爱国主义教育、社会主义核心价值观教育、生态文明教育、民族团结教育、反分裂教育等，切实在增强“四个意识”、坚定“四个自信”、做到“两个维护”和“五个认同”上下功夫，持续守牢校园意识形态阵地。

加强法治教育，聘请检察院、法院、司法、公安等部门人员担任各中小学校法治副校长，促进未成年人健康成长。坚持教育者先受教育，制定实施《尼木县教育系统 2022 年思政教师能力提升培训方案》，组织开展第二届县级思政教师教学技能大赛，邀请由拉萨师专思政专业资深教授为代表的 7 名授课教师，为全县 74 名中小学教师开展专项培训，引导思政教师深刻理解掌握科学体系和丰富内涵。全面推进民族团结进

2022年5月12日，拉萨市教育局党组副书记、局长普琼（左一）一行到尼木县北京中心幼儿园调研指导工作

步创建工作，研究制定《尼木县教育系统创建民族团结进步示范单位工作实施方案》，开展民族团结创建"九进"工作，创建全区教育系统民族团结进步创建模范学校1所、宿舍2个。

2022年3月17日，拉萨市教育局副局长陈渠汇（右四）一行到尼木县督导检查校园新冠疫情防控工作

【素质教育】 年内，深入贯彻落实《中共中央　国务院关于加强青少年体育、增强青少年体质的意见》精神，落实"生命和谐"教育理念和阳光体育运动，全面实施素质教育，培养德智体美劳全面发展的人才，以推进体育大课间活动为重点，开展"两操一活动"和"阳光体育活动"。组织开展好每月小型体育竞赛活动，全面增强学生体质，在开足体育课程的基础上，根据实际，按照"小型多样，单项分散"的原则，按季节气候的不同，每月安排各种体育竞赛活动。

12月，各学校积极开展体质健康数据监测活动，建立《学生体质健康标准》测试报告书制度，逐步实现贯彻实施《学生体质健康标准》工作的规范化、制度化和科学化。同时加强美育劳动教育，开齐开足开好音乐、美术、书法等课程。

【基础设施】 年内，始终坚持科学规划，不断加大教育资金投入，优化教育资源配置，改善办学条件，全力推进教育基础设施重点项目建设。续建项目7个，总投资6217.33万元，分别为尼木县教育系统高海拔增湿供氧试点项目，总投资1000万元；尼木县幼儿园教工宿舍楼建设项目，总投资340万元；尼木县教育系统供暖维修改造项目，总投资1303.06万元；尼木县教育系统供暖建设项目，总投资924.27万元；尼木县吞巴镇小学改扩建项目，总投资1710万元；尼木县尼木乡小学改扩建项目，总投资700万元；尼木县中学改扩建项目，总投资240万元。新建项目4个，总投资1324万元，分别为麻江乡完小改扩建项目，总投资450万元；尼木县小学改扩建项目，总投资400万元；尼木县中学运动场维修改造项目，总投资347万元；尼木乡小学厕所改扩建项目，总投资127万元。

【控辍保学】 年内，全县6所中小学校均实行"按片区招生""整班移交"，妥善解决39名随迁子女就学工作，确保入学公平。严格控制义务教育学校"大班额"。做细做实"送教上门"工作，实施"一人一案"，对特殊学生的教育，坚持因材施教，有计划、分阶段地对残疾生进行运动、感知、语言交往能力的训练。为智力、言语、身体残疾较为严重的适龄儿童送去米面粮油等慰问物品（包括学生应享受的"三包"物资等），开展"送教上门"225人次。

【教育教学】 年内，围绕"五个100%"目标和教学"五环节"，抓好教材教法研究、教学常规研究，不断改进教育教学模式，全面提升课堂教学效果。持续落实尼木县教育局领导联校、教研员蹲校、区市县学科带头人、骨干教师送教等教研活动，选拔县级骨干教师和学科带头人开展示范课、公开课、网络大教研等27场，组织全县5所小学22名教师进行首届作业设计大赛。采取"走出去、请进来"的方式，组织60余名校级领导和教师赴拉萨市第八中学、拉萨市城关区第二小学、日喀则幼儿园等学校开展现场观摩学习，选派中小学党组织书记参加线上线下培训15人次。做好学前教育高质量普及普惠迎检工作，紧紧围绕学前教育普及普惠“16个目标任务”，县教育局对全县24所幼儿园进行普及普惠水平督导检查，针对检查过程中发现的问题，认真分析原因并提出行之有效的整改措施，组织23所幼儿园园长及教师共计110余人到尼木县中心幼儿园参加观摩活动。

全面推广普及国家通用语言和汉字，发挥学校基础作用，注重语言文字规范化建设及语言文字能力的提升和应用，按照教育部的规定开足开齐普通话口语、写字课。中考成绩显著提高，实现了历史性突破。中考成绩在2021年总平均分426分的基础上提高63.22分，达到489.22分，在拉萨市七县（区）名列前茅，高质量完成县委、县政府“保三争二”的目标任务。教研水平明显提高，推送的13节基础课堂中有12节课被拉萨市教育局推选为市级精品优课，采纳率达92.31%。严格落实“双减”要求，持续推进中小学生“五项管理”，举办首届县级作业设计大赛。完善规范课后服务保障机制，制定下发《尼木县中小学课后服务经费保障实施方案》，兑现春季学期教师课后服务课时量补助33.3014万元。

【队伍建设】 年内，持续加强师德师风建设，常态化开展教师“一考三评”工作，严肃查处师德师风案件，对3名违反纪律的教职工进行处理。2022年通过师资调配、公招分配、乡村幼教等方式，补充调整14名教师（含3名乡村幼教），轮岗交流教师8名，各学校结构性短缺和薄弱学校师资不足问题得到有效缓解。教育质量奖励、乡村教师补贴、教师周转房、班主任津贴、超课时补贴等政策全面落实，教师队伍活力明显增强。

【校园安全】 年内，坚持警钟长鸣、警惕常在，牢固树立“校园安全是学校教育的永恒课题”的思想，一手抓教学质量、一手抓校园安全。研究制定《2022年尼木县教育系统安全生产工作实施方案》，全面部署教育系统安全生产专项整治工作，开展3次全方位多领域校园安全督导检查，突出学校建筑工地安全监管、流行性传染病防控、明厨亮灶、预防校园欺凌、预防青少年儿童溺水、危化品及易燃易爆物品专项整治等重点工作，持续落实好“4个100%”（专职保安配备率100%；校园封闭式管理达到100%；一键式紧急报警、视频监控系统达标率达到100%；护学岗设置率达到100%）目标任务，全面提升校园安全防范水平。

2022年3月13日，县委副书记、县长次旺多杰（中）到尼木县中学调研指导工作

【新冠疫情防控】 年内，制定印发《尼木县中小学2022年秋季学期返校开学暨疫情防控工作方案》，认真落实“五级联防联控机制”“六项制度”“十一个到位”，开展好校园疫情防控工作。严格执行人员审批、报备手续，建立完善“一人一档”，实施动态管理，准确掌握师生员工的健康状况，做到底数清、情况明。党员干部积极主动作为，积极参与疫情防控工作，50余名党员领导干部、教职工积极响应县委、县政府号召，主动投身防疫一线，为打赢疫情防控阻击战攻坚战歼灭战贡献了力量。

【大学生资助】 年内，严格落实《拉萨市高等教育阶段家庭经济困难学生资助政策实施办法（试行）》，通过召开专题会议、发放宣

2022年5月9日，尼木县各中小学校领导班子一行到拉萨市八中参观学习

传资料等多种形式，在全县范围内宣传党的惠民政策和教育资助政策，安排专人指导、收集、整理大学生资助申报工作。同时，联合县委组织部、各乡（镇）对大学生人员信息、申请人员条件和申报材料进行详细核对、严格审批，确保不漏一户不落一人。完成资助建档立卡（农村低保）大学生154人，兑现区、县两级资助金95.0737万元；资助非建档立卡（困难家庭）大学生586人，资助金额288.3359万元，其中本级财政承担的部分为309.5496万元。

【教育数字化】 年内，坚持以训促用，不断加强师生教育信息化技术手段应用培训，通过"珠峰旗云"、钉钉直播及公众号推送等多种方式累计开展培训15次，参培教师人数3000余人。成功举办首届STEAM教育骨干教师培训，稳步推进中小学STEAM教育发展。连续4年组织教师参加全国基础教育精品课堂、拉萨市微课大赛、全国信息技术与课程整合优质课大赛等活动。推动线上教学活动，积极探索"互联网+教育"工作新模式，组织各学校采取线上直播、线上答疑辅导、线上推送优质资源的形式开展线上教学，开展"三级巡课"，实时关注线上教学动态，加强指导反馈，确保线上教学活动取得实效。

【"慧育中国·山村入户早教"工作】 年内，狠抓麻江、帕古、普松、卡如乡"慧育中国·山村入户早教"工作，组织县、乡两级40名督导员通过走村入户、查阅资料、现场评价等方式，对4个乡304名儿童早教工作开展情况进行实地督导，抽查、观摩12名家访员现场干预儿童家访工作全过程，现场指导家访过程中的问候、聊天、回顾、新活动、总结、唱歌、预约等七个环节，为推动基础教育高质量发展打下坚实基础。

（田鑫玥）

【机构领导】
党委书记、局长
洛　旦（藏族，5月免）
王宗堂（5月任）

尼木县中学

【概况】 尼木县中学距离拉萨市130千米，系拉萨市建立在半农半牧地区的一所初级中学。学校占地面积78104平方米，总建筑面积30868平方米，实验室建筑总面积3149平方米，图书馆建筑面积216平方米；学校有26个教学班级，在校学生1344人，正式教职工107人，专任教师105人。尼木县中学基础设施建设完善，有1栋多功能五层现代化教学楼、2栋食堂、6栋学生公寓、6栋教师公寓、1栋行政办公楼、1栋职业教育楼、1栋综合实验楼及相关基础设施；学校建有录播教室2间（其中2021年新建1套精品录播教室），智慧黑板26套；综合实验楼1栋（配套的物理实验室、化学实验室、生物实验室各2间）；计算机教室3间，图书室及图书阅览室各1间，新增图书管理系统1套，总藏书34221册，生均25.46册。校园环境优美，建有标准的塑胶运动场和室内篮球馆及青少年活动中心，体育场馆总面积25516平方米，生均18.99平方米。

【党建工作】 年内，尼木县中学党总支统一领导学校工作，集体研究决定学校工作中的教育发展规划、教师职称评聘、"三重一大"事项等工作，保证党组织在重大事项决策中的地位与作用。校委会班子积极主动负责，依法行使职权，保证学校教学、教研和其他行政管理等任务的完成。尼木县中学党总支紧密围绕党史学习教育开展各项党建工作，组织全体教职工认真学习贯彻习近平新时代中国特色社会主义思想，认真学习贯彻习近平总书记治边先稳藏重要论述和一系列重要指示批示精神。

年内，尼木县中学党总支依旧认真贯彻落实党组织标准化建设，按要求设置党组织以及教代会、工会等群建组织，确保干部管理标准；积极开展党史学习教育实践活动，确保党员学习标准；召开党史学习教育专题组织生活会，认真查摆分析问题，确保党内活动开展标准；制定《尼木县中学党建“双培”工作方案》，大力开展“双培养”工作，确保培养人才标准；完善党建工作制度，确保工作运行标准。10 月 16 日，尼木县中学党总支组织全体教职工观看学习中共二十大会议精神，对落实上级党组织要求、抓好学习宣传贯彻工作进行安排；随后各党支部先后开展 5 次线上书记讲党课、中共二十大精神学习讨论活动。

【教育教学质量】 年内，尼木县中学全面贯彻党的教育方针，积极投入新课程实施。在新课程的实施过程中不断更新教育理念，不断加强师德师风教育，狠抓教学管理，通过“教学五环节”，以“五个 100%”“教师岗位技能大练兵”“青蓝工程”“教坛新秀大赛”“校级赛课”“送教”等为契机，切实提升教师的教学基本功，进一步规范教师的教学行为，提升教师的综合素质。根据学校的总体工作部署，结合学校实际，主要通过月考、月考分析、家长会、师生表彰大会、培优补差、加强实验教学等措施切实提高教学成绩；加大教研力度，加强对教师教案、学生作业、课堂教学的检查，尼木县中学采取教研组组内检查、教研室集中检查、课堂抽查等方式，对全体教师的教案、作业布置、批改和听课情况进行检查，规范教师的备课、作业布置、批改和听课等常规教学行为。

2022年5月18日，尼木县中学举办第十四届田径运动会

2022 年上学期，尼木县中学对教师教案抽查 3 次，集中检查 3 次，组内检查 8 次，检查作业批改情况 6 次，检查听课情况 6 次。2022 年下学期因新冠疫情原因，线下教学转为线上教学，尼木县中学根据上级主管部门统一安排部署，按照各教研组学期教研活动计划的安排，参加线上各项教研活动，广大教师能够积极参与到教研活动中，主动探讨线上教学中存在的问题，提高老师们的教科研水平。

【新冠疫情防控】 年内，新冠疫情发生后第一时间成立以书记和校长为组长的疫情防控工作领导小组，全面统筹部署学校疫情防控工作，建立应急处置、物资保障、信息报送、校园封闭等衔接有序、高效运转、执行有力的疫情防控体系。学校认真贯彻落实疫情防控指挥部决策部署，把疫情防控作为学校工作首要政治任务，统一思想，积极应对，精准施策，扎实推进，以实际行动诠释使命担当。学校实行分班级、分单元联包制，全面做好师生相关信息统计上报工作，严格执行“日报告、零报告”制度。全县静默管理后，学校严格落实疫情防控工作要求，通过微信、微信公众平台、宣传标语、班会等途径宣传疫情防

2022年6月3日，尼木县中学开展软笔书法兴趣课

控知识。提高师生防疫认识，提升自我防护水平，众志成城，防控疫情。为切实阻断环境传播链条，尼木县中学根据卫生健康部门要求制定日常消毒方案，对全校尤其是重点区域、重点部位进行消毒，循环消杀，消除细菌、病毒滋生环境，全方位提升学校环境卫生条件。学校严格按照疫情防控要求落实全员核酸检测，有序组织，逐一清点、间隔1米、全程佩戴口罩、检测前后消杀，确保核酸检测顺利完成。

2022年下学期，学校按要求实行全封闭式管理，严格落实24小时值带班制度，外来人员及车辆一律不允许进入校园，蔬菜等生活物资配送车辆在校门口交卸，学校安排专人进行对接，确保校园入口关安全。除此之外，尼木县中学为响应号召抗击疫情，学校成立教师服务工作队，为学生清洗餐具并进行消毒，安排教师负责学生就餐秩序；尼木县中学26名后勤职工“舍小家，顾大家”，组成后勤保障服务工作队，承担起学校后勤服务工作的重任，为学生做饭、理发、管理宿舍、发放营养餐，为教师提供生活保障（加煤气，发放方便面、奶粉等）。

【综治工作】 年内，尼木县中学高度重视安全教育和安全防范工作，建立由书记和校长统领全局，分管校长具体抓，以安卫办、德教处和总务处为中心，各班主任分管和科任老师、后勤工作人员协作的全员安全工作网络和安全工作责任制；召开全体教职工会议，严格落实安全专项行动方案；建立完善的安全教育制度、安全工作责任制及岗位追究制；学校定期开展消防安全检查、消防演练，重新配备消防器材等设施设备，防止火灾事故发生；进一步加强学校食品安全监督管理工作，消除学校食品安全隐患，控制学校食品安全事故发生；做好学校施工场地的安全工作，学校加强施工安全教育，采取施工防范措施，定期排查安全隐患，确保师生人身安全，及时做到防患未然；对师生进行安全常识教育，结合国家法律法规讲安全，结合生活实际讲安全，结合安全隐患讲安全，大力宣传如何预防煤气中毒、预防食品中毒、防溺水、防电、防交通事故、防意外伤害等安全知识，增强师生安全意识，制订各种应急预案，做到安全工作警钟长鸣，确保学校财产安全、师生人身安全。

【学生安全教育】 年内，尼木县中学共举办2次开学第一课，开展3次消防安全知识讲座和2次法制讲座、1次防火防震疏散演习、6次周假前的安全教育会、8次消防安全检查、4次安全卫生食品讲座，开展15次安全方面的工作与活动。完善各类应急预案，加强“三防”（火灾、洪灾、震灾）演练，增强学生的安全意识，和安全防范意识，提升他们的应急避险能力。

【德育工作】 年内，成立以书记和校长为组长的德育工作领导小组，成员由德教处、班主任、学生会等人员组成，并聘任县派出所民警兼任学校的法制校长；制订学校德育工作计划，进一步加强德育工作的针对性、实效性和主动性。为落实德育工作计划，学校从学生入学之初，便着手进行爱国主义、集体主义、法律法规、校规校纪、《中学生守则》、《中学生行为规范》等系列教育。学校开设思想政治课，重视各学科教

2022年8月26日，尼木县中学组织全体在校师生开展核酸检测

学中对学生的思想品德教育。开展多种形式的课外活动和校外活动，加强学生的品德教育。

学校充分利用德育室、校园宣传栏、黑板报等，对各年级学生进行分段德育教育：初一年级为基础阶段，主要对学生进行爱班级、爱学校、爱集体的入学教育，抓好中小学教育的衔接；初二年级为成长阶段，重点进行理想、人生观、价值观教育；初三毕业班为发展阶段，重点进行正确的升学观、就业观及理想教育。

每学年学校邀请公安、交警队民警，卫生部门工作人员到尼木县中学举办法治、交通安全、卫生防疫教育大会，增强广大学生的法律意识、交通安全意识、卫生防疫意识；每学期召开10次主题班会；团支部通过发展共青团员，开展团队活动，发挥共青团组织的模范作用；充分利用校园宣传栏、室内板报、广播站对学生进行思想道德教育；加强班主任管理，定期召开优秀班主任经验交流会，提高班主任工作水平。

【家校联系】 年内，尼木县中学定期组织召开学生家长会及各乡乡长座谈会，建立起学校、社会、家长三位一体的教育网络；同时，各班级组建微信群，假期各任课教师利用微信群对学生作业进行批改、辅导，学校班子成员分年级加入各班级微信群，对各班级微信群进行监管和督促。

（刘建明）

【机构领导】

党总支书记

南　文

党总支副书记、校长

尼　玛（女，藏族）

副校长

邓易才（土家族）

卫生健康

【概况】 尼木县卫生健康委员会为尼木县人民政府组成部门，编制为行政编制3名，其中科级领导职数2名。2022年，全县共有各级医疗机构37个，其中公立医疗机构34个（县级2个、乡级8个、村级24个），私立诊所3个（藏医诊所1个、西医诊所2个）；编制床位50张，其中县医院25张，乡（镇）卫生院25张，实际开放70张；共有医技人员249名，其中公益性、聘用、“三支一扶”等人员101名，编制内医技人员148名；正高级职称1名，副高级职称2名。

【新冠疫情防控】 年内，尼木县卫健系统坚决贯彻落实习近平总书记关于疫情防控工作的重要指示批示精神，按照区、市、县党委政府的安排部署，以“保健康、防重症”为工作目标，坚持人民至上、生命至上，落实各项疫情防控措施，组织1000余人次医务人员参与疫情防控工作，坚决守护人民群众生命安全和身体健康。对65岁以上老年人开展健康服务，建立“重点人群、次重点人群、一般人群”管理制度，以上门入户、微信、电话等形式开展健康服务2149人；累计发放“爱心健康包”5469份，内含指夹式血氧仪、N95防护口罩、体温计、常用药品等，并由医务人员进行指导使用；密切关注新冠病毒疫情发展态势，动态储备新冠病毒感染相关治疗药品，确保满足群众用药需求；按照“应设尽设”原则，规范设置医疗机构发热门诊（诊室），将县医院发热门诊搬迁至传染病房，配足配齐医护力量；通过积极争取，为每个乡（镇）卫生院配备救护车1辆，除塔荣镇卫生院配备1辆救护车，其余乡（镇）卫生院均配备2辆救护车，极大提高了医疗机构转诊能力。

【健康尼木】 年内，以创建自治区级卫生城镇工作为契机，大力倡导健康文化，持续开展文明餐桌、文明校园、文明村镇等复查申报活动和城市精神文明、疾病预防知识等宣传教育活动，通过微信公众号、广播电视、广告牌、LED显示屏积极宣传"厕所革命"、精神文明建设、"爱国卫生"运动等工作内容，通过网络媒体大力宣传科学健康文化。在全县33个村（居）建立公共卫生委员会，推选主任、副主任、委员共172人，组织开展培训2次，提升基层公共卫生治理水平和能力。

【健康扶贫】 年内，开展巩固脱贫成效与乡村振兴有效衔接工作，继续组织医务人员开展家庭医生上门服务，召开健康扶贫工作推进会8次，细化部门工作职责，并将健康扶贫纳入年底目标绩效考核，全县建档立卡贫困人口家庭医生签约率达100%，将家庭医生签约服务与绩效考核挂钩，解决只签约不服务或重签约轻服务的问题。

【慧育中国·尼木县试点项目】 年内，慧育中国·尼木县试点项目共对塔荣镇、尼木乡、续迈乡、吞巴镇443名6—36个月儿童进行早期智力干预，发放家访员、督导员生活补贴98.55万元。

【妇幼保健】 年内，全县孕产妇总数603人，其中孕妇267人，产妇336人，建卡人数336人，建卡率100%，住院分娩率100%，全年无孕产妇死亡；全县0—14岁儿童人数6347人，3岁以下儿童人数1166人，0—6岁视力检测人数为2613人次，0—5岁儿童血红蛋白检测1807人次。

2022年6月8日，尼木县卫生健康委员会主任琼达（后排右二）主持召开尼木县原农牧区医疗门诊家庭账户基金清理工作部署会议

年内，共发放住院分娩补助236人，兑现金额27.03万元。聘请第三方医疗机构拉萨市厚北医院对全县35—64岁妇女进行"两癌"筛查，共筛查905人，筛查率100%。

【健康教育】 年内，以"艾滋病宣传日""结核病防治日"等宣传日为契机，开展新冠防控、健康素养66条等疾病防控知识宣传活动50次，共发放宣传材料2.85万份，受益1.4万余人次，举办健康教育讲座13次，受益1135人。开展个体化健康教育60次，接受个体化健康教育410人次，开展健康教育咨询活动15次，咨询人数595人，播放健康教育音像资料8次，宣传栏更新12次。

【计划免疫】 年内，全县冷链运转20次，辖区内6岁以下建立预防接种证3159人，建卡建证率100%，常规免疫规划九苗接种率98.25%，无预接种异常反应。共为1048名60岁以上老年人接种流感疫苗，接种率达到83.77%；通过"西藏自治区免疫规划信息管理系统"对儿童预防接种信息数据及时录入、疫苗出入库等进行上报，全年共录入儿童数276人，上传常规免疫规划疫苗4013针次，上传非免疫规划疫苗12681针次。

【卫生监督执法】 年内，全县共有公共场所18所（户），"两证"（公共卫生许可证、健康证）持证率达100%。对公共场所卫生进行监

2022年12月8日，尼木县卫生健康委员会为8个乡镇卫生院配发救护车

督检查7次，卫生合格率达96%以上。对从业人员进行卫生法律法规知识培训7次，累计培训79人次。对全县各所中小学及托幼机构进行监督检查4次，安排部署卫生监督协管员对所属辖区范围内学校卫生、生活饮用水、医疗机构及非法行医（采血）各巡查3次，采集20份水样并及时送至拉萨市疾控中心检查，结果均为合格。

【传染病工作】 年内，全县医疗机构报告法定传染病乙、丙类5种，发病总数46例，无死亡病例；无甲类传染病报告，总（乙类）报告发病率（162.05/100000），相比发病率下降5.34%。

【大骨节病防治】 年内，深入3个大骨节病区乡（镇）为186名患者免费发放大骨节病药物，符合手术指征且有意愿接受手术患者52人，2021年共组织开展手术1例。截至年底，完成手术12人，建档随访12人。

【慢性病管理】 年内，全县慢性病高血压患者共管理2800人，规范化管理数为2538人，新高血压患者1人；管理糖尿病患者14人，无新增，规范化管理率达100%；全县重性精神病患者53人，其中建档立卡贫困户患者17人，管理率达100%；65岁以上老年人接受健康管理2149人，管理率达99.1%。

【计生工作】 年内，共发放70岁以上高龄老人补贴资金110.895万元，涉及1528名高龄老人。发放奖扶（一孩双女）补助566人，特扶补助126人，共兑现资金131.442万元。

（吴开江）

【机构领导】

主　任

罗　刚（5月免）

琼　达（女，藏族，5月任）

副主任

吴开江（5月任）

人民医院

【概况】 尼木县人民医院是全县唯一一所集医疗、预防、教学、急救为一体的二级综合医院。医院承担着全县范围内突发公共卫生事件应急处置，6个乡2个镇乡村医护人员进修、培训等任务，担负着尼木县3万余人及周边县乡医疗急救、预防保健等任务。

尼木县人民医院编制床位25张，实际开放45张，年门诊量3万余人次，年住院500余人次。全院职工124人，卫生专业技术人员98人（包括援藏专家5人、借调16人、公益性岗位2人，聘用人员8人、基层卫生补助人员2名），藏医专业14人（药学专业2人）、临床医学48人、药学专业7人、麻醉1人、护士19人、工勤人员28人，其中高级职称1人、副高级职称3人、中级职称15人、初级职称35人、员级36人。2022年未发生过大的医疗事故，急诊应急能力及抢救危重病人的能力明显提高，收治的疑难危重病人越来越多，院内会诊、院内病案讨论增多，收治病种广泛，来诊病人扩展到周边县乡。

【精神文明建设】 年内，积极开展文明单位建设，组织广大干部职工学习马克思列宁主义、毛泽东思想、邓小平理论、“三个代表”重要思想、科学发展观、习近平新时代中国特色社会主义思想以及中央第七次西藏座谈会精神、中共二十大精神和文明单位理论知识，认真贯彻落实文明单位建设系列活动，2021 年 12 月经复查合格，继续保留“西藏自治区文明单位”荣誉称号。

【行风建设及为民办实事】 年内，加强法律法规知识学习，结合改进作风派遣精干的医务人员和组团式援藏医生到尼木县偏远村庄进行免费送医送药健康义诊活动，促进优质医疗资源向基层下沉，重点为建档立卡贫困户提供“一对一”上门服务，累计开展为民办实事健康巡诊活动 15 次，累计送去免费药品价值为 30087.7 元，就诊 4500 余人次。各项义诊活动，不仅使广大群众在自家门口享受到医疗诊疗服务，更着力解决“看病难、看病贵”，扩大了医疗援藏服务范围并提高党的医疗惠民政策知晓度。

【医疗质量】 年内，根据自治区卫生厅和拉萨市卫生局有关医疗质量管理规定制定医疗质量管理的原则，以病人为中心，以医疗质量为核心。将提高医疗质量建立在“18 项核心制度”的基础上，对全院医务人员进行基础理论、基本技能的考核和测评。全年进行医学“三基”知识考试 2 次，参加应急演练 2 次，促使医务人员在临床中严格执行基本规章制度和各项技术操作规程，更加熟悉自身医学理论知识和各项技术操作规程，提高医务人员的业务技能和处置突发事件医疗能力。

年内，通过“送出去”的方式，4 名骨干医师分别被派往北京市顺义区医院、区藏医院、市人民医院参加骨干医师培训，组团式援藏医师每周三对医务人员进行专业技能、技术操作等培训，医务科、护理部积极组织广大医务人员进行每周一次科内学习，每月不少于一次集中培训学习，做到以奖代罚，取得较好的效果。

【指标完成情况】 年内，医务人员“三基”考核率 100%、医疗器械设备完好率 100%，使用率 94%。年门急诊 29625 人次，其中藏医门诊 7521 人次。实现二级以上医疗事故零发生。年住院病 468 人次。门诊处方合格率 98%、住院病历书写合格率 96%、入出院诊断符合率 95%、危重病人抢救成功率 94%。

护理指标：护理技术操作合格率 92%、基础护理合格率 95%、一级护理合格率 98%、常规器械消毒合格率 100%、院内感染率为 0、急救用品完好率 100%、年褥疮发生次数为 0、年护理事故发生次数为 0。

藏医指标：针灸治疗 569 人次、放血疗法 24 人次、拔罐治疗 114 次、药浴 60 人次、牛角吸 16 人次、TDP（特定电磁波谱疗法）541 人次、金针灸 3 人次、涂擦治疗 27 人次、霍麦治疗 18 人次、盐敷料 13 次、介入治疗 9 人次。

2022年12月6日，副县长米玛潘多（中）到县医院检查指导工作

【新冠疫情防控】 年内，认真贯彻实党中央、区市县委决策部署，全院投入疫情防控攻坚战工作中严阵以待、严防死守、严格筛查、严密管控，切实做到责任落实到位、工作措施到位、宣传引导到位、应急保障到位、联防联控到位、防控指导到位的“六个到位”等各项要求，确保疫防各项措施落到实处，切实守护好人民群众生命安全和身体健康，在实际工作中，做到医护人员的“哨点”作用和冲锋在一线的作用，疫情发生以来全员全时投入疫情防控各项工作中，为打赢防疫攻坚战，院

内实行闭环管理和24小时核酸采样检测工作。为做好"拉萨西大门"的守护工作，在卡如检查站设立疫情防控点，按照方案要求及时转运至拉萨市定点工作点上，为全市打赢疫情防控阻击战贡献力量。

为提升全员核酸采样能力，做好尼木县新冠疫情应急处置工作，提高应对突发疫情的处置能力，联合县疫情防控领导开展应急演练2次。全县疫情防控知识及院感知识培训16次，全县医护人员全覆盖，培训达650余人次，疫情防控医疗救治培训线上线下15次，达500余人次，全院后勤人员及乡镇卫生院医废处置培训4次，达60余人次，医护人员干部职工防护服穿脱培训15次，达1000余人次。预检分诊台实行24小时值班制度，对进院人员严格落实"三查一测两扫一问"工作，加强对各点位疫情防控救治工作和医疗保障工作。

2022年6月21日，尼木县人民医院组织开展医共体院感染管理培训班

【公立医院改革与县乡一体化】年内，以增强医院行政、业务后勤运行的透明度为重点，全面推行院务公开和医院信息公开制度。认真落实绩效工资分配制度，绩效工资与工作质量、工作数量和医德医风挂钩，综合考核发放，在体现绩效优先、兼顾公平的基础上，重点向一线岗位、风险性岗位和技术骨干倾斜，极大地调动了工作人员积极性，提高了工作质量和工作效率。

按照县乡一体化建设工作实施方案，对全县药品进行统一采购，组织乡村医护人员开展3次集中培训。结合拉萨市卫生健康委妇幼保健服务能力提升工作项目，投入177万余元，为全县基层医疗机构配备妇幼医疗救治设施设备，提升基层医疗机构的妇幼保健能力和服务水平，逐一落实县乡一体化建设。

【药政工作】年内，按照公立医院改革和县乡一体化建设要求，制定药品采购制度和成立药事委员会，并严格按照"两票制""阳光采购""线上采购""急采"等方案开展药品采购各项工作和严格按照"零差价"制度销售药品，对基本药物采购计划、集中采购、推动国家基本药物制度的落实提供了有力保障。同时制定《尼木县人民医院药品采购方案》《尼木县人民医院药品议价方案》，审议通过药品采购方案及尼木县药品基本目录，并严格执行药品阳光采购各项规定、制度及尼木县人民医院医供体药品统一采购工作，为做好全县药品服务保障工作，要求乡镇卫生院每季度开展一次盘点工作并上报采购需求，医院内落实好急需药品、疫情防控药品保障各项工作。

【组团援藏】年内，组团式医疗援藏结合医院实际，制订人才提升培训计划并组织实施。截至年底，已开展院内培训6次，疫苗接种保障、应急保障53次，急危重症坐诊救治10次，参加主城区疫情防控志愿5次，完成组团式医疗援藏专家轮换压茬式交接工作。

（强巴次仁）

【机构领导】

院　长

谭　申　权（土家族）

副院长

边巴顿珠（藏族）

强巴次仁（藏族）

罗布次仁（藏族）

医疗保障

【概况】2022年，完成城乡居民基本医疗保险群众参保工作，30964人完成参保缴费，特殊人群参保缴费率达100%，稳定脱贫户参保缴费率稳定在99%以上。2022年城乡居民基本医疗保险零星报销445份，统筹报销金额136.94万元；大病保险报销24份，报销金额39.18万元。除零星报销外，其他参保人员已实现“一站式”结算服务。

【职工基本医疗保险】年内，职工基本医疗保险报销149人次，报销金额131.7万元。为全县1597名干部职工发放2022年体检费287.46万元；为全县1588名干部职工补发2021年体检费提标资金79.4万元。

【医疗救助】年内，持续发挥医疗救助兜底作用，助力困难群众脱困解困，做到困难群众医疗救助“应救尽救”，防止群众出现“因病致贫、因病返贫”问题。年内，资助4402人参加城乡居民基本医疗保险，涉及金额137.18万元。为85人次实施医疗救助工作，救助金额38.62万元。

【政策宣传】年内，为切实提高辖区内群众了解政策、掌握政策水平，服务好干部群众，尼木县医疗保障局利用“学雷锋”纪念日、“三八”国际妇女节、“七一”建党节等节点，充分发挥各乡镇、乡镇卫生院、村委会、下沉干部、联户长等骨干宣传力量，通过设置宣传专栏、悬挂宣传标语、发放宣传海报、宣传物资、藏语和汉语宣传手册和折页、利用LED显示屏等方式，向广大干部职工、农牧民群众、寺庙僧尼等广泛宣传解读医保政策，使政策入脑、入心。截至年底，累计开展各类宣传活动7次，发放宣传材料1万余份。

【打击欺诈骗保】年内，成立打击欺诈骗保工作领导小组，制定《关于开展“打击欺诈骗保、维护基金安全”活动实施方案》和《尼木县保障医保基金安全承诺书》。

年内，尼木县医疗保障局严格按照服务协议，加强对就诊、诊疗项目、住院药品的监督管理工作，提高规范化操作水平。2022年尼木县医疗保险服务协议签订率达到100%，持续加大对“两定”（定点医院、定点零售药店）机构的明察暗访，根据平时查处过程中积累的经验，选派得力人员定期与不定期开展检查。

7月，协助自治区医疗保障局飞行检查组对尼木县人民医院存在的超标准收费、过度检查、不合理用药等违规问题进行检查。拉萨市医疗保障局经反复核实确认，决定追回尼木县人民医院违规使用医保基金共计15.47万元。

【新冠疫情防控】年内，尼木县医疗保障局派5名干部职工和工作人员分别在拉萨和尼木参与疫情防控。为全力保障疫情防控期间参保群众医疗保障服务实际需求，结合疫情防控形势，制定“十条措施”：异地就医“零材料”备案；先救治、后结算；开辟医保资金绿色通道、缓缴职工医保单位缴费等，实现“不见面”及时结算拨付，减轻参保人就医困难和工作人员跑腿压力等。

为确保新冠患者医疗保障政策落地，打通新冠患者医保费用

2022年1月19日，尼木县医疗保障局局长丁永红（右二）到续迈乡霍德村开展入户调查工作

2022年6月27日，尼木县医疗保障局工作人员发放宣传手册

结算“最后一公里”，对于新冠患者在各地指定的承担新冠医疗救治任务的医疗机构发生的医疗费用，符合卫生健康部门制定的新冠诊疗方案的药品和诊疗项目临时纳入医保基金支付范围，按基本医保、大病保险、医疗救助政策规定支付，医保支付不设个人封顶线，不纳入个人年度医保支付限额计算范围，医保支付后需由患者个人负担部分，由财政给予补助，实现100%报销。

【脱贫巩固同乡村振兴有效衔接】 年内，尼木县医疗保障局从全县脱贫人口实际困难出发，积极履职尽责，主动担当作为，全力推进全县特殊人群医保参保缴费工作，确保尼木县低收入人群等特殊人群实现城乡居民医疗保险“应保尽保”。尼木县特殊人群参保率100%，脱贫户参保率稳定在99%以上。尼木县医疗保障局全面使用西藏自治区医保信息平台，实现医疗保障信息互联互通和数据共享。同时，为建立即时结算服务工作，做好全县低收入人群等特殊人群人员信息核查、比对数据、录入系统工作，确保全县低收入人群等特殊人群实现医疗救助一站式结算。

年内，全县特殊人群实现城乡居民基本医疗保险、大病保险、医疗救助“一站式服务、一窗口办理、一单制结算”共1615人次，涉及医疗总费用265.24万元、统筹报销167.2万元、大病保险报销235975.87元、医疗救助5.5万元。尼木县医疗保障局依托返贫致贫监测平台，做好返贫致贫风险监测，建立健全防范化解因病返贫致贫的主动发现机制、动态监测机制、信息共享机制、精准帮扶机制，化解高额费用负担患者个案风险。

（次旦拉姆）

【机构领导】

局　长

丁永红（藏族）

副局长

沈世阳

文化和旅游

【概况】 尼木县文化和旅游局（文旅局）是县人民政府主管全县文化、旅游、文物事业的职能部门。单位属正科级，2022年有人员23人，其中行政编制7人，事业编制10人，工人2人，公益性岗位4人，下属事业单位有县综合文化活动中心和县琼穆岗嘎艺术团。

【特色产业】 年内，按照县委、县政府“四产业三园区”发展布局，重点加快藏香文化产业规模化、品牌化发展，以藏香文化产业为引领，以“123”发展思路和“四位一体”发展布局，积极加强对尼木藏香品牌的宣传和推广，全面推动尼木县藏香文化产业示范园建设，全年实现藏香产值3240.03万元，藏香销售1620.6万元，带动383户881人实现年人均收入1.8万元。标准化生产和销售，实现产品“统一标准、统一标识、统一包装”。

【文化事业】 年内，全县有1家综合文化活动中心、8个乡镇综合文化站、32个行政村文化室及32个“农家书屋”、22个“寺庙书屋”、24个资源共享平台，实现县、乡、村文化服务全覆盖。年内，公共文化活动中心及乡镇文化馆正常免费开放，县文化活动中心及各乡镇文化馆（站）接待3000余人次。

尼木县综合文化活动中心各功能房每周开放时间达 56 小时以上，周末实行错时开放；对各功能房设施设备进行日常检查、定期维修维护；同时开展“4·23”世界读书日活动、“读党史、感党恩、跟党走”红色文化阅读等一系列文化活动。

为进一步满足农牧民群众日益增长的精神文化需求，依托中共二十大文化惠民活动和各大节日为契机，举办以“2022 年度尼木春节藏历新年晚会”“两大节日送慰问文艺活动”“喜迎党的二十大、民族团结一家亲、同心共筑中国梦”为主题的藏语和汉语演讲比赛，依托传统节日开展“我们的节日”活动、“永远跟党走”群众文艺演出活动、2022 年尼木县非物质文化遗产展演展示周等文艺演出活动。

年内，尼木县艺术团共创作 8 个新节目，完成下乡演出场次 60 场，受众 14500 余人，33 个行政村文艺队共演出 264 场，受众 44800 余人，戏曲进乡村演出 85 场，受众 6820 余人。积极参加自治区文化厅、拉萨市举办的基层公共文化服务云平台线上培训，加强学习，积极参加各类培训，专业能力不断提升。同时，创新活动形式，增强志愿者队伍的活力和凝聚力，积极开展各类文化志愿活动。

2022年2月25日，拉萨市旅游发展局执法科科长索多（右二）一行到吞巴景区调研指导景区执法相关工作

【旅游发展】 年内，根据县委、县政府全域旅游发展格局，不断完善尼木县旅游景区建设，加强旅游市场管理。投资 2000 万元的尼木县旅游基础设施建设项目已完成总工程量的 80％；援藏投资 1000 万元的卡如桃花源帐篷温泉建设项目已完成总工程量的 80%；市县 7∶3 比例承担 361 万元的尼木旅游厕所项目，已完成项目总工程量的 70%。

年内，积极参加区市旅游部门举办的各类推介会和培训会 3 次，不断提升尼木旅游资源的知名度；制作琼穆岗嘎雪山景区宣传册 3000 册，发放旅游宣传手册 800 册；为贯彻落实自治区本地旅游活动优惠政策，加快推进尼木县本地游、周边游发展，结合尼木县实际，积极鼓励景区针对本地游、周边游制定优惠政策，并将优惠政策在“吞弥子孙”公众号上进行发布宣传，进一步刺激本地消费，扩大内需。

年内，提高思想认识，压实工作责任，严格要求景区落实疫情防控各项措施，加强对旅游景区、旅游项目点的疫情防控检查，严肃查处违法违规生产经营活动。全面提升安全生产能力，全年共开展旅游执法和安全生产检查 21 次，出动 45 人次，检查单位 30 家次，发现安全隐患 9 处，整改隐患 9 处。

年内，成立尼木县旅游服务专项组，多次对全县隔离酒店、各乡（镇）、各景区和对外开放酒店（宾馆）进行排查，配合县公安局和县疫情办，统计滞留游客。耐心细致做好滞留游客的情绪安抚、劝导及防疫政策宣传、铁路航班出行政策宣传等工作。

【文物事业】 年内，认真完成可移动文物和不可移动文物、石窟寺普查工作，全部文物登记造册、建档归类，有迹可循，完成 452 件可移动文物鉴定工作。创新编制尼木县文物保护改革利用实施意见，下发文物保护各项规章制度 13 项。全面推行消防新五项措施，弱电酥油灯覆盖率达到 100%，并在 11 月消防安全宣传月向各级文物保护单位发放灭火器 33 件，完善消防安全责任公示牌及安全

2022年尼木县琼穆岗嘎雪山

管理公示牌，设置文物安全工作宣传栏等。

年内，牢固树立“文物安全无小事”的意识，不定期开展文物安全巡查，重点检查各文物保护单位的安全情况及文保单位保护范围及建控地带的保护情况，对可能存在的文物安全风险进行分析评估，及时做好记录，提出整改意见，消除安全隐患。2022年对全县文物保护单位共开展79次文物安全专项隐患排查和整治活动，检查过程中发现隐患43起，发现的隐患已全部整改到位。疫情防控期间，结合疫情防控举措，联合县消防救援大队开展线上文物安全检查4次，发现安全隐患6处，并已全部整改到位。2022年年初申报帕古庄园、麻江碉堡的革命文物红色教育点已顺利通过，并完成立碑工作。积极开展第四批市级文物保护单位申报工作，吞弥·桑布扎故居整体维修项目通过县文化和旅游局积极沟通协调，已争取维修资金150万元，项目已基本完工。通过县文化和旅游局积极协调，争取强才拉康千供灯改建资金10万元及杰吉寺壁画保护资金3万元，这两个项目年底均已完工。

（马　凯）

【机构领导】

局　长

强　措　姆（女，藏族，5月免）

罗　　刚（5月任）

副局长

张　艳　峰（白族，5月免）

嘎玛曲旺单增（藏族，7月任）

文化市场综合执法大队副队长

尼玛仓决（女，藏族，5月免）

德庆卓玛（女，藏族，5月任）

气象

【概况】 尼木县气象局机构规格为正科级，内设机构有防灾减灾科、气象台，同时负责全县人工影响天气工作管理及防雷安全监管。尼木县气象局编制人员为7人，其中公务员编制3人，事业编制4人，有正式职工7人。

【气候概况】 年内，年平均气温为6.8℃，与历年平均气温7.2℃相比较低0.4℃。年降水量为217.1毫米，与历年同期值349.1毫米相比较少132毫米。降水主要集中在6—9月，日最大降水量为35.6毫米，出现在9月13日。年极端最高气温为27.5℃，出现在8月26日。极端最低气温为-20.3℃，出现在1月29日，全年大风日数为54天，年日照时数3662.3小时。

【气象灾害】 2022年5月8日，续迈乡尼续村至安岗村交界处遭受泥石流灾害。6月6日，帕古乡帕古村八组遭受冰雹灾害，农作物受损30.77亩。

【灾前服务】 2022年5月1日，为加强防范强降水引发的山洪、泥石流等地质灾害，气象服务人员及时制作气象信息专报专题材料，并向县领导进行汇报，同时利用手机短信将天气实况和预警信息发布给县委、县府领导及各个防汛部门负责人、相关乡镇负责人，并通过电子屏等渠道发布雨量信息和天气预报，第一时间提示相关领导、部门和责任人员做好应急防范工作，及时通报雨量和预报情况，全力做好应急气象服务工作。

【灾后服务】 年内，灾情发生后，第一时间与县水务局、交通局、自然资源局、县民政局等部门赶赴受灾乡镇，组织开展灾情查实统计及急救工作，并及时制作气象服务信息，及时报送给县委、县政府领导，同时利用手机短信将未来一周天气预报预警信息发布给县委、县政府领导及各个防汛部门负责人、相关乡镇负责人。

年内，始终坚持“一年四季不放松，每一次天气过程不放过”的服务理念，密切关注天气变化，在每个整点通过电话、短信平台及时汇报和发布雨量情况和未来天气预测情况，为科学防汛抗洪提供了决策依据。尼木县气象局服务及时到位，有效地避免了中到大雨造成的人员和财产损失，没有造成人员伤亡，受到县委、县政府等各级领导和群众的普遍好评。

2022年1月18日，拉萨市气象局党组成员、副书记陈友珍（右五）一行到尼木县气象局慰问干部职工

【气象服务】 年内，尼木县气象局制作日预报、周预报、节日专题预报等相关气象服务信息，并通过手机短信和电子屏等渠道将预报信息发布给县委、县政府领导干部及乡镇负责人，6—9月汛期期间制作地质灾害预警信息、强降雨预警信息、重要天气预报等专题材料，及时向县领导和相关单位进行汇报。

3月23日，尼木县气象局组织开展主题是“早预警、早行动”的世界气象日宣传活动。活动通过专题展板展示、气象宣传资料发放、悬挂气象宣传横幅和展板现场讲解等多种形式，利用电子显示屏、视频、微信等方式，向全县宣传气象科普知识。活动现场气象业务人员解答群众提出的关于天气预报及防灾减灾的各项疑问，为群众宣传气象科普知识，引导群众认识到气象的重要性，使尼木县广大农牧民在防御灾害性天气上增强了安全意识，帮助其避免和减轻灾害。

【精准扶贫】 1月26日，尼木县气象局在尼木新年来临之际，为帮助建档立卡贫困户安度佳节，组织干部职工到帕古乡彭岗村对结对帮扶的建档立卡贫困户开展新年慰问。

4月15日，为开展支部主题党日活动。将主题党日活动与结对帮扶工作有机结合在一起，把为群众谋利益、做实事作为党建工作的出发点和落脚点，不断丰富党建活动的载体和形式，让困难群众切实感受到党的温暖。

7月21日，为巩固脱贫攻坚成效做好乡村振兴工作，深入分析当前西藏工作面临的形势，深刻阐释新时代党的治藏方略和做好西藏工作的指导思想，明确当前和今后一个时期西藏工作的目标任务、方针政策、战略举措等。

【防灾减灾】 4月2—5日，尼木县气象局局长丁钢带队到吞巴镇、续迈乡、帕古乡以及尼木县现代产业园开展气象服务需求调研。调研组实地调查各乡（镇）及尼木县现代产业园土壤墒情及病虫害等情况，现场听取农牧民群众对气象服务的需求和建议，指导农牧民关注“西藏气象”微信公众号，实时查看天气预报，合理安排田间生产，确保增收增产，为开展富有地方特色的现代农业气象服务奠定了基础。

尼木县有3个固定标准化人工影响天气作业点，年初制定2022年人工影响天气作业实施方案，并严格按照方案实施作业。按照区局、市局统一安排部署，配备一套物联网弹药自动识别终端，顺利完成高炮等人工影响天气作业装备的年检工作。

年内，对县加油站、液化气站等易燃易爆场所进行检查。联合应急管理局等单位对辖区内防雷安全重点单位开展“双随机”抽查，严格按照防雷安全生产的要求进行逐一排查，并对各企业防雷装置安装维护情况、防雷装置年检制度执行情况、防雷防静电安全管理制度建立健全及防雷安全管理人员配备情况进行认真检查。检查人员对检查中存在的制度落实不到位、防雷装置安装不规范问题提出具体整改意见。

7月25日，联合市防雷办开展尼木县雷电防护知识讲解会，此次讲解面向帕古乡彭岗村所有村民。围绕防雷相关法律法规、雷电的危害特点、尼木县雷电灾害概况、雷电防护措施以及安全生产有关要求等，并引用近年来雷电伤人事例进行详细讲解。此次培训增强了乡镇负责人、安全管理人员的防雷安全意识，对进一步落实企业安全生产主体责任、明确气象部门职能职责、推进尼木县防雷安全形势稳定起到了积极的推进作用。

【宣传气象法规】 年内，为切实加强汛期气象服务，提高防灾减灾能力，“3·23”世界气象日到街道、集市开展“早预警、早行动”气象日主题宣传活动，“5·12”全国防灾减灾日到幸福小区开展主题为“减轻灾害风险，守护美好家园”的防灾减灾宣传活动。活动现场群众讲解防灾减灾知识，发放气象灾害防御知识、雷电灾害防御、气象灾害防御手册及气象灾害明白卡等宣传资料1000余份。

【党建工作】 年内，支部领导坚持“带头学”，全体党员坚持“集中学”。在学习形式上，除了领导导读和个人自学等形式，还召开专题会议学习，全体党员积极研讨、广泛交流，对照新党章，查找不足，统一思想，提高认识。为巩固学习成效，组织应知应会考核，使大家既掌握基本理论，又增强教育趣味性，在寓教于乐中学习领会理论要点。

每周进行一次集体学习，组织党员集中学习政治理论，推动学习入心入脑。党员干部开展讲授专题党课3人次，让全体党员深刻领会党的最新精神实质。7月，组织全体党员重温入党誓词，全年开展12次主题党日活动，进一步深化学习教育效果。

着力纠改问题，深化廉政建设。大力开展作风建设永远在路上系列活动，切实解决干部作风顽疾，坚决纠正组织纪律观念不强、责任心不够、工作不严不实、精神萎靡不振等现象。全年共召开7次党员大会、警示教育活动12次。教育全体党员干部务必自重、自省、自警、自励，牢固树立共产主义世界观、人生观、价值观，真正提高大家遵纪守法的自觉性，增强拒变防腐能力。

【气象业务与现代化】 年内，尼木县建立较为完善的气象灾害防御机制和组织体系，成立尼木县气象防灾减灾指挥部，全县8个乡（镇）成立气象灾害防御领导小组，出台《气象灾害防御规划》以及《气象灾害应急预案》，建设8个乡镇气象信息服务站，乡镇覆盖率达到100%。在各行政村培养至少1名气象信息员，初步形成县乡村三级气象灾害防御组织体系，气象防灾减灾体系向乡、村两级进一步延伸，气象信息员实现村级全覆盖。尼木县气象局从

2022年3月18日，拉萨市气象局副局长熊亚军（左二）一行到尼木县气象局调研

规章制度入手，狠抓业务学习和技能培训，完善和规范业务质量考核办法，制订业务目标管理和业务学习计划，定期开展业务学习和质量分析会，学习内容有业务知识、基础理论、岗位职责、规章制度等。通过学习和典型个例的分析讨论以及形式多样地点多样的讨论交流会，进一步提升工作人员的综合素质和业务水平。通过牢固树立“公共气象、安全气象、资源气象”的发展理念，不断加强业务管理，业务人员素质明显提高。

（扎西罗杰）

【机构领导】

局　长

丁　钢

副局长

洛桑平措（藏族）

气象台台长

拉巴次仁（藏族）

纪检员

邱大瑞

交通·通信

交通运输

【概况】 尼木县交通运输局组建于2017年5月，位于拉萨市尼木县城，距拉萨市140千米，平均海拔3750米，全县通车里程共626.545千米（除国省道外），其中县道1条，共45.383千米，乡道4条，共37.537千米，村道539.279千米，专用公路4.346千米，全县33个行政村（居）已全部实现通畅；农村客运班线达到乡（镇）通车率100%，行政村通车率100%。2022年，干部职工共22人，其中，在职干部职工6人，公益性职工4人，道路养护工人12人。

2022年3月24日，县委常委、副县长李中福（左四）督查拉日高速公路项目生态环境保护工作情况

【2022年实施项目】 年内，尼木县复工项目共3个，分别为尼木县续迈乡尼续村至安岗村公路修复性养护工程；尼木县207省道霍德村至林岗村段挡墙、过水路面整治工程；尼木县续迈乡恩布寺道路改建工程。2020年雅叶高速拉萨至日喀则机场公路项目尼木段开工建设，尼木县境内大桥3座，中桥7座，路面16千米，涉及总投资约20亿元，尼木县连接线10.8千米，按照二级公路标准设计，投资2.02亿元，高速互通位于尼木县甲塘。拉日高速项目预计2024年完工通车，G4218雅叶高速拉萨至日喀则机场公路是西藏“十三五”公路交通规划项目之一，连接拉萨市和日喀则市，形成拉萨辐射藏西地区的纽带，是通往日喀则市和阿里地区的快速运输大通道。该项目的建设对完善西藏路网结构，改善进出藏通道的行车条件，巩固国防、促进沿线经济社会发展，实现以拉萨为中心的3小时经济圈，改善民族地区生产、生活条件等具有重要的意义。

【党建工作】 年内，按照县委关于党建工作的整体思路，研究制订符合尼木县交通运输局支部党建实际的年度党建工作计划，为全体党员深入开展党建活动提出具体指导意见。全面贯彻落实习近平总书记重要讲话精神

2022年2月7日，尼木县交通运输局干部与道路养护工人在续迈乡霍德村夏蓉沟开展除冰保畅通工作

及中央第七次西藏工作座谈会精神，坚决贯彻中央和区市县党委重大决策部署，深入贯彻落实习近平总书记“七一”重要讲话、考察西藏时重要讲话、中央人才工作会议、中央经济工作会议、中央农村工作会议上的重要讲话精神，学习贯彻习近平总书记关于西藏工作的重要论述和新时代党的治藏方略、学习贯彻区市县第十次党代会精神，统筹谋划党史学习教育、“三更”专题教育、“三新”大学习大讨论活动，增强“四个意识”、坚定“四个自信”、做到“两个维护”，持续加强党员队伍建设，全面推进党的思想、组织、作风、反腐倡廉和制度建设，认真履行基层党建工作“第一责任人”职责。积极筹备“七一”建党节、国庆节等重要节日，开展重温入党誓词、主题党日活动，增强党建工作仪式感。

【党风廉政建设】 年内，尼木县交通运输局严于律己、干净干事，要求全体干部，严守廉洁底线，带头遵守中央八项规定、区党委“约法十章”“九项要求”、市委“八项要求”等廉洁自律有关规定，带头搞好交通系统的廉政建设。加强学习，带头遵守政治纪律和政治规矩。将维护党的权威作为全面从严治党的首要任务，增强“四个意识”、坚定“四个自信”、做到“两个维护”，坚决维护习近平总书记党中央的核心、全党的核心地位，坚决维护党中央权威和集中统一领导，始终在思想上政治上行动上与以习近平同志为核心的党中央保持高度一致，自觉贯彻落实中央、区市县委的重大决策部署，在维护祖国统一、民族团结这一重大原则问题上，始终坚决做到旗帜鲜明、立场坚定。

【综治工作】 年内，尼木县交通运输局以保安全、保稳定、促发展为重点，扎实工作，努力创新，建立健全维护社会治安的长效机制。

各重要节点、节假日期间按照“管好自己的人，看好自己的门，办好自己的事”的要求，认真做好用水、用电、用车等安全隐患排查整改，做到有部署、有措施、有奖惩、出实效。加强安全生产，突出抓好工程项目等重点区域及重点领域的安全防范。健全完善矛盾纠纷重点排查、协调处理等工作制度，做到周总结、月汇报。严格按照“三到位一处理”要求，建立健全长效稳定发展的工作机制。

【公路养护】 尼木县所辖6个乡2个镇，2022年全县通车里程共626.545千米(除国省道外)，其中县道1条，共45.383千米，乡道4条，共37.537千米，村道539.279千米，专用公路4.346千米，全县33个行政村(居)已全部实现通畅。农村客运班线达到乡(镇)通车率100%，行政村通车率100%。全面落实“四好农村路”的精细化养护，注重培育和强化基层养护力量，按照组织到位、硬件到位、人员到位、技术到位、经费到位的“五到位”要求，提升农村公路养护水平。同时，制定汛期《尼木县农村公路应急抢险保通预案》，按照既定预案开展抢险保通工作，确保道路状况良好，保障人民群众出行便利与安全。

年内，尼木县汛期境内已发生泥石流自然灾害13次，发生泥石流时，尼木县交通运输局第一时间联合相关部门进行抢险保通，出动人员60人次，调配机械设备15台次，清理泥石流方量1500余立方米。

【公路管理】 年内,尼木县交通运输局进一步贯彻落实《中华人民共和国公路法》《公路安全保护条例》等法律法规,建立"政府负责、部门执法、群众参与、综合治理"的网格化管理体系。为进一步规范尼木县范围内道路运输市场秩序,从源头严厉打击"非法营运"和破坏农村公路等行为,尼木县交通局联合拉萨市交通综合执法支队和县交警大队,开展专项集中整治行动10余次,出动人员50余人,出动车辆20余辆次,保证尼木县交通运输市场健康稳定发展。

【公路运营】 年内,为进一步改善尼木县农村运输薄弱环节,加快公路运输基础设施建设步伐,提高公路运输总体效益,促进农村公路运输市场健康、有序、稳定发展,切实解决广大农牧民群众乘车难、出行难问题。年内,已开通尼木县城—麻江乡朗堆村、尼木县城—续迈乡霍德村、尼木县城—吞巴乡吞普村、尼木县城—卡如乡赤朗村、尼木县城—普松乡曲水村、帕古乡—彭岗村6条农村客运线路,乡镇覆盖率100%,行政村居覆盖率100%。截至年底,农村客运班线已全部开通,切实解决广大农牧民群众乘车难、出行难问题。

【为民办实事】 年内,尼木县交通运输局与各乡镇签订农村公路养护管理目标责任书,明确工作职责和工作内容,确保农村公路更好地服务经济建设;组织养护工人每天上路巡查,发现道路隐患及时处置,集中对辖区列养公路环境卫生进行整治,及时做好路面病害处治、疏通排水系统,开展安全隐患集中排查50余次;及时清理路面及公路用地范围内垃圾,清除交通标志杆上的粘贴物,修复破损的标志及护栏。截至年底,开展环境卫生整治50余次,出动人员500余人次,清理垃圾20吨左右;及时制定《尼木县交通运输局汛期公路抢险保通应急预案》,提高尼木县公路桥梁抗御水毁的应急反应能力,最大限度地减轻灾害造成的损失,保障公路桥梁安全畅通;维修帕古乡彭岗村七组受损小桥3座;维修乌米产业园区水毁道路;维修比如上下寺损坏涵洞、维修麻江乡强聂村受损涵洞路面;维修卡如村吉瓦组受损桥梁、普松乡普松村、塔荣镇巴古村耕机道平整拓宽。进入冬季以来,组织人员机械对县城至帕古乡道路、县城至续买乡道路、帕古乡彭岗村七组道路、卡如乡赤朗村三四组道路、续迈乡霍德村夏荣沟开展除冰保通工作。2022年尼木县交通运输局生态岗位人员44人,根据要求,各乡镇农村公路养护生态岗位每月开展一次公路沿线环境卫生大整治,积极发挥生态岗位作用。

【新冠疫情防控】 8月12日,按照县疫情防控指挥部统一部署,成立以尼木县交通运输局牵头的转运隔离专项组,24小时待命,随时整装出发成了他们的工作日常,全力以赴做阻断疫情的"守门员"。转运隔离专项组负责的全县一线转运组,累计转运车辆2100辆次,累计转运人员7803人,快速高效完成了大规模的转运任务。

【政务服务】 年内,尼木县道路运输管理所办理客运货运车辆年审216辆,客运货运车辆新办、过户19辆,换证补证13辆,为593人进行从业资格证诚信考核,为122人开展继续教育,接待350余名农牧民群众的咨询。

(王 辉)

【机构领导】

副局长

高 军 周(5月任,主持工作)

赤列曲扎(藏族,5月任)

尼木县邮政分公司

【概况】 尼木县邮政分公司服务于尼木县6个乡2个镇、33个村(居),2022年有县级营业厅1处、乡镇营业网点7处,全县通邮率达100%。尼木县邮政分公司有员工22人,负责人1人,营业部主任1人,县城营业员4人,县城投递员2人,乡镇营业员7人,乡邮通信人员3人,保安2人。有县城投递车辆2辆、乡邮通信投递车辆3辆。尼木县邮政分公司始终践行"人民邮政为人民"的服务理念,为方便全县广大人民群众,全年365天对外营业,乡邮每周一至周五投递,县城区域每周7天投递。

【新冠疫情防控】 年内，尼木县邮政分公司全面贯彻落实尼木县政府疫情防控相关工作要求，严格执行区、市邮政分公司疫情期间工作安排，保供应、保畅通、保重点，为辖内人民提供“优质、安全、高效”的快递服务，用“一断三不断”实际行动诠释邮政“国家队”的责任和担当。

疫情期间尼木县邮政分公司保供组共计投递邮件6247件，其中录取通知书123件（投递率100%），防疫物资1058件，对急救药品、特殊物资等立到立投。积极配合县工会和县净土公司配送6个乡2个镇生活物资16辆次，约12吨，得到县委、县政府的高度肯定。结合乡村振兴战略，疫情防控、经营发展“两不误”，疫情期间共收寄藏香近700件，直接帮助藏香客户增收60万元以上，助力地方产业的同时，也为经营发展提质增效。

【业务经营】 年内，尼木县邮政分公司紧紧围绕邮政工作会议精神，以科学发展观为主线，全力抓好各项业务发展，始终坚持安全是第一基础，发展是第一要务，服务是第一责任的工作理念，充分利用邮政网络优势，切实把服务“三农”和服务中小企业作为工作重点，不断夯实基础，扩大经营规模，提升服务质量。推进传统业务（函件、包件、汇兑、报刊等）项目，寄递业务能力稳步提升，金融业务转型成效初显，满足尼木县广大人民群众的用邮需求。

2022年累计投递报刊478万余份、各类邮件12万余件。

【普遍服务】 年内，尼木县邮政分公司一直把服务作为各项工作的出发点和归宿，针对邮政对外服务人员即营业窗口和投递人员，采取“内增素质，外树形象”的有效措施，提高窗口服务水平。充分发挥业务监督检查和社会监督网的作用，促进服务工作的进一步加强，如在各营业厅内设立用户意见簿，对外公布用户举报监督电话等。加强信息反馈，做好来电、来信、来访的处理工作，随时了解邮政服务状况，加大奖惩力度，对提出的意见及时整改，认真实施。积极完善乡镇网点基础设施，加快投递能力提升，结合三级物流体系建设，为农牧区提供更有效的服务。

党报党刊投递是党和政府交给邮政一项光荣的政治任务，尼木县邮政分公司本着“对党负责、认真履行职责”的工作理念，认真投递党报党刊（赠送的藏文版拉萨日报155万余份，全县每户家庭1份），全年未发生任何安全事故和邮件违寄、丢失案件。营业窗口共有2个台席，分别办理邮政业务和储蓄业务。日常工作严格执行各项邮政业务制度和规定，从收寄环节避免收寄禁限收寄物品。全力配合尼木县委、县政府下达的各项文件要求，积极参加尼木县各单位组织的各项活动。

2022年7月24日，尼木县邮政分公司工作人员到拉萨市堆龙德庆区岗吉乡办理业务

【安全管理】 年内，尼木邮政分公司学习治安综合治理的各项条款，对营业场地、单位院内出租房等重点部位，认真落实防火、防盗，防抢、保安全的“三防一保”制度，县分公司本着“谁主管、谁负责、看好自己的门、管好自己的人”的原则，加强职工教育，增强安全、稳定意识，加强执行力建设，落实安全、稳定管理的各项制度和规范要求，落实“风控精益工程”要求，确保金融风险可控。职工发扬连续作战、不怕困难的精神，坚持值班制，确保人身安全、

资金安全、邮件安全和车辆安全，全年未发生任何安全事故。

【综治工作】 年内，为做好特别时期的安全保卫工作、重大事件社会稳定工作，尼木县邮政分公司成立以经理为组长，其他职工为成员的安全稳定工作小组，并制定相应的措施与应急方案。做到有组织、有计划，确保工作落到实处；制定单位内部的防火、防盗措施；组织全体员工学习相关法律法规，加强员工精神文明建设。

（达 娃）

【机构领导】

经 理

高志远（11 月免）

达 娃（藏族，11 月任）

尼木县电信局

【概况】 尼木县电信局为中国电信拉萨分公司下属的县级分支单位，位于尼木县塔荣路，于 1999 年挂牌成立。主要服务于尼木县 6 个乡 2 个镇 33 个行政村，从事电信服务工作人员 30 余名，县、镇、乡有 9 家电信营业网点实现电信服务全覆盖。

【数字化政务服务】 年内，主要经营天翼云（政务云、云存储、云计算、云安全）、DICT（智能分布式数字监控核心服务器，是基于下一代视频监控应用和技术的核心设备，设备具备全数字高清、网络化、集成化、智能化等特点，是应对大规模视频联网、海量数据应用和智能视频分析等功能需求，创造性地推出的一种全新产品形态）、互联网 + 信息化、智能监控、数字乡村、智慧社区、政务云、智慧医疗、智慧校园、智慧工地、智慧水务、信息化安全、固定电话、移动通信、数字专线接入及应用等综合信息服务各类数字经济的工作有着成熟的能力和完善的支撑团队。

2022年4月29日，尼木县基站新建工程选址

【打造优质服务品牌】 年内，尼木县电信局围绕加快推进县乡镇综合数字信息化这一工作主线，坚持以人民为中心，满足客户日益增长的美好生活需要，传承“红色电信基因”，践行“人民邮电为人民”的初心和使命。全面推进政务运行方式、业务流程和服务模式数字化智能化。深化“互联网 + 政务服务”，提升全流程一体化在线服务平台功能。加强数字技术在公共卫生、自然灾害、事故灾难、社会安全等突发公共事件应对中的运用。加大政务信息化建设统筹力度，持续深化政务信息系统整合，加强政务信息化建设。

助力乡村振兴战略，大力实施“数字乡村”工程，积极推进农村数字化示范乡镇建设，加快农业农村信息化、智能化、智慧化。截至年底，全县行政村级光缆通达率 100%、4G 基站 81 个，覆盖全县 6 个乡 2 个镇 33 个行政村，4G 网络覆盖率均达 99% 以上，2022 年尼木县新建基站 11 个、原址扩容 2 个站点，为广大企业和群众提供安全可靠、快速便捷的网络服务，作为党的领导下完成政治任务的经济组织，尼木县电信局以服务县委、县政府为大局，勇担社会责任，充分发挥综合信息服务主力军的作用。全体员工始终以缺氧不缺精神的工作态度和用心为客户服务的工作理念，拓展新思路，改革新面貌，助力乡村振兴战略和网络强国、服务经济社会信息化建设。

（尼玛嘉措）

【机构领导】

局　长

尼玛嘉措（藏族）

副局长

索朗曲吉（女，藏族）

移动尼木县分公司

【概况】 中国移动通信集团西藏有限公司尼木县分公司（以下简称移动尼木县分公司）成立于2006年，主要经营移动通信、信息化服务及4G/5G物联网综合应用等。移动尼木县分公司有在职正式员工9人，其中党员2名，积极分子1名。管理自营厅1个，合作营业厅7个，授权代理点2家，集团单位156家。

【业务发展】 年内，移动尼木县分公司以习近平新时代中国特色社会主义思想和中共二十大精神为统领，深入贯彻落实集团公司工作会、全区经济工作会精神，承接集团“大连接”战略，深化“四轮驱动”融合发展，聚焦“建优势、争份额、提价值、强能力、促活力”，面向建设国际一流企业，为西藏提供国际一流的信息化服务努力奋斗。

年内，移动尼木县分公司以“全向融合”为抓手，以提升“基础管理能力、业务发展能力”为目标，全面深入推进各项工作。截至年底，实现客户份额提升3.4%，新增客户占比提升2.4%，在网用户数达到1.8万户，宽带客户数达到0.5万户，5G客户数达到0.8万户，移动宽带进驻小区、村、单位等150个。

【网络保障】 年内，开通5个4G基站、9个5G基站，家庭宽带资源建设10个小区，完成530个端口覆盖。截至年底，移动尼木县分公司现网4G网络实现县城街道、乡镇街道、行政村100%覆盖；国道沿线、省道沿线、乡村道路、自然村实现92.6%覆盖；现网5G网络实现县城街道100%覆盖。同时，移动尼木县分公司积极落实工信部提速降费、5G套餐推广等政策，开展一系列举措提升网络质量和服务水平，优化资费套餐，降低语音、流量、宽带等业务资费，让老百姓都能用得起、用得放心。

2022年1月10日，移动尼木县分公司工作人员到县公安局慰问干警

【社会贡献与责任】 1月10日，移动尼木县分公司在中国人民警察节开展慰问县公安局民辅警。

8月1日，移动尼木县分公司为县武装部、武警中队、消防救援大队送去慰问品和节日祝福。

年内，移动尼木县分公司积极践行央企责任，坚持“客户为根、服务为本”的工作理念，提供优质服务，提升用户感知，推出多项暖心服务。为全县移动用户开通免停机服务，免费为全县一线医护人员、警察和抗疫志愿者提供保通话、送流量线上服务。响应“停课不停学”号召，积极对接县教育局及县各中小学，为全县师生移动用户提供“3个月0元30GB流量”优惠服务，保障学校师生疫情防控期间线上教学顺利进行。积极对接县委宣传部，通过云MAS业务为全县移动用户免费发送抗疫宣传告知短信，增强全员防疫意识。

【创新机制】 年内，移动尼木县分公司努力做“有价值、可持续”企业。在追求卓越的发展过程中，坚持物质文明和精神文明“两手抓，两手硬”的方针，在完成各项经营指标的同时，不断通过完善体制、加强管理、诚信服务、回报

2022年5月17日，移动尼木县分公司组织开展“5·17”电信日营销活动

社会、全面提升等内强素质、外塑形象的举措，积极推动物质文明、政治文明、精神文明、生态文明等四项文明建设，努力为企业的全面、持续和健康发展注入源源不断的思想动力，实现企业硬实力带动软实力、软实力促进硬实力的良性循环，呈现出文明花开、硕果满园的大好局面，做到内增凝聚力，外增吸引力，提高向心力，发展生产力。

作为一个窗口型的服务行业，不断提升自身服务水平和增强客户感知度，让每位顾客乘兴而来、满意而归既是实际需求，也是企业精神文明建设的内在要求。为此，把创新服务方式作为突破口，不断深化服务内涵，在开展针对性、亲情化、个性化的服务上下功夫，推出服务下乡、客户经理“一对一”服务等一系列的活动改进和提升服务，并把良好的企业信誉贯穿经营的全过程，竭力塑造移动的服务品牌，切实保障客户权益。

【营销活动】 年内，移动尼木县分公司按季度开展多样的营销活动，抓住“5·17”世界电信和信息社会日、麻江赛马节等节日，为客户带来实实在在的优惠，包括赠送手机终端、充电宝、茶壶等，全年累计送出800多份礼品。同时营业员、客户经理在第一时间完成电话外呼和地推工作，给客户带去优惠资费。

年内，移动尼木县分公司认真贯彻中共二十大精神，全面落实习近平新时代中国特色社会主义思想，坚定履行通信网络维稳保通、落实提速降费等政治责任、社会责任；建立以客户需求为导向的运营机制，不断夯实基础，深化以客户感知为核心的经营理念，实现客户快速发展和存量价值提升。

（李　攀）

【机构领导】

经　理

李　攀

联通尼木县营业部

【概况】 中国联合网络通信有限公司拉萨市分公司尼木县营业部（以下简称联通尼木县营业部）组建于2010年，有员工5名，自建联通办公大楼1栋，位于尼木县人民路，有营业厅1个。按照集团“聚焦、创新、合作”发展战略，聚焦重点区域发展、重点产品服务，经营模式创新，结合“一切为了市场、一切为了客户、一切为了一线”的经营理念，在推进业务拓展、渠道建设、团队建设、网络基础资源建设等方面取得了很好的成绩，营业部各项业务、品牌影响力、竞争力均得到提升。“腾讯大王卡”和“5G冰激凌”产品得到广大客户的青睐和一致好评。

【服务和管理提升】 年内，为进一步提升联通尼木县营业部各渠道对服务工作的主动性和积极性，按照一切为了客户的理念，提升网络服务水平，提高客户满意度和客户感知度。充分借助产品和网络优势、差异化的服务优势，大力发挥协同效应，夯实基础管理，提升网络质量，加快有效发展，增强综合实力，努力为全县广大用户提供更加高效优质的信息化服务，依靠广大用户的深情厚爱，紧紧围绕集团“聚焦、创新、合作、发展”战略，深入贯彻落实习近平总书记重要讲话精神，坚定信心，抢抓机遇，集中精力，加快业务发展和网络建设，提升服务水平，树立企业形象，增强综合竞争力和可

2022年9月17日，联通尼木县营业部工作人员开展促销活动

持续发展能力，适应不断变化的市场需求，为用户提供专业化和全方位的宽带通信与信息服务。

【网络覆盖】 年内，受资源覆盖影响，只在县城内、巴古小区、吉祥苑小康安区苑等实现互联网宽带覆盖。

网络信号运营商的核心服务，网络质量是优秀服务的基础。年内，联通致力于网络建设和优化，将全县各个乡镇的乡道、村镇、寺庙进行了网络覆盖和优化，使网络覆盖率和网络质量得到提升，全面实现高接通率、低掉线率、通话清晰，网络稳定高效。

【践行社会责任】 联通尼木县营业部自成立之日起，秉承着“做优秀企业公民”的理念，发挥通信行业信息化优势，致力于信息化快速建设，构建公平和谐的信息社会，参与政府信息化、农村信息化、应急通信建设，推进信息化和工业化融合。在县政府及市公司的积极领导下，在尼木县各乡镇、各村居开展下乡送温暖活动。

（玉　珍）

【机构领导】

经　理

李辰建

金 融

农行尼木县支行

【概况】 2022年，中国农业银行股份有限公司尼木县支行（以下简称农行尼木县支行）各项存款余额达到12.60亿元，比年初净增169万元，其中储蓄存款余额5.11亿元，较年初增加1.08亿元；对公存款余额7.49亿元，较年初增加2.13亿元。各项存款年日均增量为0.72亿元。全行各项贷款余额为9.68亿元，较年初增加1.55亿元，其中个人贷款余额7.53亿元，较年初增加0.39亿元；对公贷款余额2.16亿元，较年初增加1.16亿元，其中，全行涉农贷款6.57亿元，较年初增加1.41亿元。

【党建工作】 年内，农行尼木县支行党总支坚持党建引领，党的建设进一步加强。党总支以加强学习为抓手，制订党委理论学习中心组学习计划。开展党委理论学习中心组集中学习12次。丰富活动载体，创新开展形式，以观看爱国主义电影、“主题党日4+2+N”活动、参观爱国主义教育基地尼木县烈士陵园等方式，弘扬爱国主义精神，进一步铸牢中华民族共同体意识。利用“学习强国”学习平台巩固学习成果，建立“学习积分”每日通报接龙制度，确保党员干部理论学习入心入脑。

年内，农行尼木县支行党总支持续发挥“联合党建”的作用，分别同尼木县委办、县纪委、县委组织部、县财政局、县税务局、县自然资源局以及中国人民银行拉萨中心支行等外部单位开展联合党建活动，在创新党建活动载体的同时，交流党建经验，达到提升党建水平的目的。同时持续创新主题党日活动形式，提升党建工作成效。全年围绕“为民办实事”“爱国主义与反分裂斗争教育”“党建引领业务”等组织开展党日活动。结合农行尼木县支行党员年龄结构层次，以干部员工喜闻乐见的形式组织开展党建活动。

认真落实“三会一课”制度，确保“三会一课”制度做到规范合规，通过健全党内组织生活制度，定期召开支部党员大会、支委会，认真上好党课，切实提高“三会一课”质量。班子成员持续落实党建联系点制度，与各网点、部室建立党建联系点，充分发挥带头作用，督促党建联系点党建、业务工作，切实发挥党建工作在业务经营中的引领作用，增强基层网点战斗力。

【党风廉政建设】 年内，组织全行党员集中学习《加强全区农行党员作风建设工作实施方案》和《拉萨分行加强党员作风建设工作的实施方案》相关内容。同时组织全行员工集中学习林庆在全区农行党员作风建设动员部署大会上的讲话精神，并利用每周一学开展《中国共产党廉洁自律准则》《中国共产党纪律处分条例》等规章制度的学习。同时与支行党总支班子成员、各网点部室负责人签订党风廉政建设责任书，以责任书的形式把一岗双责的要求明确到人、落实到位。把党风廉政建设工作与业务工作同部署、同落实、同考核，确保党风廉政建设和反腐败工作始终贯穿于全行各项业务工作始终，形成党风廉政建设和反腐败工作与业务发展同步开展的良好局面。年内，走访县纪委、公检法等单位，对全行员工违规违纪行为进行全面摸排。同时在支行院内设立意见箱，畅通听取收集意见的渠道，查找党员作风建设方面存在的突出问题。

农行尼木县支行党总支部牢牢抓住“主体责任”这个龙头，把责任层层压实，全面推进党风廉政建设和反腐败工作。不断增强思想认识，把准政治方向，全年2次召开纪检监察会议，专题研究部署推动党风廉政建设和反腐败工作。认真履行“一岗双责”，切实负起党风廉政建设主体责任，在年初、年中党建和业务经营工作会议上、季度业务分析会议上，均研究部署党风廉政建设和反腐败工作。每月按时开展纪检监察学习，学习反腐倡廉相关文件，学习各类典型案例，在广大党员干部中营造“不敢腐、不能腐、不想腐”清廉环境。年内，共计组织纪检监察学习12次。

开展警示教育常态化，使党员干部进一步增强党性，起好表率作用。学习警示教育及规章制度，倡导良好的廉政氛围，开展思想道德和法纪教育，抓好重要岗位人员的廉洁自律教育，努力从源头上预防。

【巩固脱贫攻坚成果】 年内，依托与县委、县政府签订的小额信贷风险补偿基金合作协议，积极用好、用活党和国家赋予的金融政策、金融产品，进一步激发贫困群众内生动力，变“输血扶贫”为“造血扶贫”。截至年底，累计发放农牧民小额扶贫到户贷款134笔，发放金额616万元。同时，积极利用自身平台优势，帮助尼木县企业入驻掌上银行“兴农商城”（原扶贫商城），并上架扶贫产品，2022年累计销售尼木县特色产品达到24.92万元。

2022年5月17日，县委书记杜国君（右一）到农行尼木县支行调研

【金融助力乡村振兴】 年内，农行拉萨分行与尼木县委、县政府签订《巩固脱贫攻坚成果暨服务乡村振兴战略合作协议》，继续以高度的政治自觉和强烈的政治责任，助推尼木县巩固拓展脱贫攻坚成果同乡村振兴有效衔接。

截至年底，农行尼木县支行涉农贷款余额达到6.57亿元，6个基层营业所为8个乡镇累计发放农户贷款1277笔，累计发放金额达到1.62亿元。同时，积极改变工作模式，走出去宣传好党和国家的金融好政策。利用“3+2”工作模式开启服务“三农”新局面，送政策下乡、送知识下乡，真正把金融服务送到农牧民群众家门口，全年开展“3+2”流动服务160余次。

【发挥“三农”金融服务点质效】 年内，“三农”金融服务点作为农业银行金融延伸服务的渠道和平台，在改善农村金融服务供给、改变农牧民金融消费理念、提高农牧民的诚实守信意识、提升农牧区现代金融产品普及率和使用率等方面发挥积极的桥梁和纽带作用。

年内，对所有代理点的质效发挥进行摸排，清理低效、无效网点，累计交易笔数16884笔，交易金额达400万余元。农行尼木县支行为代理“三农”金融服务点的48户致富带头人发放酬金18.24万元。

【数字尼木建设】 年内，认真落实上级行数字化转型要求，顺应“互联网＋党建”趋势，立足场景金融

2022年4月21日，农行拉萨分行与尼木县人民政府成功签订巩固拓展脱贫攻坚成果暨服务乡村振兴战略合作协议签约仪式

服务，全力推广“智慧党费”项目，在拉萨各县区率先实现县直单位智慧党费项目全覆盖的目标，极大地方便了党员交纳党费。年内，推进智慧食堂、智慧校园项目，积极对接尼木县政府智慧食堂项目、尼木县小学智慧校园项目。县政府智慧食堂已投入使用，县小学智慧校园正在积极推进中。同时，积极推进“工资单”业务进掌银活动，将全县干部职工工资信息导入农行尼木县支行掌上银行系统，职工足不出户就可以查询自己的工资收入明细。

【创新“藏香贷”产品】 年内，依托吞巴营业所“藏香贷”专营机构，全力支持尼木县农牧民群众及藏香合作社产业发展，累计投放“藏香贷”95笔，金额1202万元。

【服务干部职工】 年内，累计为尼木县干部职工发放“随薪贷”“房抵贷”等各类贷款共计477笔，金额8248万元，其中，信用类的“随薪贷”7笔，金额150万元；信用类的“网捷贷”456笔，金额6380万元；抵押类“房抵贷”14笔，金额1718万元。以上贷款的发放，极大地满足了干部职工的融资需求。同时，这也是农行尼木县支行将国家对在藏干部优惠金融政策送下去的具体体现。

【践行社会责任】 年内，为解决尼木县户外工作者户外工作的后顾之忧，将原有门卫室分隔出空间并进行装修，向环卫工人、交警等户外工作者提供免费休息、手机充电、冷热水、医疗箱等贴心关爱服务，“农行爱心驿站”得到了社会的高度认可。

配合财政局完成“财政2.0系统”上线工作，提高预算资金的监控水平和监控能力。新冠疫情期间开通金融服务“绿色通道”，保障尼木县各项金融服务需求。疫情期间农行尼木县支行坚持金融服务不断档，为政府部门、各预算单位处理各项紧急业务1000余笔，涉及金额6000余万元；全力保障尼木县防疫资金支付、项目资金拨付、职工工资代发等紧急金融需求。齐心抗疫，助力县委、县政府打赢疫情防控阻击战。疫情期间接到县委组织部的人员支援请求，支行党总支号召在岗员工积极响应县委、县政府号召，先后组织5名志愿者投身防疫一线，为在岗员工提供笔记本电脑等。

（刘芸君）

【机构领导】

党委书记、行长

张　鑫（7月免）

解传奇（7月任）

副行长

保　保（藏族）

乡 镇

塔荣镇

【概况】 塔荣镇位于雅鲁藏布江中游北岸，距首府拉萨约140千米，平均海拔高度3800米，是尼木县政治、经济、文化中心。塔荣镇辖区面积137平方千米，其中耕地面积8105.1亩，林地、草场面积117237亩。全镇共有1460户6924人，劳动力3251人（女1621人）。全镇有1所小学、2所村级幼儿园、4所村级卫生所、1所农行营业所、4座寺庙、1座拉康。

【经济发展】 年内，塔荣镇农村经济总收入6824.69万元。其中，第一产业4780.69万元，占总收入的70%；第二产业495.28万元，占总收入的7%；第三产业1548.72万元，占总收入的22%。农牧民人均可支配收入21376.95元。

【经济作物】 年内，塔荣镇粮油总产量达288.175万千克，粮食总产量270.525万千克，其中，青稞单产449千克，总产247.985万千克；小麦单产365.5千克，总产3.51万千克；豌豆单产256千克，总产19.035万千克。油菜单产181.5千克，总产17.65万千克。露天蔬菜单产1931千克，总产77.24万千克；设施蔬菜总产34.64万千克。

2022年3月10日，拉萨市委常委、秘书长张春阳（左二）一行到塔荣镇尚日村调研

【牲畜存栏】 截至年底，塔荣镇牲畜总存栏14881头（只），其中大牲畜存栏7027头，小畜1959头，鸡5895只。肉类总产量303.2吨，其中禽肉产量1.4吨，家畜肉产量301.8吨；奶类总产量5103吨；绒总产量477.5千克，其中羊绒产量182.5千克；禽蛋总产量35.2吨。

【脱贫巩固同乡村振兴有效衔接】 年内，塔荣镇组织各村每月上报外出务工统计表，将脱贫劳动力和边缘易致贫人口外出务工相关上报信息如实录入国办系统，2022年塔荣镇务工总人数632人，其中省内县外务工165人，县内务工467人。

年内，为持续巩固脱贫攻坚

2022年7月12日，拉萨市团委书记熊劲（主席台左四）一行到塔荣镇塔荣村开展“四联四包”工作暨“大宣讲大调研大排查大落实”活动

成果，做好防返贫工作，经过对全镇1448户逐户排查，最终排查出涉及“九不入”情况819户，实际入户排查629户，排查率达到100%，2022年未发现需纳入“三类人员”户。

年内，率先在林岗村、东松村开展“美丽乡村·幸福家园”整村推进计划，林岗村已竣工，东松村已完成“美丽乡村·幸福家园”建设行动整村推进项目，2022年已完成进度的5%，后续将按照规划开展相关工作；塔荣村全村实施人居环境整治工程，该项目已完成进度的65%；尼木县乡村振兴示范村尚日村建设项目，已完成进度的30%。大力发展产业振兴，塔荣镇产业项目紧紧围绕尼木县“现代尼木三步走”“四产业三园区”等总体规划部署，突出区位、人口和交通等优势，以种植业、养殖业、城市服务业、特色民族手工艺品制造业为特色，努力形成“一村一品”的产业格局。2022年塔荣镇7个村（居）村集体经济共实现产业收入882.84万元。

【医疗卫生】 年内，普通农户医疗救助5人，按照医疗住院报销后的70%的标准已兑现。加大宣传疫情防控知识力度。结合线上线下宣传新型冠状病毒感染的预防知识，组织镇卫生院对辖区重点办公场所及辖区内营业场所进行全面消杀、不留死角，确保新冠疫情防控有序、有效、有力开展。塔荣镇多次召开疫情防控部署会议，把疫苗接种工作纳入党委议事日程，利用微信、电话等工具宣传接种疫苗，疫苗接种率排在全县前列。

【转移就业及高校毕业生服务】 年内，对辖区内农牧民转移就业进行实时统计，2022年累计登记农牧民转移就业1802人，其中建档立卡脱贫人口615人，转移就业群众累计增收2100万余元，已超额完成既定目标。

年内，塔荣镇高校毕业生共计76人，42名干部均与高校毕业生进行结对帮扶，通过结对干部“一对一”或者“一对多”结对帮扶，做好高校毕业生的就业思想引导工作，和高校毕业生一道研究就业岗位。高校毕业生中已就业21人，未正式就业34人，就读研究生1人。

年内，塔荣镇累计统计培训需求5次，群众的主要培训需求为装载机驾驶、挖掘机驾驶、一般驾驶、厨艺、手工制作等。截至年底，累计参与培训230人，主要是厨师、驾驶员等岗位。

【生态环境】 年内，对集中水源点进行保护，在辖区内水源点设立警示标志，实行专人看管、定时巡逻；塔荣镇组织村“两委”、联户长及部分群众，实行轮流值班制，对塔荣镇的环境卫生、牲畜管理等进行监督管理。不定时组织党员队伍、团员志愿者队伍、联户长队伍、妇女队伍等力量对塔荣镇环境卫生进行集中整治。2022年开展各类环境整治活动180余场次。建立严格的河长制监督、对所辖区河长和管护人员进行考核及责任追究制度，确保以监督考核为抓手，以问责追责为保障，为落实水生态环境治理及保护工作属地管理要求，加强各村对所辖河的环境整治、卫生整治，全年辖区大面积开展23次河道环境卫生大整治，确保河长制任务落到实处。划定生态保护红线，对基本农田、生态林加强保护，确保面积不减、质量不下降，合理规划土地、使用土地。

【落实党建责任】 年内,聚焦班子建设,发挥领导核心作用。塔荣镇党委主要负责人高度重视,做到重要工作亲自部署、重大问题亲自督办,主持制定重要文件、召开专题工作会议,研究部署推进工作。按照民主集中制原则,在决策过程中坚持做到一把手末位发言制度,研究、讨论“三重一大”事项,根据事实情况作出决定,绝不仓促决策和临时动议。2022 年召开二届中共塔荣镇委员会(扩大)会议 23 次。

年内,坚持把党建工作与中心工作同研究、同部署、同考核。研究制定《塔荣镇 2022 年党的建设工作要点》和《塔荣镇 2022 年党风廉政工作要点》,明确年度重点任务,压实管党治党责任,明确班子成员“一岗双责”,形成抓党建整体合力。

【庆祝中国共产党成立 101 周年系列活动】 年内,塔荣镇及时召开党委会,研究制定《塔荣镇关于开展庆祝中国共产党成立 101 周年暨“七一”系列活动方案》,并通过各项活动迎接中国共产党成立 101 周年。

开展塔荣镇庆祝中国共产党成立 101 周年暨“七一”表彰系列活动,颁发“光荣在党 50 年”纪念章,对 2 个先进基层党组织、11 名优秀共产党员、9 名优秀党务工作者进行表彰;举行预备党员入党宣誓仪式、老党员重温誓词和老党员为预备党员佩戴党员党徽活动。组织党员升国旗、唱国歌,收看庆祝中国共产党成立 101 周年大会,讲授专题党课,指导各村(居)党组织有序开展庆祝中国共产党成立 101 周年系列活动。

【党员发展及党内关怀】 年内,镇党委、政府在“藏历新年”、春节、建党节期间慰问“三老”人员 7 人、退休干部 6 人、困难党员 36 人。严格落实控制总量、优化结构、提高质量、发挥作用总要求,突出做到“两个维护”政治标准,高质量高标准做好发展党员工作,2022 年发展党员 6 名(农牧民 3 名)。

2022年8月6日,塔荣镇东松村庆祝2022年望果节暨喜迎中共二十大文艺汇演

【意识形态工作】 年内,塔荣镇党委高度重视宣传思想文化(意识形态)工作,把宣传思想文化(意识形态)工作作为党的建设重要内容,纳入重要议事日程,纳入党建工作责任制,纳入领导班子、领导干部目标管理,与各项工作同部署、同落实、同检查,出现问题严格追责问责。对标《2022 年意识形态和精神文明建设工作要点》,及时充实调整以镇党委书记为组长的意识形态工作领导小组,细化意识形态工作实施细则、意识形态建设制度、落实意识形态工作职责制,建立健全意识形态工作研判机制,牢牢掌握意识形态的领导权主动权,不断增强全镇干部职工特别是领导干部的职责意识和凝聚力,累计组织召开 4 次宣传思想文化(意识形态)领域分析研判会,按照每半年向上级部门专题汇报宣传思想文化(意识形态)工作的要求,汇报 2 次,定期在单位内部通报、传达宣传思想文化(意识形态)领域工作情况。通过狠抓责任落实,健全完善工作机制,制订各类方案预案,切实将宣传思想文化(意识形态)工作落到实处。2022 年制定各类学习教育方案 7 份,常态化开展巩固脱贫攻坚成效、维护社会稳定、环境卫生整治、敬老助残、疫情防控、平安创建等志愿服务活动,累计开展 200 余次,累计参与人数 8000 人,组织党组织班子成员和党组织书记上

党课15次，参加区市党校集中宣讲培训8次。

（格 桑）

【机构领导】

党委书记

格桑德吉（女，藏族，8月免）

索朗次仁（藏族，8月任）

副书记、镇长

孟 辽 阔

副书记、人大主席

扎 桑（女，藏族）

专职副书记

洪 镜 伟（白族）

副书记

陈 国 明（10月任）

党委委员、纪委书记

白玛宗巴（女，藏族）

党委委员、政法委员

次邓四郎（藏族，5月任）

党委委员、组织委员

李 凯（7月免）

党委委员、宣传委员、统战委员

许 尚 帅

党委委员

聂 黎 辉

党委委员、副镇长

俞 鹏 云

副镇长

巴桑坚增（藏族）

四郎扎西（藏族）

2022年5月14日，拉萨市委副书记、市政府党组副书记、常务副市长王强（左二）一行到尼木县吞巴镇调研

吞巴镇

【概况】“吞巴”藏语意为“精通之人”，是藏文字创始人吞弥·桑布扎的故乡，水磨藏香之源，西藏少有的千年古村落之一。吞巴镇位于318国道沿线，是尼木县火车站所在地，尼木县东南门户。镇政府距拉萨市120千米，距县城20千米，平均海拔3960米。镇域面积182.7平方千米，下辖3个行政村、13个村民小组，有3个党总支、13个党支部，2所幼儿园、1所卫生院、1座寺庙，农牧民587户2635人。有水磨281座，从事藏香制作282户，从业人员684人。全镇共有党员236名，其中农牧民党员188名，机关党员48名，农牧民党员占79.66%；女党员68名，占28.81%。2022年全镇农村居民人均可支配收入21541.18元，同比增长6.13%。

【农牧林业】 年内，全镇耕地总面积3916.61亩，粮食播种面积3074.5亩，粮食产量122.955万千克，其中青稞种植面积2717.40亩，单产412.5千克，产量114.54万千克；小麦种植面积63.2亩，单产341千克，产量2.16万千克；豌豆种植面积293.9亩，单产213千克，产量6.26万千克。经济作物播种面积625.5亩，其中油菜种植面积469.5亩，单产171.7千克，产量8.06万千克；露天蔬菜种植面积156亩，单产1817.5千克，产量28.355万千克。种、收综合机械化率达85%以上。

截至年底，全镇牲畜总存栏10932只（头、羽），牲畜总出栏数5333头（只、匹），实施黄牛改良51头，全镇口蹄疫免疫率100%，禽流感免疫率100%，重大动物疫病防控率100%，全年牲畜死亡率控制在0.2%以下。

在318国道沿线、村民房前屋后等区域进行植树造林，稳步推进“两山”创建工作，确保乡村实现绿化、美化。年内，种植白皮松、桃树、槐树7591棵。

【特色产业】 年内，始终把藏香作为支柱产业，紧盯薄弱环节，通过对接县藏香产业园区，实施藏香制作户承包松柏木水磨代加工；对接农业银行推出“藏香贷”特色金融产品；对接邮政公司建立邮政吞巴分公司，并提供藏香邮寄优惠政策。依托驻村对口帮扶和点对点干部跑市场帮助销售等多种方式，全力开拓藏香市场，坚定不移走规模化、产业化、市场化藏香发展路子，切实让藏香产业成为吞巴农牧民持续稳定增收的支柱产业。特别是疫情发生以来，镇党委、政府主动作为，实施“党组织统一采购藏香原材料、家庭小作坊形式继续生产、合作社统一收购”的方式，持续做大做强藏香产业。2022年全镇藏香产值达2850.03万元，销售收入1402.6万元，带动282户684人增收，人均增收2.05万元。

聚焦打造国际藏香康养小镇发展定位，主动作为、抢抓机遇，投入200万元实施吞弥·桑布扎故居文物修复，对接2家旅游公司，加快推进景区打造工作，着力构建以藏香为特色、以藏香文化为魂的乡村旅游路线，全力构建“旅游+文化”乡村旅游大格局。年内，通过旅游带动12人就业，间接辐射带动群众增收30万余元。

聚焦打造原种藏鸡保护示范基地，投入300万元，在根培村实施原种藏鸡保护标准化示范基地建设；投入20万元，在吞普村稳步推进家庭散养式藏鸡养殖，有条不紊推进原种藏鸡养殖业发展。截至年底，全镇藏鸡存栏1500羽，带动30户，年人均收入达4000元。同时，聚焦打造有机农业示范基地，充分利用吞普村有机红土豆地理标识资源，组织发动群众有序开展有机红土豆种植，大力发展有机农业产业。年内，全镇种植有机红土豆面积15亩，实现收入12万元。

按照尼木县建设“三园区”发展布局，通过加强服务、精准对接等方式，全力发展现代物流产业服务集散地产业。年内，共安排42名本地群众稳定就业，发放工资302.4万元，累计安排临时用工500人，发放工资200万元；安排货车司机16人，每月工资6500元，共计发放工资124.8万元。

【民生保障】 年内，全镇共实施35个基建项目，总投资达3000余万元。认真落实“乡办、村队”工作机制，建立健全用工联动机制，持续加大转移就业力度。截至年底，完成农牧民转移就业1044人，实现劳务收入1357.2万元，其中，组织化转移就业占58%。严格落实兜底医疗救助和全民健康体检等政策，常态化开展卫生健康宣传教育工作，保障群众健康。年内，群众参加医疗保险率100%，报销金额达95.77万元。参加养老保险保险率100%，收缴资金达22.22万元。78人享受兜底医疗救助和“一孩双女”等特别扶助，扶助资金达15.5万元。坚持以群众喜闻乐见的方式，开展文艺会演、宣传教育等活动，丰富群众精神文化生活。年内，开展各类演出28场次。

年内，全力解决学校日常生活中难点和困难，做好“送教下乡”、控辍保学等工作，确保学前教育入学率达到100%，义务教育入学率达到100%。始终践行“民政为民、民政爱民”工作理念，紧紧围绕民政重点工作，认真落实暖民心政策，切实增进民生福祉。为11名特困户人员发放补贴66569.76元，为3名失能老年人各发放“两项补贴”资金1800元，为9户14人低保户发放资金61618.67元，为7名特殊留守儿童进行慰问发放慰问金3500元，为9户困难家庭解决临时救助金3.2万元，为82名残疾人发放各

2022年7月13日，拉萨市委宣传部副部长、市文化局党组书记张碧芳（右一）一行到尼木县吞巴镇调研

2022年7月20日，北京市、上海市企业家代表一行到尼木县吞巴镇调研

类补贴资金69760元。常态化开展安全隐患排查工作，做好防汛抗旱工作，全力保障群众生命财产安全，确保全镇安全生产态势总体平稳。年内，开展检查154场次，检查企业、项目工地和营业主体320家次，发现整改问题81个，开展宣传活动25次，发放宣传资料1700余份，未发生一起安全生产事故。

【生态环保】 年内，按照“整治行动为了群众，整治工作依靠群众、整治成果惠及群众”的工作思路，最大限度发动群众以主人翁姿态投身环境卫生整治工作，加强环境卫生清扫工作；实施“最美家庭”“好婆婆”“好媳妇”评选活动，落实“卫生活动月”活动，划分卫生责任区，开展环境志愿服务活动，全力引导、教育广大群众养成文明、卫生、健康的生活方式，全面筑牢生态环境保护铜墙铁壁。

实施乡村道路硬化、房屋改造、农户厕所改造、下水道改善工作，全面加强城镇环境配套设施建设。同时，认真落实江河库专项整治行动和乡村“四旁”植树行动，对农村生活垃圾、村内水塘、河道、沟渠、318国道、雅鲁藏布江畔等重点部位进行动态清理和全面整治。

按照“景村一体”化发展思路，深度挖掘藏香文化底蕴和地方特色，稳步推进吞巴旅游景区改造提档升级和藏香原材料种植示范基地创建工作，积极打造风景秀美、空气清新的水磨长廊游览区，开发格桑花海游览区，形成了青山绿水相得益彰、美不胜收的生态景观。着力构建以藏香为特色，以生态为底，以藏香文化为魂的乡村旅游路线，助推生态绿色产业发展。

【新冠疫情防控】 年内，按照“应接尽接、不落一人”的原则，深入开展敲门行动，稳步推进新冠疫苗接种工作，有效阻断疫情传播，构建全人群免疫屏障。

健全完善疫情防控各项工作机制，精准做好人员动态管理台账，坚决落实常态化疫情防控措施，确保守住不发生规模性疫情底线。特别是8月全市疫情发生以来，镇党委、政府主动担当作为，坚决落实卡点值守、日常消杀、重点人群管控等工作措施，及时落实疫情防控最新优化措施，确保疫情防控工作科学化、实效化。

2022年12月14日，雅叶高速九标项目部向吞巴镇人民政府、派出所赠送锦旗

充分总结吸取疫情防控工作期间基层党组织典型做法和不足之处，进一步优化调整双联户工作模式，加强对组一级党组织管理，持续拓展“四联四包”工作成果，切实让问题在一线解决，民心在一线凝聚。

2022年吞巴镇吞普村雍组

【脱贫巩固】 年内，吞巴镇脱贫户共计119户458人，合计实现总收入854.29万元，人均收入18652.66元，总支出2.46万元，人均支出53.71元，人均纯收入18598.83元。其中生产经营性收入193.00万元，人均生产经营性收入4214.07元，工资性收入528.96万元，人均工资性收入11549.27元，财产性收入11.25万元，人均财产性收入245.74元，转移性收入（政策性补贴）121.07万元。人均转移性收入（政策性补贴）2643.58元。

年内，166名结对干部入户300余次；为4名贫困群众实施医疗救助工作，金额22276.35元；全镇脱贫户在校学生共135人，其中大学生12人，高中生21人，初中生37人，小学生51人，幼儿园学前教育学生14人。在校生免费教育阶段均享受“三包政策”，建档立卡大学生按照相关政策免除学费、住宿费、书本费并补助生活费资金；全镇脱贫户实现转移就业186人（包括临时就业人103人、稳定就业83人）；全镇搬迁户35户127人，均完成搬迁入住并实现一户一人稳定就业。2022年上半年共计安排39个生态岗位，兑现资金68250元；下半年安排42个生态岗位，兑现资金73500元。通过民政部门对辖区内生活条件相对困难的群众进行逐一入户、走访排查，确定8户低保户、11户五保户实行兜底保障。

【党建工作】 年内，始终把学懂弄通做实习近平新时代中国特色社会主义思想作为首要政治任务，在要求原原本本自学基础上，以学习宣传中共二十大精神为主线，坚持集中教育与经常性教育相结合，组织党员干部系统学习习近平总书记关于治边稳藏重要论述，跟进学习习近平总书记最新重要讲话精神，始终把学习习近平新时代中国特色社会主义思想作为党委会、理论学习中心组、“三会一课”、周例会等必学内容，不断推动学习往深里走。

围绕“六个基本”活动，深化班子成员联系支部制度，规范“三会一课”“主题党日”活动，提升村干部素质，深入推进党员“三包”工作，党建引领巩固脱贫成果同乡村振兴有效衔接，切实把基层党组织建设成为听党话、跟党走，善团结、会发展，能致富、保稳定，遇事不糊涂、关键时刻起作用的坚强战斗堡垒。

以开展“改进作风，狠抓落实”活动为载体，大力弘扬真抓实干工作作风，常态化开展督导检查，认真落实党风廉政建设要求，加强廉政教育，以任务项目化、项目清单化、清单责任化的方式，推动各项工作落到实处，确保党中央和区市县委各项决策部署落实到位。

【宣传工作】 年内，认真组织学习自治区会议精神等专题内容，同时结合新形势新任务，及时组织学习中共二十大精神及二十届一中全会精神、区市县重要文件精神，将理论学习与贯彻落实县委、县政府重要工作部署相结合，组织机关理论学习中心组学习26次，在全镇范围内深入宣传各项会议提出的指导思想、总体思路、目标任务和重大举措，充分反映吞巴镇贯彻落实会议精神的新思路、新举措。利用周二、周四学习时间组织全镇干部职工学习，结合“下基层、大接访、办实事”及“四联四包”，深入各村组织集中宣传学习20余场次。

年内，围绕“3·28”西藏百万农奴解放纪念日、清明节等节日，以灵活的方式展现党史学习教育活动的内容，教育引导广大干部群众和农牧民群众知党恩、感党恩、跟党走。通过新旧西藏对比活动，深化以新旧西藏历史对比为主要内容的爱国主义教育，引导广大农牧民群众认清历史，珍惜现在，展望未来。依托新时代文明实践志愿者队伍，组织敬老爱老志愿服务、环境综合整治志愿服务及校园学雷锋活动等，共发动志愿者150人次，服务孤寡老人、空巢老人2人次，义务打扫卫生45次。

（益西卓玛）

【机构领导】

党委书记

张绪刚

党委副书记、镇长

罗　桑（藏族）

党委副书记、人大主席

旦增群培（藏族）

党委副书记

赵　伟

党委委员、纪委书记

黄政雄（彝族）

党委委员、组织委员

胡　静（女）

党委委员、宣传委员、统战委员

格　桑（女，藏族）

党委委员

格　来（藏族，5月免）

党委委员、政法委员、派出所所长

拉巴顿珠（藏族，5月免）

郑永亮（5月任）

党委委员、副镇长

潘运烽

副镇长

次仁卓玛（女，藏族）

刘力铭

尼木乡

【概况】 尼木乡辖区面积241.358平方千米，辖7个行政村、29个村民小组，户籍人口1299户7096人，劳动力3579人。耕地总面积12044.62亩，可利用草场面积306962亩，牲畜存栏17054头（只）。全乡有7个党总支、30个党支部，党员共587名。脱贫户（全库）354户1756人，低保23户79人，五保分散6户6人，五保集中尼木院8户8人，堆龙德庆院10户11人。2022年有1所小学、6所幼儿园、5座寺庙。全乡在编干部职工66人（行政31人、事业35人），乡村振兴专干6人，“三支一扶”3人、人社专干2人、民政专干1人、公益性岗位3人、门卫1人。

【经济发展】 年内，实现人均可支配收入21992.22元，同比增长14.6%，其中人均工资性收入8992.59元（含人均固定工资491.83元），占总收入的40.89%；人均经营净收入10352.05元，占总收入47.07%；人均转移净收入975元，占总收入4.43%；人均财产净收入1672.58元，占总收入7.61%。

【农牧业】 年内，全乡农业产值达3000.14万元。农作物总播种面积9455.02亩，全年粮油总产638.035万千克，其中青稞372.14万千克、小麦26.685万千克、油菜25.82万千克、豌豆7.38万千克、蔬菜206.01万千克。分配计划内

2022年11月23日，西藏自治区党委书记王君正（右二）一行到尼木乡聂玉村调研指导工作

化肥233.7吨(其中尿素70吨、磷酸二胺37吨、氯化钾5.4吨、复合肥121.3吨),计划外有机肥分配72吨,积造农家肥24089吨。全乡良种田推广"藏青2000"种植2243亩、"藏青3000"种植920亩、"藏青320"种植2148.6亩、"喜马拉雅22号"1520亩、东嘎村安排二级种子田种植"藏青320"和"苏拉青2号"共计400亩("藏青320"种植190亩、"苏拉青2号"种植210亩),协助县农业农村局推广站工作人员收购2021年种植的黑青稞共计39509.5千克(尼木村、尼荣村),收购标准5.6元/千克,兑现资金221253.2元。协助县净土公司到各村收购藜麦共计39571.75千克,涉及资金633148元。完成芫根复种面积5076.4亩,兑现补贴资金507640亩。完成种粮和地力提升补贴兑现工作,按照上级标准全乡种粮分批补贴共计214040元,地力提升补贴共计686914元(2021年度第二批、2022年度)。组织召开病虫害防治、田间管理专题会议5次,下村查察种子田长势,排查病虫害28次,组织科技特派员排查病虫害162次,547人次;发现病虫害(蚜虫、蝗虫)4起,并及时组织科技特派员和农牧民党员进行喷洒农药,做到病虫早发现、早消灭。尼木村种植青贮玉米250亩左右,收入10万元左右,市场客观,下一步加大种植规模,形成饲草种植、加工、销售一体化。建立气象防灾减灾体系,积极开展气象灾害预防工作。

年内,全乡牧业产值达4415.12万元。全乡牲畜存栏总头数21518头(只、匹),肉类产量423.41吨,奶产量1543.33吨。乡兽医站组织各村兽医开展防疫工作,春防共计注射牲畜21109头(只、羽),秋防共计注射23137头(只、羽),防治率达到100%,有效提升牲畜存活率。2022年末开展牲畜清点工作,牲畜清点头数21518头(牦牛、黄牛、犏牛、绵羊、山羊、马、骡、驴),折合绵羊单位41744.92,按照全区草原生态补助奖励政策,补助标准按"草畜平衡2元/亩,限高6000元/人、保底1100元/人"兑现全乡1232户6947人,资金10.53万元,专职草监员资金2.1万元。黄牛改良有序推进,共完成黄牛改良40头,完成总任务的6%;牦牛经济杂交3头,完成总任务的10%。

【交通工作】 年内,尼木县塔荣镇至帕古乡公路整治工程和拉日高速尼木支线以及尼木沿线高速公路项目开工建设。涉及尼木村、曲林村房屋拆迁、日措村房屋拆迁、集体耕地、个人耕地、集体林地、个人林地、集体草地、个人草地、林木、狼牙刺、沙棘,总共合计补偿资金2812.83万元,已经协助落实。

【水利工作】 年内,各村委通过村民会议、微信群、张贴宣传标语等方式,转载、发放宣传信息手册90余份、画报35张,大力宣传防汛常识,增强群众安全防汛意识。严格执行汛期值班带班报告制度,实地勘察落实解决普巴水渠进水口、东风水渠维修等经费问题,确保全乡农田、林地灌溉有序进行。落地实施项目有尼木玛曲河防洪堤普巴村段项目、普巴宗雪冲沟建设、加固全乡水塘网围栏等。全面规范各村水费收缴工作。整治乡域河道冲沟乱堆乱放问题5起。严格落实乡村级河湖长制度。累计组织农牧民群众开展河湖卫生整治活动40余次,参与群众2800余人次。

【食药安全】 年内,在乡辖区内开展食品安全、卫生检查、各类台账建立情况等,排查发现安全隐患7处(商店和茶馆内食品摆放乱、食品过期、卫生差、台账建立不完善),检查人员对当事人进行批评教育,没收过期食品,并要求当场整改。对乡完全小学及其附属幼儿园进行督导检查,检查人员3人次,共计40人进行食品安全检查78次,发现隐患32处。

【医疗卫生】 年内,开展卫生健康教育知识讲座7次,发放健康教育材料14857份;开展老年人健康管理1570人;新建居民健康档案电子化7274人;筛查"两癌"群众138人;开展计生工作、食源性疾病宣传21人次,饮用水安全卫生巡查28次,学校卫生服务18次,非法行医和非法采供血信息报告28次,职业卫生咨询指导24次。

【教育工作】 年内,制定控制学生失学、辍学方案,成立控制学生失学、辍学领导小组,狠抓落实。截至年底，尼木乡小学辍学率为零，残疾儿童除瘫痪、痴呆儿童外，入学率达 100%。严格落实对建档立卡脱贫户、困难户、农户大学生的相关教育资助。2021—2022 学年乡建档立卡脱贫户大学生共 39 名、低保户 4 名，共计资助金额为 278757 元。一般户大学生共 208 名，实际资助资金兑现人数为 161 人，共计资助金额为 768098 元。

【民政工作】 年内，尼木乡高度重视民政工作，对 4 户兑现 17000 元临时救助金。开展发放民政局“三大节日”慰问物品工作，慰问户数为 80 户（建档立卡户 33 名，低保户 14 户、低收入 4 户、分散特困 1 户、困难户 19 户、一般户 9 户）及辖区内的 5 座寺庙。3 月 10 日，拉萨市民政局在春节、藏历新年为最低生活保障对象东嘎村 5 组 1 户进行慰问，发放慰问金 900 元。

【财务工作】 年内，以“规范、精细、高效、透明”为目标，以队伍建设为着力点，推进惠农政策资金精准落实，严格执行政策，严守发放程序，切实做到“四不准、四到户”。与财政部门协调，完成各项财政资金下拨冲账工作和年度预算工作。

【人社工作】 年内，以农牧民转移就业为主，推动人口转移步伐，完成转移就业 2004 人，达到目标任务 1900 人的 105%，实现转移就业收入 1614.2708 万元，其中建档立卡贫困户人数 512 人；按就业区域划分，县城内为 1423 人、跨县区 593 人、跨市区 146 人、跨省 19 人；转移就业方式主要以自发转移 1694 人，政府组织 479 人，企业组织 8 人。2022 年尼木乡高校毕业生共 62 人，其中建档立卡户 3 人，应县委要求，制定“一对一”或“多对一”形式的结对帮扶制度，其中 14 名副科级领导干部共结对 28 人，34 名一般干部结对 34 人，并配合县人社局制作高校毕业生就业帮扶明白卡，同时发放到高校毕业生家庭及本人，以方便双方及时沟通。

2022年9月11日，县委负责人赵铁岭（左二）到尼木乡督导检查工作

【住建工作】 年内，先后 2 次开展全面排查工作，共计筛查出老旧房提升住户 6 户，由县级投入资金修建修缮，已完成改造 6 户。完善 6 户农村危房的户档资料。对辖区 6 个“厕所革命”不定时进行检查，并严格落实厕所管理制度，确保厕所使用率。

【司法工作】 年内，充分利用横幅、LED 电子显示屏、微信平台等方式宣传与群众生活息息相关的法律法规知识，积极开展法治宣讲活动。2022 年共开展“法律七进”活动 6 次，发放法律知识读本 600 余册、法律宣传材料 1500 余份，受益群众达 2400 余人，增强公民的法治意识。联合村“两委”、驻村工作队经常性开展矛盾纠纷排查，年内，共排查 20 余次，受理各类民事纠纷 8 起，调解成功 8 起。

【生态保护】 年内，成立尼木乡环境综合整治工作领导小组，由乡党委书记担任组长，乡长及各职能部门负责人任副组长，各村环保网格员为成员，相关科室、村和有关单位为成员单位。针对因吞弥现代农业园区的落户带来的各类环境问题，利用张贴宣传海报、悬挂横幅、发放宣传资料等多种形式对企业和居民进行广泛宣传教育，形成乡村宣传网络。加强环保宣传及监督工作，共计张贴

2022年6月2日，尼木乡开展“提高生态文明意识、共建清洁美丽世界”主题宣传活动

宣传画30幅，悬挂横幅、标语35幅，发放宣传资料652份。

【脱贫巩固】 年内，全库354户脱贫户人均可支配收入达到18720.77元，其中人均生产经营性收入3507.57元，生产经营性占18.74%；人均工资性收入12853.14元，工资性收入占68.66%；人均财产性收入642.36元，财产性收入占3.43%；人均转移性收入1980.63元，转移性收入占10.58%，同比增长13.74%。尼木乡监测户6户24人，人均13421.8元。

【意识形态工作】 年内，制定《党委理论学习中心组学习计划》，明确学习内容，严格落实《党委理论学习中心组学习制度》。组织党委理论学习中心组开展学习23次，通过发挥中心组学习的示范带动作用，贯穿学习市委书记普布顿珠在宣传思想文化战线调研时的讲话精神，促进全乡党员干部职工自主自学和集中学习活动深入开展。

全面加强网络通信领域舆情管理，始终贯穿“一条主线”，突出“六个严防”，全面做好本单位舆情监控巡查工作。全乡党员干部牢固树立“四个意识”，教育引导干部职工保持政治上的高度敏锐性，坚决防止网上煽动性舆情落地形成现实危害。教育全乡干部群众按照西藏自治区网络通信“二十禁”通告要求，文明上网、正确使用微信、微博等新媒体。全乡干部积极引导身边群众坚决维护网络通信领域安全。执行网络舆情周报制度，依靠基层组织力量，了解群众最关心的民生问题、社会问题。

积极撰写、推送全乡工作信息和典型材料，向县委宣传部推送39条信息，宣传部采用并推送至尼木发布22条（其中有1条被西藏日报采用）；向县委宣传部推送16条小视频，宣传部采用并推送至抖音“尼木融媒体中心”9条。

为提高基层宣讲员的宣讲能力和水平，通过邀请优秀宣讲员和各科室轮流授课等形式，组织基层宣讲员在乡里进行培训4场次，14名宣讲员在村里宣讲党的理论政策、重要思想113场次，受教群众达900余人。

【新时代文明实践工作】 年内，通过志愿服务的形式，学习宣传习近平新时代中国特色社会主义思想、党的方针政策、活跃文化生活、推动乡风易俗。共计开展活动103场，志愿者参与人数达1330余人，受教群众达7250余人次。为发挥新时代农牧民阵地作用，扩宽宣讲渠道，创新宣讲方式，围绕习近平新时代中国特色社会主义思想主题，积极开展学习活动，乡文化站组织开展各类宣传活动22次，群众参与人数达760人；7个行政村文化室组织开展各类活动115次，群众参与人数达7082人，其中开展文艺团体活动演出29场次，文艺创作67篇；积极开展法治宣传，广泛宣传《中华人民共和国宪法》《中华人民共和国国家安全法》《中华人民共和国反间谍法》《中华人民共和国民法典》《中华人民共和国食品安全法》《中华人民共和国网络安全法》《中华人民共和国反有组织犯罪法》《西藏自治区消防条例》等法律法规。截至年底，开展普法宣讲40次，受教群众1800余人次。

【党建工作】 年内，尼木乡党委把习近平新时代中国特色社会主义思想作为第一课题常抓不懈，每月开展2次理论学习中心组学习教育，在"3·28"西藏百万农奴解放纪念日和清明节祭扫烈士陵园、疫情防控等节点开展各类宣传活动普及705次，其中在"大宣讲大调研大排查大落实"活动中宣讲495场次，疫情防控宣传100余次，开展各类学习120次。构建"乡党委书记全面统、副书记具体管、第一书记引领干、村级专干专职抓、村组干部合力推"的抓党建组织体系，严肃"三会一课"、主题党日、谈心谈话等党内基本生活，各级党组织开展8次民主（组织）生活会，听取各项重点工作专题汇报3次，开展监督检查50次，开展节前廉政教育8次。乡党委民主生活会中，班子成员相互提出批评意见30条，明确整改方向和整改措施。乡机关支部共开展主题党日活动10次。各村落实党员"三包"工作责任制，制定下发"三包"卡片120余份，全乡发放"吞弥便民服务卡"1000张，开展党员干部走村入户600余次，收集并处理社情民意52条。

开展作风自查自纠、不定期抽查、反馈结果、"回头看"等工作，从严管理党员。年内，全乡新发展党员20名，吸收积极分子10名，组织党员学习党章党规党纪等内容5次，组织签订《廉洁自律承诺书》65份，组织开展党风廉政教育5场次，受教党员达1000余人次，严明了纪律要求，增强了规矩意识。

【新冠疫情防控】 年内，为进一步做好尼木乡三类新冠重点人群（65岁以上老年人、孕产妇、0—6岁儿童）的健康服务工作，建立健全三类重点人群台账，根据健康风险登记实施分级健康管理。乡全体医护人员加入重点人群服务微信群，乡卫生院、村医务室医务人员依托家庭医生签约服务，对全乡三类重点人员进行跟踪服务，已完成3次跟踪服务，覆盖率达100%，排查出6名基础疾病较多且身体状况较差人员，已劝导家人将病人转诊，已转诊2人。进一步做好疫苗接种工作。

2022年4月24日，尼木乡机关支部组织开展植树活动

【人大工作】 年内，尼木乡第十三届人民代表大会第二次会议胜利召开。回顾2021年政府工作，对2022年政府工作进行安排。乡人大主席团在尼木乡党委的领导下，以习近平新时代中国特色社会主义思想为指导，全面贯彻落实中共十九大精神，围绕乡党委的工作部署，认真履行宪法法律赋予的职责，加强和改进监督工作和代表工作，更好地发挥了人大代表作用，确保决战决胜脱贫攻坚目标任务的完成。

（嘎玛顿珠）

【机构领导】

党委书记

刘　华

党委副书记、乡长

旦增晋扎（藏族）

党委副书记、人大主席

多吉普桑（藏族）

专职副书记

荣　磊

纪检书记

韩　丽（女）

组织委员

洛桑卓玛（女，藏族）

宣传委员、统战委员

赤列顿珠（藏族）

副乡长

杨　猛

次旦央吉（女，藏族）

德　吉（女，藏族）

刘红雨

续迈乡

【概况】 续迈乡位于尼木县东北方向19千米处，北邻当雄县，东接曲水县。乡域面积593.7平方千米，林地6353.12亩，草地852723亩，耕地面积9216.02亩，人均耕地面积1.93亩，平均海拔4000米，属于半农半牧乡。全乡共有6个行政村，24个村民小组，农牧民1023户4733人（男2339人，女2394人，劳力2294人，其中男1178人，女1116人）。有1所中心小学，1所卫生院，1个农行营业所，1个派出所，5座寺庙（2座格鲁派、3座噶举派）。全乡有1个党委、6个党总支、25个党支部、1个团乡委、6个团支部。党员483名（女党员150名），其中农牧民党员434名（正式党员413名、预备党员21名），机关党员49名（正式党员41名、预备党员8名），“三老”人员32名（老党员20名、老干部12名，无老劳模），团员139名，网格化7个，“联户代表”88名。

【经济建设】 年内，续迈乡经济总收入1.5亿元，农牧民人均可支配收入达到20014.56元，同比增长8.2%。第一产业5731.54万元，第二产业4328.8万元，第三产业5101.69万元。三产业比例为37.8∶28.55∶33.65。

【种植业】 年内，全乡总耕地面积9216.02亩，人均耕地面积1.93亩，其中，粮食作物播种面积7624.25亩，粮油总产为279.155万千克，同比增产34.235万千克；青稞产量为247.855万千克，同比减产11.275万千克；小麦产量为6.72万千克，同比减产8.325万千克；豌豆产量为6.885万千克，同比减产13.25万千克；蔬菜产量78.295万千克，同比增产2.03万千克；油菜产量为17.695万千克，同比减产1.38万千克。良种繁育田“藏青2000号”500亩（续迈村3组300亩、安岗村3组200亩），推广新品种“藏青3000号”500亩（尼续村192亩、河东村142亩、山岗村166亩），“苏拉青2号”440亩（安岗村200亩、尼续村240亩）。县推广站技术人员和乡农牧办工作人员在田间地头多次督促田间管理工作，在村“两委”、群众的积极配合下，田间管理得到上级部门的肯定。收缴肥料款246755元，发放化肥177.7吨（其中尿素53.50吨、磷酸二铵28吨、氯化钾4.1吨、复合肥92.1吨），发放有机肥137吨，完成农家肥积造16651吨。兑现2022年第一批种粮农民一次性补贴86290元，涉及户数799户；兑现2022年第二批种粮农民一次性补贴38836.00元；兑现2022年第三批种粮农民一次性补贴42328元；兑现2021年第二批耕地地力提升补贴72515.00元；兑现2022年耕地地力提升补贴470641.00元；兑现2021年农村户用卫生厕所改造补贴9.4万元，涉及户数47户；兑现农机购置补贴59770元，涉及户数75户；完成复种面积2310亩；兑现补贴资金23.1万元；完成深松整地3500亩和青稞代收2077.97亩。

【畜牧业】 截至年底，牲畜存栏数26180头（只、匹），出栏数6244头（只、匹），出栏率达到33.87%，仔畜成活率99.79%，成畜死亡率0.21%，全年肉产量达到707.33吨，奶类总产量1487.64吨，完成目标任务，禽蛋产量32.57吨，完成春秋两季牲畜防疫工作，开

2022年6月8日，县委副书记、县长次旺多杰（左三）到续迈乡尼续村实地查看指导泥石流地段水毁恢复情况

展3次禽流感注射疫苗工作，共计4466羽。兑现2021年第三季度野生动物肇事补贴资金36500元，涉及33户。为推进畜种改良工作，促进续迈乡畜牧业健康快速发展，2022年畜种改良860头（牦牛经济杂交160头、黄牛改良700头），兑现2020年牦牛经济杂交补贴资金（配种员）67800元，涉及68户。兑现2021年牦牛经济杂交补贴资金（配种员）146050元和黄牛改良配种员补贴16440元，涉及157户。完成34头牦牛种公牛购买工作，兑现补贴资金136000元。

【教育工作】 年内，全乡共有残疾学生6人，其中2人随班就读，4人“送教上门”，规范建立送教学生“一人一案”台账，落实“送教上门”服务，尽最大努力做好残疾儿童教育工作。加大“两后生”（扶贫政策中的农村贫困户，指初、高中毕业生未能继续升入大学或中专院校就读的人员）就业帮扶力度，续迈乡“两后生”35个，其中已实现就业26人，9人在家务农，对续迈乡大学生131人资助兑现753808元（其中建档立卡脱贫户大学生22人，兑现资助317476元）。

【林业工作】 年内，为贯彻落实区市县关于《乡村“四旁”植树行动方案（2021—2023年）》相关文件要求，确保“四旁”植树行动稳步推进，打造生态宜居美丽乡村。全乡共计种植11400株树苗，同时加大植树造林宣传力度，使植树造林政策人人皆知、家喻户晓，使广大群众积极投入植树造林工作中来。兑现2021年“四旁”植树补贴金34.4万元，兑现2022年护林员工资443041.88元。

【增收工作】 年内，全乡农牧民人均可支配收入目标任务为20041.56元，增长8.2%。其中，工资性收入5174.87元；经营性收入9119.67元；转移性收入2521.52元；财产性收入3198.5元。

【人社工作】 年内，县人社局联合城投公司在续迈乡域内开展厨师技能培训班，43人完成中级厨师资格聘任。积极发挥辖区合作社开展安岗村妇女群众手工编织“以工代训”工作，56人参与。2022年全乡群众实现转移就业1538人（其中脱贫户427人，实现劳务收入1131万元），就业率同比增长6.75%。加大高校毕业生就业帮扶力度，续迈乡通过2022年应届高校毕业生“一对一”或“一对多”的结对帮扶机制，通过微信、电话、面对面等方式宣讲区内外就业创业相关激励政策和提供就业岗位。年内，续迈乡应届高校毕业生37人，已全部实现就业（其中脱贫户大学生6人，实现就业率100%）。

【城乡居民养老保险】 年内，续迈乡对60岁以上老人进行生存认证，除恩泽居委会和五保老人20人外，已完成生存认证426人。续迈乡参保人员共有2183人，参保率达100%。2022年去世人员共有22人，其中60岁以上15人，未满60岁7人，每月（月报）的形式向县人社局申报材料，并发放丧葬补助金3870元。城乡居民养老保险相关政策共宣传5次，同时发放宣传手册。年内，续迈乡新增60岁领取养老金人员有48人，已全部按时发放到个人账户上。

【乡村振兴】 年内，续迈乡党委、政府组织乡村级集中开展防止返贫排查工作，重点关注“十类人员”对全乡农牧民群众进行集中排查。第一轮排查964户农牧户，其中“九不入”456户，发现人均纯收入低于6500元的农牧户2户，并按照识别监测程序认定1户1人为边缘易致贫户，1户5人为脱贫不稳定户（已为2户形成有效的解决措施）。第二轮排查1014户4760人，其中“九不入”〔指九种不纳入低收入群体的情况，即一、公职人员：家庭成员中有在国家机关或企事业单位工作且工资收入持续稳定（不含村“两委”成员、乡村振兴专干以及林业、国土等专职管护人员）；二、家中有经商办企业人员：注册资金50万元，企业法人在工商部门注册企业、有年审记录、经营收入持续稳定的；三、高价房：在城镇、城郊（如农家乐）购置的商品房、门市房等（不含因灾重建、易地搬迁和拆迁建房）；四、豪华车：价值在20万元以上自用车辆。高价载客汽车、工程机械、大型农机具等；五、大额存款：银行存款超过10万元及以上，或基金、股票、投资型保险等有价证券的；六、子

2022年6月20日，尼木县第十一批驻村工作队一行到续迈乡调研指导驻村工作

女收入高：有直系血缘关系、领养或其他法定关系的子女年收入在10万元及以上。且明显具备抵御风险能力，能保障其基本生活的；七、好吃懒做者：家庭成员中有生产劳动能力但好吃懒做、拒不参与劳动的不得纳入监测对象。八、违纪违法人员：家庭成员中有赌博、吸毒、非法经营、非法获取医保基金等违法犯罪行为。九、其他人员：有特需（美容、正畸等）高消费情况的；拒绝接受家庭资产核查的；整户长期（一年以上）不在本辖区内居住生活的。］486户1592人（脱贫户288户1093人）其中人均纯收入在6500—7000元的有10户52人，7001—7300元6户29人，未发现人均纯收入低于6500元以下且有返贫致贫风险户，以及收入大于6500元但因发生突发事件导致刚性支出较大的突发严重困难户（三类人员）。针对3户“三类人员”监测户，具体采取产业帮扶（投劳分红）、安排生态岗位、安排结对帮扶干部等帮扶措施，杜绝出现返贫现象。

【民政工作】 截至年底，全乡农村最低生活保障对象25户77人，落实补贴资金18.3万元。其中建档立卡低保户有16户42人，农村特困人员救助供养对象有58人。其中集中供养对象有42人，分散供养对象有16人。享受残疾人“两项补贴”有39人，其中重度残疾人护理补贴有26人，困难生活补贴有13人。为39名享受残疾人“两项补贴”对象落实补贴资金8.04万元，为19名农村特困供养人员落实补贴资金12.7万元，事实无人抚养儿童2人保障金1.38万元。

【卫健工作】 年内，合作医疗家庭账本核销工作，核销金额12万元，其中藏药4万元，西药7万元，全乡看病932户数2538人数，人均门诊报销金额为270元，共计12万元。

【住房建设和人居环境整治】 年内，为推进乡村绿化美景，改善农村居民生活环境。乡住建办工作人员在乡主干道沿线开展垃圾分类宣传活动共计2次，发放垃圾分类宣传袋200余份。完成全乡非经营性自建房农村房屋安全信息采集系统录入全覆盖，总计录入房屋801户。严格按照自治区住房保障租赁补贴相关政策，乡住建办工作人员走村入户一一核实，符合住房保障租赁条件33户108人。完成续迈乡3户老旧房改造提升、抗震加固工作。通过县乡两级验收后，年底兑现资金。

年内，在人居环境村庄清洁行动中清理农村生活垃圾168吨，清理农村白色垃圾36吨，发动农牧民群众投工投劳2610人次，开展进村入户宣传教育54场次，1640人参加。持续开展农村厕所改造工作，农村卫生厕所改造需改厕基数848户，已完成改厕210户，共兑现资金42万元。截至年底，未验收改厕完成39户。始终坚持以治理“脏、乱、差”为重点，开展环境卫生大整治大清理24次、爱国卫生运动12次，参与环境整治700余人次。

【安全生产】 年内，严格按照区市县党委、政府要求，每月定期召开安全生产工作专题会议，对各个阶段安全生产工作进行安排部署。截至年底，共召开安全生产专题会12次。联合乡相关部门开展安全隐患排查及防灾减灾宣传工作，共开展安全检查153次，出动人员80余人次、车辆50辆次，检查单位179家次，排查安全隐患17处，整改隐患17处。结合各类安全隐患排查治理工作，在辖区内开展安全生产、消防安全、食药安全等防灾减灾宣传活动7次，发放各类安全宣传册200余份、宣传袋100余份。

【新冠疫情防控】 年内，成立续迈乡防控办公室并设在乡卫生院，乡党委书记担任办公室主任，乡综治办、教育办、医保办等相关单位统筹协调做好疫情防控工作，办公室下设综合协调组、医疗防控组、服务保障组、教育领域防控组、宗教领域防控组、社会稳定防控组、宣传引导组、卡点稳控组、产业点稳控组、督导检查组等10个工作组，投入疫情防控222人。将人员整合起来，统一调配，形成合力。

县级包乡领导，县委统战部部长组织召开专题会议6次，专项安排疫情防控工作，全力抓好重点场所、重点领域、重要时段的动态监管，自觉把战“疫”放到第一位，从严从细从快做实疫情防控各项工作。

【村集体经济】 年内，坚持推动“现代尼木三步走”总体布局，推进“四产业三园区”发展布局，不断健全和深化“点对点”干部发展产业项目“124”工作机制。全乡总合作社1个，其下设分社7个，每个合作社自启动运营以来的成本核算、收支核算、乡季度汇总、村社月核算，严格执行面向群众公开公示制度。截至年底，7个合作社已全部运营，总收入398.67万元，总支出267.76万元，纯收入127.36万元，分红60.95万元，总带动户数103户，人数446人，其中建档立卡脱贫户99户429人，户均增收5917.47元。

【重点项目建设】 年内，全乡完成重点项目建设9项，万头生猪养殖基地建设项目总投资1.075亿元，已完成总工程量的81.2%左右。续迈乡高标准高农田建设项目总投资1632.86万元，项目已完工。尼木县牦牛短期育肥基地续迈分场改扩建项目，总投资500万元，已完工等待验收。尼木县牦牛短期育肥基地续迈分场配套道路工程，总投资420万元，主题基地建设当中。霍德村绵羊养殖基地扩建项目总投资500万元，项目基本完成。尼木县续迈乡霍德村拉架组高海拔供水试点工程，总投资230.09万元，项目已完工。尼木县生猪养殖运营管理项目，总投资230万元。招商引资项目续迈乡60兆瓦牧光互补储能光伏发电项目，总投资4亿元，项目于11月17日举行项目开工奠基仪式。生猪养殖基地能繁母猪运营保障项目，总投资300万元。2022年全乡固定资产总投资达5.44亿元。

2022年11月17日，尼木县续迈乡光伏电站奠基仪式

【意识形态工作】 年内，续迈乡党委坚持把开展党史学习教育、“三更”专题教育、“三新”大讨论大学习作为当前重要政治任务抓好抓实，通过周例会形式，“党委理论学习中心组开展党史”、“两学一做”、“不忘初心、牢记使命”主题教育、“三更”、“三新”活动，推动续迈长治久安和高质量发展”大学习大讨论暨周一例会。先后组织班子成员、干部职工撰写心得体会140余篇，党委班子成员实现轮流交流发言40人次，干部职工结合学习内容进行心得交流25人次。组织工作力量，发放学习材料120余册。创新结合保密宣教工作开展“党史小故事”专题学习9次，引导干部职工传承红色

2022年9月15日，续迈乡为各村产业点发放防护物资

基因，弘扬革命精神。各行政村共开展党史学习教育、“三新”大讨论大学习活动共48场次，受众3500余人次。续迈乡组织开展党史学习教育专题讲座，面向全乡干部职工、部分“两委”班子成员进行专题授课。直观展现中国共产党发展的艰辛历程；以“3·28”西藏百万农奴解放纪念日、庆祝中国共产党成立101周年和西藏和平解放70周年为契机，组织开展升国旗仪式、参观党史馆、“学党史·颂党恩·办实事”演讲比赛、纪念西藏百万农奴解放纪念日红歌比赛、庆祝建党101周年，喜迎中共二十大暨“铸牢中华民族共同体意识强国复兴有我”群众性庆“七一”系列活动、党史学习教育暨新旧西藏对比活动、趣味游戏比赛、文艺会演等活动。

【人大、政协工作】 年内，从源头上把好建议内容质量关，组织代表集中调研，充分听取群众意见，确保代表提出的建议反映民心、集中民智。针对乡第十三届人民代表大会第一次会议期间代表提出的18件建议、批评和意见，乡人大专门进行规范整理和登记并一一翻译成藏语，交与乡政府，做到件件有答复、事事有回音。先后召开人大代表意见建议交办会和督办会，并将代表建议翻译汉语梳理整理后向乡政府进行交办，乡政府均表态按期保质保量完成代表建议答复工作，确保意见建议事事有回音、件件有落实。

（白玛央金）

【机构领导】
党委书记
洛布次仁（藏族）
党委副书记、乡长
李 俊（女，8月任）
党委副书记、人大主席
格桑卓玛（女，藏族）
党委副书记
卢浦军
纪检书记
张 尧（5月任）
组织委员
格 桑（藏族）
政法委员
王 喜（5月任）
宣传委员、统战委员
次仁措姆（女，藏族）
副乡长
雒洪文
格桑尼玛（藏族）

帕古乡

【概况】 帕古乡辖2个行政村，14个自然小组，共计650户、3415人，常住人口605户、3253人（男1646人、女1607人），其中农业人口508户2738人，牧业人口97户515人，劳动力1769人。帕古乡共有干部职工42人。领导班子成员10人，工人1人，公益性岗位人员3人。

【经济建设】 年内，帕古乡转移就业1135人，完成年度目标任务1100人的103.18%，其中组织化转移就业812人，完成指标任务660人的123.03%。年内，人均可支配收入21973.22元，人均可支配收入比2021年增长7.96%，其中，工资性收入受8月新冠疫情因素影响，群众人均工资性可支配收入4425.32元，同比增长2.93%，生产经营性收入稳步增长，全乡群众人均经营可支配收入14291.63元，同比增长9.7%，财产性收入稳步增长，农牧民财产性人均可支配收入1428.29元，同比增长7.3%。

截至年底，帕古乡共实现转移就业1135人，收入1121万元，农牧民人均工资性收入达到4425.32元。

【农牧业】 年内，全乡草场总面积79万亩，可利用草场面积77万亩，人工种草面积2582亩。全乡耕地确权面积4816.82亩，农作物播种面积4816.82亩，饲草种植面积964.13亩，粮食播种面积3705.62亩，经济作物面积790.12亩，其中青稞种植面积3212.12亩，产量109.855万千克；小麦种植面积31.6亩，产量0.945万千克。经济作物面积802亩，其中油菜种植面积578亩，产量9.42万千克；蔬菜种植面积224亩，产量38.53万千克。

截至年底，牲畜存栏数28721头（只、匹），其中大畜12443头（匹），包括牦牛9428头，黄牛2933头，马82匹；小畜16278只，包括山羊4183只，绵羊12095只。幼畜成活率为96.2%，成畜死亡率控制在2%以内。帕古乡进行检查和消毒，共消毒排查养殖场543户，累计注射小反刍羊疫苗34215只。

【村集体经济】 年内，帕古乡产业收入96.48万元，村集体经济帕古村46.78万元，彭岗村138.5万元。

【防汛抗洪】 年内，帕古乡及时调整充实防汛抗旱领导小组，严格实行24小时值班制度和领导带班制。共配合上级部门处理地质隐患3处，未发生因地质隐患而造成人员伤亡事故。

【社会保障】 年内，发动辖区居民参加城乡居民基本医疗保险农民3205人，参保率为98.5%；对受疫情影响无法返岗复工、连续3个月无收入来源生活困难的群众326人进行核实上报，为其争取失业补助，帮助其渡过生活难关。

2022年3月24日，拉萨市委常委、常务副市长毛东军（中）一行到帕古乡检查指导工作

【乡村振兴】 年内，帕古村豌豆糌粑加工厂项目总收入19.67万元，带动4户4人就业，人均增收3950元，尼木县牦牛短期育肥基地帕古分场，销售牦牛91头，现存栏32头，销售额达到102万元，带动73户356人共计增收7.4万元。聚焦重点项目，抓大引强夯实项目支撑。帕古水库是西藏自治区“十四五”规划的重点水利工程项目，工程总投资73474万元，水库于2021年9月开工建设，预计2024年完成；垃圾焚烧试点建设项目，该项目建设内容包含环保型垃圾焚烧炉及附属设施，预计投资金额200万元，前期材料进场准备工作已全部完成。

完成237户1129人收支测算工作，人均生产经营性收入8313.83元；人均工资性收入6876.41元；人均财产性收入420.6元；人均转移性收入1757.33元；人均纯收入17177.53元，同比增长14.03%。抓实后续帮扶，做好易地搬迁后半篇文章。帕古乡彭岗村易地扶贫搬迁安置41户，采取“一户一就业”工作方式，转移剩余劳动力5人，外出务工40人（其中长期务工16人、短期务工24人），确保每户至少1人就业，有固定收入，进一步巩固了脱贫质量。

【为民办实事】 年内，利用各村党组织主题党日活动、文明实践站（所）及村民代表大会与人居环境整治行动有机结合起来，把政治理论学习和“我为群众办实事”有效结合。截至年底，共开展环境卫生整治49次。

【党建工作】 年内，帕古乡基层党委1个，基层委员会1个，党总支1个，党支部15个，有中共党员238人，预备党员6人，入党积极分子6人。2022年发展党员11人，全乡农牧民党员186人，农牧民党员所占比例78.2%。

学习宣传各类文件会议精神20余次，开展理论学习中心组学习15次、党员干部学习40余次、专题研讨会2次；开展村干部国家通用语言学习55场次，涉及两村12名村干部。开展大宣讲活动10场次，入户宣讲650次，涉及群众3415人次；开展“大调研”22场次，入户650户，开展“大落实”督导4次。组织党员干部群众开展弘扬革命精神主题活动1次、群众运动会1次。

【生态环境保护】 年内，抓好环境整治，绘就农村人居环境美丽画卷。截至年底，帕古乡累计完成302户厕所改造。

【水务工作】 年内，推行“河长制”，落实水源保护。在水源保护上，帕古乡组织开展水源保护工作11次，乡级和村级河长不定期对负责河流进行巡查，确保水源地环境卫生，保障群众饮水安全。

【党建带团建工作】 年内，帕古乡团委始终自觉坚持党的领导，把组织建设作为重点，形成党建带团建，以党建促团建的新局面。2022年发展团员2名，推优团员入党6名、入党积极分子3名，开展各类团组织活动10次。

【党建带妇建工作】 年内，评选表彰最美家庭等20名，表彰优秀妇女工作者17个。疫情期间组织巾帼志愿者开展助农帮扶工作6次，宣传教育12次，维持核酸秩序16次。

【人大工作】 年内，筹备召开主席团会议2次、意见交办会1次。坚持党对人大工作的绝对领导，坚决落实向乡党委请示报告制度，及时、如实、全面向乡党委请示报告，确保人大工作始终沿着正确方向前进，始终做到人大各项工作与乡党委思想同心、目标同向、行动同步。

【安全生产】 年内，联合乡派出所开展道路交通整顿行动，打击各种机动车辆人货混装、酒驾醉驾和无证驾驶等违法行为，排查隐患13处。

进入汛期，帕古乡严格实行24小时值班制度和领导带班制。汛期期间，共配合上级部门处理地质隐患3处。夯实基础建设，提高应急能力。组建应急管理队伍3支，实现乡村两级全覆盖。先后组织开展草原防火、汛期地质灾害等应急演练活动3次。结合帕古乡实际，重新修订《帕古乡突发事件总体应急预案》《帕古乡防汛抗旱应急预案》等6个专项应急预案。

2022年3月31日，拉萨市政府副秘书长旺扎（左一）一行到帕古水库调研

【教育工作】 年内，帕古乡境内设有小学1所，全乡在校学生721人，区内679人，区外42人〔其中学前人数101人，小学317人，初中176人，高中（职高）73人，本科（大专）以上54人〕。小学适龄儿童入学率达到100%，初中适龄少年入学率达到100%，适龄残疾儿童、少年入学率达98%以上。初等教育在校生年辍学率控制在1%以下。15周岁人口中，初等教育完成率达99%以上；17周岁人口中，初级中等教育完成率达

2022年2月5日，帕古乡组织干部职工开展道路除雪工作

99%以上。帕古乡坚持贯彻执行教育书记负总责的工作机制，坚持从高位推动，保障全乡教育水平不断提升。

【新冠疫情防控】 年内，对上级疫情防控相关精神，第一时间传达到位。成立由乡党政主要领导为组长的疫情防控工作领导小组，先后36次召开专题会议，及时组织干部职工摸排返乡人员，做到底数清、情况明。

利用乡村的广播每天持续播报疫情防控政策和知识4小时以上，通过微信群等渠道广泛开展疫情防控知识宣传，发放结合本乡实际情况编制的《致群众的一封信》570余份。

对全乡常住人口、暂住人口开展全员新冠疫苗接种。广泛发动群众积极参加核酸采样，对于行动不便、居家隔离以及偏远地区的群众进行上门核酸采样，做到应检尽检，不漏一人。

【消防工作】 年内，重点对辖区内小卖部、学校、茶馆和施工单位等人员密集场所、易燃易爆单位的火灾隐患进行排查，共排查消防隐患7处，已全部完成整改。

【双联户工作】 年内，严格落实双联户代表工作职责，深化先进双联户创建工作。帕古乡共计联户代表66名，为确保双联户目标管理责任落到实处，乡综治办与66名联户代表签订目标责任书。在各村委会开展联户长集体培训4次、乡政府统一培训2次。

【民政工作】 年内，帕古乡临时救助1户1人，发放救助资金5000元；残疾人“两项补贴”涉及21人，发放2.34万元；医疗救助3人，医疗救助金共计10300.1元，发放低保金1.74万元，涉及8户20人；残疾人享受重点关爱特殊护理1人，发放补贴7200元；0—16岁残疾儿童康复13人，享受补贴3.06万元；低保高龄、失能老人5人，发放补贴1500元。

【矛盾纠纷排查调解】 年内，加大矛盾纠纷排查调处力度，重点加强对热点难点问题的排查调处。调处矛盾纠纷14起，化解13起，调解成功率92.86%。

【旅游工作】 年内，积极探索帕古乡潜在旅游资源，打造富有地域特色和文化特色的旅游品牌。重点开发帕古水库休闲旅游，打造集水利工程博物馆、水库展览馆、水上游艇、林卡休闲等于一体的野外休闲中心。

【财务工作】 年内，围绕县财政局工作要求，规范乡财务所工作制度。2022年全乡“三公”经费共计支出47891.36元，车燃费支出27162元，无公务接待支出。

（吴　昊）

【机构领导】

党委书记

达　瓦（藏族）

党委副书记、乡长

王九零

党委副书记、人大主席

洛桑罗布（藏族）

党委副书记

崔　健

纪委书记

汤　瑞

组织委员

卓嘎群措（女，藏族）

政法委员

洛松加永（藏族）

宣传委员、统战委员

巴　　桑（藏族）

党委委员、副乡长

赵　　东

副乡长

斯郎曲珍（女，藏族）

谭 光 伟

麻江乡

【概况】 麻江乡位于尼木县北部，是全县唯一纯牧业乡，乡域面积1151.69平方千米，平均海拔4500米以上，草场总面积128.5万亩，下辖3个行政村、11个村民小组、29个自然组，总人口546户2879人。有1所完全小学、1所派出所、1所卫生院、1所兽医站、1所农行营业所、2座寺庙。乡机关共有干部职工46人（含借调、抽调、下沉），工人1人，乡村振兴专干3人，公益性岗位7人。乡党委下设3个党总支、11个党支部，共有245名党员，其中牧民党员206人（强聂村88人、达琼村45人、朗堆村73人），占全乡人口总数的7.16%，乡机关党员39人。

【经济发展】 截至年底，麻江乡经济总收入达7477.69万元。其中，第一产业5147.37万元，占68.84%；第二产业12.8万元，占0.17%；第三产业1847.68万元，占24.71%；政策性收入469.84万元，占比6.28%。农牧民人均可支配收入22970.86元，比2021年增长15.54%。

【牧业生产】 截至年底，全乡牲畜存栏总数41375头。其中牦牛存栏17859头，绵羊存栏16185只，山羊存栏7203只，马存栏128匹；全乡出栏总数16051头（只），出栏率39.1%，成畜死亡1052头（只、匹），死亡率为2.54%；仔畜死亡315头（只），成活率为97.97%；肉产量686.51吨，奶产量797.25吨。层层落实惠民政策，2022年草原生态保护补助奖励机制资金共兑现363.15万元，其中草原监督员工资32.9万元，粮食补贴共兑现900元。另外层层推进牲畜防抗灾、接羔育幼和重大动物疫病防治，以及春秋季动物防疫工作等。

【农业生产】 年内，建立“点对点”干部发展产业项目工作机制，麻江乡牦牛标准化育肥基地总占地面积达到45.12亩，2022年投入620万元新建4栋牛舍，1栋饲草料房、1栋工具间等配套设施，累计养殖牦牛1593头，累计出栏牦牛868头，现存栏774头，实现收入17.7万元，带领63户220人，群众增收13.99万元，提供稳定就业岗位8户28人，临时就业岗位192人。

麻江乡1.2万亩人工种草项目是全乡重大民生项目，草场种植面积稳定在1万亩左右。麻江乡坚持把人工种草项目作为乡村振兴产业发展和牧民增收的重要抓手，按照“政策引、项目推、技术促、典型带”的工作思路，严抓各个环节，确保项目顺利实施，努力实现经济效益、社会效益和生态效益同步提升。2022年人工种草项目总播种面积维持在12409.53亩，实际播种面积9933.27亩，其中合作社播种面积7813.8亩，群众自种面积2119.47亩。2022年通过组织农牧民群众维修网围栏、种草地浇水、播种作业，累计参与劳务输出342人次，实现牧民群众劳务收入30.9万元；全年带动全乡群众1400人次，增收47.4万元。

2022年10月30日，县委负责人赵铁岭（前排左二），县委副书记、县长次旺多杰（前排左三）一行到麻江乡检查指导新冠疫情防控工作和秋收工作

【教育事业】 年内，共组织公安、工商、卫生等部门对全镇学校进行安全工作检查10次，对学校校舍安全的检查、对学生学习生活中的安全检查、对中小学各食堂的食品药品安全的检查、对校车装载学生现象进行检查，保持学校无安全事故的出现。

麻江乡根据适龄儿童未入园进行一户一家排查，经全面排查核实，麻江乡部分村组因分散、路途较远、交通不便等因素未入园适龄儿童共计53人，按照属地管理原则，根据“送教上门”的服务对象实际情况，积极组织和充分发挥机关干部、驻村工作队、幼儿教师等力量，通过与“慧育中国·山村入户早教”家访员10人对接，扩大入户家访年龄范围，将不能迁入园的适龄幼儿纳入其中，早教工作人员定期不定期入户“送教上门”。

【医疗卫生】 年内，城乡医保共有2424人，参保率为99%。截至年底，176人住院共报销736572.09元，大病报销2人，共计金额11828.27元，医疗救助16114.08元。特别扶助8人和“一孩双女”对象13人，特别扶助每年每人补助5400元，“一孩双女”每人每年补贴960元，共发放55680元，70—99岁高龄老人补贴75人，共发放60600元。

【民政工作】 年内，完成低保户12户56人的建档工作，在“三大节日”来临之际，共慰问60户群众和2座寺庙，发放慰问品，其中

2022年7月8日，拉萨师范高等专科学校党委书记余凤萍（中）主持召开麻江乡“四联四包”暨“大宣讲大调研大排查大落实”动员部署会

大米68袋，面粉65袋，砖茶66提，清油66桶，粉丝72包。在全乡低收入人群入户核查工作及低保核查工作中，满足低收入人群条件的只有5户。此外民政临时救助7户40人，发放救助金3.1万元。

【住建工作】 年内，为增强干部群众垃圾分类意识，乡住建专员组织干部群众关于垃圾分类宣讲4次，参与人数300余人，7月完成保障性住房信息采集。12月完成第一次全国自然灾害综合风险普查工作，对全乡531户房屋信息进行录入。

【财政工作】 年内，全面落实财务公开制度，每季度公开财务一次。严格财务管理制度，实行乡长“一支笔”审签。坚持开源节流，严格控制支出，重大资金使用须经过乡党委班子开会研究决定，遏制办公经费增长。严格落实村财乡管及乡公用经费实报实销制度，乡纪监委全程参与。成立电子账务系统，进一步加大票据审查力度。

【乡村振兴】 年内，安排生态岗位60人（建档立卡40人、非建档立卡低保14人、非建档立卡困难户6人）共兑现工资21万元，推进易地扶贫搬迁拆除复垦工作，全乡共拆除12户，联合县脱贫攻坚指挥部、自然资源局、住建局、发改委对12户拆除户进行验收，共兑现易地扶贫搬迁拆旧复垦奖励资金44万元，进一步推进实现巩固拓展脱贫攻坚成果同乡村振兴有效衔接。每月对全乡农户走访入户、重点监测收入支出状况、“两不愁三保障”及饮水安全等状况进行排查，经排查无收入低于6500元且有致贫返贫风险及收入大于6500元，但因突发事件导致刚性支出较大的突发事件严重困难户。

【“四联四包”】 自“四联四包”工作专班入驻麻江乡以来，全乡大排查活动随即进入工作状态，联

县包乡、联乡包村、联村包组积极配合乡工作人员深入各群众家中，逐户登记排查信息和工作报表，做好信息登记工作。通过与村“两委”班子座谈、实地查看、查阅资料等方式开展调研，进一步摸清基层工作开展情况并找准找实一批短板弱项。建立健全村里“一户一档”材料库，全乡共计调研482户，走访2461人，“一户一档”完成率100%。积极组织建立常态化工作脚印，一步一个脚印地开展日常风险隐患排查，建立工作台账，及时发现问题、协调解决问题。

【党员干部队伍建设】 年内，麻江乡持续铸牢中华民族共同体意识，乡村两级联动，深入实施“村干部汉语提升计划”，采取集中教学与“一对一”结对学教帮扶相结合的方式，突出日常“读、说、写、认”，由易入难，开展国家通用语言文字培训16场次，参与群众0.6万人次；麻江乡党委理论学习中心组开展以学习党史理论、政策法规、业务知识为主要内容的集中学习，围绕“谈观看全国两会有感”“学习贯彻党的二十大精神”进行专题研讨4次，班子成员每人撰写学习心得体会3篇。以提升远程教育站点建设水平为抓手推动远程教育工作高质量发展，各村党总支、乡机关支部全年通过远程教育集中学习26次。

【环境资源保护】 年内，为彻底清理河道垃圾积极开展“治河治污禁白”等活动，组织3000余人次，对辖区内的各河道湖边进行彻底清理；定期清理整改台账，对河湖中存在的垃圾、污水等污染问题进行专项整改，实现河道内无生活及建筑垃圾的目标。

年内，乡政府下发各村（居）清洁行动方案，提出开展村庄院落“洁化”、村容村貌“美化”、水源保护“净化”“三化”行动，全乡人居环境得到显著提升，村民生活幸福指数得到进一步提高。

【普法教育】 年内，坚持以学习《中华人民共和国宪法》《中华人民共和国民法典》和新修订的《宗教事务条例》为重点，认真开展“八五”普法教育。以“社会治安综合治理宣传月”和“平安乡镇”创建为平台，坚持以预防青少年犯罪为重点，深入开展普法活动，开展“法治教育进校园”活动和“现身说法”巡回法治宣教活动，取得良好的社会效应。

以“扫黑除恶、打非治乱、扫黄打非”专项斗争为契机，到辖区3个村、10个组开展法律宣讲，发放宣传资料1000余份，受教育人员3000人次。

【人大、政协工作】 年内，完成麻江乡人大十三届人民代表大会第二次会议，把人大代表培训和学习作为重点工作来抓，按照县人大的工作要求，加大麻江乡人大代表的学习培训力度，积极组织县乡人大代表参加县乡人大和乡党委组织的各种培训，积极学习中共二十大会议精神及中央、区市县人大会议精神，认真学习代表职责权益，代表的自身素质和履职能力得到了很大提高。

代表团活动是闭会期间代表履行职责的重要形式，乡人大主席团把组织和指导好代表团活动作为一项重要工作来抓，听取代表团活动汇报，定期组织代表开展活动。组织人大代表履行好日常监督职责。在新冠疫情防控工作期间，全乡人大代表积极参与全乡疫情防控工作，做好值班值

2022年7月11日，拉萨师范高等专科学校党委书记余凤萍（右一）到麻江乡完小发放学生用品

守和宣传引导工作，发挥人大代表作用。年内，各村代表团共组织学习和活动10余场次，参与代表达总数的90%以上。

【新冠疫情防控】 年内，成立疫情防控常态化应急领导小组，负责对辖区内疫情常态化下应急处理工作进行统一领导、统一指挥，做出处理疫情防控的重大决策等，办公室具体负责辖区内疫情防控的日常管理，负责上报每日工作数据及动态，协调解决疫情防控期间各项工作任务。

按照“外防输入”总策略，在辖区内共设立卡点4个，累计投入乡干部职工、村干部、党员群众共计41名、公安干警6名、医护人员6名，共同参与辖区内各卡点24小时值班值守，有力阻断疫情传播途径。

自疫情发生以来，麻江乡主要领导定期参加县级疫情防控调度会，坚决贯彻落实县级最新疫情防控相关决策部署，对辖区内存在的问题及时上报县疫情办及相关单位，确保上级各项决策部署落地见效。年内，麻江乡累计召开疫情防工作部署会6次，到各村（居）、卡点传达调度会精神40余次；充分利用应急广播、微信群等渠道及悬挂横幅、发放防疫物资等方式，进一步宣传疫情防控知识，增强群众科学防控能力，累计宣传宣讲130余次。乡纪委联合乡作风办对各卡点、村（居）开展不定时监督检查，累计开展13次，查摆问题6件，立即整改6件。

（魏 旭）

【机构领导】

党委书记

汪 治 培

党委副书记、乡长

敢杰次仁（藏族）

党委副书记、人大主席

贡 加 啦（藏族）

纪委书记

晏 波

组织委员

袁 本 飞（12月免）

宣传委员、统战委员

邓 志 成

党委委员、副乡长

陈 远 政（彝族）

副乡长

次 拉 姆（女，藏族）

李 玉 程

卡如乡

【概况】 卡如乡位于尼木县西南处，318国道沿线，西与日喀则市南木林县相邻，南与仁布县隔江相望，乡政府距县城23千米，乡域面积875.35平方千米，平均海拔3700米。辖卡如、赤朗2个行政村，7个自然组，全乡246户1354人，共有2个党总支、6个党支部，160名党员（预备党员12名）。

全乡干部职工63人（含借调、抽调、下沉。卫生院8人，公益性岗位5人，人社专干2人，民政专干1人，乡村振兴专干2人，“三支一扶”3人，农牧民专业合作社专干1人，农村集体经济组织专干2人，农村科技专干2人）。有寺庙1座，属宁玛派。

【党的建设】 年内，卡如乡坚持“四议两公开一监督”工作方法，形成一级抓一级、层层抓落实、齐抓共管的党建工作氛围。通过政务服务中心，坚持“围绕发展抓党建，抓好党建促发展”的工作思路，着力把基层党组织建设成为讲政治、有活力、能战斗的坚实堡垒，充分发挥“三支队伍”“五支力量”作用，落实干部“点对点”抓产业发展。

开展“四联四包”工作，推进“我为群众办实事”实践活动，落实党员“三包”工作，将党员包片包户包人工作与党员联系服务群众工作紧密结合，积极收集社情民意，共收集群众各类诉求80件，解决80件，努力营造平安祥和的社会环境。

做好党员发展工作，加强党员教育管理，不断提高党员素质，改善党员队伍结构，引导和监督党员、干部自觉践行先进性的要求，充分发挥先锋模范和骨干带头作用。年内，共开展党员先锋活动12次，组织党员学习23次，发展正式党员11名、预备党员7名。

乡党委组织全乡干部职工和农牧民党员，以升国旗＋重温入党誓词＋宣读表彰＋慰问“三老”＋现身说法等形式，进一步激发广大党员干部的爱国信念，共计发放表彰慰问金1.36万元。开展“面对面讲点对点落实中共二十大精神进万家”宣讲活动，由知名讲师、机关干部、农牧民宣讲员、文明引导员先后到2个村，深入田间地头，以“一对一”和集中宣讲的形式开展宣讲活动，把

2022年7月1日，卡如乡组织开展“七一”党建活动暨优秀党务工作者表彰大会

习近平新时代中国特色社会主义思想、中共二十大精神、乡村振兴战略与“四件大事”“四个走在前列”有机结合，共计组织宣讲 89 场次，累计受教群众 4000 余人次。

【经济发展】 年内，卡如乡农村经济总收入 4652.4292 万元，同比增长 6.74%。其中，第一产业收入 2431.7992 万元，同比增长 15.78%；第二产业收入 572.4 万元，同比增长 12.69%；第三产业收入 1648.23 万元，同比下降 7.97%。农村居民人均可支配收入达 21534.04 元，同比增长 15.5%。

【宣传文化】 年内，围绕学习贯彻中共十九届六中全会精神、中共二十大精神和中央第七次西藏工作座谈会精神、习近平总书记考察西藏重要讲话精神，带领党政领导干部、模范人物、致富能人、技术能人、农牧民宣讲员等宣讲力量开展农业技能知识培训、社会科学普及、法律咨询、家庭教育讲座、致富兴业政策宣讲等理论宣讲活动，加强理论传播，开展丰富多彩的节日文体活动。

年内，卡如乡已建有 1 个新时代文明实践所、2 个新时代文明实践站、3 个新时代文明实践基地。年内，赤朗村评选为全区 100 名文化建强村，获得 2 万元资金支持，村内文化设施设备的维护更新已全部完成。乡文化站读书阅览室书籍达 2064 本，电子书籍 1010 本，并全部录入云图管理系统，达到创建公共文化服务体系的相关标准。

建立“卡如乡政策宣讲、环保志愿服务、文艺志愿服务队伍、疫情防控服务、新时代文明实践服务”5 个队伍，持续开展文明实践志愿服务活动。到藏鸡标准化养殖基地开展植树、浇水、铲土、拉沙等志愿服务 20 余次；到大桃种植基地开展挖坑、补种树苗、种菜、赶鸟、疏果、套袋、清理杂草、摘果、销售等工作，有 50 余名志愿者开展 200 余次多种形式的志愿服务活动；在 318 国道沿线开展捡拾垃圾、清理医废垃圾、清扫马路等卫生整治行动 60 余次。

建立卡如乡文化惠民驿站，内设文化惠民书架，提供免费阅读及娱乐，包括打骰子、打吉韧等活动。截至年底，参与阅读群众累计达 200 余人次，参与娱乐活动群众累计达 1500 余人次。在乡便民服务楼设立阳光驿站，内设书架、骰子、吉韧、音响等设施，满足基层农牧民群众的文化需求。

组织辖区群众在乡政府大院开展集中文化活动 6 次，2 村文艺演出队在节庆期间开展丰富多彩的文艺活动 16 场次。在新冠疫情期间，全乡干部职工在乡政府大院集中开展跳健身操活动 20 余次，同时每天下午在乡政府篮球场打篮球，同时完成卡如乡乡村“复兴少年宫”建设任务。年内，参与文化活动达 2800 余人次。

【平安建设】 年内，卡如乡综治办联合乡派出所，大力推动“双联户”社会治理模式和“网格化”管理模式，推进综治中心规范化建设，促进基层社会治理更加精细、便捷、高效。开展专项集中整治行动 4 次，占道经营劝阻 10 余次，规范违规摆摊钉子户 5 户，劝阻违规乱停乱放车辆 30 余辆，打击农用车辆非法载客 20 余次，检查烟花爆竹安全生产工作 5 次；开展“多合一”场所消防安全专项整治，共排查 20 余次；持续加强法治乡村建设。开展大型法治宣传活动 2 场，悬挂宣传标语 50 余幅，派发宣传册700余份，发放普法宣传物品500余份，受众面达90%以上；发放宣传单1000余份，切实增强全乡群众法治观念，不断夯实信访责任。

【群团组织】 年内，全乡工会会员共计35人，其中新增1人，上缴会费5909元；农民工工会会员171人，组织会员对318国道沿线、雅江沿岸、乡桃园、乡道村道开展大扫除、采摘蔬菜等活动5次，出动100余人。防疫期间，对坚守在一线的工作人员发放价值5000元的慰问品，向每名会员发放价值300元的消费券。

组织2村文艺队、幼儿园、乡机关干部开展形式多样、丰富多彩、健康向上的文娱活动，丰富职工和群众的业余文化生活。建立由64名队员组成的"巾帼志愿者"队伍，开展活动36次。加大对妇女干部的教育培训力度，通过"阿佳讲堂""尼木妇联"公众号等方式不断提高妇女干部的专业知识水平。关爱妇女儿童，利用"巾帼夜校"开展"三个意识"群众性宣讲教育、全国文明村（镇）创建、"七一"建党节、"五下乡"等重大活动，充分利用"三家两驿站一所（站）一夜校"平台，乡妇联和各村妇联执委面向妇女群众开展宣传教育活动12次，受众1000余人次。

组织乡青年干部职工和2村团员、青年共计50人在辖区内进行政治环境大扫除。发动全乡青年干部职工15人参加"3·12"植树节活动，动员青年干部职工开展"3·28"百万农奴翻身解放升旗仪式。为疫情期间生活困难的青少年家庭送去价值4000元的慰问品。

【人大工作】 6月28—29日，卡如乡第十三届人民代表大会第二次会议召开，会议听取和审议《政府工作报告》和《人大主席团工作报告》，同时对第十三届一次人代会上代表提出的意见、建议等作了议案办理进展情况的报告。大会免去卡如乡人大主席团主席，选举产生卡如乡人大主席团主席及副乡长各1名。

12月24日，卡如乡第十三届人民代表大会第三次会议召开，大会免去卡如乡人民政府乡长并依照程序选举产生乡人民政府乡长1名。

2022年8月25日，卡如乡向群众发放爱心水果包

【产业发展】 年内，卡如乡加纳日绿色农业发展农牧民专业合作社作为卡如乡产业发展的主体，践行绿色发展理念，建设生态宜居乡村，有效推动全乡产业健康发展、持续壮大，助推乡村振兴，实现产业兴旺。合作社通过大桃种植基地、藏鸡规模化养殖和牦牛短期育肥产业项目经营性收入294.142万元，带动71户96名社员投劳务工，增收104.73万元，带动群众持续稳定增收。8月，新冠疫情发生以来，合作社慰问各村、各卡点干部、高海拔搬迁户、合作社社员大桃880千克，藏鸡蛋9240枚，价值4.4万余元。藏鸡标准化养殖基地增强了造血能力，完成"藏凤元"品牌注册，优化藏鸡基地管理模式，日产蛋突破1.5万枚；大桃种植基地转变了经济结构，种植高附加值特色农产品，纯利润达到10万元；牦牛养殖基地激发了发展潜力，采取"散养+补饲"发展模式，规范生产经营。

【生态环保】 年内，卡如乡制定河长制工作及水污染防治实施方案、领导小组及河长制相关工作制度、台账等，确保不出现“四乱”问题。对辖区内所有河流开展月巡查，并组织人员定期在雅江沿线、河湖旁进行环境卫生整治。

年内，开展环境整治115次，出动人员2616人。对卡如雅江段、赤朗沟、吉瓦沟进行河湖巡查41次，出动80余人。组织水源监督员定期对水源点进行巡逻监督，加强水源点的看护。制定“禁白”工作方案和成立领导小组，组织人员对辖区内进行不定期的“禁白”工作巡查。与辖区商户、工地、村签订《2021年环境保护目标责任书》《卡如乡环保监督员工作目标责任书》《商铺门前四包责任书》《建筑施工垃圾清理责任书》《禁白工作责任书》等，签订率达100%。组织干部职工和群众开展植树造林活动，共计出动50余人，种植1800株桃树和车厘子树。组织在乡干部职工开展“城市清洁日”活动。散发传单60余份，张贴标语15幅，悬挂横幅6条，召开生态环境保护部署会议及专题会议6次。开展环境整治活动30余次，出动人员500余人，并充分利用垃圾车每周3次收集垃圾，运往垃圾填埋场。

【新冠疫情防控】 年内，成立新冠疫情防控工作领导小组1个和专项领导小组4个，成立党员先锋模范队1支，召开小型疫情防控工作会13次。保供配送生活物资33次，蔬菜肉类累计2026吨，粮油、大米、面粉、方便面等物资累计1391桶（袋、箱）；收集清理医疗废物及318国道沿线固体垃圾、白色垃圾累计15次，286袋；设置检查卡点5处，累计排查818辆车3066名群众，为人民安全出行保驾护航。

【农业农村】 年内，组织召开“三农”工作调度会8次，到各村进行指导检查3次，切实做到增收工作有目标、有举措、有人抓、有成效。全年参加职业技能培训农牧民达80余人，组织农村劳动力转移就业617人，进行就业宣传5次、技能培训2次。对有意向就业创业的高校毕业生进行各企业联合评审，并做全程跟踪服务，落实相关创业扶持政策；定期召开乡政府民生政策落实专题会议，兑现惠农资金399.5104万元，惠及1354人。无偿为农牧民群众发放优质青稞良种“藏青3000”1500千克。发放2022年种粮农民一次性补贴资金27763元，群众耕地地力提升补贴资金78026元；办理农机一卡通账户125个，全乡群众秋收物资储备情况：125型号脱粒机6台、90型号脱粒机4台、割草机锯片143个、割草机19台、尼龙手套55包及割草机机油103桶；兑现草补奖资金548687.42元；开展春季牲畜“口蹄疫O型、A型、二价灭活”型疫苗注射工作和禽流感疫苗注射，春季疫苗接种牦牛2537头、犏牛226头、黄牛610头、绵羊1774只、山羊3759只、家禽24085羽。

【民生工作】 年内，全面排查低保户家庭经济收入，兑现农村低保资金5.81万元，发放一次性生活补贴4.44万元。发放临时性救助1万元，对困难老年人发放“两项补贴”2200元。发放残疾人“两项补贴”3.31万元。发放残疾人康复护理补贴对象，兑现资金30.3万元。抓深抓细抓实保障控辍保学工作，入学率达到100%，兑现资助非义务教育阶段29名学生的学费、住宿费及书本费共计151723元，对学生开展法治宣传及安全意识宣传3次。

2022年11月25日，卡如乡工作人员对乡辖商超进行食品安全检查

2022年12月25日，卡如乡加纳日合作社2022年分红仪式暨全体社员大会举行，大会进行劳务分红并表彰优秀社员

年内,城乡居民养老保险参保人员共计860人,其中60岁以上老人165人,2022年卡如乡共计缴纳养老保险金576人115200元。审批领取待遇人员9人、去世人员待遇暂停1人、待遇注销人员5人。全年城乡居民60岁以上待遇领取人员共计175人。积极开展死亡冒领养老金追缴工作,共追回死亡冒领3人,追回资金共计1.13万元;联合乡派出所、卫生院对辖区内商铺、茶馆、餐厅、幼儿园等进行重点时间节点食品安全监督检查共计8次。积极开展督导检查辖区内市场经营单位疫情防控工作落实情况,开展督导检查18次,出动46人次。全年从农牧民医疗制度家庭账户中门诊报销11880.65元,受理医疗救助3人,农牧民医疗本上的支出核销共2次,及时开展清理农牧民医疗制度家庭账户余额工作。

【党风廉政建设】 年内,召开党风廉政建设专题会议2次,研究部署阶段性工作计划、目标要求和具体措施;第一责任人定期听取每名班子成员有关党风廉政建设工作情况汇报2次。量化任务清单和责任清单,严格按照党风廉政责任制和“一岗双责”实施意见的要求,切实履行党风廉政建设“第一责任人”的职责,开展谈心谈话活动,先后开展谈话9次。强化廉政教育,严明正风肃纪各项要求,筑牢廉洁自律防线,全年共计召开节前廉政教育会议7次。严肃政治纪律、工作纪律,共开展监督检查15次,未发现违纪情况。贯彻落实公车使用管理要求,填写卡如乡公车派车登记表,开展公车套用牌照自查工作,加强对公车私用、私车公养等现象的监督检查。

（云旦朗杰）

【机构领导】

党委书记

尹小芬(女)

党委副书记、乡长

洛桑格来(藏族,12月免)

晋　美(藏族,12月任)

党委副书记、人大主席

米玛央宗(女,藏族,6月免)

达顿珠(藏族,6月任)

党委副书记

王荣华

彭代佳(女,6月任)

纪委书记

达瓦旦增(藏族)

组织委员

次仁群培(藏族)

宣传委员、统战委员

张　钰(女)

政法委员

姚钰伟(5月免)

李　涛(5月任)

党委委员

扎　西(藏族)

副乡长

冯　虎

云旦朗杰(藏族)

曹广磊

李晓亮(6月任)

普松乡

【概况】 普松乡位于尼木县城北部,距县城约9千米,属纯农业乡,平均海拔3990米,总面积180平方千米,行政区域面积7285.51公顷,是著名的“雕刻之乡”。全乡辖普松、曲水、如白3个行政村,8个村民自然小组,共有402户2363人。全乡耕地面积3739.28亩、草场面积100449亩。

2022年,全乡共有基层党总

支3个，党支部9个，共产党员223人（正式党员217人，预备党员6人），积极分子6人（其中农牧民2人，机关干部职工4人），共青团员113人（其中农牧民109人，机关干部4人）。有干部职工50人（其中行政人员26人，技术人员24人，公益性岗位3人，各类专干12人，“三支一扶”3人）。选派“1＋3”专干5人，借调到县直部门10人，市直部门1人。

2022年，普松乡农村经济总收入7355.67万元，同比增长3.69%。其中，第一产业为3154.51万元，第二产业为1273.16万元，第三产业为2928万元。人均可支配收入为22179.17元，比2021年增加2915.17元，增长17.58%。

【党建工作】 年内，发展党员6名，吸收入党积极分子4名，转入党组织关系5人，转出5人，开展上党课2次，组织党员干部开展结对帮扶150余人次，没有发现违纪的党员。围绕决策、执行、监督三个重点环节制定细则，认真执行“三会一课”、“四议两公开”、民主集中制等各项规章制度。高度重视对村“两委”后备干部的培养，采取“一对一”“一对多”等方式进行培养，3个村党总支部共培养后备干部23名。

严格按照上级的决策部署，紧扣普松实际，及时上报普松村民族团结示范点实施方案，并严格按照方案，着眼全乡民族团结工作，对标基层党组织的标准化建设，打造普松村民族团结示范点，不断推进全乡各村建强基层战斗堡垒。结合人事调整，对全乡“三包”人员进行重新调整，以便持续开展党员“三包”工作，全面做好全乡维护社会稳定、疫情防控、脱贫攻坚成果巩固同乡村振兴工作。

【宣传工作】 年内，不断完善乡党委理论学习制度，理论学习中心组共计学习24次，参学率达到98%。结合远程教育、微信公众号、“学习强国”学习平台等，开展“书记讲党课”“两学一做”学习教育、党史学习教育等，组织各类理论学习120余次，参学率达到95%。利用晚上下班时间，组织村干部学习国家通用语言，提高村“两委”班子成员在新形势下的履职尽责能力和服务群众水平。

年内，开展学习150余次。采取集中讲与分散送相结合的方式开展两会、中共二十大等重大会议的宣传工作，宣传覆盖率达100%。在重大节日，组织基层宣讲员开展《中华人民共和国民法典》《中华人民共和国反家庭暴力法》《中华人民共和国儿童权益保障法》等宣讲活动，进一步引导全乡农牧民群众知法守法。

【党风廉政建设】 年内，乡党委严格落实全面从严治党主体责任，实行党委统一领导、一把手负总责、分管领导各负其责、纪委组织协调、机关科室和基层单位主要负责人一岗双责，增强党委抓党风廉政建设的主体责任意识，先后听取反腐败工作汇报4次，开展党风廉政建设专题调研2次，召开党风廉政建设和惩防体系领导小组会议2次，开展“三资”清查和“三务”公开督查3次，开展廉政谈话11次，开展疫情防控督导检查31次，确保全乡党风廉政建设落到实处。乡党委班子成员严格按照联系指导各村制度，主动担当作为，深入人民群众，与群众建立血肉联系，全年帮助群众解决实际困难16件。

2022年4月16日，西藏自治区生态环境厅副厅长周光树（中）一行到普松乡曲水村热吾切手工农民专业合作社调研

2022年3月8日，拉萨市委常委、秘书长张春阳（右二）一行到普松乡开展领导干部下基层大接访办实事活动

【人大、政协、工青妇】 年内，全乡共有人大代表46名，其中市级1名、县级5名（含市级1人）、乡级46名（含县级5人），政协委员2名，工会会员24人。大力开展巾帼志愿者、"巾帼夜校"、关爱留守儿童等工作，走访贫困家庭1次，关爱人数5人，涉及资金5700元。顺利召开第十三届人民代表大会第二次会议，选举产生主席团主席1名、乡政府副乡长1名。

【"领导干部下基层大接访办实事"】 年内，在总结2021年"领导干部下基层大接访办实事"活动经验做法的基础上，采取从大到小、从上到下、从整体到细节的方式深入群众家里，收集村情民意，共收集大接访事件15条，包括维稳督导、合作社运营、干部群众反映工作生活等，其中当场解决的有12条，需后期与相关部门协调解决的有3条。

【"四联四包"】 在年内，乡党委、政府积极协调组织市、县、乡、村包联干部到村组、走近群众，宣传政策法规、收集村情民意、排查矛盾隐患，全力推动党中央和区市县指示精神在基层落地生根。截至年底，累计开展"大宣讲"活动11场次、入户宣讲432次，涉及群众2600余人次，开展"美丽乡村·幸福家园"建设计划，群众知晓度达到全覆盖。开展"大调研"10场次，入户397次，征求群众意见30条，组织第三方机构开展农房鉴定267户，占乡全部任务的97.4%，其中B级房屋250户，C级房屋15户，D级房屋2户。建立"一户一档"267户，占乡全部任务的97.4%。开展"大排查"风险隐患排查397处（户），发现矛盾问题1个，已解决1个。开展"大落实"督导6次，发现问题6个，已整改6个。

【平安建设】 年内，进一步健全完善乡、村、组工作体系，建立"四级"调解机构，主动察民情、问民需、顺民意，全年共受理矛盾纠纷1起、调处1起。建立《普松乡群众信息员奖励激励机制》，对全乡范围内出现的预警性、苗头性的情报信息及时收集、及时研判、及时处理。利用村民大会、文艺会演活动等契机，向现场参加活动的群众进行防灾减灾知识宣讲，提醒广大群众居家注意用火、用电、用气安全，出行注意道路交通安全，累计发放安全生产宣传单180余份，参与群众270余人次。狠抓"三大节日"、全国两会、中共二十大等重要时间节点，开展建筑施工、消防安全、食品安全、道路交通、校园安全等专项检查活动，全年共开展安全隐患排查56次，参加检查140人次，检查场所125家次，查处各类隐患19处，已完成整改19处，确保普松乡社会环境的安全稳定。

【政务公开】 年内，累计主动公开政府信息40条，其中，"普松之声"微信公众平台累计发布公开政府信息6条，政务公开宣传栏累计主动公开政府信息15条，微信群累计发布公开政府信息19条（新冠疫情期间）。

【政务服务】 年内，便民服务中心综合窗口共开具油票446件，开具证明48件，办理边境通行证申请41人次，受理群众咨询77人次，人社窗口共办理养老保险便民事项77件，民政窗口共办理医疗救助便民事项5件，卫生窗口共办理合作医疗报销便民事项83件。

【产业发展】 年内，坚持“巩固提升传统产业，积极发展优势产业”的发展思路，拓展农民增收渠道，延长农民增收链条。全乡从事雕刻生产经营的单位合作社有30户，其中个体户除去合作社以外的有220户，带动人数547人。在县委“四产业三园区”的发展布局下，普松乡标准化藏鸡养殖基地、大棚种植基地年收入100余万元，带动脱贫户27户，投劳分红26万元。

【农林牧渔】 截至年底，牲畜存栏总头数5397头(只)，其中绵羊1663只、山羊1515只、黄牛1384头、犏牛91头、犏牛744头。有力推广黄牛改良与犏牛经济杂交工作，全乡黄牛改良47头、犏牛经济杂交13头，畜牧业总收入达到2017.13万元。全乡362户承包户全部草畜平衡，平衡奖励资金20.0898万元，通过一卡通的形式全部兑现至农牧民群众手里。积极与县农业农村局协调沟通，由县农业农村局牵头购买化肥73.7吨，主推良种“藏青320号”“藏青16号”“拉号22号”，在乡科技特派员和农牧民群众的齐心协力下，推广“苏拉青2号”连片种植500亩，为群众发放种子7500千克，实现产出青稞99.09万千克、小麦4.1万千克、豌豆6.27万千克、露地蔬菜55.205万千克、油菜7.85万千克，全乡种植业收入达到1068.9万元，兑现耕地地力补贴资金13.4万元，兑现藜麦收购资金15.8万元。

严格按照县级动物疫病免疫工作要求，乡农业农村办组织村“两委”、兽医、科技特派员、“双联户”开展春、秋季重大动物疫病防控疫苗接种活动，接种疫苗8948头(只)，小反刍疫苗接种4610头(只)，接种率达100%。藏鸡养殖场认真开展禽流感疫苗接种和日常消毒工作，切实保障藏鸡养殖业健康有序发展。

【乡村振兴】 年内，兑现生态岗位补偿金23.1万元。建立健全防返贫监测和分类帮扶机制，针对动态监测户4户14人，严格落实每月数据比对分析共享制度，定期开展入户走访活动，及时落实帮扶措施，持续巩固“两不愁三保障”成果。

【新冠疫情防控】 年内，通过全体干部群众的努力，普松村荣获“无疫乡镇”称号。除在乡村主干道醒目处张贴标语、横幅，向群众发放宣传单等宣传手段外，乡党委书记给普松乡在外群众撰写《致全乡在外群众的一封信》，呼吁减少人员流动，尽量阻断输入风险。充分依托乡镇现有基础数据，组织全体干部通过电话询问、户口本核查、派出所查阅资料等形式，对全乡户籍人口、居住人口、在外人口、流动人口进行摸排统计，确保每一轮核酸采集不漏一户、不落一人。发挥联户代表模范作用，41名联户代表组成消杀小分队，定期不定期开展疫情防控常态化消杀作业，特别是重点对集中隔离点，乡、村办公场所等人员密集场所、重点部位、重点区域开展全方位、无死角的集中消杀工作。

在卫生院医护人员数量紧缺的情况下，乡干部积极响应自告奋勇，集中学习核酸采样和信息登记等技能，并轮流分配到各村采样点。设置集中隔离点，为返乡人员提供集中隔离服务。设置疫情防控检查点，配备4名工作人员严格落实“一扫三查一测”，做到不漏一车一人。

2022年6月24日，普松乡第十三届人民代表大会第二次会议召开

2022年7月27日，西藏甘露藏药工作人员到普松乡开展“大宣讲大调研大排查大落实”义诊活动

【民政工作】 年内，开展农村低保、五保、社会救助工作，贯彻落实“应保尽保、应退尽退”精神，发放低保金4.72万元、五保金2.28万元、临时救助金3.5万元、“两项补贴”资金3.48万元。

【人社工作】 年内，积极与县人社部门对接，鼓励农民参与各项职业技能培训，提高农村劳动力职业技能，提升外出务工人员综合素质，全乡实现合作社以工代训60人，农牧民转移就业980人，其中固定就业262人，自发转移512人，短期就业206人，实现收入1163.7万元。

【教育工作】 年内，为全乡54名非建档立卡大学生和4名建档立卡大学生兑现困难户、一般农户大学生资助资金。联合派出所开展幼儿园安全隐患排查3次，检查幼儿园各项台账资料12次。

【医疗卫生】 年内，以集中宣传、走访入户宣传的方式，积极做好新农合参合宣传工作，鼓励群众积极参与，参保率达到99%。严格落实家庭医生签约服务，4名乡医和6名村医与全乡农牧民家庭签约，签约率与服务率均达到100%，按照县卫健委要求，对一般户每季度入户一次，对已脱贫户每月入户一次。

【环境保护】 年内，同3个行政村签订环境保护工作目标责任书。开展主题为“推进生态文明，让西藏的天更蓝、水更清、地更绿”的环保宣传活动，发放环境保护知识宣传手册50余本、环保袋50余个，接受现场咨询20余次。开展辖区生态环保重点区域的排查整治工作，排查10余个地点，查找出立行立改问题6处，均已整改完成。

【市场监管】 年内，共开展食品安全专项检查16次，检查场所25家。在春节、尼木新年、藏历新年等节前节点开展食品安全检查，确保辖区群众度过欢乐、祥和、平安的节日。对乡机关单位集体食堂进行全面检查，对发现的问题及时进行限期整改。在强化市场监管的同时，不断加强群众对食品及药品安全的宣传教育，通过各村村民大会向广大群众广泛宣传食品药品的政策法规和安全常识，将宣传融入监督检查工作中，做到边检查边宣传。

2022年7月20日，普松乡开展推行领导干部常态化“四联四包”工作机制暨大宣讲活动

【文化旅游】 年内，组织村文艺队在晚间集中排练舞蹈，对节目的质量、表演的频次等不断优化调整，更好地提升公共文化服务供给保障水平。全年村级文艺演出队创作演出节目14个，开展演出活动28场次。

（赵安迪）

【机构领导】

党委书记

旦 增（藏族）

党委副书记、乡长

余 刚

党委副书记、人大主席

扎西次仁（藏族，5月免）

平措旦增（藏族，5月任）

党委副书记

牟 飞（土家族）

党委委员、纪委书记、监委主任

平措达瓦（藏族，5月免）

扎西多杰（藏族，5月任）

党委委员、组织委员

格桑卓嘎（女，藏族）

党委委员、宣传委员、统战委员

闫文宝

党委委员、政法委员

熊兴全（5月免）

李 豪（5月任）

党委委员

熊兴全

党委委员、副乡长

马国强

副乡长

多布杰（藏族）

梁吟雪（女）

国有企业

尼木县净土产业投资开发有限公司

【概况】 尼木县净土产业投资开发有限公司成立于2015年4月30日，是尼木县人民政府批准设立的国有独资公司，尼木县人民政府履行出资人职责，注册资金5000万元（其中实际注资1000万元，实物资产4000万元）。有行政办公室、财务部、配送部、仓储部、市场部、生产部、电商部7个部门，工作人员由6名点对点干部、2名“三支一扶”人员、7名本地大学生、5名低收入群众组成。薪酬严格按照保底+绩效+考勤模式制定，低收入群众、本地大学生平均月增收5000余元。

公司业务板块为种植、养殖、仓储、供应链、销售、服务等六个板块，承担范围内高效生态农牧产业项目、农牧业综合开发项目、净土健康产业研发基地、净土健康农业示范基地的建设和项目与运营管理、尼木县范围内农牧业及相关项目。

2022年，尼木县净土产业投资开发有限公司资产6487.27万元，负债195.14万元；净资产6292.13万元；利润1292.13万元。

【发展模式】 尼木县净土产业投资开发有限公司按照县委、县政府农业产业“3212”工程和有机农业“三步走”实施路径，在群众增收致富上谋出路，着力打造尼木“三品一标”产品，加快推进尼木县“果蔬菌肉蛋奶”等产业向规模化、标准化、品牌化和绿色化方向发展，不断提高产品质量效益和竞争力。

立足区内市场，面向国内市场，深化土地、劳动力、资本、技术等要素市场化改革，形成需求牵引供给、供给创造需求的市场体系，大力培养懂技术会生产、懂市场会经营的现代农业职业农牧民队伍和产业工人队伍；认真研究市场，千方百计拓展市场，推动电子商务平台乡镇全覆盖，大力培育多元化、多层次的营销队伍，确保农畜产品产得下、销得出、卖得

2022年9月23日，尼木县净土、北京吞弥净土商贸有限公司参加北京市供销合作总社“庆丰收、迎盛会”农民丰收节展销活动

好。年内，公司在北京顺义区设立吞弥净土直营店，已与供销益家、顺义工会、顺鑫石门、顺商宜宾等北京市企事业单位达成供销合作。

坚持做大做强有机藜麦、航空航天果蔬、车厘子、平谷大桃等农产品特色优势；保护利用好“尼木藏鸡”和“尼木藏鸡蛋”地理标志和牦牛、藜麦、青稞、油菜籽等有机产品认证成果，调整种植品种，坚持走精品农业、高效农业发展之路，大力开展新品种试验基地建设，切实把特色优势转化为经济优势、增收优势。

坚持以“四产业三园区”为牵引，积极引导产业升级和结构优化。藏香产业以打响品牌、优化品质为重点，着力提升市场竞争力；藏鸡产业以扩大规模、拓展销路为重点，争取打造拉萨市最大的藏鸡养殖基地；有机农业以促进增产稳产增收、打造特色优势为重点，推广种植航空航天果蔬、菌类、藜麦等高附加值产品，充分发挥吞弥现代农业园区示范引领作用；生猪养殖以自繁自育、科学养殖为重点，新建续迈乡万头生猪养殖基地，打造拉萨市最大的生猪养殖基地；牦牛育肥以牧繁农养、品质改良、精细管理为重点，加快推进“一总场四分场”建设；奶牛养殖以推进标准化养殖、示范户创建为重点。

截至年底，尼木县净土产业投资开发有限公司帮助园区、林岗村、恩泽居委会温室大棚销售果蔬27.85万千克，带动群众增收120万元；帮助卡如乡、普松乡、塔荣镇、续迈乡销售藏鸡蛋425.68万枚，带动群众增收487万元；帮助塔荣镇、尼木乡、普松乡、续迈乡销售藜麦8.975万千克，带动群众增收143.6万元；帮助各合作社销售蓝青稞、糌粑、粉丝、菜籽油、灵芝、羊肚菌等农副产品约195.5万元。

2022年，尼木县吞弥现代农业园区北区温室大棚

【消费扶贫】 截至年底，尼木县净土产业投资开发有限公司共计向北京顺义直销店发货8次，销售金额507万元。其中藏鸡蛋3.4万枚、孟嘎菜籽油8000桶、藜麦1.4万千克、羊肚菌礼盒2300盒、蓝青稞礼盒210盒、色龙欧举糌粑0.6万千克、粉丝礼盒2500盒，牦牛肉0.6万千克，藏鸡3500只。

【劳务分红】 截至年底，尼木净土果蔬冷链物流建设项目（净土菜店），长期稳定就业人数9人，发放工资40.4万元，其中建档立卡就业人数4人，发放工资22.4万元。藜麦种植及藜麦加工设备购置项目带动18户20人增收，劳务分红资金1.56万元，其中建档立卡18户20人，建档立卡增收金额1.56万元。带动29人劳务分红36.46万元。

【疫情期间保供情况】 截至11月26日，尼木县净土产业投资开发有限公司负责向全县各乡镇群众、村（居）、寺管会、学校、建筑工地、商户等群体进行生活物资保供，共计保供大米124.8吨、面粉55.1吨、菜籽油21.47吨、蔬菜528.8吨、水果30.2吨、肉类65.1吨、藏鸡蛋218万枚、糌粑3.4吨、方便食品（自热米饭、方便面）8200件，全面保障了县域内各群体生活所需。疫情期间，严格按照县委、县政府指示要求，加大关心关爱力度，向各乡镇群众、一线公安干警、医护人员、养老院、建筑工地、县城内商户发放免费爱心蔬菜324.75吨、月饼1.6万块、矿泉水2746箱、方便面3118箱、自热米饭1498箱，牛奶1863箱，火腿肠68箱、面包17箱、压缩干粮50箱、水果16吨。

【市场开拓】 尼木净土高端产品——尼木航天果蔬正式进驻百益超市以来，产品在拉萨主城区百益超市进行少量铺货；根据实际情况，尼木县净土公司成立具体销售队伍，已与拉萨市城投、净土公司配送部、东嘎菜市场、药王山菜市场、百益超市等线下市场达成供销关系，与扶贫“832平台”、北京顺义援藏帮扶、农行扶贫商城、顺丰公司雪域物流达成线上销售协议，对全县所有扶贫产品进行销售。

为进一步促进尼木县农业增收，确保农牧民群众人均收入的提高，尼木县净土公司积极完善农副产品供应链条，创新开展农业订单精准入户工作。向合作社签订蔬菜种植订单，并及时进行收购和销售。

4月，尼木县净土产业投资开发有限公司与拉萨市净土集团就尼木县特色净土健康产品合作销售事宜召开座谈会，研究制定《尼木净土公司与市净土集团关于对尼木县净土健康产品联合销售实施方案》，成立市净土集团与尼木县净土公司联合销售工作专班，对尼木县藏香、藏鸡、藏鸡蛋、藜麦、航天果蔬、生猪、牦牛等产业涉及的相关产品在销售过程中存在的问题逐一进行分析，并结合现阶段各项产业发展情况，根据市场导向制定解决措施，充分整合市净土集团与尼木县净土公司销售渠道，为尼木县特色净土健康产品拓展了销路。

（黄 静）

【机构领导】

总经理

次仁群培（藏族）

尼木县城乡建设投资发展有限公司

【概况】 尼木县城乡建设投资发展有限公司位于尼木县尚日路恩泽居委会双创2楼，下设3个部门（工程部、财务室、办公室），在岗职工11名，其中8名外聘人员，3名点对点干部。公司于2014年8月成立，2017年7月1日正式开展各项工作。经营范围有国有资产管理与经营、物业管理、旅游开发、城乡基础设施建设、项目投资与孵化、房屋租赁等。2022年下属子公司有民惠人力资源有限公司、胜凯建材公司、诚鑫建材有限责任公司。

【项目代建】 年内，尼木县城乡建设投资发展有限公司共有代建项目81个，其中续建项目20个，新建项目61个，完工23个项目。为服务好全县项目建设，邀请县人大、政协、项目业主单位组织摇号13次，推荐代建项目监理单位、招标代理单位及400万元以下项目施工单位。

截至年底，尼木县城乡建设投资发展有限公司实现收入1616.84万元，支出1257.76万元，净利润达到359.08万元。其中项目代建管理费收入1237.83万元，为公司最大的收入来源。

【子公司运营情况】 西藏胜凯建材商贸有限公司。年内，主要服务于尼木县乌米园区大棚及县城内的各单位的维修工作。胜凯公司前期所开展的工作由第三方会计事务所做了审计。2022年实现收入12.96万元，支出124.12万元，盈利-111.16万元。

民惠人力资源有限公司。严

2022年4月7日，尼木县城乡建设投资发展有限公司组织招标代理单位摇号活动

2022年12月14日，商户向尼木县城乡建设投资发展有限公司赠送锦旗

格执行项目“三规”要求，与施工方签订带动增收协议，压实施工方、监理方职责，让各企业在保证施工质量、确保安全进度的同时，严格执行项目促增收相关规定。持续落实项目点上以工代训工作，提升就业技能，推动劳务输出由“体力型”向“技能型”转变。以民惠公司劳务人员推荐介绍为平台，持续落实项目带动当地农牧民用工数据的统计工作，2022 年实现带动尼木籍 3841 人、47168 天次，其中建档立卡脱贫户 443 人、5511 天次；劳务带动增收 1039 万元，机械带动增收 1994 万元；培养技工 380 人。

诚鑫建材有限责任公司。新建沙石厂的工商注册登记手续已办理完毕，并于 2022 年 7 月 13 日成立。新建沙石场项目前置手续均已办理完毕，林岗村占地相关补贴也已发放完毕，并进行新沙石场的蓄水池、沉淀池、配电房和业务用房等的建设工作。

【代管工作开展情况】 客运公司。在持续落实安全生产和疫情防控各项工作的前提下，截至 8 月完成客运量 44401 人次，实现 5566410 人次的周转量。自新冠疫情发生以来暂停营运，全力承担着疫情转运任务。2022 年实现收入 80.58 万元，支出 124.6 万元，盈利 -44.02 万元。

商品房管理。签订房屋租赁合同代收房屋租金，2022 年商品房收租 63.45 万元。严格履行代管职责，督促沿街商户、建材市场、农贸市场严格落实疫情防控各项措施、安全生产、规范经营相关要求。公司派员工轮流值守县农贸市场，并安排专人对市场开展安全隐患排查，全面更新农贸市场内公用的老化破损供电线路。

年内，为全面落实承租国有房屋租金减免工作，在前期经过 2 次核查租户数量、签订合同、租金收缴等情况的基础上，通过建立租户微信群或打电话的方式把最新的租金减免政策告知到每一名租户。经过一一确认统计，共有 116 名租户，在充分争取各租户意愿的前提下，采取退还 2022 年已收租金或与 2023 年租金进行冲抵或直接减免的方式落实这一项政策。在 116 户中有 50 户自愿选择退还租金，退还金额为 56.25 万元，已退还到位；有 38 户主动要求冲抵 2023 年的租金，减免金额 42.11 万元；有 28 户采取直接减免方式，减免金额 29.685 万元。

停车场工作开展情况。加大停车场规范化管理力度，掌握收费员的出勤和服务情况，不断优化和提升停车场管理模式和收费员服务水平。2022 年停车场收入 21.53 万元，支出 19.39 万元，盈利 2.14 万元。

【复工复产】 自新冠疫情发生以来，尼木县城乡建设投资发展有限公司切实发挥着桥梁纽带作用，及时将上级部门下发的最新的防疫决策部署传达至每一个施工企业，通过各种有效途径全力保障各施工企业所需生活物资、防疫物资及建材设备。根据县委、县政府的复工复产工作安排部署，为确保分类分级分次顺利推进项目复工复产工作，持续下派工作人员每日到项目工地开展安全生产、疫情防控大排查、大整治行动。

【党建工作】 年内，按照党章党规要求及县属国有企业党工委工作安排，围绕立足新发展阶段、贯彻新发展理念、构建新发展格局、推动高质量发展，深入贯彻新时代党的建设总要求，落实上级党建工作要求，引导全体党员进一步坚定理想信念，传承红色基因，激发爱国爱党情感。在发展壮大公司业务规模过程中，始终贯彻新发展理念。强化党员“四个意识”，坚决做到“两个维护”，加强党员党性锻炼，提升公司党员的工作能力和工作水平。

【党风廉政建设】 年内，成立由班子成员组成的党风廉政建设领导小组，切实抓好项目从设计、施工、验收等各个环节的监管工作，确保资金管理规范，运行安全。同时通过学习教育让公司职员注重自身修养，做到自重、自警、自省、自律，工作上高标准，生活上低要求，严于律己，踏实工作。

（德庆朗桑）

【机构领导】

总经理

傅洪江

国网尼木县供电公司

【概况】 2022年，国网尼木县供电公司共有34人，其中公司领导2人，综合部7人，1名财务人员在市公司财务部集中办公，正常在岗6人。供电服务中心在岗25人（其中4人为新进大学生）。

国网尼木县供电公司位于尼木县幸福北路7号，具体负责尼木县域内的输、配、变、售电及6个乡2个镇的供电任务，为尼木县社会经济发展提供安全、可靠的供电保障。

2022年3月22日，国网尼木县供电公司组织职工到县观景台开展环境整治活动

【生产情况】 年内，国网尼木县供电公司管辖35千伏变电站3座，总变电容量18800千伏安；110千伏变电站1座，容量为20000千伏安。35千伏线路4条92.78千米；10千伏配电线路13条，长542.07千米，10千伏配变246台。公司电网覆盖营业用户8104户，供电人口37468人，供电面积3275平方千米。截至年底，完成供电量4568.97万千瓦时，售电量4057.62万千瓦时。

【安全管理】 年内，国网尼木县供电公司实现安全生产平稳运行良好态势，全面落实安全管理提升工作。结合年度“安全生产工作实施意见”，建立健全公司安全责任清单，优化安全奖惩机制，压实全员安全生产责任。完成制定公司年度安全目标任务工作，并完成公司消防安全性评价自查工作；严格生产管理，加大隐患排查，落实各项隐患大排查整治工作，结合生产实际，开展“春秋季安全大检查”“安全生产集中整治”“建设施工安全大检查专项行动”“大面积应急演练、消防应急演练”等工作，年度排查整治隐患56项，整改率92.14%；下发安全隐患整改通知书12份；完成年度消防、交通、网络安全专项检查共计22次。

年内，组织召开安全专题会议6次，开展安全教育学习活动26次，开展各类安全考试共计7次，合格率达96%；完成签订各类安全责任目标书共计43份。严格执行“四个管住”（管住国家工作中大局、管住电力工程顾客、管住电力公司、管住电力社会经济发展）要求，加大现场安全管理力度。2022年人员安全准入率达100%，刚性执行了各类抢修以及作业计划报送工作，完成安全工器具实验共计4次以及11次月度工器具检查工作。有效应对灾害天气等突发事件，全年共计发布预警10次。

【优质服务】 2022年8月12日，由于新冠疫情营业厅停业，每天安排值班人员负责县城磁卡表用户的电费充值工作，避免出现因电费余额不足导致停电而产生的意见及投诉工单。国网尼木县供电公司秉承“以客户为中心”的服务理念，践行“人民电业为人民”的企业宗旨，以更好地服务尼木县人民、提供优质高效的供电服务为目标。完成12个保供电场所客户侧安全隐患用电检查工作，并编制4个中共二十大及疫情重点保供电场所的保电方案。根据上级工作关于疫情期间营业工作的通知，严格落实居民用户欠费不停电的工作要求，对工商业用户采取电话、微信等方式进行催费。

【完善基础台账档案】 年内，累计更改PMS（电力管理系统）配电数据229条，完成三区三州设备、续迈变、帕古变盲调设备、转资工作。根据现场开关和柱开情况对10千伏线路重新拆分，完善供电在线监测系统基础数据。

【农网升级改造】 年内，国网尼木县供电公司保供电项目2个（帕窝141线路191.01—191.68线路改造、续霍141线路霍德村1组2组、安岗村4组中低压线路改造）项目总投资538.49万元。截至年底，2个项目整体完工。

2022年6月23日，国网尼木县供电公司组织职工开展电力安全教育宣传活动

【疫情期间保供电】 年内，国网尼木县供电公司第一时间成立疫情期间保供电小组。主动对接县疫情办，在县人民医院、卡如乡文化站及山岗村核酸检测点位开展专项排查整治，并在当天在山岗村核酸检测点接入灯具2座。积极配合县委、县政府工作，及时做好6个乡2个镇疫情防控点位及尼木县中学集中隔离点接电工作，保障疫情防控隔离点用电需求。为防止因停电影响疫情防控工作正常开展，及时编制新冠疫情期间输配变设备巡视方案，主动对110千伏塔荣变电站开展全面巡视，提供防疫物资；按时编制中共二十大期间尼木县火车站、尼木县人民政府、尼木县电视台保电方案，及时开展设备巡视。截至年底，累计开展设备专项巡视50余次，出动巡视人员187人次。

【提高应急预防能力】 年内，积极开展防汛物资储备工作，对所辖输配电线路开展特巡，梳理存在隐患，并通过申报成本项目进行整改；参加县应急管理局组织的应急抢险演练活动1次，启动小型实训基地，定期组织班组开展配网应急演练，进一步提升突发事件的应对能力。

（王　斌）

【机构领导】

总经理

达　嘎（藏族）

副总经理

邵明恒

附录

尼木县受县（区）级以上表彰的先进集体一览表

表 1

获奖单位	获奖名称	表彰时间	授予单位
尼木县塔荣镇人民政府	西藏自治区就业创业工作先进集体	2022 年	中共西藏自治区委员会、西藏自治区人民政府
尼木县吞巴镇吞普村	2022 年区市县“先进双联户”集体	2023 年	中共西藏自治区委员会、西藏自治区人民政府
尼木县公安局卡如一级公安检查站	第二批自治区级民族团结进步模范单位	2022 年	西藏自治区人民政府
尼木县人民武装部	正风肃纪先进单位	2022 年	西藏军区
尼木县人民武装部	先进单位	2022 年	西藏军区
尼木县统计局	第七次全国人口普查先进集体	2022 年	西藏自治区第七次全国人口普查领导小组
尼木县公安局卡如一级公安检查站	全区公安机关抗击新冠肺炎疫情工作有功集体	2022 年	西藏自治区公安厅
尼木县公安局塔荣镇派出所	全区公安机关抗击新冠肺炎疫情工作成绩突出集体	2022 年	西藏自治区公安厅
尼木县中心幼儿园	全区教育系统先进集体	2022 年	西藏自治区教育厅
尼木县消防救援大队	2022 年度先进基层党组织	2022 年	西藏消防救援总队
尼木县卡如乡卡如村委会	拉萨市民族团结进步模范单位	2022 年	中共拉萨市委员会、拉萨市人民政府
尼木县尼木乡聂玉村委会	2022 年拉萨市民族团结进步模范集体	2022 年	中共拉萨市委员会、拉萨市人民政府
尼木县尼木乡人民政府	2022 年拉萨市民族团结进步模范集体	2022 年	中共拉萨市委员会、拉萨市人民政府
尼木县帕古乡帕古村委会	2022 年拉萨市民族团结进步模范集体	2022 年	中共拉萨市委员会、拉萨市人民政府

续表 1

获奖单位	获奖名称	表彰时间	授予单位
尼木县帕古乡彭岗村委会	2022 年拉萨市民族团结进步模范集体	2022 年	中共拉萨市委员会、拉萨市人民政府
尼木县帕古乡人民政府	拉萨市民族团结进步模范单位	2022 年	中共拉萨市委员会、拉萨市人民政府
尼木县塔荣镇人民政府	2022 年拉萨市民族团结进步模范集体	2022 年	中共拉萨市委员会、拉萨市人民政府
尼木县塔荣镇人民政府	2022 年拉萨市民族团结模范单位	2022 年	中共拉萨市委员会、拉萨市人民政府
尼木县吞巴镇人民政府	拉萨市民族团结进步模范单位	2022 年	中共拉萨市委员会、拉萨市人民政府
尼木县吞巴镇吞达村	拉萨市民族团结进步模范单位	2022 年	中共拉萨市委员会、拉萨市人民政府
尼木县委办公室	2021 年度信息工作先进集体	2022 年	中共拉萨市委员会、拉萨市人民政府
尼木县续迈乡尼续村民委员会	2022 年拉萨市民族团结进步模范集体	2022 年	中共拉萨市委员会、拉萨市人民政府
尼木县续迈乡人民政府	拉萨市民族团结先进单位	2022 年	中共拉萨市委员会、拉萨市人民政府
尼木县续迈乡续迈村民委员会	拉萨市民族团结先进单位	2022 年	中共拉萨市委员会、拉萨市人民政府
尼木县续迈乡人民政府	“喜迎二十大、礼赞新时代”书香拉萨农牧民(居民)国家通用语言文字诵读比赛三等奖	2022 年	中共拉萨市委组织部、中共拉萨市委宣传部
尼木县委政法委	2022 年度“先进双联户”创建活动先进县	2023 年	中共拉萨市委政法委员会
武警尼木中队	“四铁”先进中队	2022 年	武警拉萨支队
农行尼木县支行	先进基层党组织	2022 年	中国农业银行拉萨分行
尼木县水务局	2021 年度尼木县目标绩效考核经济发展类县直部门进位奖	2022 年	中共尼木县委员会、尼木县人民政府
尼木县北京中心幼儿园	全县教育系统先进集体	2022 年	中共尼木县委员会、尼木县人民政府
尼木县卡如乡加纳日绿色农业发展农牧民专业合作社	2021 年度尼木县目标绩效考核经济社会发展优秀合作社	2022 年	中共尼木县委员会、尼木县人民政府
尼木县卡如乡人民政府	2021 年度尼木县目标绩效考核乡(镇)争先二等奖	2022 年	中共尼木县委员会、尼木县人民政府
尼木县麻江乡完全小学	全县教育系统先进集体	2022 年	中共尼木县委员会、尼木县人民政府
尼木县尼木乡普巴村藏语和汉语幼儿园	全县教育系统先进集体	2022 年	中共尼木县委员会、尼木县人民政府

续表 1

获奖单位	获奖名称	表彰时间	授予单位
尼木县帕古乡人民政府	目标绩效考核“乡(镇)争先三等奖”	2022 年	中共尼木县委员会、尼木县人民政府
尼木县帕古乡有机农产品农牧民专业合作社	经济社会发展优秀合作社	2022 年	中共尼木县委员会、尼木县人民政府
尼木县人力资源和社会保障局	2021 年度考核一等奖	2022 年	中共尼木县委员会、尼木县人民政府
尼木县续迈乡霍德村藏语和汉语幼儿园	全县教育系统先进集体	2022 年	中共尼木县委员会、尼木县人民政府
尼木县应急管理局	2021 年度平安建设工作先进集体	2022 年	中共尼木县委员会、尼木县人民政府
尼木县中学	全县教育系统先进集体	2022 年	中共尼木县委员会、尼木县人民政府
尼木乡完全小学	全县教育系统先进集体	2022 年	中共尼木县委员会、尼木县人民政府
尼木县卡如乡人民政府	先进集体	2022 年	中共尼木县委员会

说明：由于各单位资料提供不全，可能有遗漏

尼木县受县(区)级以上表彰的先进个人一览表

表2

姓名	性别	民族	工作单位	获奖名称	表彰时间	授予单位
次　拉	女	藏族	尼木县塔荣镇人民政府	慧育中国优秀乡镇督导	2023年	中国发展研究基金会
扎西次仁	男	藏族	尼木县人民武装部	西藏自治区民族团结进步先进个人	2023年	西藏自治区人民政府
格桑次仁	男	藏族	尼木县委宣传部	2022年新时代文明实践工作先进个人	2022年	西藏自治区精神文明建设指导委员会
扎西顿珠	男	藏族	尼木县统计局	第七次全国人口普查先进个人	2022年	西藏自治区第七次全国人口普查领导小组
刘东东	男	汉族	尼木县委办公室	2021年度全区党委系统信息报送工作先进个人	2022年	中共西藏自治区委员会办公厅
洛桑达娃	男	藏族	尼木县公安局	全区公安机关抗击新冠肺炎工作三等功	2022年	西藏自治区公安厅
史天元	男	汉族	尼木县公安局	全区公安机关抗击新冠肺炎工作嘉奖	2022年	西藏自治区公安厅
洛桑旦培	男	藏族	尼木县消防救援大队	优秀共产党员	2022年	西藏消防救援总队
杨梦露	女	汉族	尼木县中学	全区职工演讲比赛铜奖	2022年	西藏自治区总工会
边巴扎西	男	藏族	尼木县帕古乡人民政府	西藏自治区五好文明家庭	2022年	西藏自治区妇女联合会
边巴扎西	男	藏族	尼木县帕古乡人民政府	西藏自治区最美民族团结家庭	2022年	西藏自治区妇女联合会、西藏自治区民族事务委员会
刘　川	男	汉族	尼木县委组织部	江苏省第二十届运动会高校部网球比赛(甲组)男子单打第七名	2022年	江苏省教育厅、江苏省体育局
尼　玛	男	藏族	尼木县教育局	西藏自治区群众体育先进个人	2022年	西藏自治区体育局
丁　钢	男	汉族	尼木县气象局	嘉奖	2022年	西藏自治区气象局
扎　央	男	藏族	尼木县续迈乡河东村民委员会	2022年拉萨市民族团结进步模范个人	2022年	中共拉萨市委员会、拉萨市人民政府
巴桑次仁	男	藏族	尼木县委组织部	优秀党务工作者	2022年	中共拉萨市委员会
徐亚兰	女	汉族	尼木县公安局	第十届拉萨青年五四奖章	2022年	拉萨市人民政府
朱成红	女	汉族	尼木县纪律检查委员会	荣誉证书	2022年	拉萨市应对疫情工作领导小组办公室
嘎玛贡觉多吉	男	藏族	尼木县中心藏语和汉语幼儿园	新冠疫情防控志愿服务一线	2022年	拉萨市应对疫情工作领导小组办公室
杜　飞	男	汉族	尼木县尼木乡人民政府	志愿者荣誉证书	2022年	拉萨市应对疫情工作领导小组办公室
桑杰旦增	男	藏族	尼木县尼木乡聂玉村委会	志愿者荣誉证书	2022年	拉萨市应对疫情工作领导小组办公室
扎西罗布	男	藏族	尼木县尼木乡聂玉村委会	志愿者荣誉证书	2022年	拉萨市应对疫情工作领导小组办公室

续表 2

姓名	性别	民族	工作单位	获奖名称	表彰时间	授予单位
次仁罗布	男	藏族	尼木县尼木乡聂玉村委会	志愿者荣誉证书	2022 年	拉萨市应对疫情工作领导小组办公室
妮　尼	女	藏族	尼木县尼木乡聂玉村委会	志愿者荣誉证书	2022 年	拉萨市应对疫情工作领导小组办公室
旦增格列	男	藏族	尼木县尼木乡聂玉村委会	志愿者荣誉证书	2022 年	拉萨市应对疫情工作领导小组办公室
德　吉	女	藏族	尼木县尼木乡聂玉村委会	志愿者荣誉证书	2022 年	拉萨市应对疫情工作领导小组办公室
达桑次仁	男	藏族	尼木县尼木乡聂玉村委会	志愿者荣誉证书	2022 年	拉萨市应对疫情工作领导小组办公室
德庆曲珍	女	藏族	尼木县尼木乡聂玉村委会	志愿者荣誉证书	2022 年	拉萨市应对疫情工作领导小组办公室
贡桑玉珍	女	藏族	尼木县尼木乡聂玉村卫生院	志愿者荣誉证书	2022 年	拉萨市应对疫情工作领导小组办公室
扎西措姆	女	藏族	尼木县农业农村局	新冠疫情防控志愿服务荣誉证书	2022 年	拉萨市应对疫情工作领导小组办公室
洛桑卓嘎	女	藏族	尼木县农业农村局	新冠疫情防控志愿服务荣誉证书	2022 年	拉萨市应对疫情工作领导小组办公室
尼玛德吉	女	藏族	尼木县农业农村局	新冠疫情防控志愿服务荣誉证书	2022 年	拉萨市应对疫情工作领导小组办公室
斯加措姆	女	藏族	尼木县农业农村局	新冠疫情防控志愿服务荣誉证书	2022 年	拉萨市应对疫情工作领导小组办公室
央　珍	女	藏族	尼木县农业农村局	新冠疫情防控志愿服务荣誉证书	2022 年	拉萨市应对疫情工作领导小组办公室
格桑曲珍	女	藏族	尼木县水务局	疫情防控志愿服务荣誉奖	2022 年	拉萨市应对疫情工作领导小组办公室
格桑次仁	男	藏族	尼木县委宣传部（学教办）	新冠肺炎疫情防控志愿证书	2022 年	拉萨市应对疫情工作领导小组办公室
李德胜	男	回族	尼木县委宣传部	新冠肺炎疫情防控志愿证书	2022 年	拉萨市应对疫情工作领导小组办公室
巴桑卓嘎	女	藏族	尼木县委宣传部	新冠肺炎疫情防控志愿证书	2022 年	拉萨市应对疫情工作领导小组办公室
强　旦	男	藏族	尼木县融媒体中心	新冠肺炎疫情防控志愿证书	2022 年	拉萨市应对疫情工作领导小组办公室
扎　西	男	藏族	尼木县融媒体中心	新冠肺炎疫情防控志愿证书	2022 年	拉萨市应对疫情工作领导小组办公室
仓　觉	女	藏族	尼木县融媒体中心	新冠肺炎疫情防控志愿证书	2022 年	拉萨市应对疫情工作领导小组办公室
德吉拉姆	女	藏族	尼木县融媒体中心	新冠肺炎疫情防控志愿证书	2022 年	拉萨市应对疫情工作领导小组办公室

续表2

姓名	性别	民族	工作单位	获奖名称	表彰时间	授予单位
达瓦索朗	男	藏族	尼木县融媒体中心	新冠肺炎疫情防控志愿证书	2022年	拉萨市应对疫情工作领导小组办公室
顿　珠	男	藏族	尼木县融媒体中心	新冠肺炎疫情防控志愿证书	2022年	拉萨市应对疫情工作领导小组办公室
白　觉	男	藏族	尼木县融媒体中心	新冠肺炎疫情防控志愿证书	2022年	拉萨市应对疫情工作领导小组办公室
旦增西桑	男	藏族	尼木县融媒体中心	新冠肺炎疫情防控志愿证书	2022年	拉萨市应对疫情工作领导小组办公室
朗杰平措	男	藏族	尼木县应急管理局	拉萨市疫情防控志愿者贡献奖	2022年	拉萨市应对疫情工作领导小组办公室
李　凯	男	汉族	尼木县应急管理局	拉萨市疫情防控志愿者贡献奖	2022年	拉萨市应对疫情工作领导小组办公室
岗桑旦增	男	藏族	尼木县应急管理局	拉萨市疫情防控志愿者贡献奖	2022年	拉萨市应对疫情工作领导小组办公室
刘细栋	男	汉族	尼木县应急管理局	拉萨市疫情防控志愿者贡献奖	2022年	拉萨市应对疫情工作领导小组办公室
王君宇	男	汉族	尼木县应急管理局	拉萨市疫情防控志愿者贡献奖	2022年	拉萨市应对疫情工作领导小组办公室
普布次仁	男	藏族	尼木县应急管理局	拉萨市疫情防控志愿者贡献奖	2022年	拉萨市应对疫情工作领导小组办公室
邢宝剑	男	汉族	尼木县应急管理局	拉萨市疫情防控志愿者贡献奖	2022年	拉萨市应对疫情工作领导小组办公室
琼　达	女	藏族	尼木县中心藏语和汉语幼儿园	演讲比赛优秀选手奖	2022年	拉萨市总工会
毛良超	男	汉族	尼木县消防救援大队	三等功	2022年	拉萨市消防救援支队
何昆峰	男	汉族	尼木县消防救援大队	个人嘉奖	2022年	拉萨市消防救援支队
陈鹏宇	男	汉族	尼木县消防救援大队	个人嘉奖	2022年	拉萨市消防救援支队
肖一卓	男	汉族	尼木县消防救援大队	优秀消防员	2022年	拉萨市消防救援支队
徐　虎	男	汉族	尼木县消防救援大队	优秀消防员	2022年	拉萨市消防救援支队
嘎玛堪垫	男	藏族	尼木县消防救援大队	优秀专职员	2022年	拉萨市消防救援支队
旦增朗杰	男	藏族	尼木县消防救援大队	优秀专职员	2022年	拉萨市消防救援支队
罗　布	男	藏族	尼木县消防救援大队	优秀文员	2022年	拉萨市消防救援支队
仁增曲珍	女	藏族	尼木县消防救援大队	优秀文员	2022年	拉萨市消防救援支队
嘎玛贡觉多吉	男	藏族	尼木县中心藏语和汉语幼儿园	志愿服务证书	2022年	拉萨市青年志愿者协会

续表 2

姓名	性别	民族	工作单位	获奖名称	表彰时间	授予单位
蹇　立	男	汉族	尼木县中心藏语和汉语幼儿园	志愿服务证书	2022 年	拉萨市青年志愿者协会
桑吉卓玛	女	藏族	尼木县农业农村局	志愿服务荣誉证书	2022 年	拉萨市青年志愿者协会
扎西达瓦	男	藏族	尼木县人民武装部	战备训练嘉奖	2023 年	拉萨警备区
申　攀	男	汉族	尼木县人民武装部	教育管理嘉奖	2023 年	拉萨警备区
徐正军	男	汉族	尼木县人民武装部	服务保障嘉奖	2023 年	拉萨警备区
普　恒	男	彝族	尼木县人民武装部	战备训练嘉奖	2023 年	拉萨警备区
栾　天	男	汉族	尼木县纪律检查委员会	拉萨市城关区抗击新冠肺炎疫情优秀工作者	2022 年	中共城关区委员会、城关区人民政府
巴　桑	男	藏族	尼木县纪律检查委员会	拉萨市城关区抗击新冠肺炎疫情优秀工作者	2022 年	中共城关区委员会、城关区人民政府
尼玛伟色	男	藏族	尼木县纪律检查委员会	拉萨市城关区抗击新冠肺炎疫情优秀工作者	2022 年	中共城关区委员会、城关区人民政府
朱成红	女	汉族	尼木县纪律检查委员会	拉萨市城关区抗击新冠肺炎疫情优秀工作者	2022 年	中共城关区委员会、城关区人民政府
朱成红	女	汉族	尼木县纪律检查委员会	抗疫纪念书	2022 年	中共城关区委员会、城关区人民政府
单　增	男	藏族	尼木县经济和信息化局	拉萨市城关区抗击新冠肺炎疫情优秀工作者	2022 年	中共城关区委员会、城关区人民政府
宋玉行	男	汉族	尼木县经济和信息化局	拉萨市城关区抗击新冠肺炎疫情优秀工作者	2022 年	中共城关区委员会、城关区人民政府
洛松登巴	男	藏族	尼木县麻江乡人民政府	拉萨市城关区抗击新冠肺炎疫情优秀工作者	2022 年	中共城关区委员会、城关区人民政府
德吉卓嘎	女	藏族	尼木县麻江乡人民政府	拉萨市城关区抗击新冠肺炎疫情优秀工作者	2022 年	中共城关区委员会、城关区人民政府
杜　飞	男	汉族	尼木县尼木乡人民政府	拉萨市城关区抗击新冠肺炎疫情优秀工作者	2022 年	中共城关区委员会、城关区人民政府
洛亚卓玛	女	藏族	尼木县农业农村局	志愿服务荣誉证书	2022 年	中共城关区委员会、城关区人民政府
扎西措姆	女	藏族	尼木县农业农村局	新冠疫情防控志愿服务荣誉证书	2022 年	中共城关区委员会、城关区人民政府
代善俊	男	土家族	尼木县商务局	拉萨市城关区抗击新冠肺炎疫情优秀工作者	2022 年	中共城关区委员会、城关区人民政府
白玛央宗	女	藏族	尼木县续迈乡人民政府	拉萨市城关区抗击新冠肺炎疫情优秀工作者	2022 年	中共城关区委员会、城关区人民政府

续表2

姓名	性别	民族	工作单位	获奖名称	表彰时间	授予单位
白玛央金	女	藏族	尼木县续迈乡人民政府	拉萨市城关区抗击新冠肺炎疫情优秀工作者	2022年	中共城关区委员会、城关区人民政府
闫继勇	男	汉族	尼木县续迈乡人民政府	拉萨市城关区抗击新冠肺炎疫情优秀工作者	2022年	中共城关区委员会、城关区人民政府
强巴	男	藏族	尼木县续迈乡人民政府	拉萨市城关区抗击新冠肺炎疫情优秀工作者	2022年	中共城关区委员会、城关区人民政府
江措	男	藏族	尼木县续迈乡人民政府	拉萨市城关区抗击新冠肺炎疫情优秀工作者	2022年	中共城关区委员会、城关区人民政府
德庆白珍	女	藏族	尼木县融媒体中心	新冠肺炎疫情防控志愿证书	2022年	堆龙德庆区人民政府
尼玛次仁	男	藏族	尼木县公安局	优秀公务员	2022年	中共尼木县委员会、尼木县人民政府
窦路路	男	汉族	尼木县公安局	优秀公务员	2022年	中共尼木县委员会、尼木县人民政府
黄荐中	男	汉族	尼木县公安局	优秀公务员	2022年	中共尼木县委员会、尼木县人民政府
史天元	男	汉族	尼木县公安局	优秀公务员	2022年	中共尼木县委员会、尼木县人民政府
时冬梅	女	汉族	尼木县公安局	优秀公务员	2022年	中共尼木县委员会、尼木县人民政府
索朗次仁	男	藏族	尼木县公安局	优秀公务员	2022年	中共尼木县委员会、尼木县人民政府
王康	男	汉族	尼木县公安局	优秀公务员	2022年	中共尼木县委员会、尼木县人民政府
达瓦	男	藏族	尼木县公安局	优秀公务员	2022年	中共尼木县委员会、尼木县人民政府
达娃拉姆	女	藏族	尼木县公安局	优秀公务员	2022年	中共尼木县委员会、尼木县人民政府
唐小添	男	汉族	尼木县公安局	优秀公务员	2022年	中共尼木县委员会、尼木县人民政府
次仁罗卜	男	藏族	尼木县公安局	优秀公务员	2022年	中共尼木县委员会、尼木县人民政府
洛桑扎西	男	藏族	尼木县公安局	优秀公务员	2022年	中共尼木县委员会、尼木县人民政府
达瓦央宗	女	藏族	尼木县公安局	优秀公务员	2022年	中共尼木县委员会、尼木县人民政府
亚古拉	男	回族	尼木县公安局	优秀公务员	2022年	中共尼木县委员会、尼木县人民政府
罗布	男	藏族	尼木县公安局	优秀公务员	2022年	中共尼木县委员会、尼木县人民政府

续表 2

姓名	性别	民族	工作单位	获奖名称	表彰时间	授予单位
扎西次仁	男	藏族	尼木县公安局	优秀公务员	2022 年	中共尼木县委员会、尼木县人民政府
李　豪	男	汉族	尼木县公安局	优秀公务员	2022 年	中共尼木县委员会、尼木县人民政府
仁青曲扎	男	纳西族	尼木县公安局	优秀公务员	2022 年	中共尼木县委员会、尼木县人民政府
张来军	男	汉族	尼木县公安局	优秀公务员	2022 年	中共尼木县委员会、尼木县人民政府
格桑次仁	男	藏族	尼木县公安局	优秀公务员	2022 年	中共尼木县委员会、尼木县人民政府
扎西次仁	男	藏族	尼木县公安局	优秀公务员	2022 年	中共尼木县委员会、尼木县人民政府
罗松次仁	男	藏族	尼木县公安局	优秀公务员	2022 年	中共尼木县委员会、尼木县人民政府
张绪国	男	汉族	尼木县公安局	优秀公务员	2022 年	中共尼木县委员会、尼木县人民政府
普　布	男	藏族	尼木县公安局	优秀公务员	2022 年	中共尼木县委员会、尼木县人民政府
韩　勇	男	汉族	尼木县公安局	优秀公务员	2022 年	中共尼木县委员会、尼木县人民政府
拉巴次仁	男	藏族	尼木县公安局	优秀公务员	2022 年	中共尼木县委员会、尼木县人民政府
索朗卓嘎	女	藏族	尼木县公安局	优秀公务员	2022 年	中共尼木县委员会、尼木县人民政府
旦增旺修	男	藏族	尼木县公安局	优秀公务员	2022 年	中共尼木县委员会、尼木县人民政府
次　珠	男	藏族	尼木县公安局	优秀公务员	2022 年	中共尼木县委员会、尼木县人民政府
索朗达杰	男	藏族	尼木县公安局	优秀公务员	2022 年	中共尼木县委员会、尼木县人民政府
张　鹏	男	汉族	尼木县公安局	优秀公务员	2022 年	中共尼木县委员会、尼木县人民政府
达瓦平措	男	藏族	尼木县公安局	优秀公务员	2022 年	中共尼木县委员会、尼木县人民政府
普布次仁	男	藏族	尼木县公安局	优秀公务员	2022 年	中共尼木县委员会、尼木县人民政府
巴　桑	男	藏族	尼木县公安局	优秀公务员	2022 年	中共尼木县委员会、尼木县人民政府
张　翔	男	汉族	尼木县公安局	优秀公务员	2022 年	中共尼木县委员会、尼木县人民政府

续表 2

姓名	性别	民族	工作单位	获奖名称	表彰时间	授予单位
旦增平措	男	藏族	尼木县公安局	优秀公务员	2022 年	中共尼木县委员会、尼木县人民政府
次仁扎西	男	藏族	尼木县公安局	优秀公务员	2022 年	中共尼木县委员会、尼木县人民政府
邱　涛	男	汉族	尼木县纪律检查委员会	志愿服务荣誉证书	2022 年	中共尼木县委员会、尼木县人民政府
赵红建	男	汉族	尼木县纪律检查委员会	志愿服务荣誉证书	2022 年	中共尼木县委员会、尼木县人民政府
德吉央宗	女	藏族	尼木县纪律检查委员会	志愿服务荣誉证书	2022 年	中共尼木县委员会、尼木县人民政府
雷益民	男	汉族	尼木县纪律检查委员会	志愿服务荣誉证书	2022 年	中共尼木县委员会、尼木县人民政府
尼玛伟色	男	藏族	尼木县纪律检查委员会	志愿服务荣誉证书	2022 年	中共尼木县委员会、尼木县人民政府
朱成红	女	汉族	尼木县纪律检查委员会	志愿服务荣誉证书	2022 年	中共尼木县委员会、尼木县人民政府
杜　娟	女	汉族	尼木县纪律检查委员会	志愿服务荣誉证书	2022 年	中共尼木县委员会、尼木县人民政府
罗布扎西	男	藏族	尼木县纪律检查委员会	志愿服务荣誉证书	2022 年	中共尼木县委员会、尼木县人民政府
尼　玛	女	藏族	尼木县中学	优秀教育工作者	2022 年	中共尼木县委员会、尼木县人民政府
金远承	男	藏族	尼木县中学	优秀教育工作者	2022 年	中共尼木县委员会、尼木县人民政府
格桑达娃	男	藏族	尼木县中心小学	优秀教育工作者	2022 年	中共尼木县委员会、尼木县人民政府
桑　多	男	藏族	尼木县尼木乡聂玉村藏语和汉语幼儿园	优秀教育工作者	2022 年	中共尼木县委员会、尼木县人民政府
央坚卓嘎	女	藏族	尼木县教育局	优秀教育工作者	2022 年	中共尼木县委员会、尼木县人民政府
旦增拉姆	女	藏族	尼木县教育局	优秀教育工作者	2022 年	中共尼木县委员会、尼木县人民政府
阿　旺	男	藏族	尼木县中学	优秀班主任	2022 年	中共尼木县委员会、尼木县人民政府
洛桑措姆	女	藏族	尼木县中学	优秀班主任	2022 年	中共尼木县委员会、尼木县人民政府
杨彦彬	男	汉族	尼木县中学	优秀班主任	2022 年	中共尼木县委员会、尼木县人民政府
杨世鹏	男	汉族	尼木县中学	优秀班主任	2022 年	中共尼木县委员会、尼木县人民政府

续表2

姓名	性别	民族	工作单位	获奖名称	表彰时间	授予单位
李有泰	男	汉族	尼木县中心小学	优秀班主任	2022年	中共尼木县委员会、尼木县人民政府
扎西多吉	男	藏族	尼木县中心小学	优秀班主任	2022年	中共尼木县委员会、尼木县人民政府
次旦措姆	女	藏族	尼木县中心小学	优秀班主任	2022年	中共尼木县委员会、尼木县人民政府
交巴李加	男	藏族	尼木县尼木乡完全小学	优秀班主任	2022年	中共尼木县委员会、尼木县人民政府
斯曲拉姆	女	藏族	尼木县续迈乡完全小学	优秀班主任	2022年	中共尼木县委员会、尼木县人民政府
大德吉央宗	女	藏族	尼木县中心幼儿园	优秀班主任	2022年	中共尼木县委员会、尼木县人民政府
平措次仁	男	藏族	尼木县中学	优秀教师	2022年	中共尼木县委员会、尼木县人民政府
洛桑多吉	男	藏族	尼木县中学	优秀教师	2022年	中共尼木县委员会、尼木县人民政府
云旦平措	男	藏族	尼木县中学	优秀教师	2022年	中共尼木县委员会、尼木县人民政府
旦增列培	男	藏族	尼木县中学	优秀教师	2022年	中共尼木县委员会、尼木县人民政府
吕荣昌	男	汉族	尼木县中学	优秀教师	2022年	中共尼木县委员会、尼木县人民政府
加央次仁	男	藏族	尼木县中心小学	优秀教师	2022年	中共尼木县委员会、尼木县人民政府
赤列卓玛	女	藏族	尼木县中心小学	优秀教师	2022年	中共尼木县委员会、尼木县人民政府
次旦吉	女	藏族	尼木县中心小学	优秀教师	2022年	中共尼木县委员会、尼木县人民政府
达娃次仁	男	藏族	尼木县中心小学	优秀教师	2022年	中共尼木县委员会、尼木县人民政府
次仁央宗	女	藏族	尼木县尼木乡完全小学	优秀教师	2022年	中共尼木县委员会、尼木县人民政府
边巴	女	藏族	尼木县尼木乡完全小学	优秀教师	2022年	中共尼木县委员会、尼木县人民政府
曲尼旺姆	女	藏族	尼木县尼木乡完全小学	优秀教师	2022年	中共尼木县委员会、尼木县人民政府
杨秀梅	女	汉族	尼木县麻江乡完全小学	优秀教师	2022年	中共尼木县委员会、尼木县人民政府
格珍	女	藏族	尼木县麻江乡完全小学	优秀教师	2022年	中共尼木县委员会、尼木县人民政府

续表 2

姓名	性别	民族	工作单位	获奖名称	表彰时间	授予单位
赵满玲	女	汉族	尼木县续迈乡完全小学	优秀教师	2022 年	中共尼木县委员会、尼木县人民政府
大次仁	男	藏族	尼木县帕古乡完全小学	优秀教师	2022 年	中共尼木县委员会、尼木县人民政府
阿旺卓嘎	女	藏族	尼木县帕古乡完全小学	优秀教师	2022 年	中共尼木县委员会、尼木县人民政府
白玛曲珍	女	藏族	尼木县中心幼儿园	优秀教师	2022 年	中共尼木县委员会、尼木县人民政府
洛桑央金	女	藏族	尼木县中心幼儿园	优秀教师	2022 年	中共尼木县委员会、尼木县人民政府
伍华珍	女	汉族	尼木县北京中心幼儿园	优秀教师	2022 年	中共尼木县委员会、尼木县人民政府
扎西卓玛	女	藏族	尼木县北京中心幼儿园	优秀教师	2022 年	中共尼木县委员会、尼木县人民政府
次旦卓玛	女	藏族	尼木县北京中心幼儿园	优秀教师	2022 年	中共尼木县委员会、尼木县人民政府
何静	女	汉族	尼木县吞巴镇中心藏语和汉语幼儿园	优秀教师	2022 年	中共尼木县委员会、尼木县人民政府
西绕卓玛	女	藏族	尼木县普松乡中心藏语和汉语幼儿园	优秀教师	2022 年	中共尼木县委员会、尼木县人民政府
尼玛参拉	女	藏族	尼木县普松乡中心藏语和汉语幼儿园	优秀教师	2022 年	中共尼木县委员会、尼木县人民政府
米玛穷拉	女	藏族	尼木县帕古乡中心藏语和汉语幼儿园	优秀教师	2022 年	中共尼木县委员会、尼木县人民政府
尼玛卓玛	女	藏族	尼木县卡如乡中心藏语和汉语幼儿园	优秀教师	2022 年	中共尼木县委员会、尼木县人民政府
巴桑	女	藏族	尼木县续迈乡霍德村藏语和汉语幼儿园	优秀教师	2022 年	中共尼木县委员会、尼木县人民政府
张贵英	女	汉族	尼木县吞巴镇吞普村藏语和汉语幼儿园	优秀教师	2022 年	中共尼木县委员会、尼木县人民政府
桑白	女	藏族	尼木县麻江乡强聂村藏语和汉语幼儿园	优秀教师	2022 年	中共尼木县委员会、尼木县人民政府
李怡乐	女	汉族	尼木县尼木乡普巴村藏语和汉语幼儿园	优秀教师	2022 年	中共尼木县委员会、尼木县人民政府
次旺拉姆	女	藏族	尼木县卡如乡赤朗村藏语和汉语幼儿园	优秀教师	2022 年	中共尼木县委员会、尼木县人民政府
段杰	女	汉族	尼木县塔荣镇雪拉村藏语和汉语幼儿园	优秀教师	2022 年	中共尼木县委员会、尼木县人民政府
薛勇	男	汉族	尼木县经济和信息化局	抗击新冠肺炎疫情优秀工作者	2022 年	中共尼木县委员会、尼木县人民政府

续表 2

姓名	性别	民族	工作单位	获奖名称	表彰时间	授予单位
次仁多吉	男	藏族	尼木县卡如乡卡如村委会	优秀宣讲员	2022 年	中共尼木县委员会、尼木县人民政府
扎　桑	女	藏族	尼木县卡如乡卡如村委会	尼木县“美丽庭院·幸福人家”花卉种植创建“最美庭院”	2022 年	中共尼木县委员会、尼木县人民政府
达顿珠	男	藏族	尼木县卡如乡人民政府	优秀公务员	2022 年	中共尼木县委员会、尼木县人民政府
次仁群培	男	藏族	尼木县卡如乡人民政府	优秀公务员	2022 年	中共尼木县委员会、尼木县人民政府
冯　虎	男	汉族	尼木县卡如乡人民政府	优秀公务员	2022 年	中共尼木县委员会、尼木县人民政府
曹广磊	男	汉族	尼木县卡如乡人民政府	优秀公务员	2022 年	中共尼木县委员会、尼木县人民政府
旦增索朗	男	藏族	尼木县卡如乡人民政府	事业单位优秀工作人员	2022 年	中共尼木县委员会、尼木县人民政府
边巴次仁	男	藏族	尼木县卡如乡人民政府	事业单位优秀工作人员	2022 年	中共尼木县委员会、尼木县人民政府
旦增曲民	女	藏族	尼木县卡如乡卫生院	事业单位优秀工作人员	2022 年	中共尼木县委员会、尼木县人民政府
桑杰旦增	男	藏族	尼木县尼木乡聂玉村委会	志愿者荣誉证书	2022 年	中共尼木县委员会、尼木县人民政府
扎西罗布	男	藏族	尼木县尼木乡聂玉村委会	志愿者荣誉证书	2022 年	中共尼木县委员会、尼木县人民政府
次仁罗布	男	藏族	尼木县尼木乡聂玉村委会	志愿者荣誉证书	2022 年	中共尼木县委员会、尼木县人民政府
妮　尼	女	藏族	尼木县尼木乡聂玉村委会	志愿者荣誉证书	2022 年	中共尼木县委员会、尼木县人民政府
旦增格列	男	藏族	尼木县尼木乡聂玉村委会	志愿者荣誉证书	2022 年	中共尼木县委员会、尼木县人民政府
普　琼	男	藏族	尼木县尼木乡聂玉村	志愿者荣誉证书	2022 年	中共尼木县委员会、尼木县人民政府
洛桑次仁	男	藏族	尼木县尼木乡聂玉村	志愿者荣誉证书	2022 年	中共尼木县委员会、尼木县人民政府
嘎玛吴色	男	藏族	尼木县尼木乡聂玉村	志愿者荣誉证书	2022 年	中共尼木县委员会、尼木县人民政府
普　布	男	藏族	尼木县尼木乡聂玉村	志愿者荣誉证书	2022 年	中共尼木县委员会、尼木县人民政府
索朗巴珠	男	藏族	尼木县尼木乡聂玉村	志愿者荣誉证书	2022 年	中共尼木县委员会、尼木县人民政府
多　杰	男	藏族	尼木县尼木乡聂玉村	志愿者荣誉证书	2022 年	中共尼木县委员会、尼木县人民政府
扎西次仁	男	藏族	尼木县尼木乡聂玉村	志愿者荣誉证书	2022 年	中共尼木县委员会、尼木县人民政府
旦增次仁	男	藏族	尼木县尼木乡聂玉村	志愿者荣誉证书	2022 年	中共尼木县委员会、尼木县人民政府

续表2

姓名	性别	民族	工作单位	获奖名称	表彰时间	授予单位
达　瓦	男	藏族	尼木县尼木乡聂玉村	志愿者荣誉证书	2022年	中共尼木县委员会、尼木县人民政府
旦巴扎西	男	藏族	尼木县尼木乡聂玉村	志愿者荣誉证书	2022年	中共尼木县委员会、尼木县人民政府
次仁顿珠	男	藏族	尼木县尼木乡聂玉村	志愿者荣誉证书	2022年	中共尼木县委员会、尼木县人民政府
多杰格桑	男	藏族	尼木县尼木乡聂玉村	志愿者荣誉证书	2022年	中共尼木县委员会、尼木县人民政府
白玛江才	男	藏族	尼木县尼木乡聂玉村	志愿者荣誉证书	2022年	中共尼木县委员会、尼木县人民政府
嘎玛多杰	男	藏族	尼木县尼木乡聂玉村	志愿者荣誉证书	2022年	中共尼木县委员会、尼木县人民政府
欧　珠	男	藏族	尼木县尼木乡聂玉村	志愿者荣誉证书	2022年	中共尼木县委员会、尼木县人民政府
嘎玛顿珠	男	藏族	尼木县尼木乡聂玉村	志愿者荣誉证书	2022年	中共尼木县委员会、尼木县人民政府
桑　珠	男	藏族	尼木县尼木乡聂玉村	抗击新冠肺炎疫情中做出积极贡献	2022年	中共尼木县委员会、尼木县人民政府
桑杰旦增	男	藏族	尼木县尼木乡聂玉村委会	“喜迎二十大礼赞新时代”“书香拉萨”农牧民国家通用语言诵读比赛尼木赛区三等奖	2022年	中共尼木县委员会、尼木县人民政府
桑杰旦增	男	藏族	尼木县尼木乡聂玉村委会	村（居）干部国家通用语言文字测试优异成绩	2022年	中共尼木县委员会、尼木县人民政府
扎西措姆	女	藏族	尼木县农业农村局	新冠疫情防控志愿服务荣誉证书	2022年	中共尼木县委员会、尼木县人民政府
赵　东	男	汉族	尼木县帕古乡人民政府	优秀公务员	2023年	中共尼木县委员会、尼木县人民政府
何　洋	男	汉族	尼木县帕古乡人民政府	优秀公务员	2023年	中共尼木县委员会、尼木县人民政府
卓嘎群措	女	藏族	尼木县帕古乡人民政府	优秀公务员	2023年	中共尼木县委员会、尼木县人民政府
斯郎曲珍	女	藏族	尼木县帕古乡人民政府	优秀公务员	2023年	中共尼木县委员会、尼木县人民政府
嘎玛群培	男	藏族	尼木县帕古乡人民政府	优秀公务员	2023年	中共尼木县委员会、尼木县人民政府
益西拉姆	女	藏族	尼木县帕古乡人民政府	优秀公务员	2023年	中共尼木县委员会、尼木县人民政府
向玉磊	男	汉族	尼木县帕古乡人民政府	优秀事业人员	2023年	中共尼木县委员会、尼木县人民政府
格桑加措	男	藏族	尼木县帕古乡人民政府	优秀事业人员	2023年	中共尼木县委员会、尼木县人民政府

续表 2

姓名	性别	民族	工作单位	获奖名称	表彰时间	授予单位
央金措姆	女	藏族	尼木县普松乡普松村委会	优秀"妇联"专干	2022 年	中共尼木县委员会、尼木县人民政府
刘　思	女	藏族	尼木县普松乡普松村委会	优秀"妇联"专干	2022 年	中共尼木县委员会、尼木县人民政府
土旦尼玛	男	藏族	尼木县普松乡如白村委会	"《格桑花开》特别节目《青稞飘香》(第二季)"比赛三等奖	2022 年	中共尼木县委员会、尼木县人民政府
李元杰	男	汉族	尼木县委办公室	优秀公务员	2022 年	中共尼木县委员会、尼木县人民政府
尼玛卓嘎	女	藏族	尼木县委办公室	平安建设工作先进个人	2022 年	中共尼木县委员会、尼木县人民政府
何海钊	男	汉族	尼木县委办公室	优秀公务员	2022 年	中共尼木县委员会、尼木县人民政府
朗杰平措	男	藏族	尼木县应急管理局	尼木县疫情防控志愿者贡献奖	2022 年	中共尼木县委员会、尼木县人民政府
岗桑旦增	男	藏族	尼木县应急管理局	尼木县疫情防控志愿者贡献奖	2022 年	中共尼木县委员会、尼木县人民政府
岗桑旦增	男	藏族	尼木县应急管理局	优秀公务员	2023 年	中共尼木县委员会、尼木县人民政府
刘细栋	男	汉族	尼木县应急管理局	尼木县疫情防控志愿者贡献奖	2022 年	中共尼木县委员会、尼木县人民政府
索郎多杰	男	藏族	尼木县应急管理局	尼木县疫情防控志愿者贡献奖	2022 年	中共尼木县委员会、尼木县人民政府
王君宇	男	汉族	尼木县应急管理局	尼木县疫情防控志愿者贡献奖	2022 年	中共尼木县委员会、尼木县人民政府
晋　美	男	藏族	尼木县应急管理局	尼木县疫情防控志愿者贡献奖	2022 年	中共尼木县委员会、尼木县人民政府
普布次仁	男	藏族	尼木县应急管理局	尼木县疫情防控志愿者贡献奖	2022 年	中共尼木县委员会、尼木县人民政府
邢宝剑	男	汉族	尼木县应急管理局	尼木县疫情防控志愿者贡献奖	2022 年	中共尼木县委员会、尼木县人民政府
邢宝剑	男	汉族	尼木县应急管理局	平安建设工作先进个人	2022 年	中共尼木县委员会、尼木县人民政府
邢宝剑	男	汉族	尼木县应急管理局	考核优秀个人	2023 年	中共尼木县委员会、尼木县人民政府
苍　姆	女	藏族	尼木县委政法委	优秀公务员	2022 年	中共尼木县委员会、尼木县人民政府
于　伟	男	汉族	尼木县政府办公室	优秀公务员	2022 年	中共尼木县委员会、尼木县人民政府
阿旺边久	男	藏族	尼木县政府办公室	优秀公务员	2022 年	中共尼木县委员会、尼木县人民政府
穷　达	男	藏族	尼木县商务局	优秀公务员	2023 年	尼木县人民政府

说明：由于各单位资料提供不全，可能有遗漏

毫不动摇推进全面从严治党
坚定不移以党的自我革命精神引领伟大社会革命
为谱写社会主义现代化尼木新篇章提供坚强保障

——在中国共产党尼木县第十届纪律检查委员会第三次全体会议上的工作报告

尼木县纪委书记、监委主任　栾　天

（2023 年 2 月 9 日）

一、2022 年工作回顾

2022 年，在市纪委监委和县委的坚强领导下，全县各级纪检监察机关坚持以习近平新时代中国特色社会主义思想为指导，把迎接党的二十大胜利召开、学习宣传贯彻党的二十大精神作为主线，深入贯彻党的自我革命战略部署和全面从严治党战略方针，聚焦政治机关职能定位，讲政治、顾大局、强监督、惩贪腐，切实发挥监督保障执行、促进完善发展作用，全县纪检监察工作高质量发展取得新进展新成效。

（一）毫不动摇坚定正确政治方向，聚焦理论武装强化政治引领。县纪委常委会坚持把学懂弄通习近平新时代中国特色社会主义思想作为首要政治任务，认真落实“第一议题”制度，及时跟进学习习近平总书记重要讲话和重要指示批示精神，深入学习上级党委、纪委重要会议、重要文件精神，坚持用党的创新理论武装头脑、指导实践、推动工作，召开纪委常委会 15 次，党的二十大精神专题学习会 5 次，交流发言 50 人次。组织召开委机关支部学习会 26 次，专题研讨交流发言 62 人次，促进全县纪检监察干部加强理论学习、坚定理想信念、锤炼过硬作风。

（二）毫不动摇推进党的政治监督，聚焦中心大局压实政治责任。全面履行协助职责，牵头制定《尼木县关于加强新时代廉洁文化建设的实施意见》，修订完善《关于加强对“一把手”和领导班子监督的若干举措》，选取 5 家单位“一把手”现场“双述”，完善全县党员干部廉政档案 434 份，常态化开展政治生态谈心谈话 174 人，进一步推动党风廉政建设“两个责任”落实落细。精准有力履行政治监督职责，围绕学习宣传贯彻党的二十大精神和党中央重大决策部署，将落实“四件大事”、推进“四个创建”、当好“七个排头兵”等纳入政治监督重点内容，梳理问题清单 60 条，督促整改落实；制定《每月监督清单》，推进政治监督具体化、精准化、常态化。严明政治纪律和政治规矩，查处违反政治纪律案件 2 件，给予党纪政务处分 1 人，批评教育 4 人。聚焦疫情防控责任落实，开展监督检查 1162 场次，发现并纠正问题 358 个，问责 32 人，给予行政警告处分 1 人，诫勉谈话 10 人，约谈 1 人，提醒谈话 5 人，批评教育 15 人。严把选人用人关口，出具廉政意见回复 69 批次 1428 人次，对 3 名同志提出暂缓使用的意见。

（三）毫不动摇坚持党的自我革命，聚焦标本兼治一体推进“三不”。坚持重遏制、强高压、长震慑，持续高压惩贪治腐，处置问题线索 11 件，立案 4 件，给予党纪政务处分 5 人，组织处理 12 人，移送检察机关 1 人，综合运用“四种形态”处理 17 人，第一、二、三、四种形态分别占比 70%、18%、6%、6%，实现运用“第四种形态”办理案件“零的突破”。做实做细审查调查“后半篇文章”，制发纪检监察建议书 6 份，督促整改问题 15 个；以杨某违纪违法案组织召开全县以案促改警示教育大会，组织各乡（镇）、县直部门主要负责人参加杨某案开庭旁听，向案发单位制发纪检监察建议书提出意见建议 3 条，督促其召开专题民主生活会、警示教育大会，深化身边人身边事的警示教育作用。组织召开反腐败工作协调小组会议 2 次，收集意见建议 14 条。

（四）毫不动摇纠治“四风”顽瘴痼疾，聚焦作风建设推动真抓实干。深入贯彻落实中央八项规定及其实施细则精神，在全县范围内开展违反中央八项规定精神“回头看”，持续开展“吃公函”等问题专项治理，督促整改问题 6 个。聚焦全县重点工作落实开展专项监督，发现并纠正问题 5 个。紧盯党员干部作风懒散漂浮等问题，强化日常监督检查，处理违反会风会纪、上下班纪律等问题 23 人，约谈 3 人，通报 9 人，批评教育 11 人。更新全县 165 辆公务用车信息，督促落实公务车辆登记报备制度，持续整治“车轮上的腐败”。加强党风廉政建设宣传教育，运用“尼木清风”微信公众平台发布廉政信息 40 期 151 条，着力营造风清气正的政治生态。

（五）毫不动摇坚持人民至上理念，聚焦惩治“微腐”增进民生福祉。做实做细过渡期专项监督，召开乡村振兴专项监督工作例会，对照《拉萨市纪委监委关于王卫东同志在过渡期专项监督工作 2021 年第二次例会上讲话的任务分解表》，细化贯彻措施 35 条，推动脱贫攻坚成果巩固和乡村振兴有效衔接落地落实。围绕区纪委“20 个盯”和市纪委“39 项”具体任务，逐项建立工作台账，以扶贫产业项目为突破口，建立产业项目库，梳理汇总全县“十三五”以来实施的 49 个扶贫产业项目清单，对各职能部门 50 项惠民惠农政策进行统计造册；深入开展农牧民专业合作社专项监督检查，发现并纠正 5 类共性问题和 126 项个性问题；开展惠民惠农财政补贴资金“一卡通”专项治理，督促整改问题 4 个。严肃查处群众身边腐败和作风问题 5 件，给予党纪政务处分 1 人，组织处理 4 人，移送检察机关 1 人。围绕群众切身利益，深入开展生态环境保护追责问责，督促整改中央第四生态环境保护督察组反馈问题 6 个。

（六）毫不动摇坚持政治巡察定位，聚焦监督重点挥出震慑“利剑”。制定《中共尼木县委员会 2022—2026 年巡察工作规划》《尼木县委巡察工作领导小组 2022 年巡察工作要点》，推动新时代巡察工作有序开展。十届尼木县委第二轮常规巡察 9 家单位党组织，发现并反馈问题 185 个。做实巡察“后半篇文章”，强化督促整改落实，九届县委第十轮巡察反馈问题 60 个、十届县委第一轮巡察反馈问题 34 个已全部完成整改，市委涉粮专项巡察反馈问题 42 个，已完成整改 41 个、阶段性完成整改 1 个；督促 2 家软弱涣散基层党组织整改问题 26 个，政治巡察“利剑”作用充分彰显。

（七）毫不动摇巩固深化体制改革，聚焦提质增效完善监督体系。结合区市纪委常委会工作规则，制定《中共尼木县第十届纪律检查委员会常务委员会工作规则（试行）》，进一步规范县纪委常委会议事决策程序，着力构建决策科学、执行坚决、监督有力的权力运行机制。制定《中共尼木县纪委常委会 2022 年工作要点》，细化工作措施 38 条，明确任务分工、责任部门，推动各项工作落实落细。积极探索县纪委监委内设机构改革工作，修订完善《关于实行乡镇审查调查协助区工作机制的通知》《尼木县纪委建立基层工作联系点》等制度，不断构建衔接顺畅、配合有效、同向发力的大监督工作格局。

（八）毫不动摇从严加强自我革命，聚焦自身建设打造过硬队伍。加强干部培育选用，持续优化领导班子和干部队伍结构，调整班子成员 6 人次，提拔晋升调整纪检监察干部 49 人次，培训纪检监察干部 59 人次，疫情期间 29 名纪检监察、巡察干部深入“疫线”助力疫情防控。完善内控机制，制定《尼木县纪委监委、县委巡察机构关于常态化推进改进作风狠抓落实工作实施方案》，督促全体纪检监察干部围绕“四查四问”开展政治体检；召开 2021 年度纪检监察系统述职述责述廉会；更新完善 77 名纪检监察、巡察干部廉政档案。进一步加强纪检监察干部教育管理，制定《关于在全县纪检监察、巡察系统开展家访、回访、走访的工作方案》《尼木县纪检监察机关干部平时考核实施方案（试行）》，切实发挥激励、导向和监督作用，主动掌握纪检监察干部“八小时以外”的生活情况，深入开展“两面人”“骑墙派”的排查，遵循规范饮酒、禁止赌博规定，坚持刀刃向内，着力打造一支忠诚干净担当的纪检监察铁军。

同时，也要清醒地认识到，在正风反腐高压态势下，全县党风廉政建设和反腐败斗争形势依然严峻复杂，推进全面从严治党还存在一些不足和薄弱环节，个别党组织履行管党治党政治责任意识不强，落实主体责任不主动、不到位，对党员干部疏于教育管理，管理制度机制滞后，落实“一岗双责”不到位；廉政风险依然存在，个别党员干部不收敛、不收手、不知止，心存侥幸，违纪违法问题仍有发生；作风建设仍有短板，个别党员干部学风会风不正、自我约束降低，在思想意识、工作作风、组织纪律等方面律己不严；自身建设仍有短板，整合乡（镇）纪委、村级纪检监督员、村务监督委员会等监督力量还不够科学，监督作用发挥不够，个别乡（镇）纪委对惠民富民政策实施、资金管理等没有及时跟进监督和跟踪问效，主动发现问题和挖掘案件线索还没有实现突破等。对于这些问题，必须高度重视，切实加以解决。

二、2023 年主要工作

2023 年是贯彻落实党的二十大精神的开局之年，是实施“十四五”规划承前启后的关键一年，是为全面建设社会主义现代化新尼木奠定基础的重要一年。全县纪检监察工作总体要求是：坚持以习近平新时代中国特色社会主义思想为指导，全面贯彻落实党的二十大精神，贯彻落实二十届中央纪委二次全会和自治区第十次党代会及自治区党委、纪委十届三次全会精神，贯彻落实拉萨市第十次党代会和市委十届四次全会、市纪委十届三次全会精神，贯彻落实县委十届四次全会精神，深刻领悟“两个确立”的决定性意义，增强“四个意识”，坚定“四个自信”，做到“两个维护”，永葆党的自我革命精神，坚决贯彻坚定不移全面从严治党战略部署，认真落实健全全面从严治党体系任务要求，深入开展党风廉政建设和反腐败斗争，加强规范化、法治化、正规化建设，深入推进新时代新征程全县纪检监察工作高质量发展，为谱写社会主义现代化尼木新篇章提供坚强保障。

新时代赋予新使命，新征程要有新作为，全县纪检监察机关和广大纪检监察干部要立足党的二十大战略部署，聚焦区市县党委中心工作，以时不我待的紧迫感、舍我其谁的责任感接续奋斗，切实把党的二十大精神转化为推动纪检监察工作高质量发展的显著成效。要坚定不移捍卫“两个确立”，始终保持理论上的清醒、政治上的坚定，学深悟透力行习近平新时代中国特色社会主义思想，深刻领悟“两个确立”的决定性意义，坚定维护习近平总书记党中央的核心、全党的核心地位，坚决维护党中央权威和集中统一领导，始终坚持正确政治方向。要坚定不移聚焦“国之大者”，始终牢记“全面从严治党永远在路上，党的自我革命永远在路上”，要在党和国家大局中找准坐标，站在党和国家事业全局高度谋划纪检监察工作，充分发挥监督保障执行、促进完善发展作用，以严的基调推动正风肃纪、惩贪治腐工作深入开展。要坚定不移履行监督首责，始终牢记纪检监察机关因党而生、为党而战、兴党而强，坚守政治机关定位，督促全县各级党组织和广大党员干部时刻遵守党章党规党纪和国家法律法规，全面贯彻落实党的二十大提出的目标任务和战略举措，为实现新时代新征程党的使命任务提供坚强保障。

（一）坚定不移聚焦“两个维护”强化政治监督，保障党的二十大战略部署落地见效。要始终坚持党中央重大决策部署到哪里、政治监督就跟进到哪里，紧紧围绕落实党的二十大战略部署强化政治监督，督促全县各级党组织把党的二十大提出的重大战略、重大任务、重大举措，落实到具体责任、具体规划、具体政策、具体项目、具体措施、具体成效上，确保执行不偏向、不变通、不走样。要始终保持政治上的清醒和坚定，坚定维护党中央集中统一领导，推动各级党组织加强党的政治建设，提高政治判断力、政治领悟力、政治执行力，真正把捍卫“两个确立”、做到“两个维护”、心怀“国之大者”体现到行动上，确保各级党组织和党员干部在政治立场、政治方向、政治原则、政治道路上同以习近平同志为核心的党中央保持高度一致。要聚焦党的二十大精神和区党委十届三次全会及市、县党委十届四次全会精神，主动服务和融入新发展格局，聚焦“四件大事”，聚力“四个创建”、当好“七个排头兵”，精准监督、跟进监督，确保各项任务落地见效。要严明政治纪律和政治规矩，高度警觉“七个有之”问题，严格做到“五个必须”，严肃查处妄议中央大政方针、对组织不忠诚、搞迷信活动、对抗组织审查等违反政治纪律问题，坚决清除政治上离心离德、思想上蜕化变质、组织上拉帮结派、行动上阳奉阴违的“两面人”，坚决维护党的团结统一。

（二）坚定不移发挥政治巡察利剑作用，以问题导向推动巡察工作高质量发展。要牢牢把握巡察工作方针，落实政治巡察要求，突出政治巡察定位，把“两个维护”作为根本任务，把严的要求贯彻到巡察全过程各环节。要立足常规巡察，把学习宣传贯彻党的二十大精神作为重中之重，加强对区市县第十次党代会、自治区党委十届三次全会和市、县党委十届四次全会工作部署落实情况的监督检查，发挥巡察“显微镜”作用。要推动整改常态长效，强化党组织巡察整改责任，加强对巡察整改的督促检查，推动以上率下抓整改。要认真履行巡察整改日常监督责任，完善纪检监察机关、组织部门、巡察机构定期会商制度，严格落实中央《关于加强巡视整改和成果运用的意见》，形成有序衔接、互为补充、协调一致的日常整改监督链条，对整改不实、边改边犯、改了又犯的严肃处理，持续做好巡察整改“后半篇文章”。要积极探索巡察间隙期工作模式，推动巡察办组融合，有效整合巡察力量推动监督工作走深走实。要制定完善巡察工作制度，加快巡察信息化建设，推进巡察工作规范有序。

（三）坚定不移持续深化纠治“四风”，锲而不舍落实中央八项规定精神。要坚持以严的基调强化正风肃纪，锲而不舍把落实中央八项规定及其实施细则精神化作自觉行动，持续纠治收受礼品礼金、违规吃喝、带彩打牌等享乐主义、奢靡之风问题，对党的二十大后依然不收敛不收手、顶风违纪的，从严从重从快处理。要坚决破除特权思想和特权行为，持续开展违规发放津补贴、超标使用办公用房等清理纠治工作。要深入推进“作风建设年”活动走深走实，不断深化干部作风整顿，督促各级各部门持续开展“四查四问”，围绕“查问题、深整改、提信心、强担当、转作风”，教育引导党员干部牢记“三个务必”，用好问责利器，严肃查处、集中通报一批特权思想特权行为、层层“甩锅”推责、“等靠要”思想、干事瞻前顾后的典型问题，着力整治“不愿作为、不敢担当、不思进取、不真不实、不知敬畏”等突出问题，推进作风建设常态化长效化。要坚持人民至上理念，做实做细过渡期专项监督，把“三级书记”抓乡村振兴落实情况纳入政治监督范畴，持续紧盯乡村合作社、“三资”管理、基层党组织软弱涣散等小专项领域。要加强对惠民利民、安民富民政策落实情况的监督检查，紧盯就业就学、医疗卫生、养老社保、生态环保、安全生产、食品安全等群众关心的“急难愁盼”问题，坚决纠治发生在群众身边的腐败和不正之风。要坚决把扫黑除恶与基层反腐和“拍蝇”紧密结合，加强与政法机关的协作配合，全力精准查处涉黑涉恶腐败和“保护伞”案件。

（四）坚定不移驰而不息加强党的纪律建设，以精准监督督促各级党组织严格执行党的纪律规定和规章制度。要强化经常性纪律教育，融入日常管理监督，督促党组织书记、纪委书记带头讲廉政党课，促进党员干部增强纪律意识，把党的纪律规矩刻印在心。要督促指导发生重大违纪违法案件的相关单位党组织作出表态、召开专题民主（组织）生活会、召开处分决定宣布会，举一反三、以案明纪。要运用好正反面典型案例的警示教育作用，打造廉政文化警示教育长廊，制发重大典型案件通报，组织现场旁听职务犯罪案件庭审，以身边事教育身边人。要加强政治生态研判，督促各级党组织进一步严肃党内政治生活，加强对制度执行情况的监督检查。要落实区市纪委党风廉政意见回复工作办法，规范工作流程，推动党风廉政意见回复规范审慎。要坚持容纠并举，严格落实“三个区分开来”，切实做到严管和厚爱结合、激励和约束并重，激励干部敢闯敢试、担当负责，做好失实检举控告澄清工作。

要精准运用“四种形态”，综合运用谈话函询、提醒批评等处理方式，对党员干部存在的问题早发现、早提醒、早处置。

（五）坚定不移深化标本兼治、系统治理，一体推进不敢腐、不能腐、不想腐。要始终保持惩治腐败高压态势，坚持态度不变、决心不减、尺度不松，坚持有案必查、有腐必惩，敢于碰硬，重点关注权力集中、资金密集、资源富集的部门和单位，深化整治工程建设、国企、执法司法、民生等行业领域的腐败，坚决查处政治问题和经济问题交织的腐败，坚决查处领导干部成为利益集团和权势团体代言人、代理人的问题，坚决查处政商勾连等破坏政治生态和经济发展环境的问题，坚决查处各种损害群众利益的腐败问题，决不手软和姑息。要严格落实自治区党委《关于加强对“一把手”和领导班子监督的实施意见》，对“关键少数”特别是“一把手”及其领导班子严格要求、严格管理、严格监督，督促领导干部管好管住亲属和身边工作人员。要发挥县委反腐败协调小组职能作用，推动完善信息沟通、线索移送、措施配合、成果共享工作机制。要加强年轻干部教育管理监督，教育引导年轻干部成为党和人民忠诚可靠的干部。要压实监督责任，推动乡（镇）纪委监察室主动发现可立案的问题线索常态化。要坚持受贿行贿一起查，加大对受贿行贿行为惩治力度。要紧守办案安全底线，加快“走读式”谈话室和办案场所标准化建设。要坚持把深化以案促改、以案促治作为一体推进“三不”的重要举措和有力抓手，在统筹联动、拓展延伸上下功夫，强化制度建设，推动补齐制度短板、规范权力运行。要持续推进廉洁文化建设，积极营造崇廉拒腐良好社会风气。

（六）坚定不移深化纪检监察体制改革，推动完善纪检监察制度体系。要巩固拓展改革成果，健全统筹推进“三项改革”的领导体制和工作机制，通过改革推进力量和资源整合，健全党纪国法相互衔接、权威高效的执行机制。要以全面从严治党工作考核为牵引，推动党委（党组）主体责任、职能部门监管责任、纪检监察机关监督责任“三个责任”一体落实。要严格按照区市纪委要求优化调整内设机构设置，稳妥有序开展监察官等级确定工作，深化基层联系点制度和分片分组协助审查调查工作机制，不断形成监督合力。要进一步加强纪律监督、监察监督、巡察监督统筹衔接，健全完善与审计、财政、统计等部门协同会商工作机制，整合运用监督力量，深化党内监督与其他监督协调协作配合，着力提升监督的叠加效应。

（七）坚定不移坚持打铁必须自身硬，锻造堪当新时代新征程重任的高素质纪检监察干部队伍。要坚持从严教育、从严管理、从严监督，建设政治素质高、忠诚干净担当、专业化能力强、敢于善于斗争的纪检监察干部队伍。要高站位推进思想政治建设，加强县纪委常委会政治建设和干部队伍建设，带头深学细悟习近平新时代中国特色社会主义思想，严肃党内政治生活，带动全县纪检监察干部不断提高政治判断力、政治领悟力、政治执行力。要围绕县委“作风建设年”活动，督促全体纪检监察干部围绕“四查四问”开展政治体检。要持续推进双重领导体制具体化、程序化、制度化，围绕监督检查、审查调查等关键环节，加强对乡（镇）纪委监察室的领导指导。要加强调查研究，坚持“边学习、边调研、边工作、边总结”，不断完善推动工作的思路和办法。要拓宽选人用人视野，蓄足源头活水，健全完善纪检监察干部考核评价机制，注重选拔重用忠诚履职、苦干实干的好干部。要深层次推进专业能力建设，按照队伍专业化要求，深化全员培训，增强纪法双施双守的本领和担当。要自觉接受最严格的约束和监督，认真遵守党的政治纪律和政治规矩，完善内部管理机制，恪守权力边界，约束对外交往，对纪检监察干部违纪违法行为“零容忍”，坚决防治“灯下黑”，着力打造自身正自身硬的纪检监察铁军队伍。

同志们，新目标催人奋进，新征程召唤前行。让我们更加紧密地团结在以习近平同志为核心的党中央周围，在市纪委监委和县委的坚强领导下，沿着党的二十大指引的方向，弘扬伟大建党精神，自信自强、守正创新，踔厉奋发、勇毅前行，以一往无前的奋斗姿态、永不懈怠的精神状态履职尽责，坚定不移推进新时代全面从严治党、党风廉政建设和反腐败斗争向纵深发展，为全面建设社会主义现代化新尼木作出新的更大贡献。

尼木县人民法院工作报告

——在尼木县第十四届人民代表大会第四次会议上

尼木县人民法院院长　刘亚飞

（2022 年 12 月 29 日）

2022 年主要工作

2022 年以来，尼木县人民法院在县委坚强领导和上级法院正确的指导下，在县人大及其常委会有力监督下，在县政府、县政协及社会各界的关心支持下，高举中国特色社会主义伟大旗帜，深刻领悟党的十九届历次全会以及二十届和二十届一中全会精神，贯彻落实习近平新时代中国特色社会主义思想，锚定“四件大事”、着力“四个创建”“四个走在前列”，紧紧围绕让人民群众在每一个司法案件中感受到公平正义，发扬不忘初心、牢记使命，谦虚谨慎、艰苦奋斗，敢于斗争、善于斗争的时代精神，忠实履行宪法法律责任，主动依法审理各类案件，妥善处理矛盾纠纷，不断提高审判质量效率、队伍素质能力和司法公信力，保障了尼木法治建设稳步提升。2022 年我院共受理各类案件 299 件（含旧存案件 22 件），已结案 293 件，未结案 6 件，结案率 97.99%，结案率全市第一；改判率 0，发回重审 0；上诉维持率 100%；上诉率 1.57%；全年无涉诉信访案件。

一、强化政治之训，以更高站位把牢政治方向

（一）坚决捍卫“两个确立”、忠诚践行“两个维护”。坚持以将习近平新时代中国特色社会主义思想为指导，贯彻落实习近平法治思想、习近平总书记重要讲话精神以及区市县党委重要指示，全年组织党组理论中心组学习会议 19 次，党组学习 21 次，党支部会议 8 次，全院大会 4 次，读原著、读经典活动 2 次，应知应会考试 1 次，干部平均分达到 85 分以上，切实将学习教育贯穿在法院的各项工作之中。党的二十大召开之后，我院立即响应，制定《尼木县人民法院关于党的二十大学习贯彻方案》，通过党组会议、理论中心组会议、专题会等方式，组织学习 15 次，发放资料 36 册，深入学习贯彻党的二十大精神以及习近平新时代中国特色社会主义思想，全院干警围绕学习撰写心得体会 20 余篇，不断提高政治判断力、政治领悟力、政治执行力，确保全院干警始终以党的旗帜为旗帜、以党的方向为方向、以党的意志为意志，坚决捍卫“两个确立”、忠实践行“两个维护”。

（二）贯彻中国共产党政法工作条例，坚持党对政法工作的绝对领导。充分认识学习贯彻《中国共产党政法工作条例》的重要意义，紧紧围绕《中国共产党政法工作条例》的基本定位、基本职能、基本原则、主要任务、总体目标，全方位、深层次学习宣传《中国共产党政法工作条例》内容，坚持院党组带头学、党支部居中学、干警自主学，累计收集交流发言材料 10 篇。坚持结合制度建设严守政治规矩，落实《中国共产党重大事项请示报告条例》，针对法院工作重要决策、重大案件、重要工作和推进落实情况，及时主动向县委、县政法委报告，全年请示报告 3 次。坚持将党的政治建设放在首位常抓不懈，严格落实党组责任，全年累计召开党组（扩大）会议 13 次，党组专题会议 4 次，制定各项党建责任清单 10 余项，充分发挥党的引领作用，

推动法院各项任务落到实处。

（三）认识意识形态的重要性，巩固司法领域意识形态阵地。认真落实意识形态工作领导责任，着力加强各类意识形态阵地管理，坚持制度保障，制定《尼木法院意识形态工作责任制》《意识形态工作实施方案》，明确每半年组织专题研究 1 次意识形态工作。坚持理论武装，将学习党的创新理论融入日常，做到主要负责人亲自抓意识形态学习，通过院长讲党课、党支部学习的方式，针对性学习 9 次，确保全院干警对意识形态安全高度重视，并将意识形态领域各项工作任务及时完成、处置，保障意识形态工作平稳有序开展。

（四）领悟“四查四问”精神实质，持续改进作风狠抓落实。坚持常态化开展“四查四问”，推动任务项目化，项目清单化，清单责任化，组织“四查四问”专项活动 2 次，形成问题清单 9 份，查找问题 15 条，整改落实 15 条，以真抓实干、锐意进取，聚力攻坚，推动各项问题整改落实到位。严格落实区市县委对改进作风狠抓落实做出一系列安排部署，深刻认识改进作风狠抓落实的重大意义，精准掌握“八个必须”“六个表率”“八个抓落实”的精神实质和实践要求，依托领导干部常态化“四联四包”工作机制暨“大宣讲大调研大排查大落实”活动、“百名法官进千家访万户办实事”活动等深入基层群众，领导干部驻点时长超过 50 天，针对人民群众普遍关心的婚姻、继承、劳务等问题提供法律咨询 20 次，切实引导群众形成知法、守法、懂法的法治氛围。

二、贯彻总体国家安全观，坚决维护国家安全与社会稳定

（一）切实履行维护社会稳定职责，捍卫维稳安全红线。坚持贯彻落实县委中心工作，将维护社会稳定作为第一要务，切实抓紧抓好抓实安全维稳，在重点节点，实现维稳期间“三无”“三不出”“三稳定”目标，坚决守住“不出事、不添乱”底线。常态化开展扫黑除恶斗争，深化“打伞破网”，聚焦重点行业领域涉黑涉恶现象，针对性组织法治进村（社区）、进工地、上门办案等涉黑涉恶法治宣讲以及问题排查，累计开展宣讲 14 次，涉黑涉恶排查 20 余次，在不断提高扫黑除恶法治化规范化专业化水平化的同时促进群众树立扫黑除恶意识，营造全社会遵守法律的良好氛围。

（二）加快推进市域社会治理现代化，激发法治新活力。坚持和发展新时代“枫桥精神”，在法治轨道上推进市域社会治理现代化，不断充实健全组织机构，成立社会治理工作领导小组，周密布置，狠抓落实，全年整理制作相关台账 10 余本。优化基层法庭，围绕“上门立案、诉调对接、案件速裁、巡回审判、法律服务、案件回访、化解信访”七项职能，打造吞巴、续迈、尼木 3 个乡镇特色法庭。不断完善“格桑花流动诉讼服务队”工作机制，发挥诉讼服务队矛盾纠纷化解能力，在全县 6 乡 2 镇 33 个村（居）内悬挂法官联系牌，全年化解矛盾纠纷 189 件，调解结案 141 件，有效强化了尼木县基层诉源治理。

（三）持续深化反分裂斗争，铸牢中华民族共同体意识。坚决贯彻党中央关于反分裂的既定方针和区市党委统一部署，组织全院干警签订不信教、反分裂等承诺书 31 份，围绕反分裂斗争组织宣传教育活动 35 次。紧扣“中华民族一家亲，同心共筑中国梦”总目标，铸牢中华民族共同体意识，充分发挥法治宣传教育作用，创新成立“法官文艺队”，把法律法规内容融入形象化、艺术化的表现形式之中，以事喻法，以案释法，以艺示法，形式多样组织宣传教育活动，累计 8 场次，参与群众达 5000 余人，发放宣传单 3000 余份，发放宣传手册 1000 余份，有形有感有效开展民族团结教育宣传。聚焦援藏合作，加强与顺义区人民法院的互学互鉴，选派 5 民干警赴顺义区进行交流学习，做到交流学习促团结，分享经验共提高。

（四）坚守初心守一线，疫情防控显担当。坚持不忘初心、勇担使命，积极响应号召、不惧艰险、冲锋“疫”线。自 8 月疫情开始以来，尼木法院主动“亮身份、当先锋、做表率”，先后组织召开法院疫情防控专题会议 4 次，严格落实管控责任制度，围绕人员进出、消毒消杀、防控物资、疫情宣传等方面全面部署法院疫情防控工作，同时统筹全院力量，投入各类防疫物资 8000 余元，全力支持全县疫情防

控工作。坚持身先士卒奋战一线,认真践行党员干部初心使命,全院20名党员干警在疫情防控各专项组、隔离酒店、方舱医院、卡点等防控一线奋战,班子成员中3人感染,在岗天数达80余天。同时选派6名干警支援拉萨疫情防控工作,用行动诠释着法院干警的铮铮誓言,展现了我院干警的优良作风,用日夜坚守为人民群众的生命健康筑起一道安全防线。

三、聚焦公正司法深抓主责主业,为推进法治尼木建设保驾护航

（一）发挥诉讼服务功能,打造审判服务“快通道”。围绕打造方便快捷诉讼服务主线,对群众咨询立案采取精准把控,以诉讼指南、风险告知的形式,引导当事人正确行使诉讼权利。持续优化司法资源,提升审判质效,成立4个速裁团队,实行“1+1+1”(员额法官1人,法官助理1人、书记员1人)模式,以“繁简分流、轻重分离、快慢分道”为原则,大力推行“既好又快办案”办案模式,简化程序,缩短办案周期,全年速裁案件107件,平均结案天数24天,案件总量占全院案件的60%。充分发挥“12368”诉讼服务热线联系法官主要渠道作用,提供24小时提供法律接待服务,通过“12368”诉讼服务热线接待群众40余人次,法官回复率达到100%,群众满意度100%。同时依托《尼木县律师入住法院值班制度》,设立律师调解室,增设常驻律师1名,为人民群众提供咨询135次,代写诉讼书60份,调解案件17件,最大限度满足当事人司法需求,提升了人民群众的司法获得感和满意度。

（二）依法惩治各类犯罪,夯实公共领域“平安堤”。聚焦公共安全领域,严厉打击刑事犯罪,全年共受理刑事案件9件,审结9件,结案率100%,判处犯罪分子9人,办理认罪认罚案件9件,有力推动更高水平的平安尼木建设。持续营造安全有序的交通环境,审结危险驾驶等犯罪案件5件,判处犯罪分子5人。落实刑事案件律师辩护全覆盖,始终保持刑事律师辩护覆盖100%,进一步维护刑事被告人合法权益。注重监察法实行下的司法对接,始终保持惩治腐败高压态势,依法审结职务犯罪案件1起。护航绿色发展,践行“两山”理论,准确把握县委关于生态环境保护的决策部署,围绕环境资源审判大格局,组织法官专业委员会学习环境资源典型案例4次,开展环境保护法、区市县环境保护条例等精准普法活动8场次。同时持续加强生态环境领域诉讼案件成效跟踪回访,针对非法采矿案件,实地查看生态环境恢复情况,确保判后环境修复机制落实落地。

（三）妥善调处民商纠纷,织实民生利益“保障网”。贯彻落实新修正《中华人民共和国民事诉讼法》,准确把握民事诉讼法修改内容,不断提高民事诉讼服务能力,全年共受理民事案件198件(含旧存18件),已结案192件,未结6件,结案率96.96%;法定审限内结案率100%;服判息诉率为98.42%,位居全市第一。依法审理买卖合同、租赁合同等涉众案件10余件,总计涉及资金340万元。主动回应民生诉求,坚持为民工弱势群体提供司法保护力,成功调解尼木乡群体性劳务纠纷,涉及农民工112人,追讨金额180万元,有形有效保护劳动者权益。坚持维护小微企业合法权益,妥善处理尼木交安驾校土地租赁纠纷。持续推进知识产权司法保护,聚焦非遗文化知识产权,协助吞弥藏香企业维权,让人民群众切身感受到司法的关怀与温暖。

（四）多措并举优化执行,打好攻坚破难“组合拳”。坚持以保障胜诉权益实现为出发点和落脚点,向“切实解决执行难”奋力迈进。全年共受理执行案件87件(旧存4件),已结87件,结案率100%,结案率全区第一,申请执行标的1245.6704万元,结案标的1259.5825万元;司法救助案件4件,救助4人,执行救助案款107328元,“3+1”核心指标位居全市前列。坚持向老赖宣战,向执行难亮剑,常态化开展集中执行行动20余次,拘留6人。加大执行惩戒力度,纳入失信被执行人名单13人次,企业3家,限制高消费16人次。大力推进网络司法拍卖,执行网拍首次突破零,共拍卖物品6件,成交率达100%,兑换资金11946元。充分发挥“执行联动”,协助城关区人民法院、堆龙德庆区人民法院办理执行案件28件。

四、坚持人民至上原则，以更实举措践行司法为民

（一）强化诉前调解，深化一站式多元解纷机制。坚持把非诉讼纠纷解决机制挺在前面，先后制定《诉调对接工作机制和流程管理办法》《格桑花流动诉讼服务队 1+N 矛盾纠纷化解联动制度》等制度方案 4 条，明确工作的内容、程序和任务，为矛盾纠纷化解工作提供制度保障。坚持构建以“人民调解为基础，法官调解为指引，司法审判为保障”的多元化矛盾纠纷化解体系，主动向纠纷源头和解纷前段延伸，全年诉前调解成功案件 35 件，诉中调解案件 116 件，调撤率 72.6%。依托人民法院调解平台，大力推行线上调解，在线调解案件 20 件，最大限度地拓宽矛盾纠纷解决渠道，把方便留给群众，把困难留给自己。

（二）深入群众一线，切实增强民生福祉。精准把握以人民为中心的思想实质，依托三月领导干部下基层活动，入住续迈乡河东村，走访群众 20 户 70 余人，收集群众诉求 10 件，解决群众急难愁盼问题 6 件，涉及资金 10 万元。积极参与乡村振兴，选派 1 名干警轮入住续迈乡，组织 20 名干部结对帮扶户“结对认亲交朋友”，入户帮扶 23 次。坚持法治辅导护航青少年健康成长，落实《尼木县教育系统聘任中小学校法治副校长方案》，选派 6 名法官任我县中小学法治副校长，定期围绕爱国主义教育、未成年人保护法、国家安全法等国家安全相关法律法规开展讲座12次。围绕提高老年人防范诈骗“免疫力”用心守护长辈“钱袋子”为主题，广泛深入开展打击整治养老诈骗专项行动宣传工作，采取线上发布反诈信息，线下宣讲的方式进行覆盖式宣传，累计发放反诈信息 2 万条，宣传资料 100 余份，集中宣讲、座谈会活动 1 次，发布打击整治养老诈骗倡议书 1 封，张贴发布“养老诈骗”线索征集公告 10 条。

（三）坚持阳光司法，确保司法公开透明。主动加强与群众、人大、政协的日常沟通联络，2022 年全年，各机关单位的人大代表、政协委员旁听庭审 6 余人次，人民陪审员参审案件 29 件。主动接受检察机关法律监督，坚持与检察机关携手维护公平正义，邀请检察机关检察 4 次，抽查案件 73 件，有效形成共赢司法合力。健全审判流程、庭审活动、裁判文书、执行信息四大平台的公开机制，聚焦互联网庭审公开，依托中国庭审公开网，全年共计完成直播庭审 25 场次，观看超 100 人次，上网公开裁判文书 40 份，利用微信公众号发布信息 112 条，着力构建开放、动态、透明、便民的司法机制。

五、创新司法理念，倾力推进高质量司法再上台阶

（一）持续推进司法体制革。坚持制度建设，制定《尼木县人民法院内设机构改革方案》，增设政治部。强化分类管理，落实员额制度改革，依照《西藏自治区高级人民法院首批入员额考试工作方案》《西藏自治区高级人民法院关于法官遴选工作方案》等文件要求，择优入选员额法官 3 人，现共有员额法官 7 名。强化书记员管理，严格按照员额法官与书记员配置比例要求招录书记员，现共有书记员 9 名，同时制定《尼木县聘用制书记员管理办法》，细化书记员管理。高效完成法警职务套改，对全院 4 名正式在编法警依规进行授衔，进一步激发司法警察队伍活力。积极配合拉萨中院，建立两级法院财务统管，完善财务管理体系。加强固定资产管理，持续推进固定资产登记交接工作，基本实现固定资产管理规范化。细化“四类案件”认定标准，规范院庭长监督范围，建立健全责任清单，推进院庭长带头办案机制，全年共院庭长带头办理案件 121 件，不断发挥示范引领作用。

（二）全力加强审判质效改革。深化审判委员会制度改革，完善专业法官会议机制，加强和改进审判监督管理，选取生态环境、养老诈骗等案例，组织专业法官委员会学习 16 次，切实推进法官职业化专业化。坚持“三个面向”“三个便于”“三个服务”打造新时代人民法庭，随着尼木乡人民法庭启用，目前已建成吞巴镇、续迈乡、尼木乡三个基层人民法庭，选派干警 9 人入住，共受理案件 179 件，法律服务范围基本覆盖全县。

（三）助力加速智慧法院建设。坚持围绕“智慧服务、智慧审判、智慧管理、智慧执行”，打造“互联网 +”司法为民品牌，投入使用尼木法院、吞巴法庭、续迈法庭、尼木法庭四个科技法庭，全年使用科技

法庭70余次。全年网上立案7件，集约送达1400次，全面提升电子诉讼的应用范围和服务水平。增添智能、便民的诉讼服务设备，当事人可以在智能终端设备上实现起诉、缴费、案件进度查询、档案查询等一体化诉讼服务。简化诉讼费退费手续，实行诉讼费退费“一纸通办”，通过网上退费15703元。围绕“办公无纸，办案现代化，监督管理数据化”的工作目标，网上审批各类文件105份，基本实现利用互联网共享办公。

（四）不断夯实基础设施建设。坚持强基导向，推进“十四五”规划，诉讼服务中心项目建设，已完成诉讼服务中心前置手续，形成相应机制、体制配套。已高效完成“六专四室”规范化建设工作，警务保障能力进一步提升。持续改善法庭工作环境，凝聚法庭干警人心，对法院文化建设进行合理化布局，设计党建文化墙，悬挂党旗，展示党支部组织机构、入党誓词、党员风采，打造红色法治文化阵地。

（五）构建人才队伍新蓝图。创新制定《尼木县人民法院党支部党员积分制管理实施方案》，让党员干部“靠积分行动，凭积分说话”，让管理由“虚”转“实”充分发挥党员干部的带头争先作用。坚持政治过硬、业务过硬、责任过硬、纪律过硬、作风过硬“五个过硬”标准选拔任用干警，对立足本职、埋头苦干、敢于担当、群众口碑好的优秀年轻干警优先使用，今年先后选拔任用干警9名，进一步优化结构，增强审判服务能力。高度重视“80后、90后”干警教育培训，依托线上远程教育、交流学习等阵地，采取多种形式培训、轮训帮助干警提高理论素质，累计组织交流培训15期，参与干警80余人。

六、全面从严治党，以更严要求打造过硬法院队伍

（一）持之以恒正风肃纪。坚持把党风廉政建设和反腐败工作作为党组“一把手”工程抓实抓细，认真贯彻执行《中国共产党廉洁自律准则》《人民法院工作人员处分条例》《中央政法工作条例》等党纪国法以及政法机关各项禁令和规定，全年累计组织学习10余次，撰写心得体会20余篇。坚持锲而不舍纠“四风”，定期对落实中央八项规定及其实施细则精神落实情况进行常态化督促检查，累计开展专项学习、督导检查5余次，在常和长、严和实、深和细上下功夫，管出习惯、抓出成效，化风成俗，持之以恒落实中央八项规定精神，驰而不息将作风建设引向深入。

（二）坚持不懈推进廉政建设。深入开展执法司法案件“回头看”，针对2018年以来办理的所有案件，由院党组牵头进行自查并签订承诺书，每年定期组织案件抽查5次，严肃查处执法司法腐败问题，有效纠治执法司法纪律作风。严格落实中央政法委新时代政法干警“十个严禁”和西藏自治区政法干警行为规范“十个一律”要求，组织全院干警签订《政法干警“十个严禁”承诺书》31份。突出司法巡查、审务督察作用，围绕党建队建、审判执行、公正司法等情况，形成专项自查报告2篇，查找问题10条，整改完成10条。贯彻落实“三个规定”，全院31名干警每月按时填报“三个规定”情况报告，全年整理汇总形成12篇落实“三个规定”情况汇总表及情况统计分析表。

（三）用心用情营造学习氛围。坚持把深入学习贯彻习近平新时代中国特色社会主义思想作为首要政治任务，结合以往开展的党史学习教育、“三更”专题教育、“三新”大学习大讨论活动暨“两学一做”学习教育、“不忘初心、牢记使命”主题教育、党史学习教育等常态化制度，把学习贯彻习近平总书记重要讲话指示批示精神作为党组学习的“第一议题”，充分发挥党组理论学习中心组的领学促学作用。坚持做到用各类资源，讲好党的故事，传承党的红色基因。要坚持英模教育铸魂，深入学习老西藏精神、“两路”精神、孔繁森精神及“两九”事件中牺牲烈士的爱国主义精神，组织干警接受革命传统教育，累计组织学习4次，实现心灵上的洗礼。

2022年以来，尼木县人民法院以习近平新时代中国特色社会主义思想为指导，紧紧围绕“努力让人民群众在每一个司法案件中感受到公平正义”目标，坚持服务大局、司法为民、公正司法，忠实履行宪法法律赋予的职责，全面提升工作质效，司法服务保障能力稳步提升。

各位代表，尼木县人民法院工作的开展进步，

离不开县委的坚强领导，人大的有力监督，政府政协以及社会各界的关心、支持、帮助的结果。在此我代表尼木县人民法院表示衷心的感谢！但取得的成绩的同时，我们清醒地认识到工作还存在不少困难和不足：一是司法审判队伍的能力还不能完全适应新形势新任务下的要求，服务保障“四件大事”“四个创建”“四个走在前列”的能力水平有待进一步提高；二是司法综合配套改革推进不平衡，巩固司法体制改革成果能力有待提高；三是诉讼服务体系建设还需持续推进，智慧法院建设有待优化，解决群众“急难愁盼”突出问题、便民利民惠民的司法举措不够完善。

2023 年工作思路

2023 年，尼木县人民法院将坚持以习近平新时代中国特色社会主义思想为指导，深学笃用习近平法治思想，全面贯彻党的二十大和二十大一中全会精神，深入学习领会“两个确立”的决定性意义，增强“四个意识”、坚定“四个自信”、做到“两个维护”，紧紧“司法为民公正司法”的工作主线，狠抓审判执行主责主业，深入落实司法责任制，从严管理队伍，夯实基层基础，忠诚履行职责，依法维护社会经济发展和稳定大局，为全县工作大局提供有力的司法保障，为尼木经济发展和社会稳定做出新贡献。

为实现上述奋斗目标，2023 年将重点抓好以下工作：

（一）践行二十大精神实质。坚持弘扬伟大建党精神，牢牢把握党对司法工作的绝对领导，认真落实县委和中院要求，紧紧围绕党的二十大学习宣传贯彻主线，深刻感悟大会主题所体现的党的政治立场和指导思想、党的初心使命和目标任务、党的政治本色和精神风貌，牢记“三个务必”，做到“十一个坚持”，努力把党的二十大做出的各项战略部署转化为推动新时代尼木法治高质量发展的生动实践。

（二）坚持维护社会稳定与长治久安。坚持贯彻落实总体国家安全观，坚持常态化推进平安建设，突出违法犯罪的惩治力度，严厉打击危害国家安全和公共安全犯罪。同时常态化开展扫黑除恶斗争切实履行好维护国家安全、社会安定、人民安宁的重大责任。

（三）全面精准服务尼木高质量发展。坚持依法服务尼木经济高质量发展，围绕“新时代尼木两步走”发展布局，强化民商司法保障，依法保护各类市场主体产权和合法权益，促进信用经济、法治经济建设。深入践行“两山”理论，全面提升生态环境司法水平，加强生态环境司法保护，守护尼木蓝天碧水净土。

（四）深入践行为民宗旨。坚持围绕教育、医疗、养老、育幼、住房、社会保障等方面提供民生司法保障。持续推进一站式多元纠纷解决和诉讼服务体系建设，发挥人民法庭面向基层、面向农村、面向群众的优势，建立与基层组织结合的多元解纷、诉源治理、诉调对接工作机制，大力构建审执一体化的法院。强化诉源治理，为努力把矛盾纠纷防范在源头、化解在基层、消灭在萌芽。

（五）持续推进司法改革。深化司法责任制综合配套改革，推动人民法院内设机构改革，建立健全以审判工作为中心的机构设置模式和人员配置模式，在强化内部职责和业务整合上下功夫，在优化协同高效上求实效。认真贯彻中央政法工作条例，系统融合推进审判权力监督制约机制建设，积极探索创新，总结成功经验。抓好信息化建设，充分利用司法大数据，互联网法庭等信息化的功能，推进在线调解、互联网法庭，建立畅通的互联网法庭与在线调解机制，全面优化系统功能，使其能更大范围、更高强度的应用与各类案件的处理之中。

（六）建设忠诚干净担当法院铁军。巩固深化学习教育和政法教育整顿成果，强化廉政宣传教育，营造崇廉尚廉、拒绝贪腐、爱岗敬业的浓厚氛围。加大干部轮岗交流和年轻干部培养使用力度，创新高层次审判人才实践养成机制。严格执行防止干预司法“三个规定”等铁规禁令，认真践行政法干部“十个严禁”，以钉钉子精神抓好党风廉政建设。持续加强内部管理、规范司法行为，推动正风肃纪，坚持专项教育和廉政教育常态化，打造出“守初心、担使命、善团结、能战斗”的法院队伍。

（七）自觉接受和改进监督方式。自觉接受各级人大及其常委会监督和政协民主监督，建立完善定向联络、庭审旁听、工作通报和信息报送等制度，及时办理提案和意见建议。继续完善人民陪审员制度，积极从各行业中选聘优秀人才扩充人民陪审员数量，加大培训力度增强其业务能力，扩大参审范围，尽可能多地让陪审员参与到案件审判中，最大程度满足公众对司法的知情权、参与权、表达权和监督权。

各位代表！党用伟大奋斗创造了百年伟业，也一定能用新的伟大奋斗创造新的伟业。我们站在第二个百年奋斗目标的新起点上，应该更加紧密地团结在以习近平同志为核心的党中央周围，牢记空谈误国、实干兴邦，坚定道路自信、理论自信、制度自信、文化自信，为谱写全面推进中华民族伟大复兴的尼木新篇章做出更新的更大的贡献。

尼木县人民检察院工作报告

——在尼木县第十四届人民代表大会第四次会议上

尼木县人民检察院检察长 德吉桑姆

（2022 年 12 月 29 日）

2022 年检察工作回顾

2022 年，尼木县人民检察院坚持以习近平新时代中国特色社会主义思想为指导，全面深入学习宣传贯彻党的二十大精神，深入践行习近平法治思想，认真落实《中共中央关于加强新时代检察机关法律监督工作的意见》，在县委和上级院的坚强领导下，在县人大及其常委会的有力监督下，在县政府、县政协和社会各界的关心支持下，聚焦“四件大事”，服务保障“四个创建”“四个走在前列”，全力落实最高检“质量建设年”工作部署，以检察履职担当助推县域经济社会高质量发展。“四大检察”业务工作稳步推进，全年共办理各类案件 357 件。

一、以政治建设为统领，筑牢政治根基

（一）落实首要政治任务。始终坚持党对检察工作的绝对领导，把学习宣传贯彻党的二十大精神作为当前和今后一段时期首要政治任务。11 月以来，召开党组理论学习中心组（扩大会）3 次，党组专题学习 4 次，研讨会 5 次，党组书记宣讲 1 次，党组成员向分管科室宣讲 2 次，支部专题学习 8 次，支部读书会 4 次，组织知识测试 1 次，制定《尼木县人民检察院学习宣传贯彻党的二十大精神实施方案》以及《任务分解表》，撰写心得体会 17 篇，通过“两微一端”发布稿件 51 份，在微信公众号开设党的二十大专栏 4 个。

（二）把牢检察政治方向。坚持以习近平新时代中国特色社会主义思想为指导，巩固拓展党史学习教育和政法队伍教育整顿成果，全面落实《中国共产党政法工作条例》，持续抓好改进作风狠抓落实活动，严格落实“三会一课”制度。2022 年以来，召开党组理论中心组学习会 11 次，研讨会 1 次，党支部学习会 8 次，开展主题党日活动 10 次。组织党史学习教育、政法队伍教育整顿后续工作专题学习会 3 次，《中国共产党政法工作条例》党组专题学习会 3 次，向县委请示报告 2 次。召开改进作风狠抓落实部署会、学习会、推进会 7 次，撰写心得体会 26 篇，应知应会知识测试 1 次，完善制度 7 个，推行具体举措 4 项。

（三）发挥党组核心作用。充分发挥党组领导班子核心作用，党组书记讲党课 1 次，党组书记以普通党员身份参加支部学习会 7 次。严肃党内政治规矩，认真贯彻“三重一大”决策制度和民主集中制，召开党组会 15 次，审议事项 100 余项。严格执行党风廉政谈话制度，谈话 15 人次。党组开展“三个规定”专题学习会 1 次，集中谈话提醒 1 次。

（四）抓牢意识形态工作。坚持党管意识形态原则，严格落实工作责任制，切实发挥好意识形态工作统一思想、凝心聚力的强大作用，多措并举加强意识形态工作。专题研究意识形态工作 2 次，组织干部职工签订《政治忠诚承诺书》20 余份。

二、以服务大局为中心，彰显检察作为

（一）主动服务疫情防控大局。自疫情暴发以来，坚决落实县委、县政府工作部署，第一时间成立尼木县人民检察院抗疫工作领导小组，安排部署全

院疫情防控工作，深入基层一线，5次下派干警前往东嘎村和帕古村包村点，协助开展疫情防控工作。全院干部职工积极投身人员封控、物资配送、环境消杀、核酸检测、信息上传等工作，累计派出干部职工800余人次。坚持“抗疫＋办案”两不误，在坚决落实疫情防控工作部署的同时，充分履行检察职能，确保防疫任务不松懈、检察业务工作不断档，采取“互联网＋”工作模式，线上办案24件，检察建议“云宣告”1件。

（二）坚决维护社会大局稳定。紧紧围绕党的二十大这条主线，深入开展反分裂斗争。召开维稳工作部署会议，制定维稳安保应急处突预案以及细化方案，常态化值班备勤，开展防爆演练，消防演练，组织院内巡逻，严格落实24小时带班值班制度和“零报告”制度。

（三）全力投入常态化扫黑除恶专项斗争。逐案认真排查梳理，深入县公安局刑警大队、交警大队、治安大队、法治大队、六乡两镇派出所开展立案监督18次，对9名社区矫正人员逐一进行筛查，深挖涉黑涉恶线索。

（四）积极参与市域社会治理。2022年以来，针对监督办案中发现的各类问题，向有关单位发出检察建议38份，促进防患未然、抓源治本。坚持以“公开促公正、以听证赢公信”，共对3起案件进行公开听证，矛盾化解率达100%。

（五）持续开展“我为群众办实事”活动。结合领导干部“下基层大接访办实事”活动和领导干部常态化“四联四包”工作机制，下沉村组60余人次，宣讲党的政策4次，慰问8户困难群众，协调3个办实事事项。

三、以司法为民为宗旨，展现检察情怀

（一）全力提升检察服务水平。以12309检察服务中心为依托，严格落实最高检“群众来信件件有回复”工作要求，落实7日内程序性回复，3个月内办理过程或结果答复制度，受理各类来信来访5件9人，均已按规定期限给予回复答复和流转，答复率100%，办结率100%，群众满意度100%。

（二）努力打造检察宣传品牌。2022年3月，为在县域内开展全方位的法治宣传，同时为人民群众和单位提供零距离的法律服务，选派5人成立“文香·蓝”法律宣传服务队，结合最高“一号检察建议”、打击整治养老保险诈骗以及防范非法集资、反有组织犯罪法等内容，完成对吞巴镇、尼木乡、麻江乡、林岗村、巴古村以及县中学、县小学的法治宣传12场次，开展法治讲座5场次，提供法律咨询30次，发放宣传物品5000余份。

（三）发挥司法救助“雪中送炭”功能。办理司法救助案件2件2人，决定2023年向因案生活困难的2名当事人发放司法救助金3万元。

（四）严惩危害群众利益犯罪。积极引导县公安局取证，成功侦破一起车辆买卖系列合同诈骗案，受害群众达17人，涉案资金高达200余万元，该案已由市检察院审查起诉。办理原麻江乡党委副书记、人武部部长杨某挪用公款案，90多人旁听此案，该案已判决，县法院采纳本院量刑建议。

四、以检察履职担当为使命，深耕主责主业

（一）聚焦检察机关“质量建设年”。在上级院安排部署下，对2021年发出的16份检察建议开展评查，总结不规范问题1个。对2018年以来9件不捕不诉案件开展执法司法案件“回头看”，办理流程监控案件9件，召开检委会学习4次。

（二）推动刑事检察提质增效。办理刑事检察类案件25件26人，刑事案件比1∶1，其中审查逮捕2件2人，审查起诉10件11人，提请批准延长羁押期限案件2件2人，侦查活动监督案件3件3人，提前介入2件2人，刑事执行案件6件6人。确定刑量刑建议提出率100%，确定刑量刑建议采纳率100%。认罪认罚从宽制度适用案件11人，适用率达92%，认罪认罚同步录音录像100%。贯彻“少捕慎诉慎押”理念，不捕1人，不诉3件4人。联合县公安局挂牌成立侦查监督与协作配合办公室，制定《关于健全完善侦查监督与协助配合工作机制（试行）》。发出纠正违法通知书3份，发出检察建议书1份，均整改到位。

（三）推动民事检察精准监督。持续贯彻实施民法典，全面加强对生效裁判、调解书和审判、执行活动的法律监督。受理民事支持起诉案件1件，办理对民事执行活动监督案件60件，发出检察建议4

份，法院回复率100%，采纳率100%。

（四）推动行政检察重点监督。办理督促行政机关履职案件18件，发出检察建议1份，回复率100%，采纳率100%。

（五）推动公益诉讼检察稳步拓展。办理行政公益诉讼案件225件，发出检察建议书32份。其中生态环境和资源保护类案件47件，发出检察建议17份，与生态环境局磋商2次，督促治理被损毁的耕地、林地、草原6.2675公顷，清理固体废物、生活垃圾4吨；食品药品安全领域案件34件，与县市场监督管理局磋商1件，发出检察建议3份；文物保护类案件3件，发出检察建议1份；安全生产领域（特种设备）案件3件，发出检察建议书1份，安全生产领域（消防安全）案件137件，发出检察建议9份，个人信息保护领域1件，发出检察建议1份。

（六）推动未成年人检察做实做细。两名院领导主动担任县中学和县小学法治副校长，开展宣讲活动2次。办理一般预防案件（未检）9件，按照宪法宣传周的要求，录制学法用法向未来为主题的视频1个。

五、以锤炼过硬检察队伍为根本，锻造检察铁军

（一）勇于开展自我监督。坚持严管就是厚爱，坚定不移推进全面从严管党治检。严格执行领导干部配偶、子女及其配偶从事相关法律职业的禁止性规定。落实新时代政法干警“十个严禁”要求，严格执行防止干预司法“三个规定”，常规填报220件，未发现问题。

（二）提升队伍专业水平。用好“检答网”“中检网”等平台提升培训覆盖率和灵活度，参加各类业务培训50余场次，参训人数达600余人次。组建“检察官＋助理＋书记员”的“1+1+1”生态环境检察监督团队。聘任水务局等5家单位5名专业人员为特邀检察官助理，提供专业技术咨询。1人获得全市检察机关“十佳公诉人”称号，1人获得全市检察机关公益诉讼办案能手称号。

（三）激发队伍内生动力。深化检察人员业绩评价机制，搭建起常态化研究检察工作、分析存在问题平台，增强工作落实指导性、针对性和实效性。选优配强领导班子，提任副检察长1名。健全干警选拔培养交流机制，择优提拔年轻干部2人，选任内设机构正职1人，调整岗位1人。

（四）深化司法体制改革。落实检察长带头办案，充分发挥入额院领导在司法办案中的“头雁”效应，检察长办案111件，入额院领导办案241件。稳步推进财物统管工作，务求2023年1月1日前完成。

（五）主动接受各界监督。2022年，向人大报告检察工作2次。拓展检察听证渠道，聘任听证员10名。通过公开听证、公开审查等方式人民监督员监督案件3件。公开案件程序性信息22条、公开法律文书11件。通过“两微一端”发布和转发消息1543条。

（六）建设“学习型”机关。完成检察文化阅览室、党员活动室建设，正在建设“党建＋检察”展厅及长廊文化。

各位代表，一年来，县检察院立足新时代坐标，依法能动履职，奋力追赶超越，检察工作政治方向更加坚定，服务大局理念更加牢固，法律监督更加有力，检察改革更加深入，检察队伍精神面貌更加昂扬向上，这些成绩的取得，得益于县委和上级院的正确领导，得益于人大及其常委会和各位代表的有力监督，得益于政府、政协和社会各界的大力支持，得益于法院、公安局、市场监督管理局等机关的配合，在此，我代表全体检察人员表示衷心的感谢！

同时，我们也清醒认识到，检察工作还存在一些问题和不足：一是法律监督职责履行还不够到位，“四大检察”“十大业务”发展不平衡问题仍然存在，监督能力、监督效果有待进一步增强；二是检察理念还需进一步更新，服务保障高质量发展的精准性和实效性有待加强，司法为民还需进一步做实；三是检察队伍专业化水平有待提高，检务保障能力、信息化建设和应用水平还需提升。对于这些问题，我们将采取有力措施，切实加以解决。

2023年工作思路

坚持以习近平新时代中国特色社会主义思想为指导，深入学习宣传贯彻党的二十大精神，全面贯彻习近平法治思想，自觉把检察工作融入全面建设社会主义现代化强国的战略部署，坚持“为大局服务、为人民司法”，找准依法履职的着力点，以检

察工作高质量发展服务保障尼木经济社会长治久安和高质量发展。

一、聚焦政治忠诚，坚持党的绝对领导

始终把党的政治建设放在首位，坚持一切检察工作“从政治上看”，更深领悟“两个确立”的决定性意义，以两个确立统领思想行动，认真落实《中国共产党政法工作条例》，严格执行重大事项请示报告制度，确保上级决策部署落实落细，推动政治与业务深度融合，自觉把党的绝对领导落实到检察履职的全过程各环节。

二、聚焦主责主业，推进检察高质量发展

坚持宪法定位，不折不扣贯彻落实《中共中央关于加强新时代检察机关法律监督工作的意见》和市委《具体举措》，贯彻落实《西藏自治区人民代表大会常务委员会关于加强新时代检察公益诉讼工作的决定》，坚决扛起法律监督的政治责任法治责任检察责任 ，为服务保障尼木高质量发展提供有力法治保障。

三、聚焦能动履职，服务社会经济发展

始终胸怀“国之大者”，自觉对标党中央战略部署，主动融入党委政府中心大局，不断提升检察供给与经济社会发展需求的匹配度，在聚焦大局、服务大局、保障大局中彰显检察价值。紧盯执法司法突出问题和社会治理问题，依托公益诉讼、检察建议等，以个案办理助推类案治理，以能动履职促进溯源治理，以“检察之治”助力“社会之治”。

四、聚焦公平正义，强化为民司法监督

贯彻“少捕慎诉慎押”司法理念，最大限度分化犯罪、减少社会对立面，促进社会和谐稳定。聚焦人民群众普遍关心关注的民生问题，从加强未成年人综合司法保护、优化人居环境、助力乡村振兴等出发，强化民事、行政、公益诉讼检察职能，让公平正义真正可触可感可信。

五、聚焦自身建设，推动检察工作现代化

深化检察人员考核，树立实干实绩的用人导向，全面激发干警干事创业的积极性和能动性。大力推进高质量高标准业务培训，扎实推进统一业务应用系统 2.0 和远程提讯室、数字档案室、智能化会议室等信息化、智能化建设，提升智慧检务水平。

踏浪前行风正劲，不负韶华争朝夕。新的一年，县检察院将以党的二十大精神为指引，紧紧围绕县委和上级院的决策部署，认真落实本次大会决议，开拓进取、踔厉奋发、勇毅前行，为尼木经济社会高质量发展贡献更多检察力量，展现更强检察担当。

附件：

尼木县人民检察院工作报告有关用语说明

一、《中共中央关于加强新时代检察机关法律监督工作的意见》：党中央就检察机关法律监督工作专门印发《意见》，充分彰显了以习近平同志为核心的党中央深入落实全面依法治国的坚定决心，体现了党中央对党和国家监督体系建设特别是检察机关法律监督工作的高度重视，是习近平法治思想在检察机关法律监督工作中的具体体现，是当前和今后一个时期加强党对检察工作领导纲领性文件。

二、“文香 · 蓝”法律宣传服务队：“文香 · 蓝”法律宣传服务队由尼木县人民检察院成立，坚持以“打造服务型检察院”为目标，旨在县域内开展全方位的法律宣传，并为人民群众和单位提供零距离的法律服务，通过解答法律问题等多种方式进行法律帮扶，充分保护人民群众和单位的合法权益。“文香”两字取自“文香故里”，“蓝”字取自“检察蓝”。

三、司法救助：是指检察院在办理案件过程中，对遭受犯罪侵害或者民事侵权，无法通过诉讼获得有效赔偿，生活面临急迫困难的当事人采取的辅助性救济措施。

四、认罪认罚从宽制度：是指犯罪嫌疑人、被告人自愿如实供述自己的犯罪，对于指控犯罪事实没有异议，同意检察机关的量刑意见并签署具结书的案件，可以依法从宽处理。2018 年 10 月 26 日，新修订的《中华人民共和国刑事诉讼法》正式确立了该制度。

五、检察听证：是在新时代背景下，检察机关积极践行以人民为中心的发展思想，更好地满足人民群众知情权、参与权和监督权的重要举措，也是检察机关不断探索增强司法公信力的有益实践，已成为化解社会矛盾、促进社会治理、落实司法为民、提升检察公信力的有力抓手，实现办案政治效果、社会效果、法律效果有机统一。

尼木县2022年国民经济和社会发展计划执行情况与2023年国民经济和社会发展计划的报告

——在尼木县第十四届人民代表大会第四次会议上

尼木县发展和改革委员会

（2022年12月30日）

一、2022年国民经济和社会发展计划执行情况

今年以来，面对严峻复杂内外部环境、艰巨繁重的改革发展稳定任务，特别是新冠肺炎疫情的严重冲击，全县上下坚持以习近平新时代中国特色社会主义思想为指导，全面贯彻落实党的十九大、十九届历次全会和党的二十大精神，深入贯彻落实习近平总书记关于西藏工作重要指示精神和新时代党的治藏方略，立足新发展阶段，完整、准确、全面贯彻新发展理念，服务融入新发展格局，锚定“四件大事”“四个确保”，服务“四个创建”“四个走在前列”，全力“当好七个排头兵”，统筹疫情防控和经济社会发展，积极应对经济下行压力、突发疫情冲击等多重挑战，经济发展呈现稳中求进的态势。

2022年，全县地区生产总值完成13.02亿元，同比下降0.4%，完成目标任务（14.12亿元）的92.21%；全社会固定资产投资完成7.65亿元，同比下降11.98%，完成目标任务（9.65亿元）的79.27%；工业产值完成0.91亿元，同比下降10.7%，完成目标任务（1.38亿元）的65.94%；社会消费品零售总额完成2.06亿元，同比下降13%，完成目标任务（2.6亿元）的79.23%；一般公共预算收入完成1.7779亿元，同比增长52.91%，完成年初预算（1.01亿元）的176%；农牧民人均可支配收入完成20359元，同比增长7.3%，完成目标任务（21488.48元）的94.74%。

（一）全力打好疫情阻击战歼灭战，经济基本盘得到巩固。面对突发疫情，果断按下城市“暂停键”，建筑村居、城区、县域“三层防护圈”，毫不动摇落实“外防输入、内防反弹”总策略和“动态清零”总方针。1483名党员干部奋战在一线，国有企业、两新组织等社会各界倾情捐赠价值166.35万元的防疫和生活物资，全县各族干部群众齐心战疫，疫情防控取得阶段性胜利。扎实有序推进纾困扶持政策落实落地落细，全力保障群众生活需求。为961名城乡低保、特困人员、困难重度残疾人、城镇低保边缘户兑现一次性生活补贴68.64万元；为3名60—80岁新冠肺炎确诊病例老人兑现一次性补贴9000元；为271名外来务工人员兑现临时性生活补助21.24万元；为182名高校毕业生发放就业补贴、见习补贴、创业启动资金251.80万元；对承租国有商品房的服务业小微企业和个体工商户减免租金124.77万元，为6笔贷款贴息6.02万元，为纳税人减免增值税、所得税、留抵退税4992.11万元。县域内三大运营商对12家小微企业和个体工商户宽带及专线进行降费10%。2022年8—12月不再收缴小微企业和个体工商户污水处理费、生活垃圾处理费，水电气费由县政府按照10%予以补贴。全县项目复工45个，总投资13.45亿元，其他市场主体复商300余个，全力做好疫情期间保供稳价。

（二）重点项目扎实推进，发展后劲十足。积极扩大有效投资，重大项目有序推进。制定《全县项目包保推进工作机制》，严格落实项目专班推进、定期调度机制。70个项目开工建设，总投资15.72亿元；今冬明春计划重点推进项目48个，总投资16.16亿元。2021和2022年高标准农田、卡如村乡村振兴示范引领试点村、林岗村聂玉村“美丽乡村、幸福家园”建设行动计划整村推进建设项目顺利建成；吞弥尼木产业园标准化厂房及水电气等附属工程、生猪繁育及产业化基地、种猪繁育及生猪养殖产业化基地、尼续村“美丽乡村·幸福家园”建设行动计划整村推进、尼木村塔荣村人居环境整治、乡村振兴示范村尚日村日措村、2021年“厕所革命”、等一批重点工程开工建设，帕古水库、续庆灌区、塔荣镇集中供水工程加快建设，引进总投资4亿元的中核尼木60MWP牧光互补储能光伏发电项目。着力释放消费潜力，促进消费持续恢复。拉萨市举办5次“冬日嗨购·惠暖拉萨”、6次“助企惠民·悦享消费”以及1次“助企惠民·乐购拉萨活动”，我县积极转发并协助企业参与促消费活动，帮助25家企业参与到各类促消费活动，拉动消费270余万元。

（三）着力兜底民生底线，全力增进民生福祉。深入开展领导干部“下基层大接访办实事”活动，狠抓“四联四包”工作，全面承接落实自治区“十大民生工程”，本级财政投入232.5万元解决民生实事18件。优先发展教育事业，全力推进教育基础设施重点项目建设，今年教育系统续建项目7个，总投资6217.33万元；全县6所中小学校均实行“按片区招生”“整班移交”，妥善解决39名随迁子女就学工作；严格控制义务教育学校“大班额”，做细做实“送教上门”工作，实施“一人一案”，开展送教上门225次；成功举办首届作业设计大赛；组织60余名校级领导和教师赴拉萨、日喀则做法先进的学校开展现场观摩学习。健康尼木扎实推进，完善家庭医生服务机制，签约服务率到100%；开工建设尼木县疾控中心，对1048名60岁以上老年人接种流感疫苗，接种率达到83.77%；完成全县慢性病高血压患者管理2800人。落实就业优先政策，实现城镇新增就业856人，组织农牧民转移就业9853人，转移收入10045.4万元，开发就业岗位1562个，职业介绍成功186人，全县260名应届高校毕业生已就业257人，就业率98.85%，其中，脱贫户应届高校毕业生已就业41人，就业率100%。全县养老、失业、工伤3项保险参保人数达2.24万人。文化服务提质增效，尼木县艺术团完成下乡演出场次60场受众14500余人，33个行政村演出264场受众44800余人，戏曲进乡村演出85场受众6820余人；公共文化活动中心及乡镇文化馆正常免费开放，共计接待3000余人次；帕古庄园、麻江碉堡革命文物红色教育点已顺利立碑，组织开展吞米桑布扎故居维修工程。

（四）持续推进产业发展，质效优化得到提升。有机种植产业方面，按照现代农业“3212”工程和“三步走”实现路径以及“人无我有、人有我特”发展思路，大力推进“果蔬菌肉蛋奶”6大品牌建设，逐步以规模化种植、信得过品质获得拉萨果蔬市场话语权，着力打造拉萨市中高端农产品生产供应基地。种植粮食作物3.42万亩，产出有机青稞174.2万斤、有机油菜27.2万斤、有机蔬菜124.16万斤，农业综合生产能力持续提升。特色养殖产业方面，围绕自治区建设15座牦牛、绵羊良种场目标，持续推进牦牛、生猪、藏鸡、绵羊产业化、规模化养殖。牦牛养殖按照“一总场四分场”发展布局，着力将麻江总场打造成自治区级牦牛良种繁育示范基地，将卡如分场打造成“放牧＋补饲”相结合的短期育肥示范基地，将续迈、帕古分场打造成标准化短期育肥示范基地，将尼木分场打造成拉萨牧繁农养示范基地。全县牦牛规模化养殖基地共育肥牦牛1543头，出栏236头，收入212万元，共带动群众208户增收78.4万元。生猪养殖围绕打造拉萨最大的生猪繁育示范基地、冷鲜肉储备基地，积极探索产业化、规模化发展路子。繁育仔猪490头，出栏肥猪245头，增收84.47万元。藏鸡养殖借助4个标准化养殖合作社带动家庭分散式养殖，不断扩大养殖规模，存栏藏鸡9.9万羽，日产蛋3.4万枚，销售藏鸡（蛋）收入472.21万元。绵羊养殖以争创良种繁育示范场为目标，通过多胎羊与本地羊杂交，积极探索品种选育和改良工作，多胎羊繁殖率达到

54.4%，存栏 806 只，带动群众就业 6 户 28 人，共计增收 22.9 万元。藏香文化产业方面，按照“123”发展思路、“四位一体”发展布局和“四体一位”带动机制，深度挖掘藏香文化内涵，根据藏香传承人香道等级进行高中低档次分类、价格划定、包装设计和产品开发，着力推动尼木藏香与其他省市香道文化、技术、市场相融合。实现藏香产值 3240.03 万元，藏香销售 1620.60 万元，带动 383 户 811 人实现人均收入 1.8 万元。生态旅游产业方面，以“雅鲁藏布江 · 尼木大峡谷”品牌塑造为主线，按照“π”字形发展格局，致力将吞巴打造成国际藏香康养小镇，将卡如打造成拉萨西温泉康养小镇。接待游客 3.02 万人次，收入 1312.16 万元，景区每月安排群众就业 20 人，增收 50 余万元。“三园区”建设方面，吞弥现代农业园区着力推动产业化发展、打造现代农业样板，在成功创建“自治区级农业科技示范园区”基础上，正在争创“自治区级农业示范园区”。今年以来，产出航空蔬菜、羊肚菌等 227.1 吨，收入 336.8 万元，带动 138 户 476 人，户均增收 1.5 万元以上。吞弥经开区尼木产业园区以提升全产业链水平作为主攻方向，吞弥拉萨经开区尼木产业园标准化厂房及水电气等附属工程建设项目于 7 月 1 日开工建设；尼弘元仓铁路公路联运物流园区建成专业自备运输车队及供应链智能服务体系、铁路专用线及铁路站场和沥青仓储及沥青改性加工板块。与宝武集团新疆八一钢铁有限公司、中铁物贸成都分公司等 30 家企业签订合作协议，与酒泉钢铁（集团）有限责任公司、中国华能集团有限公司等 35 家企业达成意向合作。

（五）全面推进乡村振兴，统筹城乡融合发展。持续巩固拓展脱贫攻坚成果，牢牢守住不发生规模性返贫的底线，深入开展防止返贫动态监测帮扶和集中排查，整合资金 2.35 亿元，安排项目 22 个，已脱贫人口人均纯收入 17814.09 元，同比增长 13.75%；深入实施产业结构调整，促进群众增收，全县产业项目累计带动 2877 户（次）分红增收 540.977 万元；累计带动 1432 人（次）就业增收 1752.249 万元。全力推进“美丽乡村　幸福家园”建设行动及整村推进项目，加快推进 2021 年、2022 年高标准农田建设。持续深化公安机关户籍管理“放管服”改革，全面放开农业转移人口及其他常住人口落户城镇条件准入限制，对有意愿在拉从业、居住生活的居民，实行多渠道落户选择，有序迁入我县 44 人，其中零门槛落户 3 户 5 人。加快推进县城排水管网提升改造、市政道路（环城）提升改造、2021 年厕所革命建设项目，城市基础设施不断完善。

（六）着力护生态，生活环境不断美化。执行最严格的生态保护政策，项目环评执行率达 100%，空气环境质量始终保持优良。倡导绿色生产生活，落实排污登记许可，推行农药化肥减量行动，水质优于国家Ⅲ类标准，饮用水达标率 100%。统筹推进山水林田湖草沙冰协同治理，“四旁”植树 8.2 万株，实施退化草原修复 3.96 万亩。全力做好中央第二轮环保督察转办案件整改，办结销号 3 件，正在申请办结销号 1 件。人居环境整治、人畜分离等工作取得明显成效，城乡面貌持续改善。

（七）坚定不移深化改革，市场活力不断增强。深化“放管服”改革，推进政务服务便民化，以“一门、一窗、一次”为目标，持续开展“好差评”“敲门”帮办代办服务，全力推进“减证便民”“综窗受理”改革，营商环境进一步优化，政务服务质效进一步提升。梳理“综合窗口”受理事项 567 项，推送“好差评”数据总量 15.22 万条，行政审批事项、便民事项办结率 100%，受理工单 107 件，12345 政务服务热线群众满意率 100%。确认“应进必进”大厅政务服务事项目录清单 609 项，并在政府门户网站上予以公布。全力推动委托代理招商工作及年内确定实施招商引资项目，梳理上报 2022 年和 2023 年具备开工建设条件的新能源项目。受援工作深入推进，2022 年北京安排援藏资金 4350 万元，实施项目 3 个，安排结对帮扶资金 1203.06 万元，实施项目 15 个；选派 12 名教育、医疗、养殖技术人才赴尼木开展短期交流工作；疫情期间捐赠包括 50 万元现金和价值 25 万元的防疫物资，展现了京藏同心、共克时艰的守望相助之情，为尼木县全面打赢疫情防控阻击战坚定了信心和决心。

成绩来之不易，这是县委、县政府统揽全局、正确领导的结果，是北京市无私援助的结果，是全县人民精诚团结、奋力拼搏的结果。同时，我们也要清醒地看到，我县还存在着产业基础薄弱、工业经济总量偏小、脱贫巩固任务依然艰巨、基础设施建设相对滞后、实体经济发展等诸多问题。我们要高度重视，增强忧患意识，强化底线思维，保持战略定力，采取有力措施，妥善有效应对。

二、2023 年国民经济和社会发展预期目标、任务和措施

2023 年是全面贯彻落实党的二十大精神的开局之年，是“十四五”承上启下之年。我们要始终坚持以习近平新时代中国特色社会主义思想为指导，全面贯彻落实党的二十大精神，深入贯彻落实习近平总书记关于西藏工作重要指示精神和新时代党的治藏方略，全面落实“疫情要防住、经济要稳住、发展要安全”的要求，坚持稳中求进工作总基调，聚焦“四个创建”、聚力“四个走在前列”，完整、准确、全面贯彻新发展理念，加快构建新发展格局，推进高质量发展，以供给侧结构性改革为主线，把稳增长放在更加突出的位置，高效统筹疫情防控和经济社会发展，继续做好“六稳”“六保”工作，全力当好“七个排头兵”，担当作为、率先有为，持续推进经济健康发展，保持社会大局稳定。主要经济目标是：地区生产总值增长 10%，农牧民人均可支配收入增长 14%，全社会固定资产投资增长 10%，工业产值增长 8%，社会消费品零售总额增长 11%，一般公共预算收入与 2022 年年初预算数持平。围绕主要目标，突出重点、把握关键，聚力做到以下八个方面。

（一）聚力扩大内需稳经济。坚持就是胜利，高效统筹疫情防控和经济社会发展工作。围绕“四产业三园区”和基础设施建设，加强项目谋划，加快项目前期工作，做好土地、用能、资金等要素保障。加快推进“十四五”期间中央投资、地方政府专项债项目储备和实施，规范有序推进政府和社会资本合作项目，建立吸引民间资本投资重点领域项目库。推进吞弥尼木产业园标准化厂房及水电气等附属工程建设、县城雨水管网提升改造、排水管网改造等基础设施项目建设，稳步推进吞巴镇历史文化名村建设。加快重点领域消费恢复，组织开展各类促消费系列活动，进一步激发市场活力、释放消费潜力。

（二）聚力科技创新体系支撑。强化科技创新支撑作用，依靠科技创新提升产业发展水平，积极培育壮大经济发展新动能。加强与区内外科研院所合作，加快在品种选育改良、技术创新、节水灌溉、机械装备、生态环保等领域的引用推广运用。围绕高原特色农种养殖业，立足“四产业三园区”发展布局，加大农牧业科技人才的引进培育力度，培养和挖掘使用乡土人才，完善现代农牧业专家队伍、农牧业技术推广人员和新型经营主体的联动机制。

（三）聚力产业升级强支撑。加快整合文化和旅游资源，深入推进文化与旅游全面融合，拓展文化和旅游消费空间，探索建立具有尼木特色的促进文化和旅游消费的长效机制，进一步拓宽特色产品对外输出渠道。按照现代农业“3212”工程和“三步走”实现路径以及“人无我有、人有我特”发展思路，大力推进“果蔬菌肉蛋奶”六大品牌建设，逐步以规模化种植、信得过品质获得拉萨果蔬市场话语权，着力打造拉萨市中高端农产品生产供应基地。持续推进牦牛、生猪、藏鸡、绵羊产业化、规模化养殖，力争全县出栏牦牛 3000 头以上，2023 年底生猪养殖规模达到 2 万头，藏鸡养殖规模达到 20 万—30 万羽。深度挖掘汉唐香道与藏医药文化相融合、现代香道与千年藏香相融合的文化内涵，传承和发扬国家非物质文化遗产时代价值，对藏香进行高中低档次梳理分类、价格划定、包装设计和产品开发，着力推动尼木藏香与其他省市香道文化、技术、市场相融合。加强绿色低碳转型，构建以新能源、民族手工业为主，具有尼木特色的现代工业体系。立足拉萨大力支持发展新能源的实际，加快发展清洁能源业，大力发展民族手工业，探索藏纸、雕刻传统手工业和地区特色商品机械化改造。

（四）聚力美好生活惠民生。常态化开展高校毕业生就业创业和转移就业技能培训，健全完善就业援藏、岗位储备和跟踪指导机制，确保高校毕业生就业率达 95% 以上，深入推进教育数字化转型，大力实施信息化发展 2.0 行动计划，争创“互联网 + 教育”示范县，力争将县中心小学打造成为数字化智慧校园。扎实推进健康尼木建设，积极推进疾控中心、人民医院（医养结合康复中心）提标扩能、藏

医院藏医药能力提升等建设项目，推进智慧医疗建设，开展好县乡一体化建设、医疗服务水平提升和医疗资源下沉等相关工作。深化医疗"组团式"援藏，强化医疗卫生人才队伍建设。全力健全社会保障体系，加快社会保险标准化建设，建立最低生活保障标准动态调整机制，实施特困人员集中养服务中心提升改造项目。加快6个村级养老驿站建设，推进基层医保服务网点建设，完善异地就医直接结算。

（五）聚力改革开放添活力。纵深推进"放管服"改革，深化营商环境专项行动，简化办事流程，精简要件手续，推进行政许可标准化、联审联批便民化。加快推进"互联网+政务服务"，开展"一窗式"并联审批，提高县乡政务服务中心"一站式"功能，积极探索"一枚公章管审批"模式。深化农业农村改革，清理"空壳"农牧民合作社，巩固农村清产核资工作成果，加强土地流转价格指导，助推农牧业规模化、集约化发展。巩固国有企业改革三年行动成果，加快发展城投、净土2家县属企业，以高效的执行力实现国企改革向纵深推进。拓展提升对外开放水平，推进"组团式"援藏工作，加大与顺义区双向人才交流力度。推动产业招商引资，创新开展"小组团"精准招商、援藏招商、以商招商，优化项目招引和落地的要素整合方式，积极招引产业龙头企业和补链、延链、强链项目。

（六）聚力区域协同强中心。引导各类资源和生产要素的跨区域流动，强化区域合作，通过招商引资、项目推介会的方式吸引优质企业来我县投资兴业。立足物流网络规划布局，积极推进尼弘元仓铁路公路联运物流园区建设及吞弥尼木产业园小商品物流园，建立立体铁路公路物流体系，实现现代物流服务业"零的突破"。坚持人才引领发展的战略地位，围绕加快建设人才中心和创新高地，全面加强人才队伍建设。创新跨区域合作模式，持续深化政府引导、企业参与、优势互补、利益共享的经济模式，优化资源配置，促进要素自由有序流动，推动区域协同发展。加强对公共资源的配置力度，特别是对教育、医疗等公共服务资源的投入，打造优质公共服务中心。

（七）聚力城乡统筹促融合。推进新型城镇化和乡村振兴协同发展，深化推进新型城镇化战略，统筹城乡规划、建设、管理，推进基础设施联通、货运物流畅通、城乡信息贯通的新型城乡关系，加快农业转移人口市民化，不断提高常住人口城镇化率。加快推进拉萨至日喀则高等级公路和尼木互通至县城10.8千米连接线建设，以县城发展辐射带动乡村。大力发展有特色、可持续、附加值高的优势产业，扶持农牧民专业合作社、家庭农场（牧场）等新型经营主体。大力改善水电路气房讯广播电视网络等基础设施，提升农牧区宜居水平，加强垃圾和生活污水处理设施建设，持续改善农村人居环境。积极推进吞达村、吞普村、根培村、卡如村"美丽乡村·幸福家园"建设行动，加快实施村庄规划编制，启动宜居宜业和美乡村建设。优先保障粮食生产用地，积极争取推动高标准农田建设，推进农业供给侧结构性改革，调整优化种植业结构，提升农田水利基础设施建设，全方位夯实粮食安全根基。

（八）聚力生态提标亮底色。有序推进"碳达峰碳中和"行动计划，倡导绿色低碳生活方式，积极推行"无废城市"、废旧资源循环利用体系创建。统筹污染防治，打好蓝天、碧水、净土保卫战，严禁高污染、高耗能、高耗水项目进入我县，确保空气质量保持优良。加强生态保护修复，实行水资源、建设用地等总量与强度双控行动，降低资源消耗。系统实施山水林田湖草沙系统修复工程。开展全县自然保护地统计调查，明确自然保护区规模和划定区域。巩固推进国土绿化，开展植树造林5万株以上，健全完善湿地保护体系，确保自然湿地保护率稳定在60%以上。

2023年经济社会发展工作任务艰巨，意义重大。我们要高举中国特色社会主义伟大旗帜，以习近平新时代中国特色社会主义思想为指导，贯彻落实党的二十大精神，增强"四个意识"、坚定"四个自信"、做到"两个维护"，围绕"四个创建""四个走在前列"，齐心协力、砥砺奋进，做实做细各项工作，努力完成全年目标任务，为推动长治久安和高质量发展，全面建设社会主义现代化新尼木而不懈奋斗。

尼木县关于2022年财政预算执行情况和2023年财政预算的报告

——在尼木县第十四届人民代表大会第四次会议上

尼木县财政局

（2022年12月29日）

一、2022年财政预算执行情况

2022年，全县上下坚持高举中国特色社会主义伟大旗帜，以习近平新时代中国特色社会主义思想为指导，紧紧围绕县委、县政府决策部署，统筹推进"五位一体"总体发展，坚持稳中求进、进中求好、补齐短板工作基调，坚持为民发展为中心，供给从结构性改革为主线，着力推进群众增收、民生改善、经济发展，全面做好"六稳"工作，树立"政府过紧日子"思想，坚实保障"六保"任务和财政"三保"工作，财政收支运行稳中有进、稳中向好，预算执行情况良好。

（一）一般公共预算收支情况

我县一般公共预算收入完成17600万元（去年同期完成11627万元）已超额完成序时进度，完成年初预算174%。1. 税收收入15652万元（增值税10690万元、企业所得税1551万元、个人所得税1869万元、资源税-10万元、城市维护建设税1434万元、印花税102万元、城镇土地使用税1万元、契税15万元）占比89%；2. 非税收入1921万元〔地方教育附加收入454万元、残疾人就业保障金收入418万元、行政事业性收费收入248万元、罚没收入264万元、国有资源（资产）有偿使用收入522万元、其他收入2万元、政府性住房基金收入13万元〕占比11%。

（二）社保基金预算收支情况　无。

（三）国有资本经营预算收支情况　2022年全县国有资本经营预算收入278万元，完成年初预算124%。2022年全年调出资金83万元，国企退休人员社会化管理补助1万元支出。

（四）政府性基金预算收支情况　2022年政府性基金收入976万元，完成年初预算120%；2022年全县政府性基金预算支出为18525万元。

（五）政府债务情况　2021年12月23日经市人民政府批准，新增政府专债19000万元。截至2022年底，全县政府债务余额26752万元（一般债券7752万元、专项债券19000万元），控制在核定的政府债务限额内。

（六）预算稳定调节基金安排情况　2022年底全县动用预算稳定调节基金规模为29000万元。

（七）预备费使用情况　2022年安排预备费624万元，主要用于新冠疫情日常防控、自然灾害、救急抢险、年中发生的重大事项及不可预见的政策补贴等方面。

（八）直达资金使用情况　2022年中央、区、市下达安排各类直达资金34052万元，其中：共同财政事权转移支付资金6927万元、一般性转移支付资金22172万元、转移支付资金4952万元。截至2022年底，直达资金已使用26400万元，支出进度为78%。

2022年，全县一般公共预算支出122702万元，具体来看：一般公共服务支出25044万元，公共安全支出8461万元，教育支出22838万元，科学技术支出 43 万元，文化旅游体育与传媒支出 1794 万元，社会保障和就业支出 6447 万元，卫生健康支出 8368 万元，节能环保支出 949 万元，城乡社区支出 3938 万元，农林水支出 36025 万元，交通运输支出 1769 万元，资源勘探工业信息等支出 462 万元，商业服务业等支出 543 万元，自然资源海洋气象等支出 2172 万元，住房保障支出 2667 万元，粮油物资储备支出 293 万元，灾害防治及应急管理支出 623 万元，债务付息支出 266 万元。

二、2022 年人大预算决议和财政重点工作落实情况

2022 年，县财政局坚决贯彻县委、县政府决策部署，认真落实县人大预算决议和审议意见要求，全力以赴促发展、保民生、优管理、防风险，有力服务于全县经济发展和社会稳定大局。

（一）聚焦优化结构，促进发展积极有为。一是财税收入量质齐升。全年完成县级收入 17600 万元，同比增长 51%。二是落实减税降费政策。坚持普惠性与结构性减税并重，累计为企业减税降费 917 万元；采取 40% 预留采购份额、价格评审优惠等措施，支持中小企业发展。

（二）聚焦为民理财，民生保障务实增效。一是民生投入持续提高。坚持节裕为民，民生支出占一般公共预算支出的 10%；坚持教育优先，全年投入教育资金 2718 万元；坚持惠民惠农，通过“一卡通”发放惠民补贴 33 项、金额 4341. 万元。二是防疫资金落实到位。坚决落实防疫资金保障要求，做到三个“第一时间”：对县委、县政府决策部署第一时间落实、对疫情防控资金第　时间拨付、对防疫资金使用第一时间跟踪，全年安排疫情防控专项资金 2430.8 万元。三是项目建设保障有力。按照“量入为出、突出重点、统筹兼顾”的原则，多渠道、全方位筹措资金，共支付基础设施建设资金 23463 万元，确保全县重点工程项目顺利推进。

（三）聚焦绩效监管，财政管理防控并举。一是强化财政资金监管。切实降低行政运行成本，部门预算一般性项目支出压减率达 5%；优化财政资金审批流程；积极盘活“三资”，将盘活存量与做优增量相结合，完成盘活资金 8900 万元；加强财政评审，完成 11 个项目结算评审，送审金额 3725 万元，核减 1771 万元，审减率 48%。二是突出科学规范管理。全面推进预决算公开；积极开展绩效评价，对所有预算资金同步申报绩效目标；对 184 个采购项目进行前期核价管理，送审资金 12900 万元，审减资金 740 万元，审减内容作为采购依据；深化财政改革，持续推进 2.0 预算一体化建设，22 家单位迁入专线独立办公。三是严防政府债务风险。严格执行地方政府债务限额管理，开前门、堵后门，控增量、化存量。全年新增到位政府债券资金 19000 万元，隐性债务化解无新增，坚决兜牢县域风险安全底线。

（四）聚焦阳光财政，主动接受各方监督。积极向县人大报告财政预决算工作情况，积极落实人大的决议决定，认真办理人大代表建议议案和政协委员提案，不断改进财政财务管理。

三、2023 年预算草案

2023 年财政工作总要求：以习近平新时代中国特色社会主义思想为指导，全面贯彻党的二十大精神，坚持稳中求进工作总基调，按照“三个赋予一个有利于”工作原则，把稳增长放在更加突出位置，用足用好稳经济一揽子政策，千方百计挖掘收入潜力，立足“四产业三园区”发展布局。坚决落实过“紧日子”的要求，坚持尽力而为、量力而行、有保有压，集中财力保障“三保”和各类民生重点支出。根据我县经济社会发展目标要求，2023 年预算编制坚持依法理财、厉行节约、量力而行、讲求绩效和收支平衡的原则编制预算。

（一）一般公共预算　根据我县 2023 年经济增长目标，2023 年本级一般公共预算收入与 2022 年年初预算数持平。本级一般公共预算收入 10100 万元，加上预计中税收返还收入、均衡性转移支付、县级基本财力奖补、结算补助收入、固定数额补助收入、指定用途的专项转移支付收入等共 135754.5 万元，从国有资本经营预算调入 67 万元，收入总量预算数 135821.5 万元。根据《中华人民共和国预算法》及《中华人民共和国预算法实施条例》关于地方财政收支预算平衡的规定，2023 年一般公共预算支出总量为 135821.5 万元。1. 对口安排支

出2680.67万元。主要用于指定用途的审计专项、民族工作、科技、文化旅游、卫生健康等上级转移支付。2.保工资支出56235.92万元。主要用于县级财政供养在职人员工资性经费、临时工工资、村组人员经费。3.保运转支出4590万元。主要用于乡镇和部门基本公用经费、公务用车运行经费。4.民生61项预计支出7289.62万元。主要用于教育、卫生健康、民政、退役军人、农村公共服务运行、乡村振兴等民生实事县财政配套资金，其中乡村振兴2464.8万元。5.债务还本付息支出3065.64万元。用于政府债券还本付息支出。6.预备费1872.32万元。用于预算执行中的自然灾害等突发事件处理及其他难预见的开支。2023年刚性要求我县本级缺口6068.39万元。

（二）政府性基金预算 2023年政府性基金收入预算数1666.23万元。其中：国有土地使用权出让收入50万元，按照收支平衡和对应安排原则，2023年政府性基金总支出预算数1666.23万元。其中：国有土地使用权出让收入安排支出50万元、专项债券利息661.23万元、专项债券剩余资金2132万元。

（三）国有资本经营预算 2023年县级国有资本经营收入预算数224万元。按对应安排支出原则，国有资本经营支出预算数157万元、调出资金67万元。

（四）社会保险基金预算 无。

以上预算草案，请予以审查批准。除涉密单位、涉密事项外，全县所有预算单位2023年部门预算草案已全部报送大会，请予审查。2023年预算执行过程中若遇重大政策性调整，再根据实际情况向县人大常委会报告。

四、2023年财政工作安排

（一）持续强化政治引领，加强党对财政工作全面领导。坚持以习近平新时代中国特色社会主义思想为指导，贯彻落实党的二十大全会精神，不断增强“四个意识”、坚定“四个自信”、做到“两个维护”，围绕县十届四次会议精神努力奋进，坚持党的全面领导，坚定政治方向，把党建工作贯穿于财政各项工作始终，全面加强政治建设、思想建设、组织建设、作风建设和纪律建设，为推动财政工作高质量发展提供坚实的思想保证和精神动力。

（二）纵深推进财源建设，推动经济高质量发展。一是抓好重点税源管理。落实好各项减税政策，通过加强税源分析预测，强化重点税源监控和风险管理，加大纳税评估力度，细化落实增收措施等，强化税收征管，切实做到应收尽收。二是狠抓重点领域。突出抓好财税改革、做强产业支撑、总体经济发展、高质量招商引资、高效经营国有资源资产等重点工作，推动产业提升，促进财源结构不断优化，持续增强财政保障能力。

（三）优化财政支出结构，着力保障重点领域支出。一是保障重点民生支出。牢记以人民为中心，财政民生投入只增不减，突出保民生、兜底线、促发展，集中财力做好“六稳”“六保”工作，统筹保障疫情防控、民生工程、教育、卫生健康、社会保障等其他重点支出，切实兜住民生底线。二是保障重大项目推进。按照“深化改革、突出重点、优化结构、厉行节约、统筹兼顾、依法理财”原则，对重点领域、重点项目重磅出击，有效保障重点支出，保障县委、县政府安排的重点项目早立项、早审批、早落地、早见效。

（四）强化政府债务管理，防范化解重大债务风险。一是控增量。有序开展债务风险缓释，建立化债激励机制，坚决遏制隐性债务增量，确保完成政府债务化解目标。二是防变量。强化风险评估预警，推进债务风险评估和预警机制，对纳入政府债务系统的债务进行监管，全面掌握债务数据变化情况，有效防范债务风险，管理使用好政府债券。

（五）深化国资国企改革，促进国企发展提质增效。一是持续探索市场化选聘职业经理人工作。探索推行职业经理人制度，在具备条件的县属国有企业开展市场选聘职业经理人试点，企业经营管理者实现聘任制和任期制，由董事会与经营管理者依法建立契约关系，签订聘任合同书、经营业绩责任书，按照业绩考核办法和薪酬管理办法考核定薪，明确聘期、业绩目标及双方的责任和权利。二是加快推进县属国企改革进程。坚持问题和目标导向，聚焦国企改革三年行动任务要求，继续加强协同联动，形成“一盘棋”合力，因企施策，以高效的执行力实现国企改革向纵深推进。三是推进预算改革。依托“制度＋技术”为预算管理赋能，通过“预算一体化”平台建设，在“同一标准、同一平台、同一系统”下开展全链条财政预算业务管理，对财政资金分配、拨付、使用、核算等实施全流程监管。四是提升管理质效。加强专项资金管理，进一步提高资金使用绩效。实现从“事后监督”向“实时、持续性监督”转变，从“监督为主”向“监督与服务双轮驱动”转变。

各位代表，2023 年财政收支矛盾依然突出，财政工作任务更加艰巨。我们将在县委、县政府的坚强领导下，在县人大的监督下，把握新发展阶段、贯彻新发展理念、融入新发展格局，敢于担当、积极作为，扎实推进各项财政工作，为建设尼木做出新的贡献。

尼木县 2022 年国民经济和社会发展统计公报

2022 年，是尼木发展进程中极具考验、极不平凡的一年。这一年，以喜迎中共二十大为主线，依托领导干部常态化“四联四包”机制，深入开展“大宣讲大调研大排查大落实”“学习贯彻二十大、感恩奋进新时代”“中共二十大精神进尼木千家万户”活动，全面掀起学习宣传贯彻中共二十大精神热潮，有力推动了中共二十大精神落地生根、见行见效。这一年，始终坚持人民至上、生命至上，落实“外防输入、内防反弹”总策略，贯彻“动态清零”总方针，及时调整防控举措，落实“四早”要求，全力守护人民生命安全和身体健康。县级领导干部带头，党员干部奋战一线，国有企业、两新组织等社会各界捐赠防疫和生活物资，寺管会和宗教界严格落实“三个暂停”措施，人民群众齐心协力、群防群控，全县上下众志成城、共克时艰，汇聚起抗疫强大合力。这一年，全力落实稳经济大盘一揽子政策举措和临时性帮扶措施，最大限度降低疫情对经济社会的影响，全县经济运行总体保持平稳向好发展态势。

一、综合

2022 年，实现地区生产总值 13.02 亿元，按可比价计算，比 2021 年同比下降 0.4%。其中，第一产业增加值 2.45 亿元，同比增长 5.9%；第二产业增加值 4.22 亿元，同比增长 0.1%；第三产业增加值 6.35 亿元，同比下降 3.4%。产业结构：2022 年三次产业比重依次为 19∶32∶49。

财政收支：一般公共预算收入 1.7779 亿元，同比增长 52.91%。完成一般公共预算支出 12.0681 亿元，同比下降 11.04%；其中农林水事务支出下降 32.22%、医疗卫生支出同比增长 49.83%、教育支出同比增长 13.01%。

二、农牧业

畜禽产量：截至年底，牲畜存栏总头数 143656 头(只、匹)，同比增加 12788 头(只、匹)；牲畜出栏总头数 52385 头(只)，同比增加 432 头(只、匹)；肉类产量 3511.49 吨，同比增加 289.68 吨；奶产量 12612.14 吨，同比增加 112.5 吨；毛绒产量 22.97 吨，同比增加 1.89 吨；皮产量 18657 张，同比增加 661 张。

三、工业和招商引资

工业：工业产值完成 9081 万元，同比下降 10.7%。

招商引资：招商引资实际到位资金 1.01 亿元。

四、固定资产投资

2022 年，全县共开工项目 70 个，总投资 15.72 亿元。其中，实施援藏项目 2 个，总投资 8790 万元。固定资产投资同比下降 11.9%。

固定资产投资示意图

五、人口、人民生活、社会保障

人口：截至年底，全县总人口 35555 人，总户数 7957 户。其中，农村户籍人口 31443 人，流动人口 963 人。农村常住人口 29529 人，户数 5663 户。

人民生活：2022 年，农村居民人均可支配收入 20359 元，同比增长 7.3%。其中，工资性收入 6861 元，占比 33.70%；经营净收入 8633 元，占比 42.40%；财产净收入 1730 元，占比 8.50%；转移净收入 3135 元，占比 15.40%。从全国和全区、全市来看，尼木县农村居民人均可支配收入增速比全国平均水平高 1.0 个百分点，比全区平均水平低 0.2 个百分点，和全市平均水平持平。

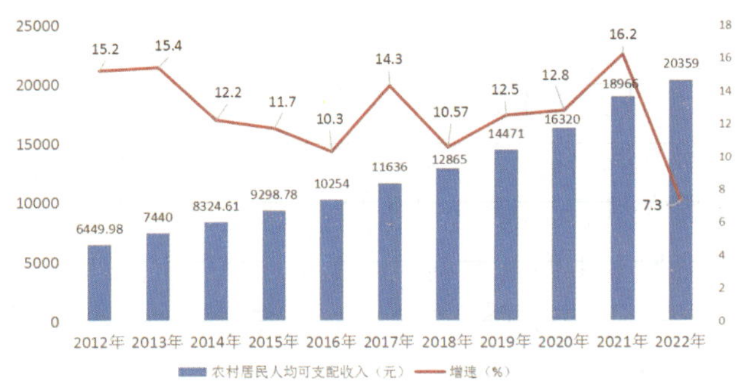

农村居民人均可支配收入及其增速示意图

贸易业：2022 年，完成社会消费品零售总额 2.06 亿元，同比下降 13.0%。

社会保障：城乡居民社会养老保险人数 19549 人；城乡基本医疗保险参保人数 30964 人，失业保险参保人数 1636 人。全年，城乡居民基本医疗保险手工零星报销 445 人次，136.94 万元。

六、旅游、金融、交通

旅游业：2022 年，接待国内外旅客人数 3.02 万人次，同比下降 54.24%，旅游收入达 1312.16 万元。

交通运输：全县公路里程总计 626.545 千米，营运车数量达 22 辆。深入推进“四好农村路”建设，投入 925 万元新建（改扩建）农村公路总里程 1.486 千米，尼木县道路运输管理所办理客货运车辆年审 209 台次。

金融业：年末金融机构各项存款余额 126022.18 万元，同比增长 0.13%，其中城乡居民储蓄存款余额 52314.33 万元，同比增长 16.87%。年末金融机构各项贷款余额 96803.36 万元，同比增长 16%。

七、教育、卫生、文化、就业

教育事业：2022 年，共有学校 30 所；其中：幼儿园 24 所、小学 5 所、初级中学 1 所。普通中学在校生 1344 人，小学在校生 3010 人。2022 年，共投入教育事业经费 18604.98 万元，其中本级投入 2325 万元，15 年免费教育、大学生资助政策全面落实，中小学、幼儿园校舍安全设施进一步完善。学前三年毛入园率达到 96.25%，义务教育入学率达到 100%，义务教育巩固率达到 100%，小学考取其他省市西藏班 4 名，中学考取重点高中 123 名。中考成绩位列拉萨县区（除城关区外）第 1 名，实现历史性突破。

卫生事业：截至年底，共有各类卫生机构 37 个，其中：乡镇卫生院 8 个。实有床位数 70 个，各类卫生技术人员、医技人员 249 人，其中编制内医技人员 148 人，公益性、聘用、“三支一扶” 等人员 101 人；正高级职称 1 人、副高级职称 2 人。统筹推进县级公立医院、医共体改革，依托组团式援藏开展 “一对一、一对多” 师徒带教，提升本地医务人员能力水平。完成“两癌” 免费筛查 905 人，实现全年孕产妇零死亡，对十三四岁在校女生开展二价 HPV 疫苗免费接种 355 人。积极开展家庭医生签约服务，签约率达 100%，建档立卡贫困户签约率达到 100%。

文化事业：截至年底，全县 34 支县、乡村文艺演出队，完成全年各类文艺会演 324 场次，观众达 66120 人次。县文艺队赴下乡会演 60 场次，观众达 14500 余人次。

就业和再就业：2022 年应届毕业生实现就业 259 人，就业率 99.6 %，其中建档立卡高校毕业生 42 人全部就业，就业率 100 %。城镇登记失业率控制在 3% 以内。农牧民转移就业 1617 人，收入 442.4 万元。

八、生态建设、脱贫成果、社会治理

生态建设：2022 年持续推进生态文明建设各项工作。严格建设项目环评管理，建设项目环评执行率达到 100%。2022 年根据四个季度监测数据显示饮用水水源地水质达标率为 100%，大气环境空气质量指标达到国家二级标准，空气环境质量持续优良，PM10、PM2.5 等指标完成市定目标。

脱贫成果：2022 年全县建档立卡脱贫户 1807

户 8006 人，建档立卡脱贫户人均纯收入达 17812.5 元，同比增长 13.73%，是 2016 年建档立卡户人均纯收入达 4786.9 元的 3.72 倍。

社会治理：广泛开展铸牢中华民族共同体意识宣传教育，推广国家通用语言文字教育，不断铸牢中华民族共同体意识，尼木县被自治区、拉萨市评为民族团结进步模范县（区）。强化领导包案和接访下访，多元化解矛盾纠纷，8 个乡镇、33 个村（居）实现法律顾问全覆盖。应急管理水平持续提高，乡镇消防所挂牌工作走在全市前列，塔荣村被国务院评为“综合减灾示范村”。安全生产事故起数、经济损失同比实现双下降，未发生较大以上安全生产事故。

九、气候环境

全年气候：尼木县全年极端最高气温 27.5℃（8 月 26 日），全年极端最低气温 -20.3℃（1 月 29 日），全年平均气温为 6.8℃，与历年平均气温 7.2℃相比低 0.4℃；全年总降水量 217.1 毫米，降水主要集中在 6—9 月，一日最大降水量为 35.6 毫米（9 月 13 日），最长持续降水日数 7 天；全年大风日数为 54 天；全年日照时数 3662.3 小时，全县人工影响天气作业 0 次。

2022 年是全面贯彻落实中共二十大精神开局之年，是实施“十四五”规划承上启下的重要之年。坚持以习近平新时代中国特色社会主义思想为指导，深入贯彻落实中共二十大精神及中央第七次西藏工作座谈会精神、习近平总书记关于西藏工作的重要指示和新时代党的治藏方略，深入贯彻落实自治区第十次党代会和区党委十届三次全会精神、自治区党委书记王君正在拉萨市干部大会和在拉萨调研时的讲话精神以及在尼木调研时的讲话精神，贯彻落实拉萨市第十次党代会和市委十届四次全会精神，贯彻落实尼木县第十次党代会和县委十届四次全会精神，牢记“三个务必”、捍卫“两个确立”、增强“四个意识”、坚定“四个自信”、做到“两个维护”，统筹推进“五位一体”总体布局，协调推进“四个全面”战略布局，坚持“三个赋予一个有利于”，坚持以人民为中心的发展思想，坚持稳中求进工作总基调，坚持系统观念，立足新发展阶段，完整准确全面贯彻新发展理念，主动服务和融入新发展格局，统筹发展和安全，自觉把尼木工作置于党和国家事业全局中来研究思考，置于区市党委、政府的整体安排部署中来谋划推动，聚焦“四件大事”，锚定“四个创建、四个走在前列”，围绕当好“七个排头兵”，全面承接以“强中心”战略为抓手、“七大行动”为支撑的“1+7”贯彻体系，充分支撑首府城市功能，当好长治久安和高质量发展的排头兵，努力建设团结富裕文明和谐美丽的社会主义现代化新尼木。

说 明：

1.2022 年度尼木县经济统计数据详见于《尼木县统计年鉴（2022）年》。

地区生产总值及各产业、行业的增加值绝对数按当年价格计算，增长速度按可比价格计算，即扣除物价变化的实际增长。

2. 全社会固定资产项目统计范围为计划总投资 500 万元及以上的固定资产投资项目。

索 引

说 明

一、本索引采用主题分析法编制。索引范围包括篇目、类目、部(门)目、条目等。
二、本索引按主题词首字汉语拼音音序(同音按音调)排列,若首字拼音相同则按第二字音序排列,以此类推。
三、索引款目后的数字表示内容所在的页码,数字后的拉丁字母(a、b、c)表示栏别(从左至右)。
四、篇目、类目、部(门)目用黑体字。

A

B

C

D

E

F

M

N

T

W

X

Y

Z